KB122439

신라의 오례와 왕권

신라의 오례와 왕권

채 미 하 지음

혜안

책을 펴내며

필자가 박사논문을 제출한 지도 10여 년이 훌쩍 지났다. 옛 말에 10년이면 강산이 변한다고 한다. 필자는 여전히 그 자리에 있지만, 그 동안 많은 일들이 있었다. 박사논문을 바탕으로 책을 출간하기도 하였다(『신라 국가제사와 왕권』). 그 때의 흘가분함과 감격은 이루 말할 수 없었다. 하지만 하나의 마무리는 또 다른 시작이었다. 본서의 주제인 五禮가 그것이었다.

한국사에서 오례로 대표되는 예론에 의해 왕권의 수립과 운영이 가능했던 시기는 대체로 고려시대부터였고, 그 절정은 조선시대로 이해되어 왔다. 하지만 필자는 한국 고대에서 그 단초를 찾아볼 수 있다고 생각하였다. 필자의 박사논문이 그것이었다(「신라 종묘제와 왕권의 추이」). 그리고 2004년과 2008~2011년에는 한국연구재단(구 한국학술진흥재단)의 지원을 받아 한국 고대 禮制 전반, 吉禮를 비롯한 4례(賓·軍·嘉·凶禮)에 대한 연구를 하였고 그와 관련된 논문을 최근까지 발표하였다. 본서의 내용은 이들 논문을 책의 구성에 맞게 편제한 것이다.

「신라 중대 오례와 왕권 - 오례 수용을 중심으로」(『한국사상사학』 27, 2006) : 1·5장
「신라 국왕의 視學과 그 의미」(『한국사상사학』 32, 2009) : 2장 1절
「신라의 賓禮 - 당 사신을 중심으로」(『한국사학보』 43, 2011) : 2장 2절
「신라의 軍禮 수용과 王權」(『한국사연구』 149, 2010) : 2장 3절
「신라의 嘉禮 수용과 운용」(『한국고대사탐구』 18, 2014) : 2장 4절
「한국 고대의 궁중의례」(『사학연구』 112, 2013) : 2장 4절 및 4장
「신라 凶禮의 수용과 그 의미」(『한국사상사학』 42, 2012b) : 2장 5절 및 3장 2절

「신라 흥덕왕대의 정치와 의례」(『신라문화』 42, 2013a) : 3장 1절

「한국 고대의 죽음과 喪·祭禮」(『한국고대사연구』 65, 2012a) : 3장 2절

본서의 2장 5절 '3. 新王의 卽位禮와 統治儀禮', 4장 2절 '新王의 즉위 공간과 통치의례 공간'은 본서를 준비하면서 추가하였다. 5장 2절 '오례의 의미'는 기왕의 내용을 보충하였음을 밝혀둔다.

전근대 동아시아에서 국가 禮는 五禮, 吉·凶·軍·賓·嘉禮로 정리되었다. 필자는 진덕왕대를 전후한 시기에 신라에 수용된 五禮가 신문왕 6년(686)에 당에서 보낸 「吉凶要禮」를 통해 체계화되었다고 하였다. 우선 오례의 첫머리를 장식하는 길례를 대표하는 것은 국가제사인데, 필자의 첫 번째 책에서 이것을 살펴보았다. 본서에서는 신라 국왕의 視學을 통해 길례의 또 다른 측면을 생각해 보았다. 빈례는 국가와 국가 사이에서 이루어진 예이다. 본서에서는 신라와 당의 사신 往來를 분석하면서 신라의 빈례가 어떻게 운영되었는지를 살폈다. 전근대 동아시아 사회에서 "국가의 大事는 제사와 軍事에 있다"고 하였다. 신라의 군사의례 중 관심을 끄는 것은 大閱, '觀射'의식, 獵 등이었다. 이와 같은 신라의 군례를 본서에서는 중국의 그것과 비교하였다. 가례는 다른 四禮와는 달리 萬民이 함께 하는 의례이지만, 이 역시 왕권과 관련 있었다. 신라의 하정례를 통해 이것을 생각해 보았다. 한편 先王의 죽음으로 말미암은 大權 계승은 흉례에서 이루어졌다. 따라서 흉례에서는 신왕의 즉위가 지니는 의미를 검토하였다.

이상과 같이 신라에 수용되고 운용된 오례는 신라의 정치·사회와 밀접한 관련이 있다고 하였다. 따라서 본서에서는 오례가 지니고 있는 정치·사회적 의미도 고찰하였고, 한국 고대 상·제례의 의미에 대해서도 생각해 보았다. 이와 같은 의례는 도성 안팎에서 이루어졌는데, 본서에서는 왕궁에서 이루어진 의례 공간을 비롯하여 선왕의 빈전과 신왕의 즉위공간 및 통치의례 공간에 대해서도 검토하였다. 이를 통해 신라 사회에 수용되고 운용된 오례는 王者에게 정치적 권위를 수식하였고 정치권력의 명분을 제공하는 왕권의례로, 한국 고대에 구축되었다고 하였다.

또 다시 하나를 정리하였다. 그 과정은 至難했고 필자의 부족함을 다시 切感하는 계기이기도 하였다. 필자는 신라 오례의 수용과 운용을 동아시아라는 전체 틀 속에서 살펴보려고 하였다. 하지만 여전히 필자에게는 중요한 연구 과제로 남아있다. 따라서 필자는 기대한다. 앞으로 필자의 연구 방향을, 그리고 인생 길도.

지난 시간을 되돌아보면 고마움의 연속이다. 2004년 11월부터 1년 간 인하대학교 인문과학연구소 박사후연구원으로 있게 해주신 서영대 선생님, 2008년 9월부터 3년 간 경희대학교 인문학연구원 학술연구교수로서 충실히 수행할 수 있도록 도움을 주신 조인성 선생님께 감사드린다. 이 과정이 없었다면 필자의 연구는 더 오랜 시간이 걸렸을 것이다. 현재 필자는 한성대학교 한국고대사연구소 학술연구원으로 프로젝트를 수행하고 있다. 이 연구의 책임연구자인

정호섭 선생님과 역사문화학부 선생님들, 필자와 함께 연구를 수행하고 있는 여러 선생님께도 고마움을 전한다. 무엇보다 필자의 두 번째 책을 마다하지 않고 흔쾌히 출판을 허락해 주신 혜안의 오일주 대표님과 김태규 선생님을 비롯한 편집부 식구들에게도 감사의 말을 전한다. 끝으로 필자가 가는 길에 버팀목이 되는 가족과 친구들, 그 자리에서 언제나 함께 하길 바라며 고마움을 글로 대신한다.

2015년 乙未 여름에

채 미 하 쓰다

목 차

머리말

유교사상에서 禮는 尊卑·差等의 계층질서를 유지함으로써 사회질서를 도모하는 규정이다. 원래는 친족집단이나 향촌사회에서 볼 수 있는 가부장제적인 존비질서를 규정하는 것이었지만, 나중에 확장되어 君臣관계나 국제외교 같은 통치자 계층 상호 간의 내부질서를 유지하기 위한 규범에까지 이르게 되었다.[1)] 이러한 예는 여러 형태로 분류되었고,[2)] 이 중 국가적 예제인 吉·賓·軍·嘉·凶禮라는 五禮가 가장 대표적이다.[3)]

---

1) 溝口雄三·丸山松幸·池田知久 편저, 김석근·김용천·박규태 옮김, 『中國思想文化事典』, 민족문화문고, 2003, 451쪽. 예의 字義的 의미 및 중국 예사상의 전개와 관련해서 금장태, 『유교사상과 종교문화』, 서울대출판부, 1994, 150~152쪽 및 159~180쪽 ; 胡戟 撰, 『中華文化通志-禮儀志-』, 上海人民出版社, 1998 참고.

2) 금장태, 위 책, 1994, 152~154쪽 ; 胡戟 撰, 위 책, 1998, 45~52쪽.

3) 금장태, 위 책, 1994, 154쪽. 기왕의 연구에서 한국 고대 유교사상에 대한 이해는 삼국이 고대국가로 성장해 나가기 위한 하나의 정치사상으로 이해되어 왔다(김철준, 「삼국시대의 예속과 유교사상」, 『한국고대사회연구』, 1975, 195~197쪽 및 「한국고대정치의 성격과 정치사상의 성립과정」, 위 책, 306~307쪽 ; 이기백, 「한국고대의 정치사상」·「통일신라기 유교사상의 성격」, 『한국고대사론(증보판)』, 일조각, 1995). 이러한 정치사상의 내용으로 왕도사상(노용필, 「순수비문에 나타난 정치사상과 그 사회적 의의」, 『신라진흥왕순수비연구』, 일조각, 1996 참고) 및 충과 신(이기백, 「유교수용의 초기형태」, 『한국민족사상사대계 2』, 1973 ; 『신라사상사연구』, 일조각, 1986, 192~209쪽 ; 김두진, 「통일신라의 역사와 사상」, 『한국사상사대계 2』, 한국정신문화연구원, 1991, 186쪽), 효(이기백, 「신라골품제하의 유교적 정치이념」, 『대동문화연구』 6·7, 1970 : 『신라사상사연구』, 일조각, 1986 ; 김두진, 위 논문, 1991, 188쪽) 등을 제시하고 있다.

오례의 예론은 왕권과 왕실의 정치적 권위를 명분화하고 왕권을 둘러싼 사회계층의 정치질서라고 한다. 한국사에서 오례로 대표되는 예론에 의해 왕권의 수립과 운영이 가능했던 시기는 대체로 고려시대부터였고, 그 절정은 조선시대로 보고 있다.[4] 그런데 한국 고대 길례, 국가제사를 통해 王者들은 그들의 정치적 권위를 수식하고 정치권력의 명분을 제공받고 있음을 엿볼 수 있었다. 특히 신라 중대 중국에서 수용된 오묘제는 그것을 가장 잘 보여주는 것이었다.[5] 이로 본다면 吉禮로 대표되는 예론이 한국 고대에도 왕권과 정치질서의 논리의 하나로 자리매김하였다고 할 수 있을 것이다.

지금까지 한국 고대 오례에 대한 연구는 대체로 국가제사, 곧 길례 중심으로 이루어져왔다.[6] 이것은 자료의 부족으로 말미암은 것이지만, 중국과의 비교 검토를 통해 한국 고대 오례의 모습을 찾아볼 수 있지 않을까 한다. 이에 본서에서는 오례라는 예론이 한국 고대에도 수용되고 운용되었음을 밝혀보려고 한다.

吉禮는 『주례』 이래 오례 항목 배열순서의 첫 번째 예제이다. 이것은 길례가

4) 이범직, 『한국중세예사상연구-오례를 중심으로-』, 일조각, 1991 ; 이범직, 『조선시대 예학연구』, 국학자료원, 2004.

5) 변태섭, 「묘제의 변천을 통하여 본 신라사회의 발전과정」, 『역사교육』 8, 1964, 68~69쪽 ; 나희라, 「신라의 국가 및 왕실 조상제사 연구」, 서울대학교 박사학위논문, 1999 : 『신라의 국가제사』, 지식산업사, 2003 ; 이문기, 「신라 종묘제의 성립과 그 배경」, 『한국고대사와 고고학(김정학박사미수기념고고학·고대사논총)』, 2000 ; 채미하, 「신라 종묘제와 왕권의 추이」, 경희대학교 박사학위논문, 2001 : 『신라 국가제사와 왕권』, 혜안, 2008.

6) 이와 관련하여 다음의 것이 참고된다. 신종원, 「신라초기불교사연구」, 고려대학교 박사학위논문, 1988 : 『신라초기불교사연구』, 민족사, 1992 ; 최광식, 「한국고대의 제의연구-정치사상사적 고찰을 중심으로」, 고려대학교 박사학위논문, 1989 : 『고대 한국의 국가와 제사』, 한길사, 1994 ; 서영대, 「한국고대 신관념의 사회적 고찰」, 서울대학교 박사학위논문, 1991 ; 강영경, 「신라 전통신앙의 정치·사회적 기능 연구」, 숙명여자대학교 박사학위논문, 1991 ; 이종태, 「삼국시대의 「시조」인식과 그 변천」, 국민대학교 박사학위논문, 1996 ; 나희라, 위 논문, 1999 : 위 책, 2003 ; 채미하, 위 논문, 2001 : 위 책, 2008 ; 박승범, 「삼국의 국가제의 연구」, 단국대학교 박사학위논문, 2002.

오례 중에 가장 비중이 큰 예임을 의미한다. 이러한 길례, 국가제사는 『周禮』 春官 肆師에서 大祀·次祀·小祀로,[7] 天官 酒正에서는 大·中·小祭로[8] 구분하였고 중국 정사에서 국가제사를 대·중·소사로 분류하기 시작한 것은 수대 이후부터였다. 대·중·소사에 편제되어 있는 천신·지신·인신에 대한 제사는 祀·祭·享이라 하였고 문성왕에게는 釋奠이라고 하였다.[9] 석전의 釋은 설치한다[置]는 뜻이고 奠은 그친다[停]는 뜻으로, 제수를 올릴 뿐이고 잔을 돌리기 않기 때문에 붙여진 이름이다. 이러한 석전은 당대 이후에 국가제사에 편제되었고 고려와 조선의 경우도 마찬가지였다.[10]

지금까지 한국 고대 국가제사와 관련된 연구성과를 살펴보면 천·지·인 제사에 대한 연구가 주를 이루었고,[11] 국학에서 이루어지는 석전에 대해서는 큰 관심을 보이지 않았다.[12] 그 이유는 『삼국사기』 제사지에 석전이 보이지 않을 뿐만 아니라 그것이 시행되는 것을 대체로 고려시대로 보고 있기 때문일 것이다. 신라의 국학은 진덕왕 5년(651)에 설치되었다가 신문왕 2년(682)에 정비된다.[13] 그리고 이것을 전후한 시기에 중국의 여러 제도들이 수용된다.

---

7) 立大祀 用玉帛牲牷 立次祀 用特弊 立小祀用牲(鄭司農云 大祀天地 次祀日月星辰 小祀司命已下 玄謂大祀又有宗廟 次祀又有社稷五祀五嶽 小祀又有司中風師雨師山川百物)(『周禮』 春官 肆師).

8) 凡祭祀 以法共五齊三酒 以實八尊 大祭三貳 中祭再貳 小祭壹貳 皆有酌數 唯齊酒不貳 皆有器量 (『周禮』 天官 酒正).

9) 凡祭祀之名有四 一曰祀天神 二曰祭地祇 三曰享人鬼 四曰釋奠于先聖先師(『唐六典』 4, 祠部郎中員外郎) ; 凡祭祀之禮 天神曰祀 地祇曰祭 人鬼曰享 文宣王曰釋奠(『世宗實錄』 128, 五禮 吉禮 序例 辨祀).

10) 중국의 국가제사는 『수서』 예의지, 『구당서』 예악지, 『신당서』 예악지, 『송사』 예지, 『명사』 예지 참고. 고려시대의 국가제사는 『태종실록』 태종 13년(1413) 4월 신유조와 『고려사』 예지 길례 참고. 조선 태종대의 국가제사는 태종 13년 4월 신유조, 세종대의 국가제사는 『세종실록』 오례 길례 서례, 성종대의 국가제사는 『경국대전』 예전 제례조, 18세기말~19세기 국가제사는 『대전회통』 예전 제례조 참조.

11) 이와 관련해서 채미하, 앞 책, 2008 참고.

12) 전봉덕, 「신라의 율령고」, 『한국법제사연구』, 서울대출판부, 1968 ; 高明士, 「新羅時代廟學制的 成立與展開」, 『大東文化硏究』 23, 1989.

13) 국학에 대한 연구성과를 살펴보면 국학의 존재 의의를 밝힌 것, 국학생의 신분에 대한 연구, 국학운영에 대한 것 등이 있다. 이를 통해 국학의 대표적인 기능을 관료집단

뿐만 아니라 혜공왕 원년(765)과 12년(776), 경문왕 3년(863), 헌강왕 5년(879)에 국왕이 국학에 행차하였다. 이에 본서에서는 신라 국왕의 국학 행차인 視學을 통해 吉禮의 한 모습을 생각해 볼 것이다.

賓禮는 吉·凶·軍·嘉禮와는 달리 국가와 국가 사이에서 이루어지는 예이다.[14] 국가 내의 지배계급 사이뿐만 아니라 국가와 국가 간의 친선을 위해서도 禮가 요구된다. 이러한 빈례는 『주례』[15]에 처음 보이며 당대에 「개원례」로 정립되었다. 周代의 빈례는 주 왕실과 봉건 제후와의 相親을 위한 것이었지만, 唐代에 들어와 중국과 그 주변국과의 관계로 그 개념이 바뀌었다.[16]

신라 사회에서 행해진 빈례와 관련해서 당의 빈례에 대한 연구를 기반으로[17]

을 교육하는 측면으로 이해하였고 국학은 중대 왕권의 강화와 연결된 관료세력들의 기반이었음을 알 수 있었다(이기백, 「신라골품제하의 유교적 정치이념」, 『대동문화연구』 6·7, 1970 : 『신라사상사연구』, 일조각, 1986 ; 浜田耕策, 「新羅の國學生と遣唐留學生」, 『呴沫集』 2, 1980 ; 木村誠, 「統一新羅の官僚制」, 『日本古代史講座』 6, 1982 ; 전미희, 「원효의 신분과 그의 활동」, 『한국사연구』 63, 1988 ; 전미희, 「신라 경문왕·헌강왕대의 '能官人' 등용정책과 국학」, 『동아연구』 17, 1989 ; 이인철, 「신라 율령관제의 운영」, 『신라정치제도사연구』, 일지사, 1993 ; 김희만, 「신라 국학의 성립과 운영」, 『소헌남도영박사고희기념역사학논총』, 1994 ; 노용필, 「고대의 교육과 인재양성」, 『한국사시민강좌』 18, 1996 : 『한국고대사회사상사연구』, 한국사학, 2007 ; 고경석, 「신라 관인선발제도의 변화」, 『역사와현실』 23, 1997 ; 박순교, 「진덕왕대 정치개혁과 김춘추의 집권과정(1)」, 『청계사학』 13, 1997 ; 노중국, 「신라와 고구려.백제의 인재양성과 선발」, 『신라의 인재양성과 선발』(신라문화제학술발표회논문집 19), 1998 ; 이희관, 「신라 중대의 국학과 국학생」, 『신라의 인재양성과 선발』(신라문화제학술발표회논문집 19), 1998 ; 홍기자, 「신라 하대의 독서삼품과」, 『신라의 인재양성과 선발』(신라문화제학술발표회논문집 19), 1998 ; 이명식, 「신라 국학의 운영과 재편」, 『대구사학』 59, 2000 ; 정호섭, 「신라의 국학과 학생녹읍」, 『사총』 58, 2004.

14) 錢玄·錢興奇, 『三禮辭典』, 江蘇古籍出版社, 1998, 1022쪽(賓禮).

15) 以賓禮親邦國 春見曰朝 夏見曰宗 秋見曰覲 冬見曰遇 時見曰會 殷見曰同 時聘曰問 殷覜曰視 (『周禮』 春官 大宗伯).

16) 이범직, 앞 책, 1991, 151쪽.

17) 이와 관련해서 石見淸裕, 「唐代外國使の皇帝謁見儀式の復元」, 『史滴』 12, 1991 : 『唐の北方問題と國際秩序』, 汲古書院, 1998 ; 권덕영, 『고대한중외교사-견당사연구-』, 일조각, 1997 ; 石見淸裕, 「外國使節の宴會儀禮」, 위 책, 1998 : 「唐の國書授與儀禮について」, 『東洋史研究』 57卷 2号, 1998 ; 김성규, 「중국 왕조에서의 빈례의 연혁」, 『중국사연구』 23, 2003 등.

중국식의 빈례가 신라 중대에 수용되고 운용되었음을 대략적으로 검토하였다.[18] 나아가 당 사신에 대한 신라의 영접의식에 대해 고찰하기도 하였으며[19] 8세기 신라의 대일외교 속에서 신라의 영빈체계를 살펴보기도 하였다.[20] 이로 말미암아 신라 사회에 빈례가 수용되었고 그것이 운용되었으며 당의 빈례와 신라의 빈례는 거의 유사함을 알 수 있었다. 하지만 지금까지의 연구는 신라에 온 당 사신과 관련해서 그들의 임무에 대한 간략한 소개 내지는 특정한 임무, 특히 책봉의 임무를 띠고 온 당 사신을 중심으로 다루었다.[21] 이에 신라에 온 당 사신들에 대한 종합적인 분석이 필요할 것이다. 이를 통해 신라에 온 당 사신, 사절단의 여러 모습을 알 수 있을 것으로 생각한다.

다음으로 신라 사회에 중국식의 빈례가 수용되었다고는 하지만, 주로 진덕왕대 이후 禮制의 수용과 연관지어 이해하고 있다.[22] 그렇지만 당과 신라 양국간의 사신의 往來를 통한 빈례의 수용을 생각해 볼 수도 있을 것이다. 신라에 온 당 사신은 신라왕의 접대를 받았을 것인데, 그 모습이 어떠했는지에 대해서도 살펴보아야 할 것이다. 신라에 온 당 사신의 다양한 임무 중 신라왕에 대한 책봉은 신라 전 시기를 망라하여 나타나고 있다. 지금까지는 책봉을 통해 신라와 당과의 관계를 설명하였지만,[23] 책봉은 당 황제가 보낸 책명사에 대한 신라왕의 접대의식에서 이루어졌다. 신라왕이 당 사신을 접대하는 의식인

---

18) 채미하, 「신라 중대 오례와 왕권-오례 수용을 중심으로」, 『한국사상사학』 27, 2006a.

19) 최희준, 「신라 중·하대의 외국 사신 영접과 대외인식」, 고려대학교대학원 한국사학과 석사학위논문, 2008.

20) 박남수, 「8세기 동아시아 외교와 영빈체계」, 『신라사학보』 21, 2011.

21) 권덕영, 앞 책, 1997 : 「8, 9세기 '군자국'에 온 당나라 사절」, 『신라문화』 25, 2005 : 「나당교섭사에서의 조공과 책봉」, 『한국 고대국가와 중국왕조의 조공·책봉관계』, 고구려연구재단, 2006 ; 최영준, 앞 논문, 2008 등.

22) 주 18·19·20 참고.

23) 책봉과 관련된 연구 성과는 본서 제2장 제3절 참조. 신라가 당에서 받은 책봉호에 대해서는 金子修一, 「中國皇帝と周邊諸國の秩序」, 『隋唐の國際秩序と東アジア』, 名著刊行會, 2001, 53~65쪽 : 「唐大冊封制一斑-周邊諸民族における 王号と國王号」, 위 책, 2001 ; 김종복, 「남북국의 책봉호에 대한 기초적 검토」, 『역사와 현실』 61, 2006, 63~71쪽 참고.

빈례는 왕권의례의 하나로, 이것은 다른 4례와 마찬가지로 신라 내부질서에 미치는 영향도 적지 않았을 것이다. 따라서 본서에서는 이상의 검토를 통해 신라의 빈례가 지니고 있는 대내외적인 의미를 살펴볼 것이다.

한국 고대 軍事와 관련해서는 많은 연구 성과가 이루어졌다.[24] 왜냐하면 국가가 형성된 이후 성립된 다양한 조직과 제도 중 군사가 그 국가의 총체적인 생존 역량을 보여주는 하나의 척도였기 때문이었다. 그런데 한국 고대 국가제사, 吉禮가 의례적 측면으로도 접근하는 것과는 달리 군사와 관련된 연구는 제도사적 연구가 주를 이루고 있다. 전근대사회는 儀禮를 통해 국가 질서가 형성되었다고 해도 과언이 아니다. 그리고 의례는 단순한 禮로서의 의미뿐만 아니라 정치·사회적 의미도 지니고 있다. 제사는 근본에 보답하고 神明을 섬기는 것이고 군사는 외적의 침입을 막고 국가를 편안히 하기 위한 일이다. 때문에 전근대 동아시아 사회에서 "국가의 大事는 제사와 軍事에 있다"[25]고 하였다. 이와 같이 軍事는 제사와 함께 국가 중대사와 밀접하게 관련되어 있는 것이다.

군사의례, 군례 중 관심을 끄는 것은 수렵행사와 大閱, 활쏘기이다. 이것은 군사훈련으로서의 성격뿐만 아니라 최고 통치자인 국왕이 이것을 통해 자신의 군사적 능력을 대내외적으로 표방하는 것이기도 하였다. 이에 본서에서는 군사와 관련된 의례가 한국 고대 국가질서와 어떻게 매개되어 있었는지에 대해 생각해 볼 것이다.

嘉禮는 경사스러운 의례라는 뜻으로, 왕과 태자의 婚禮와 冠禮, 태자와 왕비를 책봉하는 의식, 君臣의 만남의 장인 朝賀禮와 朝禮, 각종 宴禮 등이 있었다. 신라의 가례와 관련해서는 일찍부터 賀正禮에 대해 관심을 가져왔고, 이것의 수용은 진덕왕대 김춘추의 활동과 밀접하게 관련있다고 하였다.[26]

---

24) 이문기, 「신라 군사조직 연구의 성과와 과제」, 『역사교육논집』 9, 1998 : 『신라병제사연구』, 일조각, 1997이 대표적이다. 양정석, 「한국 고대 군사사 연구의 현황과 과제」, 『군사』 32, 1996 및 김종수, 「신라 중대 군제의 구조」, 『한국사연구』 126, 2004도 참고된다.

25) 國之大事 在祀與戎(『左傳』 成公 13年).

전근대 동아시아에서 가례를 대표하는 것은 혼례로, 신문왕의 혼인 절차는 중국의 영향을 받았다.[27] 그리고 신라의 가례 내용 중 대부분을 차지하는 사면례[28]는 신라 중대 이후에는 중국의 그것과 비교될 수 있다고 하였다.[29]

새로운 질서의 수용은 기존 질서의 변화와 연동된다. 『삼국유사』의 오지암회의[30]는 기존의 귀족회의체의 변화를 알려주는 것이다. 지금까지 여기에 대해 많은 관심을 가졌지만,[31] 이것과 하정례 수용과의 관련성에 대한 이해는 부족하였다. 하정례 수용이 『삼국유사』 오지암회의에 보이는 귀족회의체의 변화와 관련있다고 여겨지기 때문이다. 가례는 다른 4례와는 달리 상·하가 함께 하는 의례로 구성원간의 화합을 도모하기도 하였다. 본서에서는 혼인 등 가례의 절차에 보이는 연회를 통해 이것을 생각해 볼 것이다.

가례는 萬民이 함께 하는 의례지만, 왕권의 절대 우위를 강조하는 명분논리이기도 하였다. 이와 관련해서 주목되는 것이 朝賀禮다. 지금까지 조하례와 관련해서는 하정례 정도만 언급하였다. 그렇지만 『北史』를 비롯한 중국 정사에는 하정례 외에 8월 15일의 의례가 보이며, 이때에는 연회뿐만 아니라 활쏘기도 하였다.[32] 따라서 본서에서는 여기에 대해서도 살펴보면서 신라 조하례의

---

26) 이와 관련해서 채미하, 앞 논문, 2006a, 127~133쪽 참고.

27) 채미하, 「신라의 오묘제 '시정'과 신문왕권」, 『백산학보』 70, 2004 : 앞 책, 2008, 143~144쪽.

28) 왕의 사면권 행사가 정치적 상황에서 어떠한 의미가 있는지에 대해 고구려와 신라를 중심으로 살펴보기도 하였다(윤성환, 「고구려 전기의 사면령」, 『민족문화』 34, 2009 ; 신정훈, 「新羅 中代의 大赦와 恩典이 가지는 정치적 의미」, 『백산학보』 85, 2009). 唐代 사면 문서의 변화와 관련해서는 우성민, 「당대 赦文의 변화에 관하여-공문서상 표현된 지위변화를 중심으로-」, 『중국사연구』 38, 2005 참고.

29) 채미하, 앞 논문, 2006a, 150쪽 및 한영화, 「신라의 사면과 의례공간」, 『고대 동아시아 도성의 공간구조와 의례의 재구성』(한국역사연구회·한성백제박물관 공동주최 학술회의 발표문), 2013.11 참고.

30) 『삼국유사』 1, 기이 1, 진덕왕.

31) 박남수, 『신라 화백제도와 화랑도』, 주류성, 2013, 314~331쪽에 연구성과가 자세히 나온다. 전덕재, 「신라 화백회의의 성격과 그 변화」, 『역사학보』 182도 참고.

32) 『北史』 94, 열전82, 신라 ; 『隋書』 81, 열전46, 동이 신라 ; 『舊唐書』 99상, 열전149상, 동이 신라 ; 『新唐書』 220, 열전145, 동이 신라. 이와 관련해서 채미하, 「한국 고대의

구체적인 실상과 그 의미에 접근하려고 한다.

五禮의 하나인 凶禮는 弔喪이나 기근·재해 등에 대한 救恤을 말한다.[33] 오례에서 길례를 대표하는 것이 祭禮라고 한다면 흉례를 대표하는 것은 喪禮이다. 상례란 死者의 영혼은 물론 사자와 관계가 있었던 生者가 시신의 처리 과정 전후에 가져야 할 태도에 대한 규정 등을 연속된 절차로 시행하는 것을 말한다.[34] 이러한 상례는 생자의 애통을 표현하는 禮와 생자가 본래 가지고 있는 情을 통하여 사자를 처리하는 예로 나누어 볼 수 있다. 전자는 居喪의 기간과 喪服 등의 제도에 잘 나타나며 후자는 사자를 처리하는 의식 절차가 그 핵심이 된다.[35]

슬픈 일을 당하여 슬퍼한다는 것은 인간생활 속에서 다양한 형태로 나타난다. 이 중 누구나 필연적으로 받아들여야 하는 죽음은 사람이 살아가는 동안 많은 생각을 하게 한다. 이러한 죽음의 문제에 사변적으로 해명하는 것보다 더욱 직접적으로 반응할 때 형성되는 의례가 상례인 것이다. 지금까지 한국 고대 상례에 대해 다양한 연구성과가 있어 왔다.[36]

하지만 흉례의 내용에는 상례 외에 다른 것도 있다. 그리고 흉례는 다른 4례, 길·빈·군·가례와 마찬가지로 한국 고대 사회에 수용되어 운용[37]되었다. 또한 왕의 죽음과 대권 계승이라는 혼란을 흉례에서 처리하고 있다는 점에서 흉례가 차지하는 의미는 상당하다고 생각한다. 이에 본서에서는 흉례의 수용과 운용, 신왕의 대권계승인 즉위례에 대해 살펴볼 것이다.

궁중의례」, 『사학연구』 112, 2013, 24~34쪽.

33) 錢玄·錢興奇 編著, 앞 책, 209쪽(凶禮).

34) 한국정신문화연구원, 『한국민족대백과사전』, 상례조, 1992 참고.

35) 공병석, 「『禮記』 喪葬觀의 人文意識」, 『유교사상연구』 20, 2004, 303쪽.

36) 한국 고대 상장례에 대한 연구 성과는 나희라, 「고대의 상장례와 생사관」, 『역사와 현실』 54, 2004, 172~173쪽의 주2 참고 : 『고대 한국인의 생사관』, 지식산업사, 2008 및 채미하, 「한국 고대의 죽음과 상·제례」, 『한국고대사연구』 65 , 2012 참고.

37) 채미하, 앞 논문, 2006a ; 「신라 국왕의 視學과 그 의미」, 『한국사상사학』 32, 2009 ; 「신라의 군례 수용과 왕권」, 『한국사연구』 149, 2010 ; 「신라의 賓禮-당 使臣을 중심으로」, 『한국사학보』 43, 2011.

한편 오례는 정치뿐만 아니라 그 사회와도 밀접한 관련을 가지고 있었다. 따라서 신라에 수용되고 운용된 오례가 정치·사회와 어떻게 연결되어 있었는지를 살펴보는 것은 중요한 작업이라고 생각한다. 동서고금을 막론하고 정권장악과 지배의 합리화라든가 정당화를 위해 정권은 피지배층의 자발적인 협조를 끌어내기 위해 유연하고 문화적인 방면으로 접근하였다. 전근대 동아시아 사회에서는 儀禮가 그것으로, 당시 국가 질서는 의례를 통해 형성되었다고 해도 과언이 아니다.

이에 본서에서는 우선 흥덕왕대의 정치와 의례를 통해 여기에 대해 생각해 보려고 한다. 흥덕왕대(826~836)를 전후하여 일어난 김헌창의 반란(822)과 왕위계승을 둘러싼 근친왕족간의 쟁탈전은 신라 골품제 사회의 분열상을 잘 보여준다. 게다가 이 시기는 잦은 자연재해 등으로 사회·경제적으로도 불안하였다. 따라서 연구자들은 흥덕왕대를 전후한 정치·경제·사회적 상황에 대해 살펴보았으며,[38] 특히 흥덕왕 9년(834)의 敎에 많은 관심을 가졌다.

흥덕왕 9년 敎에 대해 연구자들은 우선 골품제의 성립, 골품제의 강화 및 해이된 골품제를 보여 주는 것과 연관지어 이해하였다.[39] 다음으로 진골귀족들의 사치풍조를 알려주는 것으로 설명하기도 하고,[40] 규정들에 나오는 물품을 통해 신라의 무역활동을 알 수 있다고 하기도 하였으며,[41] 이 규정들이 당

38) 흥덕왕대의 정치 상황과 관련해서는 최병헌, 「신라 하대사회의 동요」, 『한국사』 3, 국사편찬위원회, 1976 ; 이기동, 「신라 흥덕왕대의 정치와 사회」, 『국사관논총』 21, 1991 등.

39) 井上秀雄, 「新羅の骨品制度」, 『歷史學硏究』, 1965 : 『新羅史基礎硏究』, 1974, 320~324쪽에서 이 규정들이 골품제의 성립 특히 두품제가 제도화된 것을 알려주는 것이라고 하였다. 한편 이기동(『신라골품제사회와 화랑도』, 1984, 일조각)과 三品彰英(「骨品制社會」, 『古代史講座』 7, 207~209쪽)은 이 규정들이 당시 골품체제의 강화와 연결되어 있다고 보았고, 이종욱(「남산신성비를 통하여 본 신라의 지방통치체제」, 『역사학보』 64, 1974, 66~67쪽)과 신동하(「신라골품제의 형성과정」, 『한국사론』 54, 1979)는 이 규정들이 당시 신라 사회의 느슨해진 골품체제의 현상을 그대로 보여주는 것이라고 하였다.

40) 이우성, 「삼국유사 소재 처용설화의 일분석」, 『김재원박사회갑기념논총』, 1969.

41) 이용범, 「삼국사기에 보이는 이슬람상인의 무역품」, 『이홍직기념한국사학논총』, 1969.

율령의 영향을 받았다고도 하였다.[42] 교를 반포하게 된 배경과 목적에 대해서는 흥덕왕이 왕을 중심으로 시행한 일련의 개혁정책으로 진골귀족에 대한 국왕의 초월적 존재를 부각하기 위한 것이라고 하였다.[43] 진골귀족들의 요구에 따라 각 신분계층간의 준별 특히 진골귀족과 6두품간의 구별을 목적으로 한 것으로 보기도 하였다.[44] 반면 이 교는 지방세력의 대두와 관련된 조처로 당시 현실에 입각한 정치개혁이라고 하였다. 즉 왕권이 골품귀족뿐만 아니라 전국의 세력들을 포섭하여 왕권의 기반으로 삼고자 하는 모습을 보여주는 것이라고 하였다.[45] 흥덕왕 3년(828) 청해진 설치 이후 무역이 활발해지면서 사치풍조가 유행하자, 이를 금지하여 풍속을 규정하고 왕권을 강화하기 위한 것이라고도 하였다.[46] 흥덕왕 9년 이전에 발생한 일련의 천재지변으로 말미암은 국가의 위기상황을 극복하기 위해 긴급하게 만들어진 일종의 儉朴令으로 보기도 하였다.[47] 이와 같이 연구자들은 흥덕왕 9년의 교를 신라 사회의 운영원리인 골품제와 연결지어 이해하였다. 그리고 당시의 정치·경제·사회적 혼란으로 신분제와 풍습이 무너지자, 이를 바로잡기 위한 규정이라는 점에는 대체로 동의하고 있다.

하지만 교를 반포하게 된 배경과 목적은 그 차이를 보이고 있다. 뿐만 아니라 흥덕왕 9년에 행해진 일련의 군사의례는 흥덕왕이 교를 내린 그 해에 이루어졌으며, 흥덕왕대에는 시조묘·신궁제사를 비롯하여 다양한 의례도 행해졌다. 따라서 본서에서는 여기에 대해 검토함으로써 흥덕왕 9년의 敎와 다양한 의례의 의미를 찾아볼 것이다.

---

42) 武田幸男, 「新羅興德王の色服車騎器用屋舍制」, 『榎一雄博士還曆記念東洋史論叢』, 山川出版社, 1975a에서는 이 규정들이 唐 文宗 太和연간의 율령격식의 정비에 따른 금령에 영향을 받았다고 하였다. 양정석, 「영선령을 통해 본 『삼국사기』 옥사조」, 『한국사학보』 28, 2007a도 참조.

43) 武田幸男, 「新羅骨品制の再檢討」, 『東京大學東洋文化研究所紀要』 67, 1975b에서는 王者가 골품제의 제약을 초월해 있는 상태를 반영해 주는 것이라고 파악하였다.

44) 김동수, 「신라 헌덕·흥덕왕대의 개혁정치」, 『한국사연구』 39, 1982.

45) 전미희, 「신라 하대 골품제의 운영과 변화」, 『신라문화』 26, 2005.

46) 이상해, 「『삼국사기』 옥사조의 재고찰」, 『건축역사연구』 4-2, 1995, 47쪽.

47) 양정석, 「신라 왕경인의 주거공간」, 『신라 왕경인의 삶』(신라문화제학술발표회논문집 28), 2007b, 19쪽.

다음으로 본서에서는 한국 고대 상·제례를 통해 의례가 지니고 있는 정치·사회적 의미를 생각해 볼 것이다. 동서고금을 막론하고 인간들은 죽음 이후의 세계에 대한 관념과 그와 관련된 儀禮를 지니고 있다. 이 중 전자는 내세관으로 한국 고대인들은 죽음 이후에도 현재의 삶이 지속된다는 관념과 현재보다는 좀 더 나은 삶이 있을 것이라는 관념, 죽음은 삶의 단절이며 생의 파괴라는 관념 등을 가지고 있었다. 이러한 죽음에 대한 관념은 그와 관련된 의례로 나타나는데, 喪禮와 祭禮가 그것이다. 지금까지 한국 고대 내세관[48]과 상례,[49] 제례[50]에 대해 많은 연구가 이루어졌다. 이를 통해 한국 고대의 죽음과 상·제례에 대한 지식과 그 이해는 넓고 깊어졌다. 특히 유교의 상·제례는 내세관[51]과는 달리 유교에서 중요한 문제였다. 본서에서는 유교와의 관련성을 염두에 두면서 한국 고대의 상·제례를 살펴보고 그것이 지니고 있는 의미를 생각해 볼 것이다.

오례는 정치·사회와 밀접한 관련을 가지고 있었다. 특히 오례는 국왕의 통치에 대한 정통성과 정당성을 위해 활용되었는데, 이것은 都城 안팎에서 이루어졌다. 도성은 국가의 정치·경제·사회·문화의 중심지로, 다양한 국가 기능이 수행되었다. 특히 도성 안에 있었던 왕궁은 관청·사찰·祭場 등과 함께 의례 공간의 하나로, 여기에서 거행된 의례는 국왕의 통치권과 밀접한 관련을 가졌다.

한국 고대 의례와 도성, 왕궁에 대해서는 단편적인 내용만이 보인다. 때문에

48) 내세관을 포함한 한국 고대의 생사관과 관련한 연구 성과는 나희라, 「고대 한국의 타계관」, 『한국고대사연구』 30, 2003, 84쪽 주1 및 「고대 한국의 생사관-영혼관을 중심으로」, 『역사와 현실』 47, 2003, 90쪽의 주2와 주3 : 『고대 한국인의 생사관』, 2008, 지식산업사.

49) 한국 고대 상장례에 대한 연구 성과는 나희라, 「고대의 상장례와 생사관」, 『역사와 현실』 54, 2004, 172~173쪽의 주2 참고 : 위 책, 2008.

50) 앞의 주6 참고.

51) 子路問事鬼神 子曰 未能事人 焉能事鬼 敢問死 曰未知生 焉知死(『논어』 先進). 중국에서 타계 관념이 분명히 인식된 것은 漢代부터였으며 先秦시대 이전에는 명확하지 않았다고 한다(구성희, 「한대의 영혼불멸관」, 『중국사연구』 28, 2004).

그것을 알기에는 어려움이 많았지만 발굴 성과를 반영하여 한국 고대 도성제에 대한 연구가 이루어지고 있으며[52] 왕궁의 구조[53]와 의례 공간에 대해서도 관심을 가졌다.[54] 이와 같은 연구들을 통해 도성의 의례 공간과 여기에서 이루어진 의례를 알 수 있었다. 하지만 도성의 중심 공간인 왕궁에서 행해진 의례의 구체적인 모습에는 접근하지 못하였다.[55] 따라서 본서에서는 여기에 대해 검토하고 신왕의 즉위 공간과 통치의례 공간에 대해서도 고찰할 것이다.

전근대 동아시아에서 국가 禮는 五禮, 吉·凶·軍·賓·嘉禮로 정리되었다. 이것은 신라에 수용되어 운용되었으며 신라의 정치·사회와 밀접한 관련을 지니면서 다양한 공간에서 행해졌다. 그렇다면 이러한 오례가 지니고 있는 성격과 그 의미에 대한 검토도 필요할 것이다. 이를 통해 한국사에서 한국 고대 오례가 차지하는 위상을 알 수 있을 것으로 기대한다.

이를 위해 우선 제1장에서는 신라에 오례가 수용되었음을 생각해 볼 것이다. 우선 오례의 수용을 신문왕 6년 당에서 보낸 길흉요례를 통해 알아볼 것이고, 다음으로 신라 사회에 들어온 오례의 내용을 살펴볼 것이다.

제2장에서는 신라 사회에 수용된 오례가 運用된 모습을 검토하려고 한다.

---

52) 도성제에 대해서는 여호규, 「삼국시기 도성사 연구의 현황과 과제」, 『역사문화연구』 26, 2007 참고. 이외 강현숙, 「고구려 도성과 신라 왕경의 구조」, 『신라문화제학술발표회논문집』 29, 2008 ; 전덕재, 『신라 왕경의 역사』, 새문사, 2009 ; 전덕재, 「한국 고대의 왕경과 도성, 지방도시」, 『역사학보』 207, 2010a ; 여호규, 「고구려 국내성 지역의 건물유적과 공간구조」, 『한국고대사연구』 66, 2012 ; 홍보식, 「신라 도성의 구조 성격과 백제 도성과의 비교」, 『백제 도성제와 주변국 도성제의 비교연구』, 백제역사유적지구 세계문화유산등재추진단 외, 2013 등 참고.

53) 전덕재, 「신라 상대 왕궁의 변화와 종묘」, 『신라문화』 36, 2010b 등.

54) 여호규, 「신라 도성의 의례 공간과 왕경제의 성립과정」, 『서울학연구』 18, 2002 ; 여호규, 「고구려 도성의 의례공간과 왕권의 위상」, 『한국고대사연구』 71, 2013 ; 이병호, 「백제 사비시기 도성의 의례공간과 왕권-종합중추로서의 왕궁과 사원을 중심으로」, 『한국고대사연구』 71, 2013 ; 윤재운, 「발해 도성의 의례공간과 왕권의 위상」, 『한국고대사연구』 71, 2013 등.

55) 여기에서 의례란 왕궁의 殿庭이나 문 등에서 이루어진 국왕과 왕실구성원의 의례로, 五禮에 한정한다.

제1절에서는 신라 국왕이 국학에 행차한 이유와 그 목적을 언급하면서 신라에 석전례가 시행되었음을 살펴볼 것이다. 다음으로 중국의 여러 제도, 특히 예제의 수용을 통해 신라에 석전례가 수용되었고 그것의 한 형태인 視學에 대해 검토할 것이다. 시학에서 행해진 일련의 행위들을 통해서는 시학이 가지고 있는 의미와 韓國史上에서 그것이 차지하고 있는 위상을 생각해 볼 것이다.

제2절에서는 신라에 온 당 사신에 대한 접대 의식인 빈례에 대해 고찰해 보고자 한다. 이를 위해 우선 신라에 온 당 사신들의 여러 모습을 살펴볼 것이다. 당과 신라에 가고 온 양국의 사신들을 통해서는 당 빈례가 어떻게 수용되었으며 효성왕 2·3년 기사를 통해서는 신라 빈례의 실제 모습을 검토할 것이다. 다음으로는 신라에 온 당 사신들의 접대의식인 빈례가 신라 왕권과 긴밀하게 연결되어 있었음을 생각해 볼 것이다.

제3절에서는 군사의례, 즉 軍禮가 통일 후 신라 사회에서 전개되고 운영된 모습을 검토할 것이다. 우선 통일을 전후하여 신라의 군사훈련이 삼국시대 신라의 그것과 구별되는 몇 가지 점들을 통해 통일 후 신라 사회에 중국의 군사의례가 수용되었음을 살펴볼 것이다. 다음으로 통일 후 신라 사회에 보이는 군사의례를 중국, 고려·조선의 그것과 비교해 봄으로써 신라의 군사의례에 대한 여러 모습을 알아 볼 것이다. 군사의례는 국왕의 권위와도 밀접한 관련을 가지고 있는데, 헌강왕 5년(879)의 기사를 통해 그것을 생각해 볼 것이다.

제4절에서는 신라에 수용된 가례가 그 사회에 운용되었고, 구체적인 모습은 조하례를 통해 검토해 볼 것이다. 이를 위해 우선 신라에 가례가 수용되었음을 賀正禮를 통해 고찰할 것이다. 다음으로 신문왕의 혼례와 신라 중대 이후 빈번하게 나타나는 사면례 등을 통해 신라에 수용된 가례가 운용되었음을 살펴보고 가례가 지니고 있는 의미를 생각해 볼 것이다. 朝賀禮와 朝禮에 대한 검토에서는 이것이 왕과 왕실의 권위를 수식하였을 뿐만 아니라 왕실구성원과 群臣과의 화합의례임을 고찰할 것이다.

제5절에서는 흉례의 내용 중 국휼이 신라에 운용되었고, 국휼 기간 중에 이루어진 신왕의 즉위례의 의미를 생각해 볼 것이다. 이를 위해 우선 중국식의

흉례가 신라 사회에 수용되어 있는 모습을 고찰해 볼 것이다. 다음으로 흉례에서 대부분의 내용을 차지하는 상례, 그 중 國恤이 신라에서 어떻게 운용되었는지를 살펴볼 것이다. 그리고 국휼의 내용 중 대권의 계승과 관련 있는 신왕의 즉위례와 즉위와 관련된 통치의례를 알아볼 것이다.

제3장에서는 신라에 수용되고 운용된 오례의 정치·사회적 의미를 살펴볼 것이다. 제1절에서는 우선 흥덕왕이 교를 반포하게 된 배경과 그 목적을 생각해 볼 것이다. 이를 위해 흥덕왕 9년에 거행된 군사의례와 다양한 의례를 검토할 것이다. 흥덕왕 9년의 교와 의례가 지니고 있는 의미는 신라 사회의 운영원리인 골품제와 연결지어 이해해 볼 것이다. 이와 같이 흥덕왕 9년의 교와 다양한 의례에 대한 검토를 통해 신라 골품제 사회의 일면을 알 수 있을 것이다.

제2절에서는 한국 고대 상·제례의 변화를 당시 사회의 변화와 관련지어 검토하고 그것이 지니고 있는 의미가 무엇인지 생각해 볼 것이다. 우선 한국 고대인들의 殉葬과 厚葬 습속이 불교와 유교의 영향으로 薄葬으로 변하였음을 알아보고, 상례를 대표하는 喪服制와 殯에 대해서도 살펴볼 것이다. 그리고 조상을 숭배하는 제례는 한국 고대 사회에서 어떠한 모습으로 전개되었는지를 검토할 것이다. 이상과 같은 한국 고대 상·제례의 의미는 부묘를 중심으로 알아볼 것이다.

제4장에서는 다양한 의례 공간에 대해 고찰할 것이다. 제1절에서는 왕궁의 殿庭이나 문 등 다양한 장소에서 의례가 행해졌음을 중국과의 비교를 통해 검토할 것이다. 제2절에서는 국왕의 탄생의례이자 통치권 장악과 밀접한 관련을 지닌 신왕의 즉위 공간과 통치의례 공간에 대해 생각해 볼 것이다. 여기에서는 빈전에 대한 검토도 함께 이루어질 것이다.

제5장에서는 신라 사회에 수용되고 운용된 오례의 성격과 의미를 살펴볼 것이다. 이를 위해 제1절에서는 당이 신라에 보낸 「길흉요례」에 대한 검토를 함으로써 신라에 수용된 오례의 성격을 생각해 볼 것이다. 이를 통해 오례의 예론이 신라 중대 이후의 왕권 및 정치질서와 밀접하게 연결되어 있었음을 알 수 있을 것이다. 제2절에서는 오례가 신라의 대내·외적인 상황과 밀접한

관련을 지니면서 수용·운용되었음을 살펴볼 것이다. 이를 통해서는 신라의 오례 수용과 운용이 한국사에서 차지하는 의미를 찾을 수 있을 것이다.

제1장 五禮를 수용하다

제1절 오례의 수용과 「吉凶要禮」

신라 중대 오례가 수용되었다는 것을 뒷받침해 주는 것으로, 다음 사료가 주목된다.

> A. 唐에 사신을 보내 禮記와 文章을 요청하였다. 則天武后는 담당 관청에 명하여 吉凶要禮를 베껴 쓰게 하고 아울러 文官詞林에서 규범이 될 만한 글들을 채택하여 50권으로 만들어 주었다.[1](『삼국사기』 8, 신라본기8, 신문왕 6년)

사료 A에 따르면 신문왕 6년(686)에 신라에서 당에 『禮記』와 문장을 요청하였다고 한다. 우선 『冊府元龜』에는 『삼국사기』와 마찬가지로 당에 『예기』를 요청한 것으로 나온다.[2] 그런데 『구당서』와 『신당서』에는 唐禮로 나오며[3] 『삼국사절요』와 『동사강목』 등에는 禮典으로 나온다.[4] 이로 볼 때 신라가 당에 요청한 『예기』를 문자 그대로의 『예기』로 보기에는 무리가 있다. 아마도 신라가 당에 요청한 것은 당례 또는 예전이 아닐까 한다.[5] 그리고 신라가

---

1) 遣使入唐 奏請禮記弁文章 則天令所司 寫吉凶要禮 弁於文館詞林 採其詞涉規誡者 勒成五十卷 賜之.

2) 則天垂恭二年二月 新羅王金政明遣使 請禮記一部 弁 新文章 令所司寫吉凶要禮弁於文館詞林採其詞涉規誡者 勒成五十卷 賜之(『책부원귀』 999, 外臣部44, 請求).

3) 垂恭二年 政明遣使來朝 因上表請唐禮一部弁雜文章 則天令所司寫吉凶要禮 弁於文館詞林採其詞涉規誡者 勒成五十卷以賜之(『구당서』 199상, 열전149상, 동이 신라) ; 開耀元年 (문무왕)死 子政明襲王 遣使者朝 丐唐禮及它文辭 武后賜吉凶禮弁文詞五十篇(『신당서』 220, 열전145, 동이 신라).

4) 遣使如唐請禮典弁詞章 武后令有司寫吉凶要禮 弁採文詞涉規誡者 勒成五十卷 賜之(『삼국사절요』 11, 신문왕 6년) ; 王遣使入朝 奏請禮典及詞章 武后令有司 寫吉凶要禮 弁於文館詞林 採其詞涉規誡者 勒成五十卷 賜之(『동사강목』 4下, 신문왕 6년).

『삼국사기』 '길흉요례' 기사 신문왕 6년(686) 당에서 보내온 '길흉요례'에는 五禮의 중요한 내용이 모두 포함되어 있다.

당에 요청한 문장은 『책부원귀』와 『唐會要』에는 新文章으로, 『구당서』와 『신당서』에는 雜文章 또는 它(=他)文辭로, 『삼국사절요』와 『동사강목』 등에는 詞章으로 나온다. 문장의 사전적 뜻은 '한 나라의 문명을 이룬 예악과 제도 또는 그것을 적어 놓은 논문'이고, 文辭=文詞는 '문장과 辭句'를, 詞章은 '詩文'을 말한다. 이로 볼 때 新文章과 它(=他)文辭는 그 전과는 다른 문장 등을 말하는 것이라 할 수 있을 것이다.

이와 같이 신라가 당례 또는 예전, 그리고 새로운 문장 등을 요청하자, 여기에 부응하여 사료 A에 보이는 바와 같이 당은 「길흉요례」와 아울러 "『문관사림』 중, 특히 규계(규범과 준거)의 영역에 들(涉) 만큼 중요한 글"[6](이하 '사섭규계'라 함)을 뽑아 50권의 책으로 묶어 주었다고 한다. 이 중 당에서 보내온 「길흉요례」에는 오례의 하나인 길례와 흉례 등의 내용이 들어있었을

5) 浜田耕策, 「新羅の神宮と百座講會と宗廟」, 『東アジア世界における日本古代史講座-東アジアにおける儀禮と國家』, 1982, 149~150쪽 ; 나희라, 앞 책, 2003, 177쪽.

6) 황위주, 「문관사림의 실체」, 『한국의 철학』 19, 1991, 75쪽.

것이다. 「길흉요례」는 '길례와 흉례의 중요한 예'라는 뜻이고 길례와 흉례만을 베낀 것이라고 한다.7) 그런데 「길흉요례」가 길례와 흉례만의 내용이었을까라는 의문이 든다.8)

오례란 문구는 『尙書』 舜傳 "修五禮"에서 처음 보이며, 孔安國은 이것을 길·흉·군·빈·가례라 하였다.9) 이러한 오례는 『周禮』에서도 찾을 수 있다.10) 여기에 따르면 禮를 길례·흉례·군례·빈례·가례의 다섯으로 분류하고 있다. 『주례』 地官 大司徒 注疏에 "保氏 (…) 道敎之六藝 一曰 五禮"라는 구절이 보이는데, 여기의 五禮를 정현은 길·흉·빈·군·가례라고 하였다.11) 길례란 천·지·인신에 대한 제사, 흉례란 弔喪과 기근·재해의 구휼, 빈례란 손님을 접대하는 의식, 군례란 정벌·전렵·축읍 등의 諸의식, 가례란 飮食·昏冠·賓射·燕饗·脤膰·慶賀를 말한다.12)

『주례』에서 기초된 오례 구조는 중국 역사에서 계속적으로 발전되지 않다가, 晉 武帝 때 처음으로 국가에서 도입한다.13) 隋 文帝는 남북의 儀注를 총집하여

7) 나희라, 『신라의 국가제사』, 지식산업사, 2003, 63쪽 및 179쪽 ; 이문기, 「신라 종묘제의 성립과 그 배경」, 『한국고대사와 고고학』(김정학박사미수기념고고학·고대사논총), 2000, 892쪽.

8) 浜田耕策은 '길흉요례'가 길례와 흉례의 2례에 한한 것인지, 혹은 길·빈·군·가·흉의 오례를 합한 것인지는 분명하지 않다고 하였다(「新羅の祀典と名山大川の祭祀」, 『呴沫集』 4, 1984, 149~150쪽).

9) 修五禮(修吉凶軍賓嘉之禮)(『상서』 순전).

10) 大宗伯之職 掌建邦之天神人鬼地示之禮 以佐王建保邦國 以吉禮 (…) 以凶禮 (…) 以賓禮 (…) 以軍禮 (…) 以嘉禮(…)(『주례』 春官 大宗伯).

11) 保氏 (…) 道敎之六藝 一曰 五禮 (五禮者 玄謂吉凶賓軍嘉).

12) 錢玄, 錢興奇, 『三禮辭典』, 江蘇古籍出版社, 1998, 172~173쪽(五禮)·338쪽(吉禮)·209쪽(凶禮)·1022쪽(賓禮)·593쪽(軍禮)·983쪽(嘉禮).

13) 진무제는 九州를 통일한 후 "길례, 흉례는 一謙三益의 뜻을 밝혀 교화를 행하는 것이다. (…) 『주관』 오례는 길·흉·군·빈·가인데 길례의 큰 것에 제사만한 것은 없다. 그러므로 『홍범』 八政에서 三曰祀라 한다. 祀란 昭孝事祖하고 通神明하는 것이다"라 하면서 荀顗, 鄭沖으로 하여금 『오례』 165편을 찬집케 하였다[太康平吳 九州共一 (…) 武皇帝亦初平寇亂 意先儀範 其吉禮也 (…) 其凶禮也 (…) 明乎一謙三益之義 而敎化行焉 (…) 晉始則有荀顗 鄭沖裁成國典 江左則有荀崧 刁協損益朝儀 周官五禮 吉凶軍賓嘉 而吉禮之大 莫過祭祀 故洪範八政 三曰祀 祀者 所以昭孝事祖 通于神明者也

오례의 儀註를 편찬하였고, 수 煬帝는 다시 예제를 정리하여 『江都集禮』를 편찬하였다.[14] 이것은 唐代에 오례체계를 세우는 것을 가능하게 하였는데, 당대의 오례체계는 「貞觀禮」·「顯慶禮」를 거쳐 「開元禮」로 정비되었다.[15]

이러한 오례의 순서는 『주례』 이후 길·흉·빈·군·가례였다가, 당대에 흉례의 순서가 다섯 번째로 옮겨지고 있다.[16] 「정관례」의 오례 배열 순서가 길·빈·군·가·흉으로 되어 있는 것으로 보아, 오례의 순서가 바뀐 것은 당 초기인 「정관례」부터였을 것이다.[17] 오례의 내용은 각 시대마다 상황에 따라 의견이 분분하기도

(…) 及晉國建 文帝又命荀顗因魏代前事 撰爲新禮 參考今古 更其節文 羊祜 任愷 庾峻 應貞並共刊定 成百六十五篇 奏之 (『진서』 19, 지9, 禮 上)]. 그리고 太康 초 尙書郎 摯虞는 荀顗의 『오례』를 검토한 뒤 이를 수정한 신례를 元康 원년(291)에 바쳤다 하며, 거기에는 오직 明堂 五帝, 二社 六宗 및 吉凶 王公 制度가 서술되어 있는데 中原 覆沒 후 남은 摯虞의 『決疑注』가 그 遺事라 한다[太康初 尙書僕射朱整奏付尙書郎摯虞討論之 (…) 虞討論新禮訖 以元康元年上之 所陳惟明堂五帝 二社六宗及吉凶王公制度 凡十五篇 有詔可其議 後虞與傅咸纘續其事 竟未成功 中原覆沒 虞之決疑注 是其遺事也 (『진서』 19, 지9, 禮 上)]. 한편 隋 이전까지 중국의 예제 정비는 다음과 같다. 南齊 武帝 永明 2년(484) 尙書令 王儉이 전대의 의례 연혁을 길·흉·빈·군·가의 오례로 찬집하는 신례를 제정하였다 한다(『남제서』 9, 지1, 禮 上). 남제는 20여 년간 존속한 왕조이지만 중국 의례사 흐름에서 서진 초기 처음 제기된 오례 체제를 다시 원용하였다는데서 그 의의가 있다(김일권, 「고대 중국과 한국의 천문사상연구-한·당대 제천의례와 고분벽화의 천문도를 중심으로-」, 서울대 박사학위논문, 1999, 209쪽 및 229쪽). 이후 양·수·당 등은 오례 체제를 국가 사전의 기본 골격으로 삼는다. 梁 무제(502)는 群儒에 명하여 大典을 재단케하는데 길례는 明山賓, 흉례는 嚴植之, 군례는 陸璉, 빈례는 賀瑒, 가례는 司馬褧에게 담당케 하고 다시 沈約·周捨·徐勉·何佟之 등에게 參群케 한다. 陳·北齊·北周 역시 의례 修習에 경주한다(『수서』 6, 지1, 예의1 및 『구당서』 21, 지1, 예의1).

14) 自晋至梁 繼令條纘 鴻生鉅儒 銳思綿蕝 江左學者 髣髴可觀 隋氏平陣 寰區一統 文帝命太常卿牛弘集南北儀注 定五禮 一百三十篇 煬帝在廣陵 亦聚學徒 修江都禮集 由是周漢之制 僅有遺風 (『구당서』 21, 지1, 예의1). 『수서』 6, 지1, 예의1도 참고. 『수서』 76, 열전41, 문학전에 실린 潘徽의 『강도집례』 서문을 보면 그 내용이 3례를 중심으로 하는 예학 및 한 왕조 이후의 해석과 논저를 집대성한 것인 듯하고 국가의례를 상세히 기록한 것은 아닌 듯하다(와타나베 신이치로 지음, 문정희·임대희 옮김, 『천공의 옥좌』, 신서원, 2002, 140쪽).

15) 이와 관련해서 이범직, 『한국중세예사상연구-오례를 중심으로-』, 일조각, 1991, 411~413쪽 ; 나희라, 『신라의 국가제사』, 지식산업사, 2003, 177~179쪽.

16) 五曰凶禮 周禮五禮 二曰凶禮 唐初徙次第五 (…) (『신당서』 20, 지10, 예악10).

하였다. 하지만 국가적 예제인 오례라는 큰 틀은 『주례』 이후 변함이 없었다. 이로 볼 때 「길흉요례」의 '길흉'이라 함은 '길례와 흉례'만을 지칭하는 것이 아니라, 오례 전체를 말하는 것으로 보아도 큰 무리는 없지 않을까 한다. 그렇다면 신문왕대 수용된 「길흉요례」에는 길례와 흉례만이 아닌 국가제도 전반에 걸친, 길례에서 흉례에 이르는 오례의 중요한 내용이 모두 포함되었다고 여길 수 있을 것이다.

이러한 오례는 「길흉요례」 수용 이전부터 신라에 소개되어 있지 않았을까 한다. 이와 관련해서 다음이 관심을 끈다.

> B. 伊飡 金春秋와 그 아들 文王을 唐에 보내 조공하였다. 당 太宗이 光祿卿 柳亨을 보내서 교외에서 그를 맞이하여 위로하였다. 이윽고 궁성에 다다르자 춘추의 용모가 영특하고 늠름함을 보고 후하게 대우하였다. 춘추가 國學에 가서 釋奠과 講論을 참관하기를 청하자 태종이 허락하였다. 아울러 자기가 직접 지은 溫湯碑와 晉祠碑, 그리고 새로 편찬한 晉書를 내려 주었다.[18](『삼국사기』 5, 신라본기5, 진덕왕 2년)

사료 B는 진덕왕 2년(648)에 당 태종이 김춘추에게 驪山 온천에 가서 세운 온탕비와 晉祠에 대해 지은 진사비 및 신찬 『진서』를 전달하고 있다는 것이다.[19] 이 중 신찬 『진서』 예지는 『주례』의 오례를 원용하여 길·흉·빈·군·가례로 구성되어 있다. 이로 본다면 김춘추가 받은 신찬 『진서』는 신라 사회에 소개되었을 것이고, 오례의 구성 및 그 내용도 알려졌다고 여겨진다.

다음도 주목된다.

---

17) 『구당서』에는 길·흉·빈·군·가례, 『신당서』에는 길·빈·군·가·흉례, 『通典』에는 길·가·빈·군·흉례, 『고려사』 예지에는 길·흉·군·빈·가례, 『세종실록』 오례에는 길·가·빈·군·흉례로 되어 있다.

18) 遣伊飡金春秋及其子文王朝唐 太宗遣光祿卿柳亨 郊勞之 旣至 見春秋儀表英偉 厚待之 春秋請詣國學 觀釋奠及講論 太宗許之 仍賜御製溫湯及晉祠碑幷新撰晉書.

19) 온탕비·진사비·『진서』에 대해서 정구복 외 4인, 『역주 삼국사기 3』 주석편(상), 한국정신문화연구원, 1997a, 159쪽 참고.

태종무열왕릉비 조각의 '中禮'銘 현재 태종무열왕릉비의 비신은 없어지고 귀부 위의 이수와 비편만이 남아 있다. 태종무열왕은 중국 예제 수용에 적극적이었는데, '中禮'銘에서도 생각해 볼 수 있다.

C. 가을 7월에 唐에 사신을 보내 조공하였다. 당 高祖가 朱子奢를 보내와서 詔勅으로 고구려와 화친하도록 타일렀다.[20](『삼국사기』 4, 신라본기4, 진평왕 48년)

사료 C는 진평왕 48년(626)에 朱子奢가 사행에 참여하고 있다는 것이다. 주자사는 정관 9년(선덕왕 4)에 고조가 죽으면서 廟論이 발생하자, 천자가 제후와 같은 오묘를 쓸 수 없음을 주장하고 제후는 고조 이하와 태조를 합해 오묘를, 천자는 칠묘를 세우는 것이 옳음을 주장하였다.[21] 당 태종(627~647)은 國子祭酒 孔穎達과 諸儒들에게 명하여 『五經正義』를 편찬케 했는데, 朱子奢는 賈公彦 등과 『禮記』를 찬수하였다.[22] 이로 볼 때 주자사는 『예기』에 조예가

---

20) 秋七月 遣使大唐朝貢 唐高祖遣朱子奢來 詔諭與高句麗連和.

21) 이와 관련하여 戶崎哲彦, 「唐代における太廟制度の變遷」, 『彦根論叢』 262·263, 1989 및 나희라, 앞 책, 2003, 180~182쪽 참고.

22) 이것을 함께 찬수한 사람들로 『주역』에 馬嘉運·趙乾叶, 『상서』에 王德韶·李子雲, 『모시』에 王德韶·齊威, 『춘추』에 谷那律·楊士勛, 『예기』에 朱子奢·李善信·賈公彦·柳

깊었음을 알 수 있다. 그러하다면 진평왕 48년 사행에 참여했을 때 주자사는 그가 갖고 있던 경학지식으로 우리 학자들과 교류하였을 것인데, 이것은 경학정보 교류과정이었음을 시사하는 것[23]일 뿐만 아니라 새로운 예제의 수용과도 관련있어 보인다.

진덕왕대는 당제를 적극적으로 수용하고 있다. 진덕왕 3년(649)의 당 장복제 시행, 진덕왕 4년의 당 연호 채용 및 당홀 사용, 진덕왕 5년의 하정식의 거행 등[24]이 그것이다.[25] 이러한 점들은 이 시기 신라 사회가 중국 예제의 내용에 깊은 관심을 가졌다고 여길 수 있을 것이다. 무열왕 즉위년(654)에는 율령을 詳酌하여 이방부격 60여 조를 수정하고[26] 문무왕은 유조에서 율령격식에 불편한 것이 있으면 즉시 고치라고 당부하고 있다.[27] 이와 같은 율령의 수정은 국가 예의 수용 및 정비와 밀접한 관련을 가지고 있을 것이다.[28] 예는 악과도 불가분의 관계에 있는데, 문무왕 4년(664)에 성천·구일 등 28人을 웅진부성에 보내어 당악을 배우게 하였다고 한다.[29] 이외 문무왕 4년에 부인의 의복도 중국의 의복을 입게 하였다.[30] 문무왕 14년에는 덕복이 역술을 배워서 돌아와 새 역법으로 고쳐 사용하였다고 한다.[31] 덕복이 배워왔다는 신역법은 麟德曆으로, 인덕 3년(666) 李淳風이 隋의 皇極曆을 계승·수정하여 만든 달력이다.[32]

士宣·范義頵·張權이 있었다. 이와 관련해서 『신당서』 57, 지47, 예문1 및 皮錫瑞 著. 李鴻鎭 譯, 『中國經學史』, 형설출판사, 1995, 155쪽 및 159쪽.

23) 이범직, 앞 책, 1991, 14~15쪽.

24) 春正月 始服中朝衣冠(『삼국사기』 5, 신라본기5, 진덕왕 3년) ; 夏四月 下敎 以眞骨在位者 執牙笏 (…) 是歲 始行中國永徽年號(『삼국사기』 5, 신라본기5, 진덕왕 4년) ; 春正月朔 王御朝元殿 受百官正賀 賀正之禮 始於此(『삼국사기』 5, 신라본기5, 진덕왕 5년).

25) 이와 관련하여 권덕영, 『고대한중외교사연구』, 일조각, 1997, 269~274쪽 참고.

26) 五月 命理方府令良首等 詳酌律令(『삼국사기』 5, 신라본기5, 태종무열왕 원년).

27) 律令格式 有不便者 卽便改張(『삼국사기』 7, 신라본기7, 문무왕 21년).

28) 나희라, 앞 책, 2003, 184~185쪽 참고.

29) 三月 遣星川丘日等二十八人於府城 學唐樂(『삼국사기』 6, 신라본기6, 문무왕 4년).

30) 春正月 下敎 婦人亦服中朝衣裳(『삼국사기』 6, 신라본기6, 문무왕 4년).

31) 春正月 入唐宿衛大奈麻德福 傳學曆術還 改用新曆法(『삼국사기』 7, 신라본기7, 문무왕 14년).

32) 정구복 외 4인, 앞 책, 1997a, 235쪽.

뿐만 아니라 신라 오묘제의 수용을 무열왕대,[33] 문무왕대,[34] 신문왕대[35]로 보는 견해들에서도 새로운 예제 수용의 모습을 찾아볼 수 있다.

이러한 점들을 염두에 둔다면 진덕왕대를 전후한 시기에 오례가 신라에 소개되었고, 신문왕 6년(686)에 「길흉요례」가 수용됨으로써 이것은 체계화되어 갔을 것이다. 그렇다면 이러한 오례의 모습은 어떠했을까.

제2절 오례의 諸相

신라에 수용된 오례의 내용과 관련해서는 당의 「정관례」·「현경례」가 주목된다. 당은 초기에 隋의 예제를 이어받아서 사용하다가 태종 貞觀연간(629~649 : 진평왕 49~진덕왕 3)에 中書令 房玄齡, 秘書監 魏徵 등과 禮官, 學士들이 隋制에다 天子 上陵, 祖廟, 養老, 大射, 講武, 讀時令, 納皇后, 皇太子入學,

---

33) 이병도, 『국역 삼국사기』, 을유문화사, 1977, 495~496쪽 ; 박순교, 「신라 중대 시조존숭 관념의 형성」, 『한국 고대의 고고와 역사』, 학연문화사, 1997, 387~388쪽 및 392~393쪽 ; 이문기, 「신라 종묘제의 성립과 그 배경」, 『한국고대사와 고고학』(김정학박사미수기념고고학·고대사논총), 2000.

34) 노명호, 「백제의 동명신화와 동명묘」, 『歷史學硏究』 10, 전남대학교 사학회, 1981, 81쪽 주 41 ; 황운용, 「신라 태종 묘호의 분규시말」, 『동국사학』 17, 1982, 11~13쪽 ; 채미하, 「신라 종묘제의 수용과 그 의미」, 『역사학보』 176, 2002 및 「신라의 오묘제 '시정'과 신문왕권」, 『백산학보』 70, 2004, 267~275쪽 : 『신라 국가제사와 왕권』, 혜안, 2008.

35) 변태섭, 「묘제의 변천을 통하여 본 신라사회의 발전과정」, 『역사교육』 8, 1964, 68~69쪽 ; 浜田耕策, 「新羅の神宮と百座講會と宗廟」, 『東アジア世界における日本古代史講座-東アジアおける儀禮と國家』, 學生社, 1982, 241~242쪽 ; 신종원, 『신라초기불교사연구』, 민족사, 1992, 87쪽 ; 米田雄介, 「三國史記に見える新羅の五廟制」, 『日本書紀硏究』 15(塙書房), 1987, 317쪽 ; 황선영, 「신라의 묘제와 묘호」, 『동의사학』 5, 1989, 6~7쪽 ; 강종훈, 「신궁의 설치를 통해 본 마립간시기의 신라」, 『한국고대사논총』 6, 1994, 190~191쪽 ; 나희라, 앞 책, 2003, 173~175쪽. 그런데 신문왕 7년 4월 기사가 신라 오묘제 시정의 하한을 알려줄 뿐이라는 견해도 있다(이문기, 앞 논문, 2000, 893쪽). 신라에서 오묘제가 시정된 것은 신문왕대가 처음이며, 제도화된 것은 혜공왕대로 보기도 한다(최광식, 『고대한국의 국가와 제사』, 한길사, 1994, 336쪽).

四庫全書總目 卷八十二 史部 政書類

大唐開元禮一百五十卷 兩淮鹽政採進本 唐太子太師同
中書門下三品兼中書令蕭嵩等奉敕撰杜佑通典
及新舊唐書禮志稱唐初禮司無定制遇有大事輒
制一儀臨時專定開元中通事舍人王嵒上疏請删
削禮記舊文益以今事集賢學士張說奏禮記不刊
之書難以改易請取貞觀顯慶禮書折衷異同以爲
唐禮乃詔右散騎常侍徐堅左拾遺李銳太常博士
施敬本撰述歴年未就至蕭嵩爲學士復奏起居舍
人王仲丘等撰次成書由是唐之五禮始備卽此書
大唐開元禮 一
也其書卷一至卷三爲序例卷四至七十八爲吉禮
卷七十九至八十爲賓禮卷八十一至九十爲軍禮
卷九十一至一百三十爲嘉禮卷一百三十一至一
百五十爲凶禮凶禮古居第二而退居第五者用貞
觀顯慶舊制也貞元中詔以其書設科取士習者先
授太常官以備講討則唐時已列之學官矣新舊唐
書禮志皆取材是書而所存僅十之三四杜佑撰通
典別載開元禮纂類三十五卷比唐志差詳而節目
亦多未備其討論古今斟酌損益首末完具粲然勒
一代典制者終不及原書之賅洽故周必大序稱朝

『大唐開元禮』 唐 開元 20년(732)에 편찬된 동아시아 禮書의 典範으로, 앞서의 貞觀禮와 顯慶禮를 절충하여 찬술된 것이다.

太常, 行陵, 合朔, 陳兵, 太社 등을 증설하여 길례 61편, 빈례 4편, 군례 20편, 가례 42편, 흉례 11편 등 138편을 편수하였는데, 이것이 「정관례」이다.[36] 그런데 고종초 「정관례」가 미진하다 하여 太尉 長孫無忌 외 12명에게 명하여 「현경례」 130권을 증보케 하였다. 그러나 「현경례」는 오히려 「정관례」에 못미친다 하여 상원 3년(676 : 문무왕 16) 3월에 「정관례」를 복원토록 하였다. 또한 의봉 2년(677 : 문무왕 17)에는 「현경례」가 옛 것을 많이 따르지 못하였다 하여 그 오례와 함께 『주례』에 의거토록 하였다. 이로부터 여러 행사에 고금 예문을 참고하면서 때에 따라 정하였으며 정관, 현경 2례 역시 함께 통용되었다.[37] 측천무후 때에도 여전히 오례에 대한 논의가 진행되고 있었다.[38]

36) 唐初 既用隋禮 至太宗時 中書令房玄齡 秘書監魏徵 與禮官 學士等因隋之禮 增以天子上陵 祖廟 養老 大射 講武 讀時令 納皇后 皇太子入學 太常行陵 合朔 陳兵 太社等 爲吉禮六十一篇 賓禮四篇 軍禮二十篇 嘉禮四十二篇 凶禮十一篇 是爲貞觀禮 (『신당서』 11, 지1, 예악1). 『구당서』 21, 지1, 예의1에서는 흉례 11편을 흉례 6편, 국휼 5편으로 나누어 기록하고 있다.

이와 같은 「정관례」와 「현경례」 등의 편수 시기 및 그 편수 사정을 볼 때 신라에 들어온 오례는 「정관례」와 「현경례」 등의 내용을 참고하였을 것이고 신문왕 6년에 수용된 「길흉요례」 역시 마찬가지가 아니었을까 한다. 그러나 「정관례」와 「현경례」 등의 구체적인 내용은 알 수 없다. 이에 이것을 절충한 「개원례」[39]의 내용을 통해 신라에 들어온 오례가 신라 사회에 어떻게 운용되었는지를 살펴볼 수 있을 것이다.

우선 길례 중 팔자·선농·풍백·우사·영성의 제일 및 그 제장이 「정관례」 및 「개원례」의 그것과 같다.[40] 신라 중대에 수용된 오묘제는 중국의 제사제도를 수용한 것이다. 『삼국사기』 제사지 신라조에는 "又見於祀典 皆境內山川 而不及天地者 (…) 三山·五岳已下 名山大川 分爲大·中·小祀"라고 되어 있다. 국가제사는 『주례』 春官 肆師에서 大祀·次祀·小祀로, 天官 酒正에는 大·中·小祭로 구분하여 편제되어 있다. 중국 정사에서 국가제사를 대·중·소사로 분류하기

37) 高宗初 議者以貞觀禮節文未盡 又詔太尉長孫無忌 中書令杜正倫李義府 中書侍郎李友益 黃門侍郎劉祥道許圉師 太子賓客許敬宗 太常少卿韋琨 太學博士史道玄 符璽郎孔志約 太常博士蕭楚才孫自覺賀紀等重加緝定 勒成一百三十卷 至顯慶三年奏上之 增損舊禮 幷與令式參會改定 高宗自爲之序 時許敬宗 李義府用事 其所損益 多涉希旨 行用已後學者紛議 以爲不及貞觀 上元三年三月 下詔令依貞觀年禮爲定 儀鳳二年 又詔顯慶新修禮多有事不師古 其五禮並依周禮行事 自是禮司益無憑準 每有大事 皆參會古今禮文臨時撰定 然貞觀顯慶二禮 皆行用不廢(『구당서』 21, 지1, 예의1). 『신당서』 11, 지1, 예악1도 참고.

38) 則天時 以禮官不甚詳明 特詔國子博士祝欽明及叔夏 每有儀注 皆令參定 叔夏卒後 博士唐紹專知禮儀 博學詳練舊事 議者以爲稱職(『구당서』 21, 지1, 예의1).

39) 「개원례」는 현종 개원 14년(726 : 성덕왕 25)에 通事舍人 왕암이 『예기』에서 구문을 빼고 현재의 실정에 맞추어 다시 찬술할 것을 상소하니, 집현전 학사 張說은 『예기』는 不刊之書라 고칠 수 없음을 분명히 하고 「정관례」와 「현경례」를 절충하여 당례로 삼을 것을 주장하였다. 이를 받아들여 현종 개원 20년(732, 성덕왕 31) 中書令 蕭嵩, 起居舍人 王仲丘 등이 신례를 改撰하였는데, 이것이 「개원례」이다[(玄宗開元)十四年 通事舍人王嵒上疏 請刪去禮記舊文而益以今事 詔付集賢院議 學士張說以爲禮記不刊之書 去聖久遠 不可改易 而唐貞觀顯慶禮 儀注前後不同 宜加折衷 以爲唐禮 乃詔集賢院學士右散騎常侍徐堅 左拾遺李銳及太常博士施敬本撰述 歷年未就而銳卒 蕭嵩代銳爲學士 奏起居舍人王仲丘撰定 爲一百五十卷 是爲唐開元禮(『신당서』 11, 지1, 예악1)].

40) 이와 관련해서 채미하, 「신라의 농경제사와 '별제'」, 『국사관논총』 108, 2006b, 45~48쪽 : 앞 책, 2008 참고.

시작한 것은 수대 이후부터이고, 「개원례」에서도 당의 국가제사를 대·중·소사로 나누고 있다. 제사지 신라조에 나오는 名山大川 제사는 九州의 창설이 끝난 신문왕 5년(685) 이후부터 성덕왕 34년 이전에 대·중·소사로 편제된 것[41]으로 보여진다. 이로 볼 때 신라에서 명산대천제사를 대·중·소사로 분류한 것은 중국 제사제도의 내용을 참조하였다고 여길 수 있다.[42]

다음으로 빈례는 어떠했을까. 이와 관련해서 영객부[43]가 관심을 끈다. 진평왕 43년(621) 이후 당 사신을 접대하기 위해 왜전이 영객전[44]으로 개칭되었고, 영객전은 당과의 외교관계 속에서 진덕왕 5년(651)에 令이 설치되면서 영객부로 승격하였다고 한다.[45] 왜전은 영객전으로 개칭되면서 따로 두어졌다.[46] 이러한 왜전은 일본 사신이 신라 국왕을 배알하는 시기를 전후하여 신라의 관리들로부터 영접을 받던 곳으로 보고 있다.[47] 이처럼 관부의 설치 및 그

---

41) 井上秀雄, 「新羅の律令制の收容とその國家·社會との關係」, 『中國律令制の展開と國家社會との關係』, 1984, 163~164쪽 : 『古代 東アジアの文化交流』, 溪水社, 1993, 84쪽 ; 노중국, 「통일기 신라의 백제고지지배」, 『한국고대사연구』 1, 1988, 137쪽 ; 최광식, 앞 책, 1994, 309쪽.

42) 신종원은 앞 책, 1992, 94~95쪽에서 "신라 사전의 성립은 지증왕대에 중국의 제사제도를 받아들여 명산대천과 鎭·海·瀆을 중심으로 이루어졌다"고 보면서 "지증왕대의 사전 정비는 기존의 諸神들에게 등급을 부여하는 제도화작업이 되겠다"고 하였다. 그리고 박호원은 『삼국유사』 선도성모수희불사조의 "有國已來 常爲三祀之一"의 "三祀란 곧 대·중·소사의 삼사를 의미할 것이다"고 하였다(「한국 공동체 신앙의 역사적 연구」, 한국정신문화연구원 한국학대학원 박사학위논문, 1997, 69~70쪽). 중국 정사에서 대·중·소사로 국가제사를 정비한 것은 수대 이후부터이다. 『삼국유사』 천사옥대조의 '郊廟大祀'의 '大祀'는 三祀制度와는 무관하게 '큰 제사'라는 의미일 수도 있다. 그러하다면 삼사체계는 통일 이전 보다는 통일 이후로 보는 것이 더 타당하다고 생각한다.

43) 領客府 本名倭典 眞平王四十三年改爲領客典(後又別置倭典) 景德王又改爲司賓府 惠恭王復故 令二人 眞德王五年置 (…) 卿二人 文武王十五年加一人 (…) 大舍二人 景德王改爲注簿 惠恭王復稱大舍 (…) 舍知一人 景德王改爲司儀 惠恭王復稱舍知 (…) 史八人 (『삼국사기』 38, 잡지7, 직관 상).

44) 김영하, 「신라 중고기의 정치과정시론」, 『태동고전연구』 4, 1988, 19쪽.

45) 이인철, 「신라 중앙행정관부의 조직과 운영」, 『신라정치제도사연구』, 일지사, 1993, 38쪽.

46) 倭典 已下十四官員數闕 (『삼국사기』 39, 잡지8, 직관 중).

명칭의 변경 등은 새로운 의례, 빈례의 수용과 관련있을 것이다.

문무왕 원년(661)에 신라에 온 책봉사는 선왕을 弔祭한 후 2년에 신왕을 책봉하고 있는데, 그동안 館에 있었다고 한다.[48] 효성왕 2년(738) 2월에는 신라에 온 형숙이 그 해 4월 왕에게 노자 『도덕경』 등을 바치고 있는 점[49]으로 미루어 형숙은 그동안 객관에 머물러 있었을 것으로 짐작된다. 이들 사신을 맞는 예식 등은 알 수 없지만, 「개원례」 빈례의 내용과 유사하지 않았을까 한다. 문무왕 8년에는 유인궤가 황제의 칙명을 받고 도착했을 때 왕이 성대한 예식으로 맞이하고 있으며,[50] 문무왕 5년에는 이찬 문왕이 죽자 당에서 온 사신에게 금과 비단을 후하게 주었다[51]고 한다. 이와 관련해서 「개원례」 빈례의 번국의 왕이 내조할 때 束帛(예물)으로 맞이하고 위로하는 의례(蕃國王來朝以束帛迎勞), 황제가 번국의 사신에게 주연을 베푸는 의례(皇帝燕蕃國使)가 참고된다.

군례와 관련해서는 다음이 주목된다.

D. 1) 8월에 (왕이) 西兄山 아래에서 大閱하였다. 9월에 (…) 靈廟寺 앞 길에서 閱兵하였고, 阿飡 薛秀眞의 六陣兵法을 보았다.[52](『삼국사기』 7, 신라본기 7, 문무왕 14년)

2) 봄 3월에 講武殿 南門에서 觀射하였다.[53](『삼국사기』 7, 신라본기7,

---

47) 이인철, 앞 책, 1993, 71쪽 ; 三池賢一, 「新羅內廷官制考(上)」, 『朝鮮學報』, 1977, 37쪽에서 생산관계관부로 보았다.

48) 冬十月二十九日 大王聞唐皇帝使者至 遂還京 唐使弔慰 兼勅祭前王 贈雜彩五百段 (『삼국사기』 6, 신라본기6, 문무왕 원년) ; 春正月 唐使臣在館 至是 冊命王爲開府儀同三司上柱國樂浪郡王新羅王 (『삼국사기』 6, 신라본기6, 문무왕 2년).

49) 夏四月 唐使臣邢璹 以老子道德經等文書 獻于王 (『삼국사기』 9, 신라본기9, 효성왕 2년).

50) 六月十二日 (…) 劉仁軌 奉皇帝勅旨 與宿衛沙飡金三光 到党項津 王使角干金仁問 延迎之以大禮 (『삼국사기』 6, 신라본기6, 문무왕 8년).

51) 春二月 伊飡文王卒 以王子禮葬之 唐皇帝遣使來弔 兼進贈紫衣一襲 腰帶一條 彩綾羅一百匹 綃二百匹 王贈唐使者金帛尤厚 (『삼국사기』 6, 신라본기6, 문무왕 5년).

52) 八月 大閱於西兄山下 九月 (…) 幸靈廟寺前路閱兵 觀阿飡薛秀眞六陣兵法.

53) 春三月 觀射於講武殿南門.

문무왕 17년)

사료 D-2)를 보면 문무왕 17년에 강무전 남문에서 활쏘는 것을 관람하고 있음을 알 수 있다. 射는 고구려의 예에서도 잘 알 수 있듯이, 田狩 등과 삼국시대 대표적인 군사훈련의 하나였다. 그런데 문무왕은 '觀射'에 앞서 사료 D-1)을 보면 '육진병법'을 관람하고 있다. 이것은 당나라 李靖이 諸葛亮의 八陣法에 의거하여 만들어낸 진법이다.[54] 이처럼 당의 진법이 신라에 들어와 지배층에게 소개될 정도였다면 문무왕의 '관사'의식은 중국의 그것과 같은 것으로 여겨도 좋지 않을까 한다. 「개원례」 군례의 황제가 사궁[55]에서 활쏘기를 관람하는 의례(皇帝觀射于射宮)는 이와 관련있어 보인다. 『당서』에 따르면 8월 15일에 군신을 모아 궁정에서 활쏘기를 하였다고도 한다.[56] 이것은 「개원례」 군례의 황제가 사궁에서 활을 쏘는 의례(皇帝射于射宮)와 비교된다.

가례 중 가장 대표적인 것은 혼인이다.

E. 봄 2월에 (…) 一吉湌 金欽運의 少女를 부인으로 맞아 들였다. 먼저 伊湌 文穎과 波珍湌 三光을 보내어 날짜를 정하고[定期] 大阿湌 智常에게 納采하게 하였다. 폐백이 15수레, 쌀·술·기름·꿀·장(醬)·메주·포(脯)·식초가 135수레, 조(租)가 150수레였다. (…) 5월 7일에 伊湌 文穎과 愷元을 보내 김흠운의 집에 가서 그의 딸을 夫人으로 책봉하게 하였다. 그날 卯時에 波珍湌 大常·孫文, 阿湌 坐耶·吉叔 등을 보내 각각 그들의 아내와 딸 그리고 梁部와

---

54) 정구복 외 4인, 앞 책, 1997a, 236쪽.

55) 사궁은 활을 쏘는 宮으로 주대에는 大射의 예를 행하던 辟雍이었다(김택민 주편, 『역주 唐六典』(상), 신서원, 2003, 394쪽).

56) 又重八月十五日 設樂飮宴 賚群臣 射其庭(『구당서』 99상, 열전149상, 동이 신라) ; 八月望日 大宴賚官吏 射(『신당서』 220, 열전145, 동이 신라). 한편 『북사』와 『수서』에도 이러한 사정이 보인다[至八月十五日設樂 令官人射 賞以馬布(『북사』 94, 열전82, 신라 ; 『수서』 81, 열전46, 동이 신라)]. 이로 볼 때 관사의식은 상당히 일찍부터 관행적으로 해왔던 것이었는데, 이 시기에 들어와 중국식의 법제로서 공식화된 것으로 파악해 볼 수 있다. 이러한 모습은 다른 예에서도 찾아지는데, 중국식으로 법제화되기 전과 후의 구체적인 모습에 대해서는 잘 알 수 없다.

沙梁部 두 부의 여자 각 30명과 함께 부인을 맞아 오게 하였다. 부인이 탄 수레의 좌우에 시종하는 관인과 부녀자들이 매우 많았다. 수레가 왕궁의 북문에 이르자 부인은 수레에서 내려 궁궐 안으로 들어갔다.[57](『삼국사기』 8, 신라본기8, 신문왕 3년)

사료 E는 신문왕 3년(683)에 왕이 김흠운의 딸을 왕비로 맞이하는 과정을 보여주는 것이다. 신문왕의 혼인 순서를 보면 우선 왕은 이찬 문영과 파진찬 삼광을 보내어 기일을 정한다(卜日). 다음으로 대아찬 지상을 보내 부인에게 납채케 하였다(납채). 그리고 이찬 문영과 개원을 보내 부인으로 책봉하였다(책후). 다음으로 그 날 군신들과 그들의 아내 등 여자 60명과 함께 부인을 맞이하였다(命使奉迎). 다음으로 부인이 왕궁의 북문에 이르러 수레에서 내려 대궐로 들어갔다. 이처럼 신문왕의 혼인에서 「개원례」 가례의 황제가 황후를 맞는 의례(皇帝納后)의 절차[58]인 복일－납채－책후－命使奉迎의 모습이 찾아진다.[59] 이로 볼 때 신문왕은 중국식의 혼인제도에 따라 혼인하였고, 이후 신라왕의 혼인절차는 이와 같지 않았을까 한다.

흉례와 관련해서는 다음이 주목된다.

---

57) 春二月 (…) 納一吉湌金欽運少女爲夫人 先差伊湌文穎波珍湌三光定期 以大阿湌智常納采 幣帛十五轝 米酒油蜜醬豉脯醢一百三十五轝 租一百五十車 (…) 五月七日 遣伊湌文穎愷元抵其宅 冊爲夫人 其日卯時 遣波珍湌大常孫文 阿湌坐耶吉叔等 各與妻娘及梁沙梁二部嫗各三十人迎來 夫人乘車 左右侍從 官人及娘嫗甚盛 至王宮北門 下車入內.

58) 「개원례」 가례의 황제가 황후를 맞는 의례(皇帝納后) 절차를 보면 卜日－告圜丘－告方澤－臨軒命使－納采－問名－納吉－納徵－告期－告廟－冊后－命使奉迎－同牢－皇后謝表－朝太后－皇后受羣臣賀－會羣臣－外命婦朝會－羣臣上禮－皇后廟見－車駕出宮의 순으로 되어 있다. 納采－問名－納吉－納徵－告期의 의미와 관련해서는 『예기』 29, 婚儀 제44 참고.

59) 채미하, 앞 논문, 「신라의 오묘제 '시정'과 신문왕권」, 『백산학보』 70, 269쪽 : 앞 책, 2008. 한편 「개원례」 친왕의 납비의례(親王納妃)에 따르면 그 절차가 납채－문명－납길－납징－청기－책비－친영 등의 순으로 나오고 있다. 이로 볼 때 신문왕의 혼인의례는 皇帝納后를 따른 것으로 생각된다. 서영교는 신문왕의 혼례과정을 『고려사』 예지와 비교해서 살펴보았다(「신문왕의 혼례의-『고려사』 예지와 비교를 통하여-」, 『백산학보』 70, 2004).

F. 가을 7월 1일에 왕이 죽었다. 시호를 文武라 하였다. 여러 신하들이 유언에 따라 동해 입구의 큰 바위 위에 장례를 치렀다. (…) 遺詔에 이르길 (…) 태자는 일찍이 밝은 덕을 쌓았고 오랫동안 태자의 자리에 있었으니 위로는 여러 재상으로부터 아래로는 뭇 관리에 이르기까지 죽은 사람을 보내는 도리를 어기지 말고 살아있는 이 섬기는 예의를 빠뜨리지 말라. 종묘의 주인은 잠시도 비울 수 없으니, 태자는 곧 柩前에서 왕위를 있도록 하라. (…) 상복의 輕重은 정해진 규정[常科]이 있으니 喪을 치르는 제도는 검소하고 간략하게 하는 데 힘쓰라. (…)[60] (『삼국사기』 7, 신라본기7, 문무왕 21년)

사료 F에 따르면 문무왕 21년(681) 7월 1일에 문무왕이 재위 21년만에 죽으면서, 유조에서 '종묘의 주인은 잠시도 비울 수 없으니, 태자는 곧 柩前에서 왕위를 잇도록 하라'고 당부하고 있음을 알 수 있다. 이것은 당 태종이 유조에서 '宗社를 보존함에 군주가 없을 수 없으니 황태자는 곧 구전에서 황제위에 즉위하라'는 것과 같다.[61] 그러하다면 당시 중국 즉위의의 형식이 신라에 들어와 신문왕의 즉위에 적용되었음을 알 수 있다.[62] 이후 신왕들의 즉위 역시 이와 마찬가지였을 것이다.[63]

---

60) 秋七月一日 王薨 謚曰文武 羣臣以遺言葬東海口大石上 (…) 遺詔曰 (…) 太子早蘊離輝 久居震位 上從羣宰 下至庶僚 送往之義勿違 事居之禮莫闕 宗廟之主 不可暫空 太子卽於柩前 嗣立王位 (…) 服輕重 自有常科 喪制度 務從儉約 (…).

61) 宗社存焉 不可無主 皇太子卽於柩前 卽皇帝位 (『全唐文』 9, 태종 유조).

62) 나희라, 「신라의 즉위의례」, 『한국사연구』 116, 2002, 14쪽. 태자에게 柩前에서 왕위를 계승하라는 당부는 본래 신왕의 즉위가 선왕의 喪葬이 모두 끝난 후에 치러졌다고 하면서 殯과 즉위의례가 밀접히 연관되었을 가능성이 있다고 하기도 하였다(권오영, 「한국 고대의 상장의례」, 『한국고대사연구』 20, 2000, 13쪽).

63) 「개원례」에서 다루는 대부분의 내용은 상례부분이었다(이범직, 앞 책, 1991, 108~109쪽). 상례에서 무엇보다 가장 중요한 것은 國恤이었을 것이다. 그렇지만 「개원례」에는 여기에 대한 것이 보이지 않는다. 그 이유는 그 내용이 '諱而不傳'하였기 때문이라고 한다[至國有大故 則皆臨時采撤附比以從事 事已 則諱而不傳 故後世無考焉(『新唐書』 20, 지10, 예악10)]. 이것은 「개원례」 내용을 거의 그대로 받아들인 고려의 경우도 마찬가지였는데, 『고려사』 예지 연대기를 살펴보면 嗣王의 즉위와 관련된 내용 및 虞祭를 행하였다는 것과 동시에 태묘에 왕의 신주를 부묘한 사실들이 보인다(이범직, 위 책, 1991, 109~113쪽).

이상과 같이 오례는 「길흉요례」 수용을 전후하여 신라 사회에서 운용되었고, 이것을 운영하기 위한 관부와 관서가 있었을 것이다. 당의 예부는 예의·제사·연향·공거에 관한 정령을 관장하고, 그 예하에 禮部, 祠部, 膳部, 主客을 두고 있다.[64] 이 중 예부는 의례에 관한 정무를 관장하였고, 사부는 제사·천문·누각·점복의약, 도교·불교에 관한 정무, 선부는 희생과 제기, 음식에 관한 정무, 주객은 二王侯와 외국사신에 관한 정무를 관장하였다. 특별 사무관서인 태상시는 나라의 예악, 교묘, 사직의 일을 담당하였고[65] 광록시는 국가의 주류와 음식을 관장하였으며[66] 홍려시는 빈객과 흉례를 관장하였다.[67]

신라도 예부에서 의례를 총괄하였을 것이고, 그 부속관서로 국학, 전사서, 음성서, 사범서 등이 있다. 국학은 신문왕대 정비되었는데,[68] 이때 이것을 추진한 유력한 인물은 강수와 설총이다.[69] 강수는 『孝經』·『爾雅』·「曲禮」·『文選』을 스승으로부터 배웠다고 한다.[70] 설총은 '방언으로 九經을 읽어 후생을 훈도하였다'고 한다.[71] 강수가 읽었다는 「곡례」는 『예기』의 首篇이고[72] 설총이 읽었다는 9경에 대해서는 여러 견해가 있으나,[73] 여기에는 공통적으로

---

64) 禮部尙書侍郞之職 掌天下禮儀祠祭燕饗貢擧之政令 其屬有四 一曰禮部 二曰祠部 三曰膳部 四曰主客 尙書侍郞總其職務而奉行其制命(『唐六典』 4, 상서예부).

65) 太常卿之職 掌邦國禮樂郊廟社稷之事(『당육전』 14, 태상시).

66) 光祿卿之職 掌邦國酒醴膳羞之事(『당육전』 15, 광록시).

67) 鴻臚卿之職 掌賓客及凶儀之事 領典客司儀二署 以率其官屬而供其職務(『당육전』 18, 홍려시).

68) 國學 屬禮部 神文王二年置 景德王改爲大學監 惠恭王復故 卿一人 景德王改爲司業 惠恭王復稱卿 位與他卿同 (…) 大舍二人 眞德王五年置 景德王改爲主簿 惠恭王復稱大舍 位自舍知至奈麻爲之(『삼국사기』 38, 잡지7, 직관 상) ; 六月 立國學 置卿一人(『삼국사기』 8, 신라본기8, 신문왕 2년).

69) 이기백, 「통일신라와 발해의 사회」, 『한국사강좌 Ⅰ(고대편)』, 일조각, 1982, 318쪽.

70) 强首 (…) 遂就師讀孝經曲禮爾雅文選(『삼국사기』 46, 열전6, 강수).

71) 薛聰 (…) 以方言讀九經 訓導後生(『삼국사기』 46, 열전6, 설총).

72) 錢玄, 錢興奇, 앞 책, 1998, 362~363쪽(曲禮).

73) 당대에는 三經, 三禮, 三傳을 합하여 구경이라고 하였다. 즉, 『예기』와 『左傳』은 대경, 『시경』·『주례』·『의례』는 중경, 『역경』·『상서』·『춘추공양전』·『곡량전』은 소경이라고 하였다[凡禮記春秋左氏傳爲大經 詩周禮儀禮爲中經 易尙書春秋公羊傳穀梁傳爲小經(『新唐書』 44, 지34, 選擧上). 皮錫瑞 著, 李鴻鎭 譯, 『中國經學史』, 형설출판사, 1995,

국가의 전반적 예제인 오례를 이해하는 三禮, 즉 『예기』·『의례』·『주례』가 포함되어 있다. 그리고 국학 과목의 하나로 『예기』가 있으며, 독서삼품과의 시험과목 중 상품에는 『예기』가, 중·하품에는 『곡례』가 보인다. 이로 볼 때 국학에서는 예비관료의 교육뿐만 아니라, 국가 예제에 대한 전반적인 교육도 행하여지지 않았을까 한다.

전사서[74]는 그 명칭상 제사와 관련있는 관서로,[75] 주대의 典祀, 당 太常寺의 관할 관서인 郊社署에 비교되는 것으로 여길 수 있다.[76] 음성서[77]는 나라의 음악을 담당하던 관서로, 당 태상시의 태악서에 비정되며,[78] 그 장관인 태악령은 "樂人을 가르치고 鍾律을 조합하여 나라의 제사와 향연을 관장"하였다고 한다.[79] 사범서는 명칭으로 볼 때 범식과 관련이 있는 듯하다. 따라서 사범서는

165~167쪽)]. 이에 설총이 구경을 이것으로 보기도 한다(조준하, 「설총의 구경에 관한 사적 고찰」, 『한국사상과 문화』 17, 2002, 98~99쪽). 독서삼품과의 시험과목에 비추어 볼 때 『시경』·『서경』·『역경』·『춘추』·『예기』·『의례』·『주례』·『논어』·『효경』이 9경이라고도 한다(정구복 외 4인, 『역주 삼국사기 4 주석편 하』, 한국정신문화연구원, 1997b, 771~772쪽). 한편 이병도는 구경은 흔히 역경·서경·시경·예기·춘추·효경·논어·맹자로 보고 있다(이병도, 『국역 삼국사기』, 을유문화사, 1977, 681쪽).

74) 典祀署 屬禮部 聖德王十二年置 監一人 位自奈麻至大奈麻爲之 大舍二人 眞德王五年置 位自舍知至奈麻爲之 史四人 (『삼국사기』 38, 잡지7, 직관 상).

75) 전사서에 대해 기왕의 연구에서는 신문왕 6년 길흉요례를 수용한 이후 왕 7년 종묘가 오묘의 예를 취한 것을 시작으로 하여 상당히 복잡해진 제사를 담당할 예부의 기구를 강화했는데, 이것이 성덕왕 12년의 전사서라고 하였다(浜田耕策, 앞 논문, 1984, 151쪽). 전사서에서 다루었을 국가제사의 대상은 오묘 등의 왕실제사와 삼산·오악과 같은 명산대천 제사였을 것으로 파악하고 있다(김수태, 『신라중대정치사연구』, 일조각, 1996, 70쪽 ; 이기동, 「신라 성덕왕대의 정치와 사회」, 『역사학보』 160, 1998, 13쪽 ; 김홍삼, 「신라 성덕왕의 왕권강화정책과 제의를 통한 하서주지방통치(상)」, 『강원사학』 13·14, 1998, 119~120쪽).

76) 채미하, 「신라 종묘제의 수용과 그 의미」, 『역사학보』 176, 2002, 43~44쪽.

77) 音聲署 屬禮部 景德王改爲大樂監 惠恭王復故 長二人 神文王七年改爲卿 景德王又改爲司樂 惠恭王復稱卿 位與他卿同 大舍二人 眞德王五年置 景德王改爲主簿 後復稱大舍 位自舍知至奈麻爲之 史四人 (『삼국사기』 38, 잡지7, 직관 상).

78) 이인철, 앞 책, 1993, 44쪽 ; 정구복 외 4인, 앞 책, 1997b, 504쪽.

79) 太樂署 令一人 從七品下 (…) 太樂令 掌教樂人調合鍾律 以供邦國之祭祀饗宴 (『당육전』 14, 태상시).

예절이나 기물에 모범이 될 만한 양식이나 예부격식을 제정하는 관서가 아니었을까 한다.[80]

앞서 살펴본 영객부는 경덕왕대 司賓府로 개칭하고 또 사지를 사의로 개칭하고 있다. 당에서 司賓寺는 鴻臚寺를 개칭한 명칭이고[81] 홍려시의 부속관서로 典客署와 사의서가 있는데,[82] 전객서는 빈례를 행하던 곳이고,[83] 사의서는 흉례를 행하던 곳으로 여겨진다.[84] 이로 볼 때 영객부는 빈객·흉의 등을 맡은 관부라 할 수 있을 것이다.[85]

이상에서 「길흉요례」 수용을 전후하여 신라에는 길례뿐만 아니라 나머지 4례도 신라 사회에서 운용되었고 이를 원활하게 운영하기 위해 오례를 담당하는 관부와 관서가 설치되고 정비되었음을 알 수 있었다.

---

80) 이인철, 앞 책, 1993, 45쪽. 한편 이병도는 의식을 맡은 부서로 추측하였다(이병도, 앞 책, 1977, 585쪽).

81) 鴻臚寺 卿一人 從三品 (…) 龍朔二年改爲同文正卿 咸亨元年復曰鴻臚 光宅元年改爲司賓寺卿 神龍元年復舊 (『당육전』 18, 홍려시).

82) 주 67 참고.

83) 典客令 掌二王後介公酅公之版籍 及東夷西戎南蠻北狄歸化在蕃者之名數 (『당육전』 18, 홍려시).

84) 司儀令掌凶禮之儀式 及供喪葬之俱 (『당육전』 18, 홍려시).

85) 이인철, 앞 책, 1993, 38쪽. 井上秀雄은 영객부의 직무를 외교로(「新羅政治體制の變遷過程」, 『新羅史基礎研究』, 1974, 453쪽), 김철준·이병도·이기동은 외빈접대 혹은 외사접대로 보았다.

제2장 오례가 運用되다

제1절 국왕의 특권, 吉禮－視學을 중심으로－

1. 국왕의 國學 행차

다음은 신라 국왕이 국학에 행차한 예이다.

A. 1) 크게 사면했다. 왕이 太學에 행차하여 박사에게 명해 尙書義를 講하게 하였다.[1](『삼국사기』 9, 신라본기9, 혜공왕 원년)

2) ① 봄 정월에 교서를 내려, 관직의 이름을 모두 옛 것으로 회복시켰다. 왕이 感恩寺에 행차하여 바다에 望祭하였다. ② 2월에 國學에 행차하여 聽講하였다. (…) ③ 가을 7월에 당에 사신을 보내 조회하고 토산물을 바쳤다. ④ 겨울 10월에 당에 사신을 보내 조공했다.[2](『삼국사기』 9, 신라본기9, 혜공왕 12년)

3) 봄 2월에 왕이 국학에 행차하여 박사 이하에게 經義를 講論하게 하고 물건을 차등있게 내려 주었다.[3](『삼국사기』 11, 신라본기11, 경문왕 3년)

4) ① 봄 2월에 왕이 국학에 행차하여 박사 이하에게 명해 講論하게 하였다. ② 3월에 나라 동쪽의 주군을 순행하였다 (…) ③ 겨울 10월에 왕이 遵禮門에 나가 활쏘는 것을 구경하였다. ④ 11월에 왕이 穴城의 들에서 사냥을 하였다.[4](『삼국사기』 11, 신라본기11, 헌강왕 5년)

사료 A-1)에 따르면 혜공왕은 원년(755)에 '태학'에 행차하여 '박사'에게

---

1) 大赦 幸太學 命博士講尙書義.

2) ① 春正月 下敎 百官之號 盡合復舊 幸感恩寺望海 ② 二月 幸國學聽講 (…) ③ 秋七月 遣使朝唐獻方物 ④ 冬十月 遣使入唐朝貢.

3) 春二月 王幸國學 命博士已下 講論經義 賜物有差.

4) ① 春二月 幸國學 命博士已下講論 ② 三月 巡幸國東州郡 (…) ③ 冬十月 御遵禮門觀射 ④ 十一月 獵穴城原.

명하여 '尙書義'를 '講'하게 하였다고 하고 A-2)를 보면 왕 12년(766) 2월에는 '국학'에 행차하여 '聽講'하였다고 한다. A-3)에서 경문왕은 왕 3년(863)에 '국학'에 행차하여 '박사이하'에게 '經義'를 '講論'하도록 명하고 물건을 차등 있게 내려주었다고 한다. A-4)에서는 헌강왕이 왕 5년(879)에 '국학'에 행차하여 '박사이하'에게 '講論'을 명하였다고 한다. 이러한 신라 국왕의 국학 행차는 왕권의 권위를 강조한다거나 왕권강화와 연결지어 이해하고 있다.[5)]

혜공왕은 즉위 후 모후의 섭정을 받았고 왕 11년(765)에 친정을 시작하였다.[6)] 이에 혜공왕 원년에 왕이 '태학'에 행차한 것은 즉위례의 일부이고 왕 12년에 다시 '국학'에 가서 '청강'한 것은 친정의 시작과 관련된 의례적인 성격이라고 볼 여지가 있다. 그런데 신라 중대 국학이 왕권의 강화와 연결된 관료세력들의 기반이었다는 사실[7)]을 고려한다면 친정 이후 이루어진 혜공왕 12년의 국학 행차는 왕권을 강화하려는 의도와 연결지어 생각해 볼 수 있을 것이다.[8)]

경문왕은 헌안왕의 사위로 유조에 힘입어 왕위에 올랐는데,[9)] 이로써 왕위는 균정계에서 헌정계로 넘어갔다. 이 때문에 경문왕의 즉위는 순조롭지 않았을 것이다.[10)] 이것은 헌강왕도 마찬가지였는데, 경문왕의 태자로 즉위한 헌강왕이

---

5) 국학에서 행해진 視學과 講學의 의례를 통해 왕권의 권위를 강조하였다(高明士, 「新羅時代 廟學制的 成立與展開」, 『大東文化硏究』 23, 1989, 263~265쪽)고 하기도 하고, 국왕의 국학 행차는 왕권강화의 기반이며 여론의 산실인 국학의 제생들을 위무한다는 정치적 성격을 지니는 것으로 볼 수 있다(곽신환, 「유교사상의 전개양상과 생활세계」, 『한국사상사대계』 2, 한국정신문화연구원, 1991, 393쪽)고도 한다.

6) 이문기, 「신라 혜공왕대 오묘제 개혁의 정치적 의미」, 『백산학보』 52, 1999a, 813~817쪽.

7) 이기백, 『신라사상사연구』, 일조각, 1986, 230쪽.

8) 김수태, 『신라중대정치사연구』, 일조각, 1996, 129쪽 ; 채미하, 「신라 혜공왕대 오묘제의 개정」, 『한국사연구』 108, 2000 : 앞 책, 2008, 184~186쪽 참고.

9) 『삼국사기』 11, 신라본기11, 헌안왕 5년.

10) 이기동, 「신라 하대의 왕위계승과 정치과정」, 『역사학보』 85, 1980, 171~174쪽 : 『신라 골품제사회와 화랑도』, 일조각, 1984 ; 김창겸, 「신라하대왕위계승연구」, 성균관대학교 박사학위논문, 1993, 91~93쪽 및 97~98쪽 : 『신라하대왕위계승연구』, 경인문화사, 2003 ; 전기웅, 「신라 하대말의 정치사회와 경문왕가」, 『부산사학』 16, 1989, 4~11쪽 ; 이문기, 「신라 김씨왕실의 소호금천씨 출자관념의 표방과 변화」, 『역사교육논집』 23·24, 1999b, 679쪽 ; 채미하, 「신라 하대의 오묘제」, 『종교연구』 25, 2001 : 앞 책,

왕 4년에 당으로부터 책봉받고 있는데서 생각해 볼 수 있다.[11] 이러한 즉위과정의 어려움 속에서 경문왕과 헌강왕이 국학에 행차한 것은 그에 앞서서 치러졌던 극심한 왕위쟁탈전으로 실추된 국왕의 권위를 회복하고 자신들의 왕권을 강화하려고 시도된 노력이라고 할 수 있을 것이다.[12]

그런데 혜공왕 12년과 경문왕 3년, 헌강왕 5년에 국왕이 행차한 '국학'이 혜공왕 원년에는 '태학'으로 나온다. 이와 관련해서 다음이 주목된다.

B. 1) 國學은 禮部에 속한다. 신문왕 2년에 두었고 경덕왕이 大學監으로 고쳤다가 혜공왕이 본래대로 되돌렸다. 卿은 1명으로 경덕왕이 司業으로 고쳤다가 혜공왕이 다시 경으로 칭하였다. 관등[位]은 다른 경과 같다. 博士(약간명으로 수는 정해져 있지 않다), 助教(약간명으로 수는 정해져 있지 않다), 大舍는 2명으로 진덕왕 5년에 두었는데, 경덕왕이 주부로 고쳤다가 혜공왕이 다시 대사로 칭하였다. 관등은 舍知로부터 奈麻까지로 삼았다. (…)[13] (『삼국사기』 38, 잡지7, 직관상)

2) 及飡國學少卿臣金△△奉 教撰 (…) 卄五日景辰建碑 大舍臣韓訥儒奉(「문무왕릉비」)

3) 6월에 국학을 세우고 卿 1명을 두었다.[14](『삼국사기』 8, 신라본기8, 신문왕 2년)

4) 봄 정월에 중시를 侍中으로 고쳤다. 국학에 諸業博士와 助教를 두었다.[15] (『삼국사기』 9, 신라본기9, 경덕왕 6년)

2008, 219쪽 참고.

11) 『삼국사기』 11, 신라본기11, 헌강왕 4년.

12) 이와 관련해서 채미하, 「신라 하대의 오묘제」, 『종교연구』 25, 2001 : 앞 책, 2008, 219~222쪽 참고. 사료 A-4)에 보이는 헌강왕 5년 나라 동쪽의 주와 군을 순행하였다든지, 준례문에 나아가 활쏘기를 관람하고 혈성의 들판에서 사냥한 것도 이와 같은 것으로 이해할 수 있다.

13) 國學 屬禮部 神文王二年置 景德王改爲大學監 惠恭王復故 卿一人 景德王改爲司業 惠恭王復稱卿 位與他卿同 博士(若干人 數不定) 助教(若干人 數不定) 大舍二人 眞德王五年置 景德王改爲主簿 惠恭王復稱大舍 位自舍知至奈麻爲之 (…).

14) 六月 立國學 置卿一人.

15) 春正月 改中侍爲侍中 置國學諸業博士助教.

문무왕릉비문과 前面 비문 세부 문무왕릉비문에 보이는 '國學少卿'은 국학에 卿이 설치되는 신문왕 2년(682) 이전에 소경이 있었음을 알려준다.

사료 B-1)을 보면 국학의 대사가 진덕왕 5년(651)에 설치되었음을 알 수 있다.[16] 그리고 B-2)의 「문무왕릉비」[17]에는 국학소경이 보인다. 이것은 B-3)에

16) 국학의 설치시기에 대해 진덕왕 5년설과 신문왕 2년설로 대별된다. 전자는 이병도, 『국역 삼국사기』, 을유문화사, 1977, 583쪽 ; 이기동, 『신라 골품제사회와 화랑도』, 일조각, 1984, 124쪽 ; 김희만, 「신라 국학의 성립과 운영」, 『소헌남도영박사고희기념

보이는 신문왕 2년(682) 경이 설치되기 전에 국학에 소경이 있었음을 말하는 것이다.[18] 이로 볼 때 국학은 진덕왕 5년에 설치되었으며 신문왕 2년 경을 둠으로써 정비되었다고 할 수 있다. 이때 이것을 추진한 유력한 인물은 강수와 설총이었다.[19] 이러한 국학은 경덕왕대 태학감으로 바뀌었다가 혜공왕대에 다시 국학으로 복고된다.

당 국자감에서 행정담당의 관직체계는 종3품 祭酒－종4품하 司業－종6품하 丞－종7품하 主簿－종9품하 綠事 등으로 구성되어 있다.[20] 교육담당인 6學(국자학, 태학, 사문학, 율학, 서학, 산학)에는 박사와 조교들이 있다.[21] 이를 본다면 신라 국학은 책임자인 경 아래에 교육 담당의 박사-조교와 행정 담당의 대사-사의 이원적인 구성으로 이루어지지 않았을까 한다. 이러한

역사학논총』, 1994, 14~19쪽 ; 이인철, 『신라정치제도사연구』, 일지사, 1993, 142쪽 ; 박순교, 「신라 중대 시조존숭 관념의 형성」, 『한국 고대의 고고와 역사』, 학연문화사, 1997, 12~13쪽. 후자는 이기백, 앞 책, 1986, 228쪽 ; 고경석, 「신라 관인선발제도의 변화」, 『역사와현실』 23, 1998, 112쪽 ; 정호섭, 「신라의 국학과 학생녹읍」, 『사총』 58, 2004, 48~50쪽. 필자는 진덕왕 5년에 국학에 대사 2인을 둔 점으로 미루어 이때 국학이 설치되기 시작하여 신문왕 2년에 정비된다고 본다. 한편 김영하는 진덕왕 5년에 두어진 대사는 유학 관련의 업무를 담당하였다고 하는데(『한국 고대사회의 군사와 정치』, 고려대학교민족문화연구원, 2002, 272~274쪽), 국학과 같은 기관이 아직 설치되지 않았음에도 불구하고 현실적 필요에 따른 실무관인의 배치는 신라 관제의 정비과정에서 흔히 찾아지는 관행이었다고 한다(김영하, 「신라 중대의 유학수용과 지배윤리」, 『한국고대사연구』 40, 2005, 146쪽).

17) 문무왕비의 건립연대는 신문왕 1년이라는 설과 신문왕 2년이라는 설이 있다. 전자는 유희해, 『해동금석원』, 1922, 75쪽 ; 이인철, 앞 책, 1993, 141~142쪽 ; 박순교, 「진덕왕대 정치개혁과 김춘추의 집권과정(1)」, 『청계사학』 13, 1997, 129~130쪽. 후자는 今西龍, 「新羅文武王陵碑に就きて」, 『新羅史硏究』, 1933, 503쪽 ; 김창호, 「문무왕릉비에 보이는 신라인의 조상인식」, 『한국사연구』 53, 1986, 19쪽 ; 이영호, 「신라 문무왕릉비의 재검토」, 『역사교육논집』 8, 1986, 52쪽 ; 정호섭, 앞 논문, 2004, 50쪽.

18) 이인철, 위 책, 1993, 141~142쪽 ; 박순교, 위 논문, 1997, 128~131쪽. 한편 문무왕릉비에 기록된 소경으로 볼 때 직관지 국학조에 기록된 국학의 경은 실제로는 소경(浜田耕策, 「新羅の國學生と遣唐留學生」, 『呴沫集』 2, 1980, 60쪽)으로 보기도 하나, 따르지 않는다.

19) 이기백, 「통일신라와 발해의 사회」, 『한국사강좌 I』(고대편), 일조각, 1982, 318쪽.

20) 『唐六典』 21, 국자감.

21) 당 국자감의 박사와 조교, 학생 등의 인원과 관품 등은 『당육전』 21, 국자감 참고.

신라 국학은 사료 B-1)을 보면 경덕왕대 대학감으로, 경은 사업으로, 대사는 주부로 변하고 있음을 알 수 있다. 대학감이라는 명칭이나 국학의 장관이 당의 祭酒 아래 사업이라는 점에서 당시 신라 국학은 당 국자감 예하의 부속관부인 태학에 준하는 정도가 아니었을까 한다.[22] 당 국자감이 예부와는 별도의 독립적인 기구[23]였던 반면 신라 국학은 예부의 부속관서였다는 점[24]에서도 생각되어진다. 후술되는 사료 C의 성덕왕 16년(717) 기사의 '大學'은 국학으로, 이때부터 '대학'이라 불려졌고 경덕왕대 그것이 법제화된 것으로 여겨진다.

한편 9세기 중엽 신라에서는 제2차 관호개혁이 추진되었다고 한다.[25] 「개선사석등기」의 前國子監卿(868년)이나[26] 최치원이 쓴 「奏請宿衛學生還蕃狀」에 보이는 태학박사[27] 등에서 생각해 볼 수 있다. 「개선사석등기」의 국자감경은

---

22) 김영하, 「신라 중대의 유학수용과 지배윤리」, 『한국고대사연구』 40, 2005, 153쪽 및 156쪽.

23) 김택민 주편, 「唐六典해제」, 『역주 唐六典』(상), 신서원, 2003, 28~29쪽.

24) 채미하, 「신라 중대 오례와 왕권」, 『한국사상사학』 27, 2006a, 141~142쪽.

25) 이기동, 「나말·려초 근기기구와 문한기구의 확장」, 『역사학보』 77, 1978 : 앞 책, 1984, 233~246쪽. 정호섭은 경문왕·헌강왕기에 국학이라는 용어가 그대로 있어 국학이 변하지 않았다고 보기도 한다(앞 논문, 2004, 54~56쪽).

26) 景文大王主 文懿皇后主 大娘主 願燈立炷 唐咸通九年戊子中春 夕繼月光 前國子監卿沙干金中庸 送上油粮業租三百碩(「개선사석등기」). 여기를 보면 경문왕 9년 전국자감경인 사간 김중용이 석등 건립에 필요한 물자를 보냈다고 한다(전미희, 「신라 경문왕·헌강왕대의 '能官人' 등용정책과 국학」, 『동아연구』 17, 1989, 51쪽). 한편 見新羅國子博士薛因宣撰金庾信碑及朴居勿撰姚克一書三郎寺碑文(『삼국사기』 28, 백제본기6, 의자왕 20년 사론)도 참고된다. 國子博士 설인선이 찬한 김유신비의 건립에 대해 김유신의 몰년이 문무왕 13년이므로, 그 무렵으로 보기도 하지만(정호섭, 앞 논문, 2004, 49쪽), 흥덕왕대(이현태, 「신라 중대 신김씨의 등장과 그 배경」, 『한국고대사연구』 42, 2006, 237~240쪽), 경문왕대(이문기, 「신라 김씨왕실의 소호금천씨 출자관념의 표방과 변화」, 『역사교육논집』 23·24, 1999b, 662~667쪽)로 보기도 한다.

27) 令准去文德元年放歸 限滿學生大學博士金紹游等例 勒金茂先等 幷首領輩 隨賀正使級餐金穎船次還蕃(『東文選』 47, 「奏請宿衛學生還蕃狀」). 여기에 따르면 김무선을 비롯한 신라의 숙위 학생 4명을 문덕 원년(진성여왕 2)에 돌려보냈다고 하는데, 태학박사는 헌강왕 4년 당시에 그가 신라에서 역임하고 있었던 직책으로 보고 있다(전미희, 위 논문, 1989, 52쪽).

개선사석등과 '前國子監卿' 명문 개선사석등에는 唐 咸通 9년(868) 및 龍紀 3년의 刻銘이 있으며, '國子監卿'은 신라 하대 국학이 국자감으로도 불렸음을 알려준다. 『문자로본 신라』(국립경주박물관, 2002)

국자감의 경을 말한다. 그러하다면 신라 하대의 국학은 국자감으로, 여기에서는 유학에 대한 교육이 당 국자감과 같이 국자학과 태학으로 나누어져 있지 않았을까 한다.[28)]

이처럼 경문왕·헌강왕대의 국학은 그 전 시기보다는 확대되었다고 할 수 있다. 이것은 경문왕·헌강왕대 국왕이 국학에 행차하여 '박사이하'에게 '강론'하게 한 것이 혜공왕대 '박사'에게 '강'하게 한 것과 비교되는 것이다. 우선

---

28) 전미희, 위 논문, 1989, 50~51쪽, 53쪽에서는 경문왕·헌강왕대를 전후하여 신라의 국학에는 이미 태학이나 산학 등의 학과가 구분되어 있다고 하였다. 노중국은 국학에 국자학·태학·산학의 학업 분야가 설치되었다고 하기도 한다(「신라와 고구려·백제의 인재양성과 선발」, 『신라의 인재양성과 선발』(신라문화제학술발표회논문집 19), 1998, 56~57쪽). 한편 김영하는 앞 논문, 2005, 153쪽에서 경덕왕대의 대학감, 「개선사석등기」의 국자감이라는 표현은 당 국자감과 외형상의 차이를 극복하려는 의식의 소산으로 이해하기도 한다.

강=강의로 "학문이나 기술의 일정한 내용을 체계적으로 설명하여 가르침"이라는 뜻이고 강론은 "학술이나 道義의 뜻을 해설하며 토론함"이라는 뜻이다. '박사이하'는 후술되겠지만, 박사뿐만 아니라 조교 내지는 학생도 포함되었을 것으로 여겨진다. 이것은 경문왕·헌강왕대의 국학행차가 형식적인 것이었다고 여길 수도 있겠지만,[29] 국학의 확대로 강론을 할 수 있는 자들의 폭이 넓어진 사회적 분위기도 생각해 볼 수 있는 것이다.

그러하다면 혜공왕 원년에 '태학'이라고 표현한 것은 경덕왕대의 관호개혁이 반영된 것이고 혜공왕 12년의 '국학'은 관호복고 후의 국학을 말하며 경문왕·헌강왕대의 '국학'은 금석문의 국자감경으로 미루어 국자감이었다고 할 수 있을 것이다. 이러한 국학에 혜공왕과 경문왕·헌강왕이 행차하였다. 중국에서도 역대 학교의 교화작용을 중시 여겨 황제가 국학에 행차하여 學事를 시찰하였다. 이와 관련해서 『禮記』의 "衆至 然後天子至 乃命有司行事 興秩節 祭先師先聖焉"[30]가 관심을 끈다. 이것은 "여러 사람들이 모인 뒤에 천자가 도착하고 유사에게 명하여 행사를 常禮대로 거행하게 하고 선사·선성에게 제사지낸다"고 해석되는데, 천자는 친히 석전하지 않고 유사가 그것을 행례하였다고 풀이하고 있다.[31] 이로 볼 때 천자시학에서 천자는 유사에게 선사·선성에게 석전시키고 이를 관람하였음을 알 수 있는 것이다.

그렇지만 漢 이래 천자가 친히 석전례를 행한 예가 적지 않았다. 당의 경우만을 본다면 高祖 武德 7년(624 : 진평왕 46)과 太宗 貞觀 14년(640 : 선덕왕 9)에 국학에서 석전을 觀하였다고 한다.[32] 「개원례」 길례에는 황태자가 공선보에게 석전하는 의례인 '皇太子釋奠于孔宣父'가 있다.[33] 황태자가 석전을 친히 행하

29) 高明士, 앞 논문, 1989, 265쪽.

30) 天子視學 大昕鼓徵 所以警衆也 衆至 然後天子至 乃命有司行事 興秩節 祭先師先聖焉 有司卒事 反命 始之養也(『禮記正義』 20, 文王世子8).

31) "使有司攝其事 擧常禮 祭先師先聖 不親祭之者 視學觀禮耳 非爲彼報也", 정현 주 공영달 소.

32) 武德七年 二月丁巳 釋奠于國學(『신당서』 1, 본기1, 고조) ; (武德)七年 高祖釋奠焉 以周公爲先聖 孔子配(『신당서』 15, 지5, 예악5) ; 貞觀十四年 二月丁丑 觀釋奠于國學 赦大理萬年縣 賜學官高第生帛(『신당서』 2, 본기2, 태종).

는 경우는 당대에 몇 차례 보이지만,[34] 玄宗 開元 28년(740 : 효성왕 4) 2월에 문선왕에 대한 석전은 유사가 하는 것을 常式으로 확정하고 있다.[35] 다음 〈표 1-1〉에서 볼 수 있듯이, 당과 고려·조선의 석전례는 여러 형태로 나타나고 있다.

〈표 1-1〉 당과 고려·조선의 석전례

「개원례」	경중	皇帝皇太子視學 皇太子釋奠于孔宣父 國子釋奠于孔宣父
	주현	諸州釋奠于孔宣父 諸縣釋奠于孔宣父
『고려사』 예지	경중	酌獻文宣王視學儀 有司釋奠文宣王儀
	주현	州縣釋奠文宣王儀
『세종실록』 오례	경중	視學酌獻文宣王儀 王世子釋奠文宣王儀 有司釋奠文宣王儀
	주현	州縣釋奠文宣王儀
『국조오례의』	경중	享文宣王視學儀 酌獻文宣王視學儀 王世子酌獻文宣王入學儀 王世子釋奠文宣王儀 有司釋奠文宣王儀 文宣王朔望奠儀 文宣王先告事由及移還安祭儀
	주현	州縣釋奠文宣王儀 州縣文宣王先告事由及移還安祭儀

위 〈표 1-1〉에서 「개원례」의 '國子釋奠于孔宣父'와 고려와 조선의 '有司釋奠文宣王儀'는 선성·선사에게 제사지내는 정기적인 제사로 春秋二仲月(2월과 8월) 上丁日에 거행되었다.[36] 「개원례」의 '皇帝皇太子視學'은 황제와 황태자가 주체로 국학에 나아가 學事를 시찰하는 의례이다. 『고려사』 예지의 '酌獻文宣王視學儀'와 『세종실록』 오례의 '視學酌獻文宣王儀'는 국왕이 視學을 위해

33) 『唐開元禮』 53, 길례 皇太子釋奠于孔宣父.

34) 永隆二年二月 皇太子親行釋奠之禮 開耀元年二月 皇太子釋奠於國學 景雲二年七月 皇太子親釋奠於國學 有司草儀注 令從臣皆乘馬 著衣冠(『通典』 53, 예13, 연혁13, 길례12 석전).

35) (開元) 二十八年 詔春秋二仲上丁 以三公攝事 若會大祀 則用中丁 州縣之祭上丁 (『新唐書』 15, 지5, 예악5) ; (開元)二十八年二月 敕文宣王廟 春秋釋奠 宜令攝三公行禮 著之常式 (『통전』 53, 예13, 연혁13, 길례12 석전).

36) 凡春秋二分之月上丁 釋奠于先聖孔宣父 以先師顔回配 七十二弟子 及先儒二十賢從祀焉 (『당육전』 21, 국자감) ; 仲春仲秋上丁 釋奠於太學 孔宣父爲先聖 顔子爲先師(…) (『唐開元禮』 1, 序例(上), 神位) ; 釋奠日仲春仲秋上丁 (『고려사』 62, 지16, 예4, 문선왕묘) ; 書雲觀前一月 具時日(春秋二仲上丁) 報禮曹 禮曹啓聞 散告攸司 隨職供辦 (『세종실록』 131, 길례 유사석전문성왕의 및 왕세자석전문성왕의).

국학에 행차할 때 이에 앞서 문성왕에게 작헌(참배례)을 행하는 의식이다. 『국조오례의』의 '享文宣王視學儀'는 국왕이 시학을 위해 성균관에 행차하여 문성왕에게 제향하는 의례이다. 이것들은 비정기적으로 이루어졌다.

사료 A를 보면 신라 국왕이 국학에 행차한 시기는 혜공왕 원년을 제외하고는 2월로 나온다. 신라는 유월칭원법을 사용하고 있다.37) 경덕왕이 왕 24년(765) 6월에 죽자38) 그 뒤를 이어 즉위한 혜공왕은 7월부터 원년을 칭하였을 것이고 이후 공식적인 직무에 임하였을 것이다. 그러하다면 혜공왕 원년에 왕이 국학에 행차한 것은 8월이 아니었을까 한다. 이로 볼 때 신라 국왕의 국학 행차 시기는 2월과 8월임을 알 수 있다. 이것은 「개원례」의 '國子釋奠于孔宣父', 고려와 조선의 '有司釋奠文宣王儀'에 해당되는 것이다.

신라에서 석전례가 시행되었음을 알려주는 것으로는 다음이 주목된다.

C. 가을 9월에 당에 들어갔던 大監 金守忠이 돌아와 文宣王과 十哲과 72弟子圖를 바치자 바로 大學에 두었다.39)(『삼국사기』 8, 신라본기8, 성덕왕 16년)

사료 C를 보면 성덕왕 16년(717)에 문선왕과 10철, 72제자의 그림을 '대학'에 안치했다고 한다. 그런데 이 기사에 대해서 『삼국사기』 찬자가 당시의 관념에 따라 윤색한 기록일 가능성이 높다는 견해40)와 경덕왕 21년(762)에 파견되었던 사신이 귀국할 때 문선왕 등의 도상을 가지고 와서 그것을 대학에 두었다는 견해41)가 있다.

釋奠은 원래 학교에서 先聖과 先師께 四時로 올리던 제사42)인 동시에 天子가

---

37) 『삼국사기』 1, 신라본기1, 남해차차웅 즉위년 史論.

38) 『삼국사기』 9, 신라본기9, 경덕왕 24년.

39) 秋九月 入唐大監守忠廻 獻文宣王十哲七十二弟子圖 卽置於大學.

40) 박찬수, 「문묘향사제의 성립과 변천」, 『南史정재각박사고희기념 동양학논총』, 1984, 135쪽.

41) 高明士, 앞 논문, 1989, 261~262쪽.

42) 凡始立學者 必釋奠于先聖先師 及行事 必以幣(正義曰 此明諸侯之國 天子命之使立學者 必釋奠於先聖先師 及行事之時 必用幣而行禮 諸侯言始立學 必釋奠於先聖先師 則天子

성덕대왕신종 경덕왕이 성덕왕의 공덕을 기리고 왕실과 국가의 번영을 기원하기 위해 조성하였으며, 혜공왕대에 완성되었다.

出行할 때 祖廟와 禰廟에 고하던 제사[43]의 이름이었다. 그러다가 漢代에 천자가 출행할 때 올리던 석전은 없어졌고 辟雍에서 周公을 先聖으로, 孔子를 先師로 모시고 春秋로 올리는 석전이 행해졌다.[44] 隋代에는 春夏秋冬 四仲月의 上丁日에 선성·선사께 석전례를 행하고 주현의 학교에서는 춘추의 仲月에만 석전례를 행하도록 하였다.[45] 공자가 주공을 대신하여 선성이 된 것은 당 貞觀 2년(628 : 진평왕 50)이고 정관 11년에 공자를 존칭하여 宣父라 하였다.[46] 10철과 72현이 분화된 것은 당 개원 8년(720 : 성덕왕 19) 이후이며[47] 개원 20

始立學 亦釋奠於先聖先師也 天子云四時釋奠於先師 不及於先聖者 則諸侯四時釋奠亦不及先聖也 始立學云必用幣 則四時常奠不用幣也) (『예기정의』 20, 文王世子 8).

43) 舍奠于祖廟禰 亦如之 (注) 舍讀爲釋 釋奠者 告將時田若時征伐 (疏) 釋曰天子將出告廟而行 (『周禮』 春官 甸祝).

44) 漢明帝永平二年三月 帝始率群臣躬養三老五更于辟雍 行大射之禮 郡國縣道行鄕飮酒禮于學校 皆祠先聖先師周公孔子 牲以太牢 孟冬亦如之 (『진서』 21, 지11, 예하).

45) 隋制 國子寺 每歲以四仲月上丁 釋奠於先聖先師 年別一行鄕飮酒禮 州郡學則以春秋仲月釋奠 州郡縣亦每年於學一行鄕飮酒禮 學生皆乙日試書 丙日給假焉 (『수서』 9, 지4, 예의4).

46) 貞觀二年 左僕射房玄齡博士朱子奢建言 周公尼父俱聖人 然釋奠於學 以夫子也 大業以前 皆孔丘爲先聖 顔回爲先師 乃罷周公 升孔子爲先聖 以顔回配 (…) 貞觀十一年 詔尊孔子爲宣父 作廟於兗州 給戶二十以奉之 (『新唐書』 15, 지5, 예악5). 『唐會要』 35, 褒崇先聖조도 참고.

47) 明年(開元八年) 司業李元瓘奏 先聖廟爲十哲像 以先師顔子配 則配像當坐 今乃立侍

년에 「개원례」가 완성되면서 孔廟에 대한 제사는 중사로 정해졌다.48) 개원 25년에는 선사 안회를 배향하고 공자의 72명 제자와 선대의 儒者 22명의 현인을 종사하였으며49) 공자가 문선왕으로 추봉된 것은 개원 27년(효성왕 3)이다.50)

성덕왕 16년은 개원 5년이다. 앞에서 살펴보았듯이, 개원 8년 이후에 10철과 72현이 분화되었다. 개원 20년에 완성된 「개원례」를 보면 공자는 孔宣父로 기록되었고 공자가 文宣王으로 추봉된 것은 개원 27년이었다. 이에 기왕의 연구에서 성덕왕 16년 기사의 내용을 윤색 내지는 경덕왕 21년 이후의 것이라고 보고 있는 것이다. 그렇지만 성덕왕 16년 이전에 이미 신라는 석전례에 대해 알고 있었을 뿐만 아니라 그것은 수용되어 있었을 것이다. 그러하다면 이러한 석전례가 신라에 수용된 것은 언제일까.

2. 釋奠禮와 視學

신라에 석전례가 수용되는 것과 관련해서 우선 다음이 관심을 끈다.

D. 1) 伊飡 金春秋와 그 아들 文王을 唐에 보내 조공하였다. 당 太宗이 光祿卿 柳亨을 보내서 교외에서 그를 맞이하여 위로하였다. 2) 이윽고 궁성에 다다르자 춘추의 용모가 영특하고 늠름함을 보고 후하게 대우하였다. 3) 춘추가 國學에 가서 釋奠과 講論을 참관하기를 청하자 태종이 이를

餘弟子列像廟堂不豫享 而范甯等皆從祀 請釋奠十哲享於上 而圖七十子於壁 曾參以孝受經於夫子 請享之如二十二賢 乃詔十哲爲坐像 悉豫祀 曾參特爲之像 坐亞之圖 七十子及二十二賢於廟壁 (『신당서』 15, 지5, 예악5). 『당육전』 21, 國子監祭酒·司業조도 참고.

48) 大唐開元禮 二十年九月 頒所司行用焉 昊天上帝五方帝皇地祇神州及宗廟爲大祀 社稷日月星辰先代帝王嶽鎭海瀆帝社先蠶釋奠爲中祀 司中司命風伯雨師諸星山林川澤之屬爲小祀 (『구당서』 21, 지1, 예의1).

49) (開二五) 釋奠于先聖孔宣父於太學 以先師顔回配(冉伯牛 (…) 范寧等 從祀) (『당령습유』 학령).

50) (開元)二十七年 詔夫子旣稱先聖 可諡曰文宣王 遣三公持節冊命 以其嗣爲文宣公 任州長史 代代勿絶 (…) (『신당서』 15, 지5, 예악5).

허락하였다. 4) 아울러 자기가 직접 지은 溫湯碑와 晉祠碑 그리고 새로 편찬한 晉書를 내려 주었다.[51](『삼국사기』 5, 신라본기5, 진덕왕 2년)

사료 D-3)을 보면 김춘추는 진덕왕 원년(647) 12월에 입당하여 다음해 2월까지 당에 머무르면서,[52] 당의 국학에서 석전 및 강론을 참관하였다고 한다. 김춘추가 당의 국학에서 석전의식을 참관한 진덕왕 2년은 당 정관 22년이고, 국학이 설치되는 진덕왕 5년은 당 영휘 2년이며 국학이 정비되는 신문왕 2년(682)은 당 永淳 1년이다. 이 시기 당나라에는 「정관례」,[53] 「영휘례」·「현경례」[54] 등이 반포되었다.

釋奠은 선성과 선사에 대한 제사이다. 진덕왕대 이후 신라는 당의 제도를 적극적으로 수용하였다.[55] 이 중 중국의 제사제도인 오묘제는 무열왕대, 문무왕대, 신문왕대 수용되었다는 견해가 있고[56] 신라의 농경제사 중 팔자·선농·풍백·우사·영성의 제일 및 그 제장은 「정관례」의 그것과 같다.[57] 신문왕 6년(686)에 수용된 「길흉요례」는 신라의 예제 수용, 특히 오례 수용과도 밀접한 관련을 가지고 있으며 「정관례」·「현경례」 등의 내용을 참조하였다.[58] 그리고 신라는

---

51) 1) 遣伊飡金春秋及其子文王朝唐 太宗遣光祿卿柳亨 郊勞之 2) 旣至 見春秋儀表英偉 厚待之 3) 春秋請詣國學 觀釋奠及講論 太宗許之 4) 仍賜御製溫湯及晉祠碑并新撰晉書.

52) 권덕영, 『고대한중외교사연구』, 일조각, 1997, 26~31쪽.

53) 당 정관령에는 석전에 대한 내용이 學令에 포함되어 있다. (貞觀)二十一年 中書侍郎許敬宗等奏 (…) 今後國學釋奠 令國子祭酒爲初獻 (…) 學令 祭以太牢 樂用軒懸六佾之舞 並登歌一部 (…) (『唐會要』 35, 석전).

54) 貞觀 (…) 二十一年制 以左丘明 卜子夏 公羊高 穀梁赤 (…) 范甯 賈逵 總二十二人 並爲先師 永徽中 制令 改周公爲先聖 黜夫子爲先師 顔回左丘明從祀(顯慶二年 禮部尙書 許敬宗等 奏曰 (…) 今據永徽令 改用周公爲先聖 黜孔子爲先師 顔回左丘明並爲從祀 (…) 而今新令輒事刊改 (…) 今請改令從詔 於義爲允 其周公仍依禮配饗武王也) (『통전』 53, 예13, 연혁13, 길례12 孔子祠). 『신당서』 15, 지5, 예악5도 참고.

55) 진덕왕 3년 당 장복제 시행, 진덕왕 4년 당 연호 채용 및 당홀 사용, 진덕왕 5년 하정식의 거행 등이 그것이다. 채미하, 앞 논문, 2006a, 132쪽 참고.

56) 채미하, 앞 책, 2008, 제3장 참고.

57) 채미하, 「신라의 농경제사와 '별제'」, 『국사관논총』 108, 2006b, 45~48쪽 ; 앞 책, 2008, 296~297쪽.

58) 채미하, 앞 논문, 2006a, 133~134쪽.

중국의 국가제사체계인 대·중·소사를 받아들여 신라의 명산대천을 편제하였다.[59)]

이와 관련해서 일본의 大寶令과 養老令도 관심을 끈다. 일본 대보령은 당의 武德, 貞觀, 永徽, 麟德, 乾封, 儀鳳, 垂拱의 諸令과 양로령은 당의 神龍, 太極, 개원초, 개원 4년령과 관련이 있는 것이라고 한다.[60)] 『續日本記』 大寶 元年(701) 2월 정사조의 석전은[61)] 대보령의 부분적 시행으로 보고 있다.[62)] 양로령 학령에는 석전조가 보이며[63)] 『續日本記』에는 석전과 관련된 여러 기사가 보인다.[64)] 신라는 무열왕 즉위년에 율령을 詳酌하여 이방부격 60여조를 수정하고[65)] 문무왕은 유조에서 율령격식에 불편한 것이 있으면 즉시 고치라고 당부하고 있다.[66)] 이와 같은 신라 율령의 수정은 당 율령의 수용과도 밀접한 관련을 가지고 있었을 것이다. 그러하다면 국학이 설치되고 정비되는 과정에서 중국의 학령이 들어왔을 것이고 석전례도 수용되지 않았을까 한다.[67)]

이와 같이 생각할 수 있다면 사료 C의 성덕왕 16년 기사는 이미 신라에 수용되어 있었던 석전례가 정비되는 하나의 모습으로 이해할 수 있을 것이다.[68)]

---

59) 채미하, 「신라 명산대천의 사전 편제 이유와 특징」, 『민속학연구』 20, 2007 : 2008, 앞 책, 303~311쪽.

60) 仁井田陞, 『唐令拾遺補』, 東京大學出版會, 1997, 67~71쪽 참고.

61) 二月 丁巳 釋奠(注釋奠之禮 於是始見矣)(『續日本記』 2, 大宝 元年).

62) 仁井田陞, 앞 책, 1997, 1042~1043쪽 참고.

63) 凡大學國學 每年春秋二仲之月上丁 釋奠於先聖孔宣父 其饌酒明衣所須 竝用官物(「양로령」 學令3, 釋奠).

64) 『續日本記』 8, 養老 4年(720) ; 『속일본기』 10, 天平 2年(730) ; 『속일본기』 17, 天平 20年(748) ; 『속일본기』 28, 神護景雲元年(767) 참고.

65) 『삼국사기』 5, 신라본기5, 태종무열왕 원년.

66) 『삼국사기』 7, 신라본기7, 문무왕 21년.

67) 高明士는 당시 반도에 전운이 있었고 학교가 건립하지 않았기 때문에 김춘추가 무열왕으로 즉위한 이후에 이것이 학례로 실현하기는 어려웠을 것이고, 학교가 건립되는 신문왕 2년에 석전례를 중시하였을 것이라고 하였다(앞 논문, 1989, 260쪽).

68) 고려 숙종대까지 10철 이상을 넘지 못하고 있는 것을 보면 신라 말까지의 향사 대상 범위는 공자, 안연, 10철까지로 제한되었을 것이라고 한다(박찬수, 앞 논문, 1984, 136쪽).

당「개원례」의 내용도 신라에 들어왔을 것으로 여겨진다. 사료 B-1)을 보면 경덕왕대 국학은 태학감, 경은 사업, 대사는 주부로 변하였다고 한다. 이러한 변화는 당의 영향을 받았을 것인데, 그것의 모범은『唐六典』이 아니었을까 한다.『당육전』은 현종 개원 10년(722 : 성덕왕 21) 수찬에 착수하여 개원 26년(효성왕 2)에 완성된 것으로, 영·식과 제·칙을 자료로 하여 편찬되었으며 그 중에서도 영이 기본 자료가 되었다. 당대에는 약 12차례에 걸쳐 영이 개정되었는데,『당육전』은 개원 7년(또는 4년)에 반포된 영을 기준으로 편찬되었다.[69] 개원 7년(혹은 4년)의 사령에 규정되어 있는 公宣父釋奠은『구당서』와『통전』을 통해 알 수 있다.[70]「개원례」는「정관례」와「현경례」를 절충한 것으로, 개원 14년부터 편찬 작업에 착수하여 6년 후인 개원 20년에 반행되었으며 길례 55개, 빈례 6개, 군례 23개, 가례 50개, 흉례 18개의 총 152개의 의례로 이루어져 있다.[71] 이 중 석전은 길례에 포함되어 있으며 '皇帝皇太子視學', '皇太子釋奠于孔宣父', '國子釋奠于孔宣父', '諸州釋奠于孔宣父', '諸縣釋奠于孔宣父' 등 5종류가 있다. 개원 25년령의 석전은 학령에 포함되어 있고,[72] 당의 문묘제가 확립되는 것은 개원 27년(효성왕 3)이다. 이러한 당「개원례」는 경덕왕대 국학의 명칭과 관호의 변경뿐만 아니라 석전례의 정비에도 영향을 주었을 것이다.

석전례의 수용 및 그 정비와 관련해서『삼국사기』직관지의 '孔子廟堂大舍'도 관심을 끈다.[73] 孔子廟堂 大舍는 공자의 묘당을 관리하는 관직으로, 국학의

69)『新唐書』58, 예문2, 직관류 ; 仁井田陞,『唐令拾遺』, 東京大學出版會, 1933, 12쪽 ; 김택민 주편, 앞 책, 2003, 15쪽 및 18~19쪽.

70) 初 開元八年 國子司業李元瓘奏 (…) 謹檢祠令 何休范寧等二十二賢 猶霑從祀 (『구당서』24, 지4, 예의4) ;『통전』53, 예13, 연혁13, 길례12 孔子祠 ; 仁井田陞, 위 책, 1933, 196쪽 참고.

71) 大唐開元年之制五禮 其儀百五十有二 一曰吉禮 其儀五十有五 二曰嘉禮 其儀有五十 三曰賓禮 其儀有六 四曰軍禮 其儀二十有三 五曰凶禮 其儀十有八 (『통전』106, 예66, 개원례찬류1, 서례 상). 이와 관련해서 채미하, 앞 논문, 2006a, 144~145쪽 주 90 참고.

72)『唐令拾遺』學令.

73)『삼국사기』40, 잡지9, 직관 하. 한편 부여융이 建封 원년(666 : 문무왕 6)에 공자묘 제사를 주관하고 있다. 여기에는 先聖孔宣父로 나온다(『全唐文』15, 高宗皇帝 祭告孔子廟文).

大唐開元禮卷第五十四
吉禮
國子釋奠於孔宣父
齋戒　陳設　饋享
皇子束脩　學生束脩
齋戒
將享司館預申享日本司散下其禮所司隨職供辦
凡預享之官散齋三日致齋二日（散齋皆於正寢致齋一日於本司一日於享所其無本司者皆於享所）散齋理事如舊惟不弔喪問疾不
作樂不判署刑殺文書不行刑罰不預穢惡致齋惟
大唐開元禮卷第五十四　一
享事得行其餘悉斷其享官已齋而闕者通攝行事
館官及諸學生皆清齋於學館一宿諸享官致齋之
日給酒食及明衣各習禮於齋所太官令監取明水
火（取水於陰鑑取火於陽燧火以供爨水以實尊）前享一日諸衛令其屬未
後一刻各以其方器服守衛廟門及太樂工人俱清
齋一宿
陳設
前享三日守宮設獻官以下次於齋坊　前享二日
太樂令設軒懸之樂於廟庭東方西方磬虡起北鐘
虡次之北方磬虡起西鐘虡次之設三鎛鐘於編懸

『대당개원례』'國子釋奠于孔宣父' 일부　당의 국자감에서 공자에게 석전하는 의례이다. 釋奠이란 學校에 酒食을 두고 先聖先師를 奠祭하는 일종의 典禮이다.

大舍 2인은 공자묘당 대사와 무관하지는 않았을 것이다. 공자묘당이라는 점에서는 공자가 문성왕으로 추봉되기 전인 개원 27년 이전에 신라에는 공자묘당이 있었음을 알 수 있다. 아마도 이것은 국학이 정비되는 신문왕 2년 이후에 설치되었으며 성덕왕대와 경덕왕대 정비되었을 것으로 생각된다.

앞에서 살펴보았듯이, 신라 국왕이 국학에 행차한 시기는 2월과 8월이었다. 이것은 「개원례」의 '國子釋奠于公宣父'에 해당하는 것이다. 신라 국학에 행차한 왕들은 '박사' 또는 '박사이하'에게 강의 또는 강론하게 하였다고 한다. 「개원례」 '國子釋奠于公宣父'의 절차는 齋戒－陳設－饋享－皇子束脩－學生束脩의 순서로 진행되고 있다.[74] 여기에서는 강경을 하였다는 내용이 보이지 않는다. 하지만 『唐會要』를 보면 당 德宗 建中 3년(782 ; 선덕왕 3) 국자사업의 상주를 보면 석전의 날에 "合集朝官 講論五經文義"하던 구례가 代宗 大曆 5년(770 : 혜공왕 5)까지 계속되었으나 이후 시행되지 않았으므로 이를 부활시

74) 『唐開元禮』 54, 길례 國子釋奠于公宣父.

키자고 하였고, 德宗 貞元 2년(786 : 원성왕 2)의 석전에서는 "自宰臣已下畢集於國學 學官升講座 陳五經大義及先聖之道"하였다고 한다.75)

「개원례」 '皇帝皇太子視學'의 절차는 출궁－시학－거가환궁으로 이루어져 있다. 이 중 '視學'의 내용을 보면 執經－侍講－執讀－執如意 등이 황제 가까이에 등장하며 "執讀讀所講經 執經釋義訖 遂行如意 侍講者執如意 就論義座以次論難訖"하였다고 한다.76) 「개원례」 '皇太子釋奠于孔宣父'의 절차는 재계－진설－궤향－강학－환궁이다. 이 중 '講學' 때 "執讀讀所講經 (執經)釋義訖 執如意者以如意授侍講 侍講興受 進詣論講座 北面問所疑 執經者爲通之"하였다고 한다.77)

고려의 경우를 보면 예종 9년(1114)에 왕이 국학에 가서 선성과 선사에게 작헌하고 강당에 참석하여 한림학사 박승중에게 대사성을 대신하여 『상서』 說命 3편을 강의하게 하였다고 한다.78) 인종 7년(1129)에는 왕이 국학에서 공자 제향에 참석하였고 대사성 김부철에게 『상서』 無逸篇을 강의하게 하였다고 한다.79) 공양왕 2년(1390)에는 왕이 문묘에 가서 대사성 송문중에게 『시경』 七月篇을 강의하게 하였다고 한다.80) 이것은 『고려사』 예지의 '酌獻文宣王視學儀'에 해당한다. 『세종실록』 오례의 '視學酌獻文宣王儀'(진설－거가출궁－작헌－시학－거가환궁),81) 『국조오례의』의 '享文宣王視學儀'((재계－진설－)거가

---

75) 1) 建中三年二月 國子司業歸崇敬奏 上丁釋奠 其日准舊例 合集朝官講論五經文義 自大曆五年以前 常行不絶 其年八月以後 權停講論 今旣日逼 恐須復依舊奏 2) 貞元二年二月 釋奠 自宰臣已下畢集於國學 學官升講座 陳五經大義及先聖之道 (『唐會要』 35, 석전).

76) 『당개원례』 52, 길례 皇帝皇太子視學.

77) 『당개원례』 52, 길례 皇太子釋奠于孔宣父.

78) 睿宗九年八月乙卯 王詣國學酌獻于先聖先師 御講堂 命翰林學士朴昇中 借大司成講說命三篇 百官及生員七百餘人 立庭聽講 各進歌頌 御製詩一首 宣示左右 令各和進 (『고려사』 62, 지16, 예4).

79) 王視國學釋奠先聖獻以殷盤二事 綾絹三十匹 御敦化堂命大司成金富轍講書無逸篇 使起居郎郎尹彦頤及諸生講問大義 賜宰樞侍臣學官諸生酒食 學官諸生表賀 (『고려사』 16, 세가16, 인종2, 인종 7년 3월 계묘).

80) 王謁文廟 令大司成宋文中 講詩七月篇 遂如積慶園 (『고려사』 45, 세가45, 공양왕1, 공양왕 2년 8월 己巳).

출궁－(성생기－전폐－궤향－)시학－거가환궁),[82] '酌獻文宣王視學儀'(거가 출궁－작헌－시학－거가환궁)[83]에서도 시학이 이루어지고 있다.

이로 볼 때 신라 국왕이 국학에 행차한 것은 당·고려·조선의 예에 비추어 볼 때 視學儀, 시학의례에 해당한다고 할 수 있다. 신라 국왕이 국학에 가서 들은 강의와 강론의 내용은 '尙書義'·'經義'로 나온다. '尙書義'는 『상서정의』[84] 내지는 상서의 뜻[85]이라고 한다. 그런데 『唐會要』의 '五經文義'와 '五經大義'는[86] 오경의 문장의 뜻, 오경의 큰 뜻으로 해석할 수 있다. 고려 인종이 대사성 김부철에게 『상서』 무일편을 강의하게 한 다음 기거랑 윤언이와 제생들로 하여금 '大義'를 講問(따져서 물음)하도록 하였다는 것[87]도 참고된다. 이로 볼 때 '尙書義'와 '經義'는 『상서』의 뜻과 경의 뜻으로 해석할 수 있다.

이러한 『상서』를 비롯한 經은 신라 국학의 교과목과 독서삼품과에 있는 것으로, 그것을 제시하면 다음과 같다.

E. 1) ① 국학 (…) 敎授하는 방법은 周易·尙書·毛詩·禮記·春秋左氏傳·文選으로 구분하여 학업으로 삼았으며, 박사 또는[若] 조교 1명이 때로는 예기·주역·논어·효경을, 때로는 춘추좌전·모시·논어·효경을, 때로는 상서·논어·효경·문선을 교수하였다. ② 諸生이 책을 읽음으로써 三品으로 出身하니, 춘추좌씨전과 예기와 문선을 읽고 능히 그 뜻에 통달하고 겸하여 논어와 효경에 밝은 자는 상급으로 삼고, 곡례·논어·효경을 읽은 자는 중급으로 삼고, 곡례·효경을 읽은 자는 하급으로 삼았다. 만약 五經三史와 諸子百家書를 능히 아울러 통하는 자는 등급에 관여치 않고[超] 발탁하여 임용하였다.

---

81) 『세종실록』 131, 오례 길례의식 視學酌獻文宣王儀.

82) 『국조오례의』 1, 길례 享文宣王視學儀.

83) 『국조오례의』 1, 길례 酌獻文宣王視學儀.

84) 김영하, 앞 논문, 2005, 156쪽. 조성을은 통일신라기 『상서』는 공영달의 『오경정의』 계통의 학문이라고 추측하는데, 이것은 梅賾本을 텍스트로 한 것이라고 하였다(조성을, 「정약용의 상서금고문연구」, 『동방학지』 61, 1989, 92쪽).

85) 채미하, 앞 논문, 2006a, 146쪽.

86) 주 75 참고.

87) 주 79 참고.

(…) ③ 모든 학생은 관등[位]이 大舍 이하로부터 관등이 없는 자이며, 나이는 15세로부터 30세까지 모두 이를 충족하였다. 9년을 기한으로 만약 노둔하여 인재가 될 가능성이 없는 자[朴魯不化者]는 그만두게 하였다. 만약 재주와 도량은 이룰 만한데 아직 미숙한 자[未熟者]는 비록 9년을 넘더라도 국학에 남아있는 것을 허락하였다. 관등이 大奈麻와 奈麻에 이른 이후에는 국학에서 내보낸다.[88](『삼국사기』 38, 잡지7, 직관 상)

2) 봄에 처음으로 讀書三品을 정함으로써 出身하게 하였다. 춘추좌씨전이나 혹은 예기·문선을 읽고 그 뜻에 능통하며 논어와 효경에 모두 밝은 자를 上品으로, 곡례와 논어·효경을 읽은 자를 中品으로, 곡례와 효경을 읽은 자를 下品으로 삼았다. 혹 五經·三史·諸子百家의 글을 널리 통달한 자는 등급을 뛰어넘어 발탁 등용하였다.[89](『삼국사기』 10, 신라본기10, 원성왕 4년)

사료 E에 나오는 국학의 교수내용은 경학(오경 : 시경·서경·예기·주역·춘추)이 중심이 되고 문학이 부수되는 형태이다.[90] 그러하다면 신라 국학에 국왕이 행차했을 때 강의하고 강론한 내용은 『상서』가 포함되는 오경이 아니었을까 한다. 이것은 『唐會要』의 '五經文義'·'五經大義'라든가,[91] 『상서』의 열명·무일편,[92] 『시경』의 칠월편[93]에서도 생각된다. 신라 국학에서 교수하는 내용 중 『논어』와 『효경』은 필수였고[94] 독서삼품과에서 공통으로 나타나는 것은

88) ① 國學 (…) 教授之法 以周易尙書毛詩禮記春秋左氏傳文選 分而爲之業 博士若助教一人 或以禮記周易論語孝經 或以春秋左傳毛詩論語孝經 或以尙書論語孝經文選教授之 ② 諸生 讀書以三品出身 讀春秋左氏傳 若禮記 若文選 而能通其義 兼明論語孝經者爲上 讀曲禮論語孝經者爲中 讀曲禮孝經者爲下 若能兼通五經三史諸子百家書者 超擢用之 (…) ③ 凡學生 位自大舍已下至無位 年自十五至三十皆充之 限九年 若朴魯不化者罷之 若才器可成而未熟者 雖踰九年 許在學 位至大奈麻奈麻以後 出學.

89) 春 始定讀書三品以出身 讀春秋左氏傳 若禮記 若文選 而能通其義 兼明論語孝經者爲上 讀曲禮論語孝經者爲中 讀曲禮孝經者爲下 若博通五經三史諸子百家書者 超擢用之.

90) 이것은 국학의 목적이 유교적 도덕정치이념을 구현하려는데 있음을 알 수 있다(이기백, 앞 책, 1986, 226쪽).

91) 주 75 참고.

92) 주 79 참고.

93) 주 79 참고.

94) 이것은 당이나 고대 일본도 마찬가지였다. 『당육전』 21, 국자감 좨주사업조를 보면

『효경』과 「곡례」이다. 이 중 『효경』은 당 태종이 국학에 행차했을 때 講하기도 하였다.[95] 「곡례」는 『예기』의 首篇으로,[96] 『예기』는 국학 과목의 하나였으며 독서삼품과의 상품에는 『예기』가, 중·하품에는 『곡례』가 있다. 이로 볼 때 신라 국왕이 국학에 행차했을 때 『상서』와 『예기』(「곡례」) 등의 오경뿐만 아니라 『효경』과 『논어』도 강의 또는 강론되었을 것으로 여겨진다.

신라 국왕이 국학에 행차했을 때 강의 또는 강론을 담당한 것은 '박사' 또는 '박사이하'로 나온다. 「개원례」의 '皇帝皇太子視學', '皇太子釋奠于公宣父'에서는 누가 집경을 맡았는가에 대해서는 언급되어 있지 않지만, 『당육전』을 보면 국자감의 좨주와 사업이 "황제의 학교시찰이나 황태자가 학교에 갈 때 執經으로서 강의를 한다. 무릇 석전을 행하는 날에는 관학의 학생들을 모아 집경으로서 論議한다"고 한다.[97] 이로 볼 때 당의 국자감에서 집경을 주도한 것은 국자감의 좨주와 사업이었음을 알 수 있다.

신라 국학에서는 국학의 장관인 경(사업)이 아닌 '박사'와 '박사이하'가 그것을 담당하고 있다. 우선 사료 B-1)에 따르면 박사와 조교는 약간명이 있다고 하고, 그 수는 정해져 있지 않았다고 한다. 사료 E-1)①을 보면 국학의 교과목을 박사 또는(若) 조교 1명이 가르쳤다고 한다. 이러한 국학의 교육과정은 禮記·周易(·論語·孝經), 春秋左傳·毛詩(·論語·孝經), 尙書·(論語·孝經·)文選으로 3분되어 있다. 사료 E-1)①에 나오는 국학의 교수방법은 각 교과목(周易·尙書·毛詩·禮記·春秋左氏傳·文選)을 구분하여 학업으로 삼았다고 하며, 사료

당의 주역·상서·주례·의례·예기·모시·춘추좌씨전·공양전·곡량전을 각 1경으로 하고 논어와 효경·노자를 필수로 하고 있다. 고대 일본의 경우 「양로령」 학령 5, 經周易尙書條를 보면 주역·상서·주례·의례·예기·모시·춘추좌씨전을 각 1경으로 하고 효경과 논어를 필수로 하고 있다.

95) (貞觀)十四年 太宗觀釋奠於國子學 詔祭酒孔穎達講孝經 (…) 玄宗開元七年 皇太子齒胄於學 謁先聖 詔宋璟亞獻 蘇頲終獻 臨享 天子思齒胄義 乃詔二獻皆用胄子 祀先聖如釋奠 右散騎常侍褚無量講孝經禮記文王世子篇 (『신당서』 15, 지5, 예악5).

96) 錢玄·錢興奇, 『三禮辭典』, 江蘇古籍出版社, 1998, 362~363쪽(曲禮).

97) 國子監祭酒司業之職 掌邦國儒學訓導之政令 (…) 皇帝視學皇太子齒胄 則執經講義焉 凡釋奠之日 則集諸生執經論議 奏請京文武七品以上淸官並與觀焉 (『당육전』 21, 국자감좨주·사업).

B-4)를 보면 경덕왕 6년에 諸業博士와 助教를 두었다고 한다. 우선 사료 B-4)의 제업박사와 조교는 유학 교육 과목을 분업하는 박사와 조교로 보고 있다.[98] 사료 E-1)①과 사료 B-4)의 業의 사전적인 뜻은 '부여된 과업'이다. 그러하다면 신라 국학에는 각 과목에 해당하는 박사 또는 조교가 있지 않았을까 한다. 이것은 중국과 일본의 경우[99]뿐만 아니라 백제 무령왕 13년(513)과 16년의 오경박사라든가,[100] 성왕 19년(541)의 양에 모시박사 등을 청한 것,[101] 고려 예종 4년(1109) 7월에 국학에 일곱 서재를 두었는데 즉 주역과는 麗澤, 상서과는 待聘, 모시과는 經德, 周禮과는 求仁, 대례과는 服膺, 춘추과는 養正, 무학과는 講藝라고 하는 데서도 생각해 볼 수 있는 것이다.[102]

이처럼 신라의 국학에는 각 교과목당 박사 또는 조교가 있었다고 할 수 있다. 그렇다면 혜공왕 원년에 '尙書義'를 강의한 박사는 『상서』를 업으로 하는 박사였다고 생각된다. 경문왕·헌강왕의 국학행차 때는 '박사이하'가 강론하였다. 대사성 김부철에게 무일편을 강의하게 한 다음 기거랑 윤언이와 諸生들로 하여금 '大義'를 講問(따져서 물음)하도록 하였다고 한다.[103] 이 점을 염두에 둘 때 '박사이하'는 박사를 비롯한 조교와 국학생, 후술되는 도당유학생도 포함되어 있지 않았을까 한다.

한편 강론이 끝난 후 사료 A-3)을 보면 경문왕은 물건을 차등있게 내려주고 있음을 알 수 있다. 『예기』를 보면 천자가 시학하고 부수적으로 천자 스스로가

98) 노용필, 「신라시대 효경의 수용과 그 사회적 의의」, 『이기백선생고희기념논총』, 일조각, 1994, 196쪽 : 앞 책, 2007 ; 정호섭, 앞 논문, 2004, 58~60쪽도 참고. 이명식은 경덕왕 6년 국학의 명칭을 대학감으로 개칭하던 시기에 박사와 조교를 두게 되었다고 한다(「신라 국학의 운영과 재편」, 『대구사학』 59, 2000, 13~14쪽). 한편 잡업(기술학) 관련분야의 박사와 조교들이라고 파악하기도 하나, 따르지 않는다.

99) 諸博士助教 皆分經教授 學者 每受一經 必令終講 所講未終 不得改業([開七] 八) ; 凡博士助教 皆分經教授 學者 每受一經 必令終講 所講未終 不得改業 (「양로령」 學令9, 分經教授條).

100) 『일본서기』 17, 계체천황 7년 ; 『일본서기』 17, 계체천황 10년 참고.

101) 『삼국사기』 26, 백제본기4, 성왕 19년 ; 『陳書』 33, 鄭灼傳 附 참고.

102) 『고려사』 74, 지28, 선거2, 학교(국학).

103) 주 79 참고.

효명세자(익종대왕)입학도 1817년(순조 17) 3월 11일에 효명세자의 성균관 입학례의 모습이다. 그 장소는 성균관 명륜당으로 오른쪽에는 강학을 담당한 박사가 그 맞은 편에 서 있는 두 사람 사이에 세자의 자리가 있다. 서울대학교 규장각한국학연구원 제공.

양노의를 행하고 있다.[104] 당의 경우에는 貞觀 14년(640)에 석전을 하고 난 후 學官·高第에게 生帛을 내리고 있고,[105] 고려 인종 7년(1129)에는 宰樞·侍臣·學官·諸生에게 酒食을 내리고 있다.[106] 조선의 경우도 "講訖 賜侍講官紗羅(李邊 以上 織錦胸背羅一匹 盧思愼 以下 紗一已)"[107]하였다고 한다.

이상에서 신라에서 석전례에 대한 관심은 진덕왕대 이후부터였고 국학이 정비되는 신문왕 2년 이후에는 석전례가 수용되었고 성덕왕·경덕왕대에 그것

104) 주 30 참고. 이와 관련해서 「개원례」 가례의 황제가 태학에서 양노하는 의례(皇帝養老於太學)가 참고된다. 채미하, 앞 논문, 2006a, 150쪽 참고.

105) 貞觀十四年 丁丑 上幸國子監觀釋奠 命祭酒孔穎達講孝經 賜祭酒以下至諸生高第帛有差 (『자치통감』 195, 唐紀11, 태종 정관 14년).

106) 주 79 참고.

107) 『성종실록』 9, 성종 2년 3월 12일(을유).

은 정비되었다. 당시 신라 국왕은 국학에 행차하곤 하였는데, 국왕이 국학에 행차하여 한 일련의 행위들은 석전례의 절차 중 하나인 視學이었다. 이러한 시학에서는 오경 등이 강의 또는 강론되었고, 그것을 담당한 것은 처음에는 박사였다가 점차 조교와 국학생 및 도당유학생도 참여하였다. 강의 또는 강론이 끝난 후 국왕은 참석한 자들에게 물건을 차등 있게 내려주었다. 그렇다면 신라 국왕이 국학에 행차하여 한 일련의 행위들은 어떠한 의미를 가지고 있는 것일까.

3. 視學의 의미

신라 국왕의 시학은 신라의 관료 양성기관인 국학에서 이루어졌다. 이와 관련해서 사료 E-1)②의 "諸生이 책을 읽음으로써 三品으로 出身"하였고 E-2)의 "처음으로 讀書三品을 정함으로써 出身"하게 한 것이 관심을 끈다. 여기의 '諸生'은 국학생이고,[108] '出身'은 "처음으로 벼슬길에 나섬"이라는 뜻이다. 이로 볼 때 국학생들은 국학의 교과목을 독서하여 삼품으로 평가받고 있는데, 이 독서삼품이라는 평가 내지 시험을 거쳐 국학생들은 관료로 진출하였음을 알 수 있다.[109] 다음도 주목된다.

108) 당의 국자감에서는 학생의 신분에 따라 6학으로 나누고 있지만(『唐六典』 21, 국자감), 신라는 규정이 명확치 않다. 이러한 국학생들은 주로 6두품(이기백, 앞 책, 1986, 229쪽)이나 5두품(전미희, 「원효의 신분과 그의 활동」, 『한국사연구』 63, 1988, 48~50쪽 참고), 6두품 이상의 신분층(고경석, 앞 논문, 1997, 101쪽), 진골에서 5두품까지(이인철, 앞 책, 1993, 144쪽 ; 정호섭, 앞 논문, 2004, 52~53쪽), 진골부터 4두품까지(이희관, 앞 논문, 1998, 106~109쪽), 4두품에서 평민에 이르는 하급의 신분자들도 입학생이 되었을 것이라고 하였다(이명식, 앞 논문, 2000, 19쪽). 국학생은 재학시의 관등이 대사에서 무위자로 기록되어 있다. 그런데 졸업시에는 대나마나 나마의 관등을 받는 것으로 볼 때 4두품은 국학생에 포함되지 않았을 것이다. 이에 국학생은 진골부터 5두품일 것으로 여겨진다.

109) 독서삼품과를 국학의 졸업시험으로(이기백, 위 책, 1986, 230쪽), 국학 졸업생의 성적 평가법과 관리 등용의 시험제도라는 성격을 동시에 갖는 것(木村誠, 「統一新羅の官僚制」, 『日本古代史講座』 6, 1982, 151쪽)이라고 하기도 한다. 독서삼품과는 국학생뿐만 아니라 개인적으로 유학을 습득하였던 사람들에게도 광범위하게 적용될 수 있었던

F. 여름 5월 1) 왕이 자제들을 唐에 보내서 國學에 입학시켜 주기를 청하였다. 2) 이때 ① 당 太宗은 천하의 이름난 유학자를 많이 불러 모아 학업을 가르치는 官員으로 삼았고 ② 자주 國子監에 들러서 그들로 하여금 강론케 하였다. ③ 학생으로서 大經 가운데 하나 이상에 능통한 사람은 모두 관직을 맡을 수 있도록 하였고 ④ 學舍를 1천 2백 칸으로 증축하였으며, 학생이 늘어나 3천 2백 6십 명이었다. 3) 이에 사방에서 배우고자 하는 사람이 京師에 구름처럼 모여 들었다. 이때 고구려·백제·高昌·吐藩 역시 자제를 보내 입학시켰다.[110](『삼국사기』 5, 신라본기5, 선덕왕 9년)

사료 중 F-2)③을 보면 "학생으로서 大經 가운데 하나 이상에 능통한 사람은 모두 관직을 맡을 수 있도록 하였"다고 한다. 이로 볼 때 당에서는 과거제 외에도 학생이 대경 중 하나 이상에 능통하면 관직에 나갈 수 있었음을 알 수 있다. 이것은 사료 F-2)②의 "(당 태종은) 자주 국자감에 들러 그들 學官으로 하여금 강론케 하였다"고 한 것과 관련있지 않을까 한다. 아마도 당 태종은 국자감에 행차하여 강론을 듣고 난 후 학생 중에서 대경 중 하나 이상에 능통한 자에게 관직을 주었다고 생각되는 것이다. 고려시대의 정기적인 석전은 유사 석전이 일반적이었고 국왕은 약례인 작헌례만을 행하였다. 국왕이 국자감에 행차하여 시학을 행하는 경우에도 책문을 내어 시취하지는 않았다. 그런데 조선시대의 국왕은 재위 중에 여러 차례에 걸쳐 성균관에 행차하였고 시학에서 점차 책문을 내어 시취하는 것이 정례화되어 갔다.[111]

것으로 파악하기도 한다(홍기자, 「신라 하대의 독서삼품과」, 『신라의 인재양성과 선발』(신라문화제학술발표회논문집 19), 1998, 127~138쪽 ; 정호섭, 앞 논문, 2004, 63~66쪽). 한편 독서삼품과는 진골귀족들로 인해 어려움이 있었던 국학을 강화하려는 목적에서 운영되었다고 하기도 한다(장일규, 「신라말 경주최씨 유학자와 그 활동」, 『사학연구』 45, 1992, 9~10쪽).

110) 夏五月 1) 王遣子弟於唐 請入國學 2) 是時 ① 太宗大徵天下名儒爲學官 ② 數幸國子監使之講論 ③ 學生能明一大經已上 皆得補官 ④ 增築學舍千二百間 增學生滿三千二百六十員 3) 於是 四方學者 雲集京師 於是 高句麗·百濟·高昌·吐蕃 亦遣子弟入學. 이와 관련해서 『자치통감』 195, 唐紀11, 태종 정관 14년 ; 『신당서』 49, 지34, 선거상도 참고.

111) 김해영, 「조선초기 문묘 향사제에 대하여」, 『조선시대사학보』 15, 2000, 49쪽. 관련

당 또는 조선시대 알성시와 같은 점을 염두에 둔다면 신라 국왕이 국학에 행차했을 때 독서삼품과와 같은 어떠한 평가나 시험을 보았을 가능성이 있지 않았을까 한다.[112] 당에서 大經 중 하나 이상에 능하면 관직에 등용되었다는 점으로 미루어 신라도 대경에 능한 자에게 시학에서 관료로 진출할 수 있는 기회를 부여하지 않았을까 하는 것이다. 唐代 유가경전은 『예기』·『춘추좌씨전』의 大經, 『모시』·『주례』·『의례』의 中經, 『주역』·『상서』·『공양전』·『곡량전』의 小經으로 나누어진다.[113] 대경에 포함되어 있는 『예기』와 『춘추좌씨전』은 독서삼품과의 초탁과 상품에 포함되어 있는 것이다. 그러하다면 신라의 시학에서도 국학생 중 초탁자나 상품에 해당하는 자들이 관료로 진출하였을 것이다.

그런데 독서삼품과의 초탁규정에 보이는 삼사와 제자백가서는 국학의 교수과목에는 없는 것이다. 그러하다면 국학생들뿐만 아니라 유교적 소양을 갖춘 당시의 계층들도 그 대상이 아니었을까 한다.[114] 독서삼품과의 초탁규정이 견당유학생의 귀국 후에 적용된 사례가 많을 것이라는 견해가 관심을 끈다.[115] 이와 관련해서 다음이 주목된다.

G. 9월에 子玉을 楊根縣 小守로 삼았다. 執事史 毛肖가 반박하여 말하기를 "자옥이 文籍으로써 出身하지 않았으므로 지방관의 직을 맡길 수 없습니다."라고 하였다. 시중이 의논하여 말하기를 "비록 문적으로 출신하지는

사료로는 上謂鄭欽之曰 予將視學取士 成均館五部學堂赴學者及朝士外 勿許赴試[(『세종실록』 44, 세종 11년 5월 18일(계해)]. 傳于禮兵曹曰 將以本月二十五日視學 二月初五日 重試文武士 其辦諸事 [(『세조실록』 6, 세조 3년 1월 23일(무자)] 등.

112) 정호섭, 앞 논문, 2004, 75쪽.

113) (開七)諸禮記左傳爲大經 毛詩周禮儀禮爲中經 周易尙書公羊穀梁爲小經 通二經者 一大一小 若兩中經 通三經者 大小中各一 通五經者 大經並通 其孝經論語並須兼習 (『당령습유』학령) ; 諸禮記左傳 各爲大經 毛詩周禮儀禮 各爲中經 周易尙書 各爲小經 通二經者 大經內通一經 小經內通一經 若申經 卽併通兩經 其通三經者 大經中經小經各通一經 通五經者 大經並通 孝經論語須兼習 (『양로령』 학령 7조).

114) 정호섭, 앞 논문, 2004, 63쪽.

115) 浜田耕策, 앞 논문, 1980, 63쪽.

않았으나, 일찍이 入唐하여 학생이 되었으니 또한 어찌 쓰지 못하겠습니까."라고 하였다. 왕이 이에 따랐다.[116](『삼국사기』 10, 신라본기10, 원성왕 5년)

사료 G를 보면 원성왕 5년(789)에 執事史 毛肖가 "자옥이 文籍으로써 出身하지 않았으므로 지방관의 직을 맡길 수 없다"고 발언하고 있다. 여기의 文籍은 국학을 말하며[117] 수령직은 국학 출신으로 임명하는 것이 원칙이었거나, 적어도 그들을 임명하는 것이 일반적이었다.[118] 그런데 문적 출신이 아닌 자옥이 관료로 진출하는데, 여기에 대한 반발이 있었던 것이다. 자옥은 '일찍이 입당하여 학생이 되었다'는 점으로 미루어 당 유학생이었다. 그러하다면 당에서 돌아온 자옥은 독서삼품과의 초탁규정에 의거해 관리가 될 수 있었던 것이다. 이 점을 염두에 둔다면 신라 국왕이 국학에 행차했을 때 도당유학생들은 다른 국학생들과 함께 강론에도 참석하였을 것으로 생각된다.

이처럼 신라 국왕이 국학에 행차했을 때 국학생뿐만 아니라 도당유학생들도 강론에 참여하였고 이 중 학문에 뛰어난 자들은 관리로 진출하기도 하였다. 신라 국학에서 배출한 관료는 왕권의 지지기반이었다고 일반적으로 이해하고 있다.[119] 그러하다면 신라 국왕은 시학을 통해 자신의 지지기반을 확충하기도

---

116) 九月 以子玉爲楊根縣小守 執事史毛肖駁言 子玉不以文籍出身 不可委分憂之職 侍中議云 雖不以文籍出身 曾入大唐爲學生 不亦可用耶 王從之.

117) 이기백, 앞 책, 1986, 230쪽. 이외 문적을 유학과 관련된 문서서적으로 보는 견해(김세윤, 「신라 하대의 도당유학생에 대하여」, 『한국사연구』 37, 1982, 164~165쪽), 독서삼품과와 관련하여 합격한 사람을 올리는 장부로 해석하기도 하고(김호동, 「최은함-승로 가문에 관한 연구」, 『교남사학』 2, 1986, 4~8쪽), 독서삼품과로 보는 견해도 있다(홍기자, 앞 논문, 1998, 125쪽 ; 정호섭, 앞 논문, 2004, 65~66쪽).

118) 이기백, 앞 책, 1986, 229~230쪽.

119) 신라 국학생들은 국학을 졸업하면 대나마-나마 관등으로 초입사하는데, 중앙관직은 주로 경과 대사의 직을, 지방관직은 주조·태수·장사·사대사·소수·현령의 직을 가질 수 있다. 이후 국학생이 진골이라면 중앙관직은 시중·령·경·대사의 직을 지방관직은 모든 직을, 6두품이면 중앙관직은 경과 대사의 직을 지방관직은 모든 직을, 5두품이면 중앙관직은 대사의 직을 지방관직은 모든 직을 할 수 있다. 이들은 왕권의 옹호자로 왕의 근시기구에 배정되거나 문서작성 등이 요구되는 문한기구에 배치되었다(이기

大唐開元禮卷第五十二
吉禮
皇帝皇太子視學
出宮　視學　車駕還宮
皇帝皇太子視學
視學前一日所司灑埽學堂之內外尙舍設大次於
學堂之後守宮設皇太子次於大次之東皆隨地之
宜竝如常儀尙舍設御座於學堂上北壁下當中南
向監司設講榻於御座之西南向設執讀座於前楹
間當講榻北向尙舍又設皇太子座於御座東南西
大唐開元禮 卷第五十二　一
向設文官三品以上座於皇太子之南少退重行西
面北上設武官三品以上座於講榻西南當文官重
行東面北上設侍講座於執讀西北武官之前東面
北上其執如意者一人立於侍講之南東面設論義座於講榻之前北
面三館學官座於武官之後設脫履席於西階下典
儀設版位皇太子於東階東南西面執經於西階西
南東面文官三品以上於皇太子東南重行西面北
上武官三品以上於執經西南侍講執讀執如意等
於執經之後皆重行東面北上學生分於文武官之
後皆重行北上設典儀位於東階之西贊者二人在

『대당개원례』 길례 皇帝皇太子視學 일부 皇帝와 皇太子가 주체로 國學에 나아가 學事를 시찰하는 의례이다. 敎官에게 先師·先聖에 釋奠시키고 天子는 이를 관람하였다. 또 天子가 스스로 養老의 禮儀를 행하기도 하였다.

하였음을 알 수 있다.

고려에서는 백관들과 생원 700여 명이 뜰에 서서 강의를 들었다든가[120] 宰樞·侍臣·學官·諸生이 보이고 있다.[121] 『당육전』을 보면 석전을 행하는 날에는 京師의 문무 7품 이상의 淸官이 모두 참관하도록 주청하고 있다.[122] 당 현종 개원 28년(740)에는 국자좨주가 "准故事 釋奠之日 羣官道俗皆合赴監觀禮 依故事著之常式"할 것을 주청하여 황제의 허락을 받았다고 하고,[123] 『당회요』

동, 앞 책, 1984, 233~246쪽). 한편 이들은 위화부의 천거를 거쳐 관직에 취임했으며 이들은 좌·우사록관이 관장하는 녹봉을 지급받았을 것이다(김영하, 「신라 중대왕권의 기반과 지향」, 『한국사학보』 16, 2004, 37쪽).

120) 주 78 참고. 조선의 경우는 『성종실록』 9, 성종 2년 3월 12일(을유)조 참고.

121) 주 79 참고.

122) 주 97 참고. 그리고 『당육전』 2, 상서이부를 보면 京師의 常參官, 供奉官, 諸司長官, 淸望官과 四品已下 八品已上淸官의 존재를 특기하고 그 세주에 경사의 문무 7품 이상의 청관을 명기하고 있다.

123) (開元) 二十八年 二月五日勅 文宣王廟 春秋釋奠 宜令三公行禮 著之常式 二十日 國子祭酒

의 "准舊例合集朝官講論五經文義"와 "自宰臣已下 畢集於國學 學官升講座 陳五經大義及先聖之道"도 참고된다.[124] 이로 볼 때 신라 국왕이 국학에 행차하여 강론을 들을 때 백관들도 함께 참석하였을 것이다. 이것은 무엇을 뜻하는 것일까.

아마도 시학을 통해 신라 국왕은 왕권과 신권을 구분하려고 한 것이 아니었을까 한다. 이러한 노력은 신라 중대 이후에 계속 나타나고 있는 것이다. 이와 관련해서 진덕왕 5년(651)에 처음으로 이루어진 하정례가 신라 중대에 의례화되었을 것이라든가, 신문왕 6년(686)에 「길흉요례」와 함께 들어온 '사섭규계'의 '규계'의 내용 중에는 신하들이 지켜야 할 규율에 관한 것이 있었다는데서 생각해 볼 수 있다. 성덕왕 10년(711)에 왕이 백관잠을 지어 여러 신하들에게 보였다든가, 경덕왕 7년(748)에 처음으로 정찰 10인을 두어 관리들의 잘못을 살펴 바로잡게 하였다는 것은 왕권과 신권을 구분하려는 신라 국왕의 모습을 잘 보여주는 것이다.[125] 경덕왕 17년의 해관제[126]는 관료체제의 효율적 운영을 위해 수용한 것으로, 당의 100일과 일본의 120일에 비해 60일로의 축소는 당시 개혁정책과 무관하지 않았을 것이다.[127]

다음으로 신라 국왕의 국학 행차시 국학에서 이루어진 강론의 내용도 관심을 끈다. 『상서』는 『서경』으로, 요순의 道로부터 아래로는 三王의 義가 들어 있는 정치철학의 역사기록들로 유교의 정치사상이 담긴 경전 중 최고의 경전이다.[128] 「곡례」는 사회적 인간관계인 부자·군신·장유·주객 등이 일상생활에서 접하는 예를 설명하는 한편 국가적 지배질서에서 여러 신분이 지켜야 할

劉瑗奏 准故事 釋奠之日 羣官道俗 皆合赴監觀禮 依故事著之常式 制可(『당회요』 35, 釋奠).

124) 주 75 참고.

125) 이와 관련해서 채미하, 앞 논문, 2006a, 154~155쪽 참고.

126) 二月 下教 內外官請暇滿六十日者 聽解官(『삼국사기』 9, 신라본기9, 경덕왕 17년).

127) 윤선태, 「신라 중대의 형률」, 『강좌한국고대사』 3, 가락국사적개발연구원, 2003, 122~124쪽 참고.

128) 蔣伯潛·蔣祖怡 저, 최석기·강정화 역주, 『유교경전과 경학』, 경인문화사, 2002, 112~113쪽 ; 이범직, 『한국중세예사상연구-오례를 중심으로-』, 일조각, 1991, 34쪽.

예를 기술하였다.129) 『효경』은 천자－제후－경대부－사－서인에 이르기까지의 신분의 존비에 따른 효의 내용과 방법, 목적 등이 기술되어 있다.130) 경덕왕 2년(743)에 당 현종이 보낸 御註孝經은131) 舊註132)를 정리한 것인데, 주된 내용은 효가 忠道의 근간임을 강조한 것으로 국가 중심·군주 중심이라고 한다.133) 공자의 언행이 집약된 『논어』는 인과 의, 예에 관한 내용을 바탕으로 효제와 충신의 덕목을 강조하였다.134) 이로 볼 때 국왕이 국학에 행차하여 들은 강론의 내용은 왕권의 권위를 강조한 것으로 여겨진다.135)

이상에서 신라 국왕은 시학을 통해 왕권의 지지기반을 확충하였을 뿐만 아니라 군신관계를 정립하고 왕권의 위엄을 내세우려고 하였음을 알 수 있었다. 이러한 신라의 시학은 경문왕·헌강왕대에는 국왕이 국학에 행차하여 '박사이하'에게 '講論'하게 한 반면 혜공왕대는 '박사'에게 '講'하게 하였다. 이것은 신라 국학이 신라 하대에 확대 재편된 것과 관련있었다. 따라서 신라 하대에

---

129) 김영하, 앞 논문, 2005, 158쪽.

130) 김영하, 위 논문, 2005, 157쪽.

131) 『삼국사기』 9, 신라본기9, 경덕왕 2년.

132) 舊註는 전한 공안국의 주석 '傳'과 후한 정현의 주석 '解'를 지칭한다.

133) 이러한 내용을 담고 있는 당 현종 주의 『효경』 수용은 경덕왕의 왕권강화에 이념적으로 보탬이 되었을 것이고 유교적 효행 실천에 대한 국가적 포상이 경덕왕대 처음 등장한 것도 『효경』 수용의 결과로 이해된다고 한다(노용필, 앞 논문, 1994, 199~203쪽 : 앞 책, 2007). 김영하는 앞 논문, 2005, 150쪽에서 당 현종은 자신이 주석한 『효경』의 증여를 통해 겸허와 근신으로써 부귀와 사직을 보전하는 제후의 효를 신라왕에게, 신라왕은 그것의 수증에 의해 예법과 도덕으로써 종묘를 유지하는 경대부의 효를 신하에게 요구하였을 것이라고 하였다.

134) 김영하, 위 논문, 2005, 156쪽. 당의 국학에서는 『춘추좌씨전』·『춘추공양전』·『춘추곡량전』을 모두 포함시키고 있으나, 신라 국학에서는 『춘추좌씨전』에 국한하고 있다. 이것은 왕권의 절대화를 위하여 요구되는 국가윤리인 충의를 중시하였음을 반영한 것이라고 한다(윤남한, 「전환기의 사상동향」, 『한국민족사상대계』 2, 1973, 218쪽 ; 신동하, 「고대사상의 특성」, 『한국사상사대계』 2, 한국정신문화연구원, 1991, 265쪽).

135) 주 78·79·80을 보면 고려시대 국왕이 국자감에 행차했을 때 『상서』의 열명·무일편, 『시경』의 칠월편이 강의·강론되었다. 그 내용은 모두 군주는 천도를 받들고 왕업의 어려움을 체험해야 하며 잠시도 안일함만을 생각해서는 안된다는 것이다(이범직, 앞 책, 1991, 33~44쪽).

시학의 내용은 보다 풍부해졌는데, 이것은 신라 유학의 발전을 보여주는 하나의 단면이기도 하였다.

한편 앞에서 살펴보았듯이, 신라에는 석전례가 수용되었고 그것이 정비되었다. 그런데 신라의 석전례는 당과 고려·조선의 석전례가 국가제사에 편제된 것과는 달리 국가제사에 편제되지 않았다. 이것은 석전례의 내용이 주로 시학이었기 때문이 아닐까 한다. 중국의 석전례가 신라 사회에 들어왔지만, 신라는 석전례에 대한 원칙적인 이해만 하고 있었던 것으로 생각되는 것이다. 『예기』에 보이는 천자시학에 準하는 정도로, 유사가 석전하고 신라 국왕은 시학만을 행한 것으로 여길 수 있는 것이다.

당의 경우 유사 석전 때 좨주는 초헌, 사업이 아헌을 하였고 박사는 종헌을 하였으며, 만약 황태자가 주관하는 석전에서라면 좨주는 아헌을 했다고 한다.[136] 여기에서 박사는 국자박사를 말한다.[137] 이로 볼 때 당의 유사석전 때 좨주와 사업은 초헌관과 아헌관이며 국자박사가 종헌관이었음을 알 수 있다. 당에서 국자감의 장관인 좨주가 유사석전례에서 초헌관인 점으로 미루어 신라의 경우도 국학의 장관인 경이 그것을 담당하지 않았을까 한다. 그런데 신라에서는 강의 또는 강론을 담당한 것은 '박사'와 '박사이하'였다.[138] 이것은 당에서 집경을 좨주와 사업이 주도한 것과는 다른 모습이다.[139]

---

136) 祭酒爲初獻 司業爲亞獻 博士爲終獻 若皇太子釋奠則贊相禮儀 祭酒爲之亞獻(『당육전』 21, 국자감 좨주사업).

137) 孔宣父廟 則國子祭酒爲初獻 司業爲亞獻 國子博士爲終獻(『당육전』 4, 상서예부).

138) 신라 중앙 행정관부는 영-경-대사-사지-사로 관부 조직이 정비되었다. 상급관직인 영-경은 진골·6두품의 귀족관료층이, 하급관직인 대사-사지-사는 5·4두품이 담당한다. 국학의 경은 다른 행정관부 핵심관부의 경과 그 관등이 동일한데, 중앙관부에서 경의 관등은 급찬에서 아찬까지이다. 그리고 박사는 국학조의 서술 순서상으로 볼 때 경과 대사의 사이에 위치하고 있어 나마-대나마로(三池賢一, 「新羅內廷官制考(下)」, 『朝鮮學報』 61, 1971, 26쪽), 나마 이상으로(노중국, 앞 논문, 1998, 61쪽) 파악하기도 한다. 당시 기술학에 종사하였던 박사들의 관등이 금석문상으로 대사에서 대나마까지 나온다(성덕대왕신종명). 당의 경우 유학을 교육하는 국자학, 태학의 박사들이 기술학 박사보다 높은 관품을 가진 것으로 보아 기술학보다는 높은 관등을 가졌을 것으로 생각된다. 한편 조교의 관등에 대해서는 잘 알 수 없으나, 대사와 같지 않았을까 한다.

139) 당 정관 21년(647 : 진덕여왕 1) 이전에는 尼父廟(공자묘)에 제사지낸 것이 박사였다고

경주 향교 신라 국학의 위치와 관련해서 현재의 경주 향교가 그 곳이라고 하기도 한다.

사료 F-2)④를 보면 당에서는 학생을 수용하기 위하여 학사를 증축하여 그 학사에서 학생들을 가르치고 있음을 알 수 있다. 신라에서도 국학생을 수용하여 가르치는 장소인 학사가 따로 설치되어 있었을 것이다. 경주에서 출토된 신라의 기와편에 '大學△'이라는 명문이 확인되고 있어[140] 이는 국학의 학사건축에 이용된 기와가 아닐까 한다.[141] 신라 국학의 구조가 어떠했는지는 알 수 없으나, 고려시대의 향교 건물이 참고된다. 고려시대 향교 건물은 크게 성현에게 제사지내는 제사공간과 학생을 길러내는 교육공간으로 나누어진다. 두 공간 사이에는 담을 쌓아 구분하는 것이 일반적이다. 이러한 구조가 언제부터

한다. (貞觀)二十一年 詔左丘明 (…) 范甯二十二人皆以配享 而尼父廟學官自祭之 祝曰 博士某昭告先聖 州縣之釋奠 亦以博士祭 中書侍郎許敬宗等奏 禮 學官釋奠于其先師 (…) 請國學釋奠以祭酒司業博士爲三獻 辭稱皇帝謹遣 (…)(『신당서』 15, 지5, 예악5). 『통전』 53, 예13, 연혁13, 길례12 석전조도 참고.

140) 동산문화사편, 『신라의 기와』(한국건축사대계V), 1976, 16쪽과 27쪽. 현재로는 『경주 향교지』를 통해 경주 향교 자리가 신라의 국학이 있었던 위치로 거론되고 있다.

141) 정호섭, 앞 논문, 2004, 76쪽.

정착되었는지 알 수 없으나, 고려시대에는 제사공간과 교육공간이 한 건물 안에 있었다. 이것은 당시 향교의 주된 기능이 교육에 있었고, 제사는 부수적이라는 의미였다는 것을 말해준다. 이러한 모습은 신라도 마찬가지가 아니었을까 한다.

이처럼 석전례는 신라에 수용되었고 시행되었지만, 그 내용은 제사적 기능보다는 교육적 기능에 보다 치중되어 있었다. 이것은 석전례의 내용이 시학이었다는 것과도 관련있는 것이다. 국왕이 국학에 행차했을 때 강의 또는 강론을 담당한 자와 석전례의 초헌관이 박사였다는 점에서도 생각해 볼 수 있다. 이에 당과 고려·조선과는 달리 신라의 석전례는 국가제사에 편제되지 않았던 것이 아니었을까 한다. 이후 고려와 조선의 석전례는 국가제사에 편제되었고 유학의 발전으로 다양화되어 갔다.142)

제2절 정치의 구심, 賓禮

1. 使臣의 諸樣相

당 사신이 신라에 처음 온 것은 진평왕 43년(621)으로, 이것은 이 해에 신라가 당에 사신을 보낸 답례로 이루어진 것이다. 동왕 48년에는 주자사를 사신으로 보내어 고구려와 화친하도록 조서로 타이르고 있다[詔諭]. 그리고 前王에 대한 弔祭과 新王의 책봉 임무를 띠고 온 당 사신이 신라에 왔다. 이를 冊立弔祭使 혹은 弔祭冊立使라고 칭하기도 하며143) 신왕의 책봉 임무를

142) 당과 고려, 조선의 석전례는 경중과 주현으로 구분되어 있고 정기적인 제사와 비정기적인 제사로 나누어진다. 그리고 고려시대에는 경중과 주현에서 유사에 의해 행해지는 정기적인 석전을 제외하면 국왕이 특별히 성균관에 행차하는 경우 이에 수반된 문묘작헌의례가 문묘 행사 의례였다(김해영, 앞 논문, 2000, 40~41쪽). 조선의 문묘의례는 釋奠祭, 朔望祭, 謁聖禮, 視學儀, 大射禮와 세자가 행하는 入學儀가 중요한 의식이었다(지두환, 「조선전기 문묘의례의 정비과정」, 『한국사연구』 75, 1991, 89쪽). 고려와 조선의 석전례의 차이는 김해영, 위 논문, 2000, 44~46쪽 참고.

띠고 온 당 사신을 持節使라 하기도 한다.[144] 弔慰는 弔問과 慰問이라는 뜻이며 弔祭는 죽은 이의 靈魂을 弔喪하여 제사함 또는 그 儀式을 말한다. 당 사신은 황제의 명을 받고 신라왕에 대한 책봉의 임무를 띠고 왔다. 본서에서는 조문 및 책봉의 임무를 띠고 온 당 사신을 弔祭 겸 冊命使로 칭할 것이다. 다음 〈표 2-1〉은 신라 중고기에 당에서 온 조제 겸 책명사의 임무와 신라왕이 받은 추증호 및 책봉호이다.

〈표 2-1〉 신라 중고의 조제 겸 책명사

시기	임무	추증호 및 책봉호
진평왕 46년(624.3)	冊(命)	柱國 樂浪郡公(王[145]) 新羅王
진평왕 54년(632)	詔(追)贈 賻(贈)	左光祿大夫 / 賻儀
선덕왕 4년(635)	冊命	柱國 樂浪郡公(王[146]) 新羅王
진덕왕 1년(647.2)	追贈 / 冊命	光祿大夫 / 柱國 樂浪郡王
진덕왕 8년(654)	弔祭 (追)贈	開府儀同三司

신라 중대에 신라에 온 당 사신으로는 우선 태종무열왕 7년(660) 9월 28일에 왕문도가 조서를 전달[傳詔]하였다. 문무왕 원년(661) 겨울 10월 29일에는 유덕민이 평양으로 군사의 양식을 보내라는 칙서를 전달[傳勅旨]하였고, 동왕 5년에는 이찬 문왕이 죽자 조문사가 왔으며, 동왕 7년 12월에는 장군 유인원이 천자의 칙명을 전하여 고구려 정벌을 도우라 하고 대장군의 정절을 왕에게 주었고, 동왕 9년 봄 정월에는 당 승려 法安이 와서 천자의 명을 전하여[傳天子命] 자석을 구하였으며 동왕 9년 겨울에 당 사신이 도착하여 조서를 전하고[傳詔] 쇠뇌 기술자 사찬 구진천과 함께 돌아갔다. 신문왕 12년(692)에는 무열왕의 묘호를 개칭하라는 조칙을 사신을 보내 말로 전하였고[口勅] 성덕왕 11년(712)에는 사신을 보내 왕명을 고치라는 칙명을 보내고 있다[勅改王名]. 이외는 조제 겸 책명사가 신라에 왔는데, 그 임무와 신라왕의 추증호 및 책봉호는

143) 李大龍, 「唐朝派往回紇的使者述論」, 『民族文化』 1994年 2期, 1994, 72~80쪽.
144) 신형식, 「통일신라의 대당관계」, 『한국고대사의 신연구』, 1984, 346~349쪽.
145) 『舊唐書』 199상, 열전149, 동이 신라 ; 『新唐書』 220, 열전140, 동이 신라.
146) 『구당서』 199상, 열전149, 동이 신라.

〈표 2-2〉와 같다.

〈표 2-2〉 신라 중대의 조제 겸 책명사

<table>
<tr><th colspan="2">시기</th><th>임무</th><th>추증호 및 책봉호</th></tr>
<tr><td colspan="2">태종무열왕 1년(654.5)</td><td>冊命</td><td>開府儀同三司 新羅王</td></tr>
<tr><td rowspan="2">문무왕</td><td>1년(661.10.29)</td><td>弔慰兼勅祭 (賻)贈</td><td></td></tr>
<tr><td>2년(662) 봄 정월</td><td>冊命</td><td>開府儀同三司 上柱國 樂浪郡王 新羅王</td></tr>
<tr><td colspan="2">신문왕 1년(681)</td><td>冊立</td><td>開府儀同三司 上柱國 樂浪郡王 新羅王</td></tr>
<tr><td colspan="2">효소왕 1년(692)</td><td>弔祭 / 冊(命)</td><td>新羅王 輔國大將軍 行左豹韜尉大將軍 雞林州都督</td></tr>
<tr><td colspan="2">성덕왕 1년(702)</td><td>弔慰 / 冊(命)</td><td>新羅王 輔國大將軍 行左豹韜尉大將軍 雞林州都督</td></tr>
<tr><td colspan="2" rowspan="2">효성왕 2년(738.2)</td><td rowspan="2">弔祭(追)贈 / 冊(命)(왕·왕비)</td><td>太子太保</td></tr>
<tr><td>開府儀同三司 新羅王</td></tr>
<tr><td colspan="2">효성왕 4년(740.3)</td><td>詔(命)(왕비)</td><td></td></tr>
<tr><td colspan="2">경덕왕 2년(743.3)</td><td>弔祭 / 冊(命)</td><td>開府儀同三司 使持節 大都督雞林州諸軍事 兼 持節 寧海軍使 新羅王</td></tr>
<tr><td colspan="2">혜공왕 4년(768.봄)</td><td>(弔祭)[147] / 賚冊文 冊(命)(왕·대비)[148]</td><td>開府儀同三司</td></tr>
</table>

신라 하대는 원성왕 11년(795)에 당의 사신이 한 달간 머물다 돌아갔다고 하며,[149] 헌덕왕 11년(819) 가을 7월에는 당나라 운주절도사 이사도가 반란을 일으키자 당 헌종이 조칙[詔]으로 양주절도사 조공을 보내 신라 군사를 징발하였다. 애장왕 6년(805)에는 황제의 죽음을 알렸으며[告哀], 헌덕왕 12년[150]과 동왕 17년,[151] 문성왕 9년(847)에도 황제의 죽음을 알렸다.[152] 경문왕 14년(874) 여름 4월에는 당나라 희종이 사신을 보내 諭旨를 선포[宣諭]하였다. 이 외에는 조제 겸 책명사가 신라에 왔으며, 이는 〈표 2-3〉과 같다.

---

147) 『구당서』 149, 열전99, 귀숭경전과 『신당서』 164, 열전89, 귀숭경전에 귀숭경은 '弔祭冊立新羅使'로 나온다.

148) 혜공왕의 책문과 왕모의 책문은 『唐大詔令集』 145에 '冊新羅王金建運文', '冊新羅王太妃文'이 보인다.

149) 『삼국유사』 2, 기이2, 원성대왕.

150) 『冊府元龜』 996, 외신부41, 責讓.

151) 『구당서』 17상, 본기17상, 경종 ; 『책부원귀』 669·980.

152) 『입당구법순례기』 4, 會昌 7년 윤 3월 10일에 '告哀兼弔祭冊立等'의 일로 부사인 金簡中 등이 신라에 들어간다고 들었다고 한다.

〈표 2-3〉 신라 하대의 조제 겸 책명사

시기	임무	추증호 및 책봉호
선덕왕 6년(785)	(弔祭)153) / 冊命	檢校太尉 鷄林州刺史 寧海軍使 新羅王
원성왕 2년(786.4)	(冊命)	德宗下詔書曰 勅新羅王金敬信154)
소성왕 2년(800)	弔慰 / 冊命 (왕·대비·왕비)	開府儀同三司 檢校太尉 新羅王
애장왕 6년(805.1)	冊(命)(왕·대비·비)	開府儀同三司 檢校太尉 使持節 大都督鷄林州諸軍事 雞林州刺史 兼 持節 充寧海軍使 上柱國 新羅王
헌덕왕 1년(809.8)155)	弔祭 / 冊立(왕·비)	開府儀同三司 檢校太尉 持節 大都督鷄林州諸軍事 兼 持節 充寧海軍使 上柱國 新羅王
흥덕왕 2년(827.1)	弔祭 / 冊立 (왕·대비·비)	開府儀同三司 檢校太尉 使持節 大都督鷄林州諸軍事 兼 持節 充寧海軍使 新羅王
신무왕 1년(839)156)	책봉	
문성왕 3년(841.7)	冊(命)(왕·왕비)	開府儀同三司 檢校太尉 持節 大都督鷄林州諸軍事 兼 持節 充寧海軍使 上柱國 新羅王
경문왕 5년(865.4)	弔祭 賻贈 / 冊立	開府儀同三司 檢校太尉 持節 大都督鷄林州諸軍事 上柱國 新羅王
헌강왕 4년(878.4)	冊封	使持節 開府儀同三司 檢校太尉 大都督鷄林州諸軍事 新羅王
효공왕 10년(906)	冊命	

이상과 같이 신라에 온 당 사신들은 여러 임무를 띠었으며 이들의 임무 중 대부분은 전왕에 대한 弔祭와 신왕에 대한 책봉이었다. 이와 관련해서 다음이 주목된다.

A. 1) 겨울 10월 29일에 大王이 당나라 황제의 使者가 이르렀다는 말을 듣고 마침내 서울로 돌아왔다. 당나라 사신이 조문하여 위로하고 아울러 칙명으로 전왕에게 제사를 지내고 여러 가지 채색비단[雜彩] 500단을 주었다.157)(『삼

153) 秘書丞 孟昌源을 國子司業 兼 御史中丞으로 삼아 신라왕의 조문 겸 책립사로 신라에 보냈다고 한다(『책부원귀』 965, 외신, 책봉3 貞元 원년).

154) 『책부원귀』 965, 외신, 책봉3 貞元 16년 3월조에 '開府儀同三司簡較太尉使持節 充寧海軍使上柱國新羅國王金敬則'으로 나온다.

155) 『구당서』 199상, 열전149, 동이 신라 ; 『신당서』 220, 열전140, 동이 신라 ; 『당회요』 95, 신라 ; 『책부원귀』 976, 외신부21, 褒異3, 원화 7년 7월에는 헌덕왕 4년으로 나온다.

156) 『입당구법순례행기』 2, 開城 4년 6월 28일조에 따르면 吳子陳이 '慰問新卽位王之使'로 신라에 들어갔다고 하였다.

157) 冬十月二十九日 大王聞唐皇帝使者至 遂還京 唐使弔慰 兼勅祭前王 贈雜彩五百段.

국사기』 6, 신라본기6, 문무왕 원년)

2) 봄 정월에 당나라 사신이 館에 있다가 이때 이르러 왕을 開府儀同三司 上柱國 樂浪郡王 新羅王으로 冊命하였다.[158](『삼국사기』 6, 신라본기6, 문무왕 2년)

사료 A를 보면 문무왕 원년(661) 겨울 10월 29일에 신라에 온 당 사신은 왕을 조문하고 전왕을 제사지냈으며, 동왕 2년 정월에 왕을 책봉하였음을 알 수 있다. 이로 볼 때 문무왕 원년에 신라에 온 조제 겸 책명사는 조문과 전왕에 대한 제사를 지낸 뒤 일정한 시간이 흐른 뒤에 신왕을 책봉하였던 것이다. 소성왕 2년(800)에는 소성왕의 책봉 문서를 가지고 신라에 오던 조제 겸 책명사가 소성왕이 죽었다고 하자 돌아갔다고 한데서, 당의 조제 겸 책명사는 중도에서 돌아가기도 하였음을 생각해 볼 수 있다.

다음 〈표 2-4〉는 신라에 온 당 사신들의 관직과 관품이다.[159]

〈표 2-4〉 당 사신의 관직과 관품

시기	사신	관직	관품
진평왕 43년(621.7)	庾文素	通直散騎常侍	정4품
진덕왕 8년(654.3)	張文收	太常丞	종5품
태종무열왕 7년(660.9.23)	王文度	左衛中郎將	정4품하
문무왕 1년(661.10)	劉德敏	含資道 總管	
문무왕 8년(668.6)	劉仁軌 / 金三光		
성덕왕 11년(712.3)	盧元敏		
성덕왕 12년(713.10)	金貞宗		
성덕왕 32년(733.7)	何行成[160]		
	金思蘭	太僕員外卿	
효성왕 2년(738.2)	邢璹	左贊善大夫 鴻臚少卿	정5품상 종4품상
	楊季膺	率府兵曹參軍	종8품하
경덕왕 2년(743.3)	魏曜	贊善大夫	
혜공왕 4년(768. 봄)	歸崇敬[161]	倉部郎中 兼 御史中丞	종5품상 정4품하

158) 春正月 唐使臣在館 至是 冊命王爲開府儀同三司上柱國樂浪郡王新羅王.

159) 이와 관련해서 石曉軍, 「隋唐時代における對外使節の假官と借位」, 『東洋史研究』 65-1, 2006도 참조.

선덕왕 6년(785.1)	蓋塤	戶部郎中	종5품상
소성왕 2년(800)	韋丹	司封郎中 兼 御史中丞	종5품상 정4품하
애장왕 6년(805.1)	元季方	兵部郎中 兼 御史大夫	종5품상
헌덕왕 1년(809.8)	崔廷	職方員外郎 攝御史中丞	정6품상 정4품하
	金士信[162]		
헌덕왕 11년(819.7)	趙恭	楊州節度使	
흥덕왕 2년(827.1)	源寂	太子左諭德 兼 御史中丞	정4품하 정4품하
문성왕 3년(841.7)	金雲卿	淄州長史	종5품상
문성왕 9년(847)	金管中		
경문왕 5년(865.4)	胡歸厚	太子右諭德 御史中丞	정4품하
	裵光	光祿主簿 兼 監察御史	종7품상 정8품상
효공왕 10년(906.3)	金文蔚	工部員外郎 沂王府諮議參軍	종6품상 정5품상

위의 〈표 2-4〉를 보면 당에서 신라에 온 사신들은 大使[163]와 副使가 오기도 하였는데, 대사의 관품은 대체로 4·5품이고 부사는 7·8품이다. 당 사절단의 대사와 부사는 대체로 唐人이었으나 신라인이 있기도 하였다. 김정종은 당에 사신으로 들어갔다가 성덕왕 12년 당 황제의 조서를 가지고 왔고,[164] 김운경은 당의 빈공과에 급제하고 헌덕왕 17·8년경 신라에 파견된 선위사의 부사였으며 문성왕 3년에는 책명사로 왔다. 당나라의 빈공과에 급제한 김문울은 효공왕 10년에 책명사로 왔다. 당 사절단의 부사로는 宿衛 사찬인 김삼광, 당에 사신으로 갔다가 숙위하였던 김사란, 質子 김사신, 당 빈공과에 합격한 배광이 오기도 하였다. 대사와 부사를 포함하는 당 사절단의 규모는 구체적으로 알 수 없으나,

---

160) 『全唐文』 284, 「勅新羅王金興光書」(1) ; 『삼국사기』 46, 열전6, 최치원조에 최치원이 撰한 「上太師侍中狀」 참조.

161) 귀숭경이 신라에 사신으로 올 때 감찰어사 陸珽과 부사 高愔이 동행하였다고 한다(『신당서』 220, 열전140, 동이 신라).

162) 신라의 質子 試衛尉少卿 金沔이 부사로 따라 왔다고 하는데(『책부원귀』 976, 외신부21, 褒異3 元和 7년 7월), 김사신과 김면이 동일 인물인지는 알 수 없다.

163) 대사는 唐에서 인정하는 각국 사절단의 우두머리에 대한 공식 명칭이었다고 한다. 그러하다면 신라에 온 당 사신에서 대표로 거론되는 한 사람은 사절단의 대사로 보아도 좋을 것이다(권덕영, 앞 책, 1997, 123쪽).

164) 권덕영은 『고대한중외교사-견당사연구』, 일조각, 2006에서 성덕왕 12년의 조서는 귀국하는 번국 사절편에 당 황제가 보낸 '順附詔書'로, 김정종은 당 사신으로 보기 어렵다고 한다. 하지만 당 황제의 임무를 띠고 그 역할을 다한 것으로 볼 때 당 사신의 범주에 포함시켜도 무방하지 않을까 한다.

성덕왕 32년에 당 사신 하행성의 부사로 임명된 김사란[165]은 일행 604명과 함께 동년 7월에 신라에 도착했다고 한다. 이들 당 사신이 신라에 체류한 기간은 원성왕 11년(795)에 당 사신이 한 달간 머물렀다든가, 후술되는 사료 F의 효성왕 2년(738) 신라에 온 당 사신 邢璹의 예에서 알 수 있듯이 약 1년 정도 있기도 하였다.

이상과 같이 당에서 온 사신들은 당 황제의 詔書[166]와 예물을 가지고 왔다. 이것은 진평왕 43년(621) 7월에 왕이 당에 사신을 보내 조공하자 당 고조가 庾文素를 보내 조서[璽書][167]와 그림 병풍[畫屛風], 채색비단[錦綵] 300段을 주었다든가, 태종무열왕 7년(660) 9월 28일에 왕문도가 황제의 조서를 전달하였으며 칙명을 전한 후 당 황제의 예물을 왕에게 주려고 하다가 갑자기 병이 나서 죽자 從者가 대신하여 일을 마쳤다고 하는데서 생각해 볼 수 있다. 다음도 관심을 끈다.

B. 여름 4월 1) 당 의종은 太子右諭德 御史中丞 胡歸厚와 副使 光祿主簿 兼監察御使 裴光 등을 보내 先王을 弔祭하고 아울러 賻儀로 1천 필을 보냈다. 2) 왕을 開府儀同三司 檢校太尉 持節 大都督鷄林州諸軍事 上柱國 新羅王으

165) 『책부원귀』 975, 외신부20, 褒異2 開元 21년 정월 庚申(21일) ; 『자치통감』 213, 현종 개원 21년.

166) 唐代의 王[天子]言으로는 制·勅·冊(『당육전』 1, 尙書都省 左右司郎中員外郎職掌)이 있으며 이것은 세분되어 冊書, 制書·慰勞制書, 發日勅·勅旨·論事勅書·勅牒(『당육전』 9, 中書省 中書令職掌)으로 그 용도를 전하고 있다. 이것이 公的인 왕언이라고 한다면 당대의 문헌에는 璽書·手詔·手制·優詔·優制·墨詔·墨制·詔旨·書詔·墨勅·手勅·口勅·御札·勅旨·勅意·書意·宣·聖旨·恩勅·進止가 보인다. 이것은 관용적 표현의 왕언이라고 한다. 제서는 唐初에는 詔書가 정식 명칭이었는데, 측천무후(載初元年 正月(689년 11월)에 의해 제서로 개칭되었다. 이후 詔와 制는 혼용되었고 제와 칙(발일칙)은 문서 양식과 그 용도가 명확히 구분됨에도 불구하고 혼용되었다. 이와 관련해서 中村裕一, 「序說 王言の種類と「制勅」字」, 『隋唐王言の硏究』, 汲古書院, 2003, 3~17쪽 참조.

167) 당대 기록을 보면 새서는 冊書, 慰勞制書, 論事勅書, 弔祭文書, 鐵券을 의미하기도 한다. 이로 볼 때 새서는 王言이라고 할 수 있다(이와 관련해서 中村裕一, 「第五章 慣用的王言 第一節 璽書」, 위 책, 2003, 302~320쪽). 그러하다면 진평왕 43년의 새서는 당 황제의 위로 제서에 해당하는 것으로 볼 수 있을 것이다.

로 삼아 冊立했으며 因하여 왕에게 官誥 1통[道], 旌節 1벌[副], 채색비단[錦綵] 5백 필, 옷[衣] 2벌, 금은그릇[金銀器] 7개[事]를 내렸다. 3) 왕비에게는 비단 50필과 옷 1벌과 은그릇 2개를 내렸고, 왕태자에게는 비단 40필과 옷 1벌과 은그릇 1개를 내렸으며, 大宰相에게는 비단 30필과 옷 1벌과 은그릇 1개를 내렸고, 차재상에게는 비단 20필과 옷 1벌과 은그릇 1개를 내렸다.[168](『삼국사기』 11, 신라본기11, 경문왕 5년)

사료 B-2)를 보면 경문왕 5년(865)에 당 의종은 사신을 보내 왕을 책봉하고 왕에게 官誥 1통, 旌節 1벌, 채색비단 500필, 옷 2벌, 금은그릇 7개를 주었다고 한다. 여기에서 우선 경문왕에게 준 官誥는 새로운 관직·관품·훈작 등을 줄 때 수여하는 告身狀(임명장)으로,[169] 경문왕에게 준 고신은 冊授 告身이었다.[170] 旌節은 중국 황제가 신라의 왕을 승인하기 위하여 보낸 신표인 깃발을 말하는데,[171] 왕이 죽으면 이것은 반납된다. 문무왕 7년(667) 12월 왕은 대장군

---

168) 夏四月 1) 唐懿宗降使太子右諭德御史中丞胡歸厚 使副光祿主簿兼監察御史裴光等 吊祭先王 兼賻贈一千匹 2) 冊立王爲開府儀同三司檢校太尉持節大都督雞林州諸軍事上柱國新羅王 仍賜王官誥一道旌節一副錦綵五百匹衣二副金銀器七事 3) 賜王妃錦綵五十匹衣一副銀器二事 賜王太子錦綵四十匹衣一副銀器一事 賜大宰相錦綵三十匹衣一副銀器一事 賜次宰相錦綵二十匹衣一副銀器一事.

169) 관고의 사전적 의미는 황제가 賜爵, 그리고 授官하는 詔令을 말하며 여기에는 신라왕의 추증호나 책봉호가 기재되어 있었을 것이다.

170) 책수고신은 諸王이나 文武職事官 3품 이상 혹은 文武散官 2품 이상과 都督·都護·上州刺史의 在京師에게 주었으며 이외에 制授(5품 이상), 勅授(6품 이하, 守5품 이상 및 視5품 이상), 旨授(6품 이하), 判補(視品 및 流外官)고신이 있다(『통전』 15, 選擧3, 大唐). 이상은 中村裕一, 「第一章 王言之制 第一節 冊書」, 앞 책, 2003, 20~32쪽. 문서형식과 관련해서는 金子修一, 「唐代の國際文書形式」, 앞 책, 2001, 142~145쪽 참조.

171) 唐代의 符節은 銅魚符, 傳符, 隨身魚符, 木契, 旌節 등 5가지로, 漢 이래로 정절만을 절이라 하고 나머지는 모두 부라고 하였다(『당육전』 8, 門下省 符寶郎). 형태상으로 보면 앞 4가지는 모두 함 속에 비밀스럽게 넣어가거나 일상적으로 휴대할 수 있는 소형물임에 반해 旌節은 대나무 깃대 위에 소의 꼬리를 매달고 장식을 가해 사용한 깃발로서 대외 전시를 위한 것이었다. 4가지 符는 모두 하나를 두 개의 조각으로 나눈 割符 형태로 되어 있다. 이상과 같이 符는 반드시 왼쪽 할부와 오른쪽 할부가 동시에 한 곳에서 만나야만 비로소 제구실을 할 수 있었던 반면 旌節의 경우는 使者에게 수여하는 순간부터 권한 위임의 법적 효력이 발생하는 일방적인 위임장이었

의 정절을 받았고, 성덕왕 33년(734)에 金忠信이 당나라 황제에게 올린 表를 보면 동왕 32년에 왕에게 영해군사를 더해주면서 정절을 준 것을 알 수 있으며, 진성왕 7년(893)에는 사신을 당에 보내어 전왕[헌강왕]의 정절을 바쳤다. 경문왕은 채색비단 500필, 옷 2벌, 금은그릇 7개를 받았는데, 대체로 전근대 동아시아 사회에서 국가 사이에 주고받는 예물은 幣 혹은 幣帛이었다.172)

이처럼 당 사신은 당 황제의 조서뿐만 아니라 관고, 정절 및 다양한 예물을 가지고 왔다. 태종무열왕 7년(660) 9월 28일에 왕문도가 황제의 조서를 전달한 뒤 예물을 왕에게 주려고 하다가 갑자기 병이 나서 죽자 從者가 대신하여 일을 마쳤다고 한다. 이로 본다면 조서와 예물은 일정한 시간 차이를 두고 바쳤음을 알 수 있다. 그런데 「개원례」 빈례의 (황제가) 번사의 표와 폐백을 받는 의식(受蕃國使表及幣)을 보면 표와 폐백을 당 황제에게 동시에 바치고 있다고 한다.173) 이 점을 염두에 둔다면 開元 연간 이후에 신라에 온 당 사신들은 당 황제의 조서와 예물을 신라왕에게 동시에 바쳤을 것으로 생각된다.

「개원례」 嘉禮의 황제가 사신을 외국에 파견하여 위로하는 의례(皇帝遣使詣蕃宣勞)를 보면 당의 사신이 번국에 이르면 번국의 왕은 교외까지 나와 맞이하도록 규정되어 있다. 이와 관련해서 후술되는 사료 C-1)에서 김춘추가 당에 도착했을 때 光祿卿 柳亨이 郊에서 그를 위로하였다는 것이 주목된다. 이러한 郊에서의 위로는 신라에서 당 사신을 맞이할 때도 마찬가지였을 것으로 여겨진다. 문무왕 11년(671) 설인귀의 편지에 대한 문무왕의 답서에 “이치로 보아 마땅히 사신을 보내 교외에서 영접[郊迎]하고 쇠고기와 술을 보내 대접하여야 할 것이나, 멀리 떨어진 다른 지역에 사는 까닭에 예를 드리지 못하고 제 때에 미처 영접을 못하였으니 부디 괴이하게 여기지 마십시오”라고 하는 것이 참고된다.

다는 차이점이 있다(김선민, 「당대의 중앙-지방 통신체계와 동어부」, 『중국사연구』 25, 2003, 90~92쪽).

172) 幣 帛也 (『說文』) ; 六曰 幣帛之式(幣帛所以贈勞賓客者) (『周禮』 天宮 大宰) ; 蕃主進受幣(綵五匹爲一束) (『唐開元禮』 79, 賓禮 蕃國王來朝以束帛迎勞).

173) 石見淸裕, 『唐の北方問題と國際秩序』, 汲古書院, 1998, 454쪽.

칙사영접 李克墩이 직접 그린 「奉使圖」. 영조가 慕華館에서 청나라의 칙사를 영접하는 그림이다. 왼쪽으로 허리를 굽힌 채 칙사를 맞이하는 사람이 영조이고 가마를 탄 사람이 칙사인 이극돈이다. 『奉使圖』(遼寧民族出版社, 1999), 제14쪽.

신라의 郊迎과 관련해서 흥덕왕 2년(827) 3월에 入唐·求法한 고구려 출신 승려 丘德이 불경을 가지고 이때 돌아왔으므로 왕이 여러 절의 승려들과 함께 흥륜사 앞길까지 나아가 맞이했다고 하는 것이 관심을 끈다. 이 기사 바로 앞에는 헌덕왕을 조제하고 흥덕왕을 책봉하는 내용이 있다. 이에 흥덕왕이 동왕 2년 3월에 흥륜사 앞에까지 나가서 맞이한 것은 구법승 구덕만이 아니라 당 사신도 함께 맞이하기 위한 것이 아니었을까 한다.174) 현재로서는 흥륜사 앞길이 郊인지 아닌지는 잘 알 수 없지만, 당 사신이 오면 이곳에서 사신을 맞이하였음을 알 수 있다. 진흥왕 10년(549) 봄에 양나라에서 사신과 입학승

174) 권덕영, 앞 책, 1997, 80쪽.

각덕을 파견하여 부처의 사리를 보내오자, 왕이 백관과 함께 흥륜사 앞길에서 받들어 맞이하였다고 한다. 이로 볼 때 흥륜사 앞길에서 사신을 맞이하는 것은 신라의 오랜 전통이었다고 할 수 있다. 이 외에도 신라에는 당의 빈례가 수용되기 이전에 외국 사신을 접대하는 의식이 있었다. 그러하다면 신라에서는 당의 빈례를 수용하고 그것을 체계화할 때 기왕의 외국 사신에 대한 접대의식도 염두에 두었을 것이다. 흥륜사 앞길에서 사신을 맞이하는 의식은 그 중 하나의 例였다고 생각된다. 하지만 당 빈례 수용 이전에 신라에서 행한 외국사신을 위한 접대의식은 현재로서는 파악하기 힘들다. 이에 다음에서 신라가 당과의 사신 往來를 통해 당의 빈례를 수용하는 것을 살펴보고 신라왕이 그들을 어떻게 접대하였는지를 살펴보도록 하겠다.

2. 賓禮와 그 내용

『주례』에 기초를 두고 있는 五禮 구조는 晉 武帝 때 처음으로 국가에서 도입한다. 隋 文帝는 남북의 儀注를 총집하여 오례의 의주를 편찬하였고, 隋 煬帝는 다시 예제를 정리하여 「강도집례」를 편찬하였다. 이것은 唐代에 오례체계를 세우는 것을 가능하게 하였는데, 당대의 오례체계는 「정관례」·「현경례」를 거쳐 「개원례」로 정비되었다. 「개원례」를 제외하고는 중국 禮書의 내용은 잘 알 수 없지만, 「개원례」가 앞 예서를 계승하였다는 점에서 「개원례」는 앞 시기의 「정관례」·「현경례」의 내용을 담고 있다고 할 수 있다.[175] 이러한 「개원례」는 중국 예제의 모범이 되었을 뿐만 아니라 주변 국가에도 영향을 주었다. 이 중 일본의 경우 당의 빈례를 모방한 외교의례를 만들었고[176] 고려의

175) 채미하, 「신라 중대 오례와 왕권-오례 수용을 중심으로」, 『한국사상사학』 27, 2006a, 129~130쪽.

176) 田島公, 「日本律令國家の賓禮-外交儀禮より見た天皇と太政官-」, 『史林』 68-3, 1985, 47~82쪽 ; 濱田久美子, 「古代日本における賓禮の受容」, 『日本と渤海の古代史』, 山川出版社, 2003 ; 김선숙, 「신라 성덕왕 효성왕대의 대일외교」, 『대동문화연구』 51, 2005, 326쪽. 이러한 일본 고대의 빈례의 흐름은 森公章, 「遣唐使が見た唐の賓禮」,

빈례 항목명은 당의 빈례 항목명과 다르게 나타나지만, 중국과의 관계를 빈례에서 표시하고 있다. 즉 북조의 조서를 가지고 오는 사신을 맞이하는 의식(迎北朝詔使儀), 북조의 起復 告勅使를 맞이하는 의식(迎北朝起復告勅使儀), 명나라의 조서를 가지고 오는 사신을 맞이하는 의식(迎大明詔使儀), 명나라의 위문사를 맞이하는 의식(迎大明賜勞使儀), 조서를 가지고 오지 않은 명나라 사신을 맞이하는 의식(迎大明無詔勅使儀)이 그것이다.[177] 이로 볼 때 고려 역시 당의 빈례 개념을 따랐음을 확인할 수 있다.[178]

그렇다면 신라는 어떠했을까. 이와 관련해서 「開元禮」 빈례가 관심을 끈다.

〈표 2-5〉「개원례」 빈례 항목

권	항목
79	蕃國王來朝以束帛迎勞, (皇帝)遣使戒蕃王見日, 蕃王奉見, (皇帝)受蕃國使表及幣
80	皇帝燕蕃國王, 皇帝燕蕃國使

위의 〈표 2-5〉를 보면 「개원례」 빈례는 외국 왕[蕃王]이 왔을 경우와 외국 사신[蕃使]이 왔을 경우를 구분하고 있음을 알 수 있다. 전자에 해당하는 것으로는 蕃國의 왕이 왔을 때 束帛으로 맞이하고 위로하는 의식(蕃國王來朝以束帛迎勞), (황제가) 사자를 파견하여 번왕의 알현일을 알리는 의식(遣使戒蕃王見日), 번왕이 (황제를) 알현하는 의식(蕃王奉見), (황제가) 번국왕에게 주연을 베푸는 의식(皇帝燕蕃國王)이고, 후자는 (황제가) 번사의 표와 폐백을 받는 의식(受蕃國使表及幣), 황제가 번국의 사신에게 주연을 베푸는 의식(皇帝燕蕃國使)이다.

신라는 왕이 직접 당에 들어간 적이 없고 蕃使가 들어갔다. 蕃王과 번사의 의식은 격식에 차이가 있겠지만, 번왕의 그것과 유사한 의식을 거쳤을 것으로 생각한다.[179] 당 황제가 주변 제국의 사신들을 접대하는 의식은 장안성의

『遣唐使と古代日本の對外政策』, 吉川弘文館, 2008, 2쪽. 그리고 박남수, 앞 논문, 2011도 참조.

177) 『고려사』 65, 지19, 예7.

178) 이범직, 『한국중세예사상연구-오례를 중심으로-』, 일조각, 1991, 151쪽.

大唐開元禮卷第八十

賓禮

皇帝宴蕃國主　皇帝宴蕃國使

皇帝宴蕃國主

前一日尚舍奉御整設御幄於所御之殿北壁南向尚食奉御太官令各具饌守宮設次太樂令設登歌位於殿上展宮懸於殿庭設舉麾位於上下鼓吹令設十二案乘黃令陳車輅尚輦奉御陳輿輦並如常儀其日尚舍奉御鋪蕃主牀座於御座西南蕃國諸官應升殿者座於蕃主之後設不升殿者坐席於西

大唐開元禮 卷第八十 一

廊下俱東面北上尚食奉御設御酒尊太官令設蕃主以下酒尊並如常儀典儀設蕃主版位於懸南叉設蕃國諸官之位於蕃主之後俱重行北面西上設典儀位於懸之東北如常儀諸衛各勒所部列黃麾仗屯門及陳於殿庭太樂令帥工人二舞入就位協律郎入就舉麾位所司迎引蕃主至承天門外通事舍人引之次（凡蕃客出入升降皆掌客監引）所司入奏鈒戟近仗入陳如常典儀帥贊者先入就位侍中版奏請中嚴諸侍衛之官各服其器服符寶郎奉寶俱詣閤奉迎蕃主服其國服出次通事舍人引立於閤外西廂東南

『대당개원례』 賓禮 '皇帝宴蕃國主' 일부　황제가 번국왕에게 주연을 베푸는 의례이다. 신라에서는 왕이 당에 들어간 적이 없으며 사신을 대신 보냈다.

객관[官館]에 안치된 다음부터 시작된다고 한다.[180] 「개원례」 빈례를 보면 우선 당 황제가 보낸 사자들이 당에 온 외국 사신들을 맞이하고 위문하였는데, 蕃國王來朝以束帛迎勞가 그것이다. 다음으로 황제가 객관에 사자를 파견하여 외국 사신에게 알현할 날짜를 전하는데, 遣使戒蕃王見日이다. 당에 온 외국 사신들은 황제를 알현하여 表와 폐백을 바치고 황제는 외국 사신에게 문답과 위로를 행한다. 이것은 受蕃國使表及幣이다. 다음으로 당 황제는 외국 사신을 궁성 내로 초빙하여 직접 참석한 연회를 베풀고 본국으로 가지고 갈 물건을 내려주는데, 皇帝燕蕃國使가 그것이다.[181]

179) 石見清裕, 앞 책, 1998, 414~415쪽 ; 石見清裕, 「唐の國書授與儀禮について」, 『東洋史研究』 57-2, 1998, 49~53쪽 ; 김성규, 앞 논문, 2003, 83~86쪽. 「개원례」 빈례의 (皇帝)受蕃國使表及幣의 原注에 其勞及戒見日亦如上儀라고 적혀 있는데, 여기에서 上議는 蕃國王來朝以束帛迎勞와 蕃王奉見이다. 이로 볼 때 사신이 왔더라도 勞禮와 戒見禮는 번왕과 그것과 같이 거행되었음을 알 수 있다.

180) 권덕영, 앞 책, 1997, 176쪽.

이러한 당의 빈례를 당에 간 신라 사신들은 경험하였을 것인데, 다음이 관심을 끈다.

C. 이찬 김춘추와 그 아들 문왕을 보내 당나라에 조공하였다. 1) 태종이 光祿卿 柳亨을 보내 郊에서 그를 위로하였다. 2) 이윽고 궁성에 이르자 춘추의 용모가 영특하고 늠름함을 보고 그를 후하게 대우하였다. 춘추가 國學에 가서 釋奠과 講論을 참관하기를 청하자, 태종이 허락하였다. 아울러 자기가 직접 지은 溫湯碑와 晉祠碑, 그리고 새로 편찬한 晉書를 내려 주었다. (…) 3) 詔令으로 3품 이상에게 송별 잔치를 열게 하여 우대하는 예를 극진히 갖추었다.[182](『삼국사기』 5, 신라본기5, 진덕왕 2년)

사료 C-2)를 보면 진덕왕 2년(648)에 김춘추가 당에 사신으로 갔을 때 당 태종은 그를 후하게 대우하였다고 한다. 이것을 통해 생각해 보면 김춘추는 당의 장안성에 도착했을 때 우선 당 황제가 보낸 당 사신의 위로를 받았을 것이고 황제를 알현하기에 앞서 황제 알현일을 통보받았을 것이다. 그리고 황제를 알현하는 자리에서 신라왕이 주는 表와 폐백을 바쳤을 것이다. 또한 김춘추는 당 황제가 베푸는 연회에 참석하였을 것인데, 그 연회는 사료 C-3)에서 김춘추가 신라로 돌아올 때 열린 송별연과 크게 다르지 않았을 것이다.[183] 진덕왕대의 한화정책은 김춘추와 밀접한 관련을 가지고 있다. 이로 볼 때

181) 石見淸裕, 앞 책, 1998, 415~460쪽에서는 당제를 알현하는 의식에 대해서 살펴보고 있으며 위 책, 461~500쪽에서는 연회의례에 대해 검토하고 있다(石見淸裕, 앞 논문, 1998도 참조). 권덕영, 위 책, 1997, 176~186쪽에서는 견당사의 당 황제 대면 의식을 견당사가 官館에 안치된 후부터 1) 당제가 보낸 사자로부터 영접과 위문을 받는 의식 2) 당조로부터 황제 알현일을 통보받는 의식 3) 황제를 알현하는 의식 4) 당제가 베푸는 연회에 참석하는 의식 5) 송별연 의식을 자세하게 다루고 있다.

182) 遣伊湌金春秋及其子文王朝唐 1) 太宗遣光祿卿柳亨 郊勞之 2) 旣至 見春秋儀表英偉 厚待之 春秋請詣國學 觀釋奠及講論 太宗許之 仍賜御製溫湯及晉祠碑幷新撰晉書 (…) 3) 詔令三品已上燕餞之 優禮甚備.

183) 『唐開元禮』 79, 賓禮 蕃王奉見의 細註에 "奉辭禮同"이라 하고 있다. 이것은 당에 간 사신들이 신라에 돌아올 때도 들어갔을 때와 마찬가지의 절차를 밟았음을 알 수 있다.

김춘추가 당에 가서 경험한 당의 빈례는 신라에서 당의 빈례를 수용하는데 큰 영향을 주었을 것이다.

다음으로 신라에 온 당 사신들은 禮로써 그들의 임무를 수행하고 있는데, 태종무열왕 원년(654) 신라에 온 당 사신은 예를 갖추어[備禮] 왕을 책봉하였다고 하였다. 태종무열왕 7년 9월 28일에 왕문도가 조서를 전달하고[傳詔] 문도는 동쪽을 향하여 서고[面東立] 대왕은 서쪽을 향하여 섰다[面西立]고 한다. 이것은 당 사신이 황제의 조서를 전달할 때의 하나의 법식이었다고 생각된다. 「개원례」 가례의 (황제가) 사신을 외국에 파견하여 위로하는 의례(皇帝遣使詣蕃宣勞)에 따르면 "사자는 階 사이에 이르러 南面하여 선다. (…) 執事者가 인도하면 蕃主는 사자 앞에 나아가 北面하며 조서를 받고 물러나 東階 東南에서 西面한다[使者詣階間南面立 (…) 執事者引蕃主進使者前北面 受詔書退立於東階東南西面]"고 되어 있다.

이처럼 진평왕 43년(621) 이래 당에 사신을 보내고 당의 사신을 맞이하는 과정에서 당의 빈례를 경험한 신라는 당의 빈례를 수용하였을 것으로 여겨진다. 이와 관련해서 태종무열왕 7년 5월 21일에 왕이 태자 법민에게 蘇定方을 德物島에서 맞게 했다든가, 문무왕 8년(668)에 유인궤가 황제의 칙명을 받들고 숙위 사찬 김삼광과 함께 당항진에 도착하자 왕이 각간 김인문으로 하여금 성대한 예식[大禮]으로 맞이하게 한 것이 주목된다. 이러한 빈례의 수용은 당 이외의 당시 주변 국가와의 관계 설정에서도 생각해 볼 수 있다.

D. 1) (2월) 耽羅國主 佐平 徒冬音律이 항복해 왔다. 탐라는 武德 이래 백제에 臣屬했기 때문에 좌평을 官號로 삼았다. 이때 이르러 항복하고 屬國이 되었다.[184](『삼국사기』 6, 신라본기6, 문무왕 2년)
2) (가을 7월) 沙飡 須彌山을 보내 안승을 封하여 고구려왕으로 삼았다[封安勝爲高句麗王]. 그 책문[冊]은 다음과 같다. (…) "삼가 사신 일길찬 김수미산

184) (二月) 耽羅國主佐平徒冬音律來降 耽羅自武德以來 臣屬百濟 故以佐平爲官號至是 降爲屬國.

등을 보내 策命을 펼치고 공을 고구려왕으로 삼을지니[謹遣使一吉湌金須彌山等 就披策命公爲高句麗王], 공은 마땅히 유민들을 어루만져 모으고 옛 왕업을 잇고 일으켜 영원히 이웃 나라[隣國]가 되어 형제와 같이 지내야 할 것이다. (…) 아울러 멥쌀[粳米] 2,000섬과 갑옷 갖춘 말[甲具馬] 한 필, 무늬비단[綾] 5필과 명주와 가는 실로 곱게 짠 베[絹細布] 각 10필, 목화솜[綿] 15稱을 보내니 왕은 그것을 받으라."[185](『삼국사기』 6, 신라본기6, 문무왕 10년)

사료 D-1)을 보면 탐라국은 본래 백제에 臣屬되었는데, 백제가 나·당연합군에게 멸망당하자 문무왕 2년(662)에 스스로 신라의 屬國이 되고자 하였다고 한다. 애장왕 2년(801)에는 탐라국에서 사신을 보내와 조공하였다고 한다. 사료 D-2)는 문무왕 10년에 왕이 고구려 유민 안승을 고구려왕으로 책봉하고 예물을 내리는 기사이다. 여기에서 왕은 안승을 책봉하면서 "영원히 이웃 나라[隣國]가 되어 형제와 같이 지내야 할 것이다"고 하여 인국의 관계를 맺고자 하는 것처럼 보인다. 그러나 여기에서 사용된 여러 용어, 冊·策·封王 등을 볼 때 황제가 제후국왕을 책봉하는 것과 크게 다르지 않다.[186] 문무왕 14년에 왕은 안승을 다시 보덕왕으로 책봉하였으며 동왕 20년에는 안승에게 예물과 교서를 내리고 있고 이에 대해 안승은 表로 답하고 있다. 이와 같이 문무왕대 탐라국을 번국으로 인식한 것이라든가 안승을 고구려왕, 보덕왕으로 책봉한 것은 신라에서 당의 빈례를 수용하면서 그것이 주변국과의 관계를 설정하는데도 작용하였을 것으로 생각된다.

이상과 같은 신라의 빈례는 진덕왕대를 전후한 시기에 행해진 중국 예제의 꾸준한 수용과도 관련 있을 것이며 신문왕 6년(686)에 수용된 「길흉요례」는 그것을 체계화하는데 도움이 되었을 것이다.[187] 「길흉요례」의 주된 내용이

---

185) (秋七月) 遣沙湌須彌山封安勝爲高句麗王 其冊曰 (…) 謹遣使一吉湌金順彌山等 就披策命公爲高句麗王 公宜撫集遺民 紹興舊緒 永爲鄰國 事同昆弟 (…) 兼送粳米二千石 甲具馬一匹 綾五匹絹細布各十匹 綿十五稱 王其領之.

186) 양정석, 「신라 공식령의 왕명문서양식 고찰」, 『한국고대사연구』 15, 1999, 175~176쪽.

187) 「길흉요례」와 관련된 제 견해에 대해서는 채미하, 앞 논문, 2006, 132~133쪽 및

천자에 대한 제후의 예를 근간으로 하는 점을 염두에 둘 때[188] 당 사신을 접대하는 신라의 빈례는 황제국의 사신을 맞는 제후국의 입장에서 이루어졌을 것이다. 이후 당과의 교류 속에서 신라의 빈례는 보다 더 체계화되었을 것이다. 이것은 당 사신을 접대하는 영객부의 변화를 통해서도 생각해 볼 수 있다.

E. 領客府의 본래 명칭은 倭典이었다. 진평왕 43년에 領客典으로 고쳤다(후에 또 倭典을 별도로 설치하였다). 경덕왕이 또 司賓府로 고쳤으나, 혜공왕이 옛 이름대로 하였다. 令은 2인으로 진덕왕 5년에 두었다. (…) 卿은 2인으로 문무왕 15년에 1명을 더하였다. (…) 舍知는 1인으로 경덕왕이 司儀로 고쳤으나, 혜공왕이 다시 舍知로 일컬었다. (…) 史는 8인이다.[189](『삼국사기』 38, 잡지7, 직관 상)

사료 E를 보면 진평왕 43년(621)에 왜전이 영객전으로 개칭되었고, 진덕왕 5년(651)에는 令을 두었으며 문무왕 15년(675)에 卿 1명을 더하고 있음을 알 수 있다. 경덕왕대 영객부는 司賓府로, 舍知는 司儀로 개칭되었다.

앞에서 살펴본 바와 같이 신라와 당의 교섭은 진평왕 43년부터 시작되었다. 그렇다면 진평왕 43년에 왜전을 영객전으로 개칭한 것은 당 사신을 접대하기 위해 왜전이 영객전[190]으로 개칭되었고,[191] 영객전은 당과의 외교관계 속에서 진덕왕 5년에 令이 설치되면서 영객부로 승격하였다고 여길 수 있다.[192] 진덕왕

151쪽.

188) 채미하, 위 논문, 2006, 132~133쪽 및 151쪽.

189) 領客府本名倭典 眞平王四十三年改爲領客典(後又別置倭典) 景德王又改爲司賓府 惠恭王復故 令二人 眞德王五年置 (…) 卿二人 文武王十五年加一人 (…) 舍知一人 景德王改爲司儀 惠恭王復稱舍知 (…) 史八人.

190) 김영하, 「신라 중고기의 정치과정시론」, 『태동고전연구』 4, 1998, 19쪽.

191) 왜전은 영객전으로 개칭되면서 따로 두어졌다(倭典 已下十四官員數闕 ; 『삼국사기』 39, 잡지8, 직관 중). 이러한 왜전은 일본 사신이 신라 국왕을 배알하는 시기를 전후하여 신라의 관리들로부터 영접을 받던 곳으로 보고 있다(이인철, 『신라정치제도사연구』, 일지사, 1993, 71쪽).

192) 이인철, 위 책, 1993, 38쪽. 『삼국사기』 4, 신라본기4, 진평왕 13년조를 보면 영객부를 신설하고 영 2명을 두었다고 한다. 이와 관련해서 박남수, 「신라 하대 왕실의 제례와

대의 한화정책은 당과의 교류에서 나온 것으로 영객부 승격은 이러한 진덕왕대의 사정이 반영된 것으로 생각된다. 이후 태종무열왕, 문무왕 역시 당의 여러 제도를 받아들이고 있다.[193] 이것은 문무왕 15년(675)에 卿 1명이 더해지는 것과 관련지어 이해해 볼 수 있을 것이다.

영객부는 경덕왕대 司賓府로 개칭되었다. 당에서 司賓寺는 鴻臚寺를 개칭한 명칭이다.[194] 이로 볼 때 경덕왕대 사빈부로 개칭한 것은 당의 홍려시를 염두에 둔 것이라고 할 수 있다.[195] 이것은 다음 사료 F에 보이는 효성왕 2년(738)에 신라에 온 당 사신 형숙과 관련 있었을 것으로 짐작된다. 형숙은 홍려소경으로 1년 동안 신라에 머무르는 동안 신라의 사신 접대의식 등과 관련한 제도에 일정 정도 영향을 주었을 것이다. 당 홍려시의 부속관서로는 典客署와 司儀署가 있는데,[196] 전객서는 빈례를 행하던 곳이고[197] 사의서는 흉례를 행하던 곳이다.[198] 경덕왕대 영객부의 舍知는 司儀로 개칭되고 있다. 그러하다면 경덕왕대의 사빈부는 빈객·흉의 등을 맡은 관부라 할 수 있지 않을까 한다.[199] 이러한 사빈부의 임무는 혜공왕대 관호가 다시 영객부로 바뀌었어도 그 기능은 유지되었을 것으로 여겨진다.[200]

이상에서 신라는 당의 빈례를 수용하여 그것을 운용하였고 영객부는 신라에

원성왕 추숭의 정치사회적 의의」, 『사학연구』 108, 2011 참조.

193) 채미하, 2006, 앞 논문, 132~133쪽.

194) 鴻臚寺 卿一人 從三品 (…) 龍朔二年改爲同文正卿 咸亨元年復曰鴻臚 光宅元年改爲司賓寺卿 神龍元年復舊(『唐六典』 18, 鴻臚寺).

195) 이상은 채미하, 앞 논문, 2006, 136쪽 및 142쪽.

196) 鴻臚卿之職 掌賓客及凶儀之事 領典客司儀二署 以率其官屬而供其職務(『당육전』 18, 홍려시).

197) 典客令 掌二王後介公酅公之版籍 及東夷西戎南蠻北狄歸化在蕃者之名數(『당육전』 18, 홍려시).

198) 司儀令掌凶禮之儀式 及供喪葬之俱(『당육전』 18, 홍려시).

199) 이인철, 1993, 앞 책, 38쪽.

200) 영객부에 대한 대략적인 이해는 채미하, 앞 논문, 2006, 136쪽 및 142쪽 ; 최희준, 「신라 중·하대의 외국 사신 영접과 대외인식」, 고려대학교대학원 한국사학과 석사학위논문, 2008 ; 최희준, 「신라 中代의 唐 사신 영접 절차와 운용」, 『한국사연구』 153, 2011 ; 박남수, 앞 논문, 2011에서 중요하게 다루고 있다.

온 당 사신을 다른 관부와 함께 접대하였을 것이다.[201] 그렇다면 신라에 온 당 사신을 신라왕은 어떻게 접대하였을까. 이와 관련해서는 효성왕 2·3년 기사가 관심을 끈다.

F. 1) ① 봄 2월 당나라 현종이 성덕왕이 죽었다는 소식을 듣고 오랫동안 슬퍼하고 左贊善大夫 邢璹을 鴻臚少卿으로 가서 조문·제사하게 하였고 전왕에게 태자태보를 추증하였다. 또 왕위를 이은 왕을 開府儀同三司新羅王으로 책봉[冊]하였다. (…) ② 또 신라 사람들은 바둑을 잘 두었으므로 조칙[詔]으로 率府兵曹參軍 楊季應을 부사로 삼았는데, 우리나라 바둑의 고수는 모두 그 밑에서 나왔다. 이에 왕은 형숙 등에게 금으로 된 보물과 약품을 후하게 주었다. (…) ③ 여름 4월 당나라 사신 형숙이 노자 『도덕경』 등과 文書를 왕에게 바쳤다[以老子道德經等文書 獻于王].[202](『삼국사기』 9, 신라본기9, 효성왕 2년)
2) (봄 정월) 왕이 형숙에게 황금 30냥, 베[布] 50필, 인삼 100근을 주었다.[203] (『삼국사기』 9, 신라본기9, 효성왕 3년)

사료 F를 보면 효성왕 2년(738)에 형숙이 조제 겸 책명사로 신라에 왔음을 알 수 있다. 우선 사료 F-1)①에는 先王에 대한 조문과 新王에 대한 책봉이 효성왕 2년 2월에 이루어진 것으로 나오고 있다. 사료 A에서 문무왕 원년에 신라에 온 당의 조제 겸 책명사는 태종무열왕에 대한 조제를 마친 뒤 2개월을 기다려 문무왕을 책봉하고 있다. 이로 볼 때 형숙 역시 선왕인 성덕왕에게 조제한 후 일정 기간이 지난 후에 효성왕을 책봉하였을 것이다. 이상과 같이

201) 이러한 사신 접대는 예부에서 총괄하였을 것이고 예부의 산하 기관도 관여하였을 것이다. 이와 관련해서 채미하, 위 논문, 2006 ; 최희준, 위 논문, 2008 ; 최희준, 위 논문, 2011 ; 박남수, 위 논문, 2011 참조.

202) 1) ① 春二月 唐玄宗聞聖德王薨 悼惜久之 遣左贊善大夫邢璹 以鴻臚少卿 往吊祭 贈太子大保 且冊嗣王爲開府儀同三司新羅王 (…) ② 又以國人善碁 詔率府兵曹參軍楊季膺爲副 國高弈皆出其下 於是 王厚贈璹等金寶藥物 (…) ③ 夏四月 唐使臣邢璹 以老子道德經等文書 獻于王.

203) (春正月) 賜邢璹黃金三十兩布五十匹人蔘一百斤.

생각할 수 있다면 효성왕 2년 2월에 형숙은 선왕을 조제하였을 것이고 2개월 후에 신왕을 책봉하였을 것으로 여겨진다. 형숙이 신라에 체류한 기간은 약 1년이다. F-1)②를 보면 부사로 신라에 온 양계응은 바둑을 잘 두었는데, 신라 바둑의 고수가 모두 그 밑에서 나왔다고 하는 것을 볼 때 양계응 등도 형숙과 함께 신라에 체류하였을 것이다.

사료 F-1)③의 老子道德經等文書를 '노자도덕경 등의 서책'이라고 해석하기도 한다. 하지만 이 구절은 '노자도덕경등과 문서'로도 해석되어진다. 앞에서 살펴보았듯이 당 사신들은 신라에 올 때 대체로 황제의 조서를 가지고 왔다. 이 점을 염두에 둘 때 문서는 조서로 짐작된다.[204] 等이라는 표현에서 형숙은 『도덕경』 외에도 다른 예물을 효성왕에게 바쳤을 것이다.

이상의 점들을 염두에 둔다면 효성왕 2년 봄 2월에 조문 겸 책봉을 위해 온 형숙은 우선 이때 선왕을 조제하였을 것이고(F-1)①) 4월에 왕을 책봉하면서 왕에게 노자『도덕경』등과 조서를 바쳤다고 볼 수 있을 것이다(F-1)③) 신라에 1년 정도 체류한 형숙은 동왕 3년 정월에 왕의 예물을 받고 당으로 돌아갔다(F-2)).

그렇다면 신라에서는 조제 겸 책명사로 신라에 온 형숙 등을 어떻게 접대하였을까. 우선 형숙 등이 도착한 후 신라에서는 이들을 객관에 안치하였을 것이다. 사료 A에서 문무왕 원년(661) 10월 29일에 신라에 온 조제 겸 책명사는 2년 정월에 신왕을 책봉하고 있는데, 그 동안 館에 있었다고 하는데서 알 수 있다.[205] 형숙은 1년 동안 신라에 체류하였는데, 그 동안 객관에 머물러 있지 않았을까 한다. 당의 경우 외국 사신을 유숙시킨 곳으로 장안성 안에 禮賓院과 鴻臚客館, 四方館이 있었다.[206] 당의 홍려객관을 염두에 둔다면 영객부에도 객관이 있었

---

204) 『삼국유사』 2, 기이, 경덕왕 충담사 표훈대덕조의 "德經等 大王備禮受之"하는 기사에서 備禮, 예를 갖추어 효성왕이 도덕경 등을 받았다는 데서 당 황제가 보낸 예물 중 하나로 보아야 할 것이다.

205) 채미하, 앞 논문, 2006, 136쪽.

206) 권덕영, 앞 책, 1997, 175쪽. 예빈원과 홍려객관과 관련해서는 石見清裕, 「唐の鴻臚寺と鴻臚客館」, 『古代文化』 42-8, 1990 : 앞 책, 1998. 사방관과 관련해서는 石曉軍, 「隋唐時

칙서받기 창덕궁 인정전에서 영조가 예를 갖추어 칙서를 받는 모습이다. 『奉使圖』(遼寧民族出版社, 1999), 제16폭.

을 것이다. 아마도 형숙 등은 영객부의 객관에 머무르지 않았을까 한다. 이들 사신들이 객관에 안치된 후 효성왕은 사자를 보내 이들을 맞이하고 위문하였을 것이다.

다음으로 F-1)③을 보면 형숙은 효성왕에게 『도덕경』 등과 문서를 바치고 있다. 이로 볼 때 효성왕은 사자를 보내 형숙에게 알현일을 통보하였을 것이다. 효성왕은 왕 2년(738) 4월에 형숙을 引見하였다. 「개원례」에 의하면 황제는 외국의 왕이 왔을 때는 태극전에서 인견한다고 하나,[207] 신라 사신은 자신전,[208] 연영전,[209] 인덕전[210] 등에서 당 황제를 알현하였으며 성덕왕 12년(713) 2월에

代の四方館について」, 『東洋學』 103, 2002.

207) 『唐開元禮』 79, 賓禮 蕃王奉見.

208) 『삼국사기』 9, 신라본기9, 혜공왕 3년 가을 7월.

209) 『삼국사기』 9, 신라본기9, 혜공왕 9년 6월 및 혜공왕 10년 겨울 10월.

는 문루, 즉 승천문에서 현종을 배알하기도 하였다. 신라왕이 신라에 온 외국 사신을 인견하는 장소와 관련해서는 효소왕 7년(698) 3월에 일본국 사신이 오자 왕이 숭례전에서, 애장왕 7년(806) 춘 3월과 헌강왕 4년(878) 8월에는 일본 사신을 왕이 조원전에 불러 인견한 것이 주목된다. 숭례전과 조원전은 신라왕이 외국 사신을 인견하기도 한 공간으로 당 사신 역시 이곳에서 신라왕을 알현하였을 것이다.

앞에서 살펴보았듯이 「개원례」 빈례의 (皇帝)受蕃國使表及幣를 보면 번국의 사신은 표와 폐백을 당 황제에게 동시에 바치고 있다. 효성왕은 형숙에게서 당 황제의 조서와 『도덕경』 등 여러 예물을 동시에 받았을 것이고, 그 자리에서 조서를 읽었을 것이다. 이와 관련해서 태종무열왕이 즉위한 후 당나라 사신이 와서 조서를 전하였는데 그 중에 알기 어려운 데가 있어서 왕이 강수를 불러 물으니 그가 한번 보고 해석하였다는데서 생각해 볼 수 있다. 태종무열왕은 또한 강수에게 回謝하는 표문을 짓게 하였더니 그 표문이 잘 짜여지고 뜻이 극진하였다고 한다.[211] 이로 볼 때 태종무열왕 원년 당에서 보내온 조서 해독과 사은표문 작성은 당시의 문장가였던 강수가 하였음을 알 수 있다. 그러하다면 신라에서는 조서 해독 내지 사은표문 작성과 관련된 관서 내지 관직은 태종무열왕 이후 두었으며 이것은 상문사로 부르지 않았을까 한다. 성덕왕 13년(714) 2월에 詳文師를 通文博士로 고쳐 표문 쓰는 일을 맡게 하였다고 한 것[212]에서 알 수 있다. 이러한 상문사는 성덕왕대 통문박사로, 경덕왕대에 한림으로 그 이름이 바뀌었고 후에 學士가 설치되기도 하였다.[213] 이들은 당 사신이 신라왕에게 조서 등의 문서를 바칠 때 그 자리에 陪席하였을 것으로 여겨진다.

다음으로 효성왕은 형숙 등에게 연회를 베풀어 주었을 것이다. 경명왕 5년(931)에 고려의 태조가 신라를 방문했을 때 임해전에서 연회를 베풀었고

---

210) 『삼국사기』 10, 신라본기10, 헌덕왕 12년 11월 및 흥덕왕 3년 겨울 12월.

211) 『삼국사기』 46, 열전6, 강수.

212) 상문사에서 통문박사로 개칭된 배경과 관련된 연구 성과는 김선숙, 앞 논문, 2005, 316~317쪽.

213) 『삼국사기』 39, 잡지8, 詳文師.

칙사대접 영조가 칙사를 대접하는 모습이다. 영조의 서쪽에는 이극돈이 있다. 『奉使圖』(遼寧民族出版社, 1999), 제18폭.

헌덕왕 6년(814)에는 왕이 군신들에게 숭례전에서 연회를 베풀었다고 한다. 이로 보면 신라에 온 사신들을 위해 연회가 베풀어진 장소는 임해전과 숭례전이 아니었을까 한다. 숭례전은 사신을 인견하기도 하였고 연회의 공간이기도 하였다. 혜공왕 3년(767)에 당 황제는 자신전에서 나와 신라 사신에게 연회를 베풀고 접견하였다고 하는데, 당의 경우에도 외국 사신을 인견하는 장소와 연회 장소가 같기도 하였음을 알 수 있다.

한편 헌덕왕 7년(815)과 흥덕왕 3년(828)에는 당에 간 신라 사신에게 당 황제는 연회를 베풀고 물건을 차등있게 내려주었다고 한다.[214] 신라왕 역시 연회를

214) 『당육전』 18, 鴻臚寺 전객령조에 의하면 唐은 외국에서 온 사신을 5등급으로 구분하여 음식과 敷物의 공급, 贈物의 하사, 사망질병 발생시의 처우 등 제반사항에 차등을 두었는데 그것을 '蕃望'이라고 하였다. 이와 관련해서 石見淸裕, 「蕃望について」, 앞 책, 1998, 384~412쪽 참조.

베풀면서 당 사신들에게 예물을 내렸주었을 것으로 여겨지는데, 문무왕 5년(665)에 文王의 조문사로 온 사신에게 금과 비단을 후하게 주었다든가, F-1)②에서 형숙 등에게 금으로 된 보물과 약품을 후하게 주었다는 것은 이때 행해진 것으로 보아도 좋지 않을까 한다. 사료 F-2)를 보면 효성왕은 형숙에게 황금 30냥, 베 50필, 인삼 100근을 주었다고 한다. 성덕왕 30년(731)에 하정사였던 김지량에게 당 황제는 관작과 무늬없는 비단[帛] 60필을 주고 돌려보냈다고 하는 것으로 미루어 효성왕이 형숙에게 준 예물은 형숙이 신라를 떠날 때 준 것으로 생각된다.

이상에서 신라는 당과의 사신 往來를 통해 당의 빈례를 수용하였고 그것이 운용되었음을 알 수 있었다. 그리고 효성왕 2·3년 기사를 통해 신라왕이 당 사신을 접대하는 모습을 살펴보았다.

3. 王權儀禮로서의 賓禮

앞에서 살펴보았듯이, 신라에 다양한 임무를 띠고 온 당 사신들은 신라의 빈례 절차에 따라 접대받았을 것이고 당으로 돌아갈 때 신라왕의 表와 폐백을 받아갔을 것이다. 그리고 그 임무를 수행하였다. 일례로 신라왕은 당에서 고애사가 오면 前 황제에 대한 조제사 겸 新 황제에 대한 경하사를 보냈다. 진평왕 49년(627) 6월에 당에 간 사신, 진덕왕 4년(650) 6월에 입당한 김법민, 경덕왕 21년(762)·애장왕 7년(806) 8월·진성왕 5년(891) 여름에 당에 간 사신들은 각각 당 太宗과 高宗·代宗·憲宗·昭宗의 즉위를 축하하고 전 황제를 조문하기 위한 조제 겸 경하사였다.[215] 반면 경덕왕 원년(742)에는 일본국 사신이 왔으나 받아들이지 않았다든가, 동왕 12년 가을 8월에 일본국 사신이 이르렀는데 오만하고 예의가 없었으므로 왕이 그들을 보지 않았다고 한다.

외국 사신에 대한 접대의식인 빈례는 다른 4례, 吉·凶·軍·嘉禮와는 달리 국가와 국가 사이에서 이루어지는 것이다. 이에 빈례는 신라와 다른 국가간의 외교 관계 속에서 이해되어 왔다. 「개원례」 152개의 의례 가운데 78개는

215) 권덕영, 앞 책, 1997, 167~169쪽.

황제의례로 황실뿐만 아니라 황제의 권위를 세우고 보존하기 위한 것이었다.[216] 이 중 빈례는 6개 항목 중 1개, 蕃國王來朝以束帛迎勞를 제외하고는 모두 황권의례이다. 이러한 당 빈례의 영향을 받아 이루어진 신라의 빈례 역시 신라왕실을 보존하고 신라왕의 권위를 세우기 위한 의례라고 할 수 있을 것이다. 이로 볼 때 신라의 빈례는 국제 질서뿐만 아니라 국내 질서와도 밀접한 관련이 있다고 생각된다.

신라에 온 당 사신의 임무 중 대부분은 조제 겸 책명사로 이들은 전왕을 추증하고 신왕을 책봉하였으며 효성왕대 이후에는 왕의 부인과 어머니도 책봉하기도 하였다. 이와 같은 당 사신의 임무 중 선왕을 弔祭하는 것은 「개원례」 凶禮의 칙사를 보내 조문하는 의례(勅使弔)의 하나인 '勅使弔蕃國主喪'에 해당한다. 先王을 추증하는 것은 「개원례」 흉례의 책문으로 증직하는 의례(策贈)의 하나인 '勅使冊贈蕃國主'와 관련지어 볼 수 있다. 책봉은 「개원례」 嘉禮의 임헌하여 제왕과 대신을 책명하는 의례(臨軒冊命諸王大臣)의 하나인 '臨軒冊王公'[217]에 해당하는데, 신라왕은 당에 들어 간 적이 없기 때문에 당 황제는 사신을 보내어 책봉하였다. 이것은 「개원례」 가례의 사신을 파견하여 관작을 책수하는 의례(遣使冊授官爵)로 볼 수 있다.[218] 왕비와 대비에 대한 책봉은 「개원례」 가례의 내명부를 책명하는 의례(冊內命婦二品以上)이다.

특히 당에서 신라에 온 조제 겸 책명사는 황제를 대신하여 전왕에게는 추증호를, 신왕에게는 책봉호를 주었다. 앞 〈표 2-1〉을 보면 신라 중고기의 진평왕과 선덕왕은 광록대부로, 진덕왕은 개부의동삼사로 추증되었다. 진평왕은 주국 낙랑군공(왕) 신라왕에 책봉되었으며 이를 선덕왕이 계승하였고, 진덕왕은 주국 낙랑군왕 신라왕에 책봉되었다. 이처럼 신라 중고기에는 진덕왕

---

216) 김호, 「당 전기 중앙관부와 황제 시봉기구」, 『중국사연구』 26, 2003, 103~104쪽 ; 이범직, 「조선전기의 오례와 가례」, 『한국사연구』 71, 1990 : 『조선시대 예학연구』, 국학자료원, 2004, 50~51쪽.

217) 그 대상이 된 관직은 三師·三公·親王·開府儀同三司·太子三師·驃騎大將軍·左右丞相 등이다.

218) 채미하, 앞 논문, 2006, 151~153쪽.

을 전후해서 그 추증호와 책봉호가 달라지고 있음을 알 수 있다. 앞 〈표 2-2〉를 보면 신라 중대의 추증호는 성덕왕에게 태자태보를 추증한 것 외에는 보이지 않는다. 태종무열왕은 중고기와는 달리 개부의동삼사 낙랑군왕 신라왕에 책봉되었으며 문무왕의 책봉호에 대해서는 후술되듯이 기미주가 포함되었다. 나·당 전쟁 이후 신라는 신문왕 6년(686)과 효소왕 8년(699) 두 차례만 당에 사신을 파견하였고 당 또한 신문왕 원년(681), 효소왕 원년과 2년 3차례만 사신을 파견하였다. 그럼에도 불구하고 당은 신문왕에게 선왕의 관작을 계승하는 책봉을 내렸고 효소왕도 책봉하였다. 효소왕 7년에 발해의 건국으로 나·당관계는 새로운 전환점을 맞았다. 성덕왕은 즉위를 알리는 사신을 당에 파견하였고 당의 책명사를 맞이한 후 답사를 파견하면서 당과 신라의 관계는 회복되었다. 성덕왕 이후의 책봉호에는 대장군이 사라진다.[219]

앞의 〈표 2-3〉을 보면 신라 하대 前王에 대한 추증호는 보이지 않는다. 하지만 효공왕 원년(897) 7월 5일에 崔元이 경문왕을 太師로, 헌강왕을 太傅로 추증하는 당 황제의 制旨를 가지고 신라에 돌아왔다.[220] 이로 볼 때 경문왕과 헌강왕에 대한 추증호가 있었으며 효공왕이 진성왕의 추증을 요청하는 것[221]으로 미루어 진성왕 역시 추증호가 있지 않았을까 한다. 진성왕 7년(893)에는 병부시랑 金處誨를 당나라에 보내 旌節을 바치게 하였는데,[222] 정절은 책봉

219) 아래 〈표〉는 성덕왕의 책봉호이다.

성덕왕	책봉호
즉위년(702)	新羅王 輔國大將軍 行左豹韜尉大將軍 雞林州都督
6년(707)	驃騎大將軍(『唐會要』 95, 신라)
12년(713.10)	驃騎將軍 特進 行左威偉大將軍 使持節 大都督雞林州諸軍事 雞林州刺史 上柱國 樂浪郡公 新羅王
32년(733.7)	開府儀同三司 寧海軍使
33년(734. 가을)	新羅王 開府儀同三司 使持節 大都督鷄林州諸軍事 上柱國(『文苑英華』 471, 蕃書4, 新羅書, 勅新羅王金興光書三首(張九齡))
34년(735. 봄)	鷄林州大都督 新羅王(『文苑英華』 471, 蕃書4, 新羅書, 勅新羅王金興光書三首(張九齡))

220) 『東文選』 33, 表箋, 謝恩表 ; 『삼국사기』 11, 신라본기11, 진성왕 즉위년조에는 謝追贈表로 나온다.

221) 『동문선』 33, 表箋, 謝恩表.

때 당 황제가 내려 주는 것이다.[223] 그러하다면 정강왕은 당으로부터 책봉을 받았을 것으로 여겨진다. 신라 하대 왕의 책봉호에는 검교태위가 추가되었으며 희강왕과 민애왕·헌안왕·진성왕, 그리고 효공왕 이후로는 당의 책봉이 이루어지지 않는다.

중국의 책봉은 주변국 군주에게 爵號를 내림으로써 중국과 주변국과의 君臣관계를 설정하는 것이었다.[224] 당 현종이 경덕왕 2년(743)에 왕을 책봉하면서 내린 조서에 따르면 "賓客의 예절로써 우대하여 책명하노니 마땅히 옛 왕업을 지켜 번국왕[藩長]의 이름을 계승하라. 이에 특별한 예우를 더하여 중국의 관작 칭호를 주니"라고 하였다는데서, 당 황제는 신라왕을 제후국왕으로 책봉하고 있는 것을 알 수 있다. 당 덕종이 원성왕 2년(786)에 내린 조서[225]에는 "경은 마땅히 나라 안을 안정시키고 부지런히 백성들을 돌보아 길이 번방의 신하[藩臣]가 되어, 바다 모퉁이에 있는 나라를 평온케 하라"고 하였다. 이로 볼 때 책봉은 중국 중심의 세계질서에 대한 이념(이데올로기)으로, 중국은 천자국(황제국)이며 주변 제국은 제후국(번국)이라는 이념이 내포되어 있다. 이에 당은 신라와 국교관계가 단절되었던 신문왕과 효소왕에게도 책봉을 내리기도 하였던 것이다.

피책봉국인 신라에서는 이러한 당의 책봉을 당연한 것으로 여겼는데, 신문왕과 효소왕이 그것을 거부하지 않았다는 데서 생각해 볼 수 있다. 신라에서는 대체로 왕위가 교체될 때 전왕의 죽음을 알림과 동시에 책봉을 요청하였다.

---

222) 『삼국사기』 11, 신라본기11, 진성왕 7년 ; 『삼국사기』 46, 열전6, 최치원.

223) 『삼국사기』 11, 신라본기11, 진성왕 즉위년도 참조.

224) 이와 관련해서 김종완, 「남북조시대의 책봉에 대한 검토」, 『동아연구』 19, 1989, 1~2쪽 ; 김한규, 「고대 동아시아 세계질서의 구조적 특성」, 『동아시아 역사의 환류』, 지식산업사, 2000 ; 방향숙, 「고대 동아시아 책봉조공체제의 원형과 변용」, 『한중외교관계와 조공·책봉』, 고구려연구재단, 2005 ; 권덕영, 「나당교섭사에서의 조공과 책봉」, 『한국 고대국가와 중국왕조의 조공·책봉관계』, 고구려연구재단, 2006 ; 辻正傅, 「중국왕조의 외교정책」, 『동국사학』 46, 2009 등.

225) '勅新羅王金敬信'에서 이때 원성왕은 당의 책봉을 받았고, 이것은 책봉 조서로 볼 수 있지 않을까 한다.

성덕왕이 죽자 효성왕은 왕 2년(737)에 先王의 죽음과 자신의 즉위를 알리는 사신을 당에 파견하였다.[226] 혜공왕은 왕 3년(767)에 이찬 김은거를 당에 보내어 책봉을 청하였고 아울러 경덕왕이 죽은 사실을 알렸다.[227] 헌덕왕 즉위년(809)에는 김창남을 보내어 애장왕의 죽음을 전하였고,[228] 문성왕 2년(840)에는 사신을 보내어 신무왕의 죽음을 당에 알렸다고 한다.[229] 경문왕의 경우에는 崇福寺碑銘에 "이에 신하를 당나라에 보내어 헌안왕의 죽음을 고하고 경문왕이 왕위를 이은 것을 아뢰었다. 마침내 咸通 6년(869)에 천자가 攝御史中丞 胡歸厚와 우리나라 사람 前 進士 裵匡에게 허리에 魚袋를 차게 하고 머리에 豸冠을 쓰게 하여 부사로 삼아 王使 田獻銛과 함께 와서" 책명을 내려주었다고 한다. 효공왕은 진성왕의 추증을 요청하였으며 자신의 즉위를 당에 알리기도 하였다.[230] 이와 같이 신라왕이 당에 고애사를 파견하면 대체로 그 다음해 당에서는 책명사를 보내어 신라왕을 책봉하였고 신라왕은 책봉에 대한 사은사를 당에 보냈다.[231]

다음 사료도 관심을 끈다.

G. (봄 2월) 金力奇를 당에 보내 조공하였다. 김력기가 말씀 올리기를 "1) 貞元 16년에 조서를 내려 신의 옛 임금인 金俊邕을 신라왕으로, 어머니 신씨를 대비로, 부인 숙씨를 왕비로 책봉하셨으나, 冊使인 韋丹이 도중에서 왕의 죽음을 듣고 돌아가 그 冊은 中書省에 있습니다. 엎드려 청하옵건대, 지금 신이 귀국하는 길에 가지고 돌아갈 수 있게 해주십시오."라고 하였다.

---

226) 『唐會要』 95, 신라 ; 『책부원귀』 964, 외신부9, 책봉2 개원 25년 정월.

227) 혜공왕 4년에 신라에 온 당의 조문사 겸 책명사 歸崇敬이 당을 나가기에 앞서 獨孤及이 그에게 전해준 「送歸中丞使新羅弔祭冊立序」 가운데 "新羅嗣王以喪訃 且請命於我矣" 라고 나온다(『全唐文』 387, 獨孤及篇).

228) 『구당서』 199상, 열전149, 동이 신라. 『신당서』 220, 열전140, 동이 신라. 『당회요』 95, 신라. 『책부원귀』 972, 외신부17, 조공5 원화 7년 4월. 『책부원귀』 976, 외신부21, 褒異3 원화 7년 7월에는 헌덕왕 4년으로 나온다.

229) 『구당서』 199상, 열전149, 동이 신라 ; 『당회요』 95, 신라.

230) 『동문선』 33, 表箋 謝嗣位表.

231) 권덕영, 앞 책, 1997, 158쪽.

2) 이에 칙명을 내려 "김준옹 등의 冊은 鴻臚寺가 중서성에서 수령하고, 김력기가 홍려시에서 받아 받들어 귀국하게 하라. 또 왕의 숙부 彦昇과 그 아우 仲恭 등에게 門戟을 하사하니, 本國의 예에 준하여 그것을 주도록 하라."고 하였다.[232](『삼국사기』 10, 신라본기10, 애장왕 9년)

사료 G를 보면 애장왕 9년(808)에 당에 간 金力奇는 소성왕 2년(800)에 왕의 책봉 문서를 가지고 온 조제 겸 책명사가 왕의 죽음으로 미처 수령하지 못한 왕과 왕모, 왕비의 책봉과 관련된 문서를 받아가기를 청하고 있음을 알 수 있다.

이상과 같이 신라왕이 고애사를 보내고 책명사를 요청하였다든가, 소성왕의 죽음으로 받지 못한 책봉 문서를 당에 요청하는 것은 신라왕에게 당의 책봉이 나름의 기능을 하였기 때문일 것이다. 앞의 〈표 2-1·2·3〉을 보면 당의 신라왕 책봉은 신왕이 즉위하고 얼마 있지 않은 시기에 이루어지고 있다. 대체로 왕이 즉위한 뒤 3년이 지나 책봉이 이루어지는 것은 신라 왕권의 불안정과 연결지어 이해하고 있다. 이로 볼 때 신라왕의 입장에서 당 황제의 책봉은 자신의 왕권에 대한 정통성의 인정이며 왕권의 현상 유지를 꾀하는 명분으로 작용했다고도 여길 수 있는 것이다. 즉 당 황제의 책봉은 신라왕에게 있어 자신의 권위를 대내적으로 내세워 국내 질서를 유지하는데 중요한 기능을 하였다고 볼 수 있는 것이다.

그렇지만 책봉의 이념과 실제(현실)는 달랐다. 당 전기에 당은 소위 '기미지배체제'의 성립과 함께 당을 중심으로 하는 일원적인 세계질서를 추구하였다. 책봉체제가 간접적인 이민족지배방식이었다고 한다면 기미체제는 명목적으로는 중국의 주현으로 설정하는 것이다.[233] 이와 관련해서 문무왕대의 사실이

232) (春二月) 遣金力奇入唐朝貢 力奇上言 1) 貞元十六年 詔冊臣故主金俊邕爲新羅王 母申氏爲大妃 妻叔氏爲王妃 冊使韋丹至中路 聞王薨却迴 其冊在中書省 今臣還國 伏請授臣以歸 2) 勅 金俊邕等冊 宜令鴻臚寺 於中書省受領 至寺宣授與金力奇 令奉歸國 仍賜王叔彦昇及其弟仲恭等門戟 令本國准例給之.

233) 당의 기미주지배체제와 관련해서 栗原益男, 「七·八世紀の東アジア世界」, 『隋唐帝國と東アジア世界』, 汲古書院, 1979.

주목되는데,[234] 앞의 〈표 2-2〉를 보면 문무왕이 당에서 처음 받은 책봉호는 개부의동삼사 상주국 낙랑군왕 신라왕이었다. 그런데 문무왕 3년(663) 4월에 당은 신라에 계림주대독부를 설치하고 왕을 雞林州大都督으로 임명하였다. 나당연합군에 의해 백제를 멸망시켰지만, 당은 신라 역시 기미주체제를 통해 지배하고자 하였던 것이다. 동왕 7년 12월에 당이 문무왕에게 제수한 (左衛)大將軍[235]은 당의 고구려 정벌을 원조하라는 것으로, 장군호는 기미주 관호 못지않게 당의 기미지배이념이 강하게 반영되어 있다고 한다.[236]

이러한 당의 세계질서에 문무왕은 반발하였고 고구려 멸망 후 나·당동맹은 결렬된다. 이에 당은 문무왕 14년에 사신을 보내 왕의 관작을 삭탈하였고 신라에서 사과 하자 다음해 문무왕의 관작은 복구되었지만, 나·당전쟁으로 국교는 단절되었다. 이 시기 당 황제는 사신을 보내 신문왕·효소왕을 책봉하였다. 하지만 신문왕·효소왕은 당에 감사의 사신을 보내지 않았다. 신문왕 12년(692)에는 당에서 태종무열왕의 묘호를 고치라는 사신도 보냈지만, 이 또한 거부하였다. 다음도 주목된다.

H. 1) 봄 정월에 어머니 김씨를 大王后로 封하고 妃 박씨를 王后로 삼았다. 2) 이 해에 당나라 덕종이 죽었다. 순종이 병부낭중 겸 어사중승 원계방을 보내 죽음을 알렸다. 3) 또 왕을 개부의동삼사 검교태위 사지절 대도독계림주제군사 계림주자사 겸 지절충영해군사 상주국 신라왕으로 책봉하고 그 어머니 숙씨를 大妃로 삼았고 妻 박씨를 妃로 삼았다.[237](『삼국사기』

234) 이와 관련해서 金子修一, 『隋唐の國際秩序と東アジア』, 名著刊行會, 2001, 53~65쪽 ; 김종복, 「남북국의 책봉호에 대한 기초적 검토」, 『역사와 현실』 61, 2006, 63~71쪽 ; 염경이, 「당 무후·중종대 사신 파견과 그 외교적 역할」, 『강원인문논총』 18, 2007 및 「당 현종대 사신파견과 그 외교적 역할」, 『중국사연구』 54, 2008 참고.

235) '雞林州大都督左衛大將軍 開府儀同三司上柱國 新羅王'은 문무왕 11년(671) 8월의 「답설인귀서」에 보이는 직함이다.

236) 김종복, 앞 논문, 2006, 65~66쪽.

237) 1) 春正月 封母金氏爲大王后 妃朴氏爲王后 2) 是年 唐德宗崩順宗遣兵部郎中兼御史大夫元季方 告哀 3) 且冊王爲開府儀同三司檢校太尉使持節大都督雞林州諸軍事雞林州刺史兼持節充寧海軍使上桂國新羅王 其母叔氏爲大妃 妻朴氏爲妃.

10, 신라본기10, 애장왕 6년)

사료 H-2)·3)을 보면 애장왕 6년(805)에 고애사 겸 책명사로 元季方이 신라에 왔음을 알 수 있다. 그런데 애장왕은 元季方으로부터 당 황제가 죽었다는 소식을 듣고서도 곧바로 사신을 보내지 않았을 뿐만 아니라 사신에 대한 접대도 형편이 없어 원계방이 단식하며 시위하자 신라에서 뉘우치고 환대함으로써 일이 순조롭게 해결되었다고 한다.[238] 이것은 고애뿐만 아니라 책봉의 임무를 띠고 온 사신에 대한 홀대였다고 볼 수 있는 것이다.[239]

안사의 난(755~763) 이후 당은 대내적으로 기존의 지배 체제가 와해되면서 지방의 절도사들이 세력화하는 소위 '藩鎭體制'가 성립되었다.[240] 앞의 〈표 2-3〉을 보면 선덕왕부터 책봉호에 검교태위가 추가되고 있는데, 검교직 또는 검교관은 권위나 명예를 표시하는 기능만 가진 관직이다.[241] 이러한 점을 염두에 둘 때 애장왕대 당 책명사에 대한 홀대는 당 중심의 동아시아 국제질서에서 벗어나려고 하는 하나의 움직임으로 볼 수 있지 않을까 한다. 이것은 사료 H-3)을 보면 당에서 왕을 책봉하면서 왕의 어머니와 妻를 대비와 妃로 책봉하고 있는데, 사료 H-1)에서는 애장왕이 어머니와 비를 대왕후와 왕후로 책봉하였다는 점에서 생각되어지는 것이다.

이상과 같은 신라왕에 대한 당 황제의 책봉은 당 황제가 보낸 책명사를 신라왕이 引見하는 자리에서 이루어졌다. 당 황제의 책봉은 당시 동아시아

238) 新羅聞中國喪 不時遣 供饋乏 季方正色責之 閉門絶食待死 夷人悔謝 結歡乃還 (『신당서』 201, 열전26, 문예 상 元季方).

239) 이와 관련해서 다음도 참고된다. "(封軌가) 太和(477~499) 중에 (…) 高麗에 사신으로 갔는데, 고구려왕 雲이 그 지리의 치우침을 믿고 병을 칭하며 친히 조서를 받지 않았다. 封軌가 正色하며 왕을 힐책하여 大義로써 깨우치니, 雲이 이에 北面하고 조서를 받았다"[太和中 (…) 銜命高麗 高麗王雲恃其偏遠 稱疾不親受詔 軌正色詰之 喩以大義 雲乃北面受詔(『魏書』 32, 列傳20, 封軌)]고 한다.

240) 정재훈, 「당 덕종시기(779~805)의 대외정책과 서북민족의 대응」, 『중국고중세사연구』 18, 2007, 47~48쪽.

241) 김종복, 앞 논문, 2006, 71쪽.

세계질서 속에서 이루어진 것으로 신라왕은 이를 당연하게 받아들였는데, 신라에서 왕위가 교체될 때 전왕의 죽음을 알림과 동시에 책봉을 당에 요청한데서 알 수 있었다. 이것은 당의 책봉이 신라 왕권의 정통성 내지는 왕권의 유지에 중요한 기능을 하였기 때문이었다. 그렇지만 책봉의 이념과 실제(현실)는 달랐기 때문에 신라왕은 당의 책봉에 무조건 응하지만은 않았다. 당의 책봉을 받았음에도 불구하고 사은사를 보내지 않았다거나 고애 겸 책명사에 대한 홀대는 그것을 말해준다. 이러한 책봉의 授受 행위를 통해 신라왕은 당 사신을 引見하는 자리에서 자신의 권위를 책봉의 임무를 띠고 온 당 사신이나 그 자리에 배석한 신라 관료들에게 여실히 보여주었을 것으로 생각된다.

한편 신라에 온 조제 겸 책명사는 사료 B-1)에서도 알 수 있듯이 선왕을 조제하고 賻物을 보내기도 하였다.[242] 신왕을 책봉하면서는 다양한 예물을 주었는데, B-2)에서 경문왕에게 준 채색비단 500필·옷 2벌·금은그릇 7개가 그것이다. 이와 관련해서 〈표 2-6〉도 관심을 끈다.

〈표 2-6〉에 보이는 원성왕 2년(786)의 예물은 당 황제가 사신을 보내 왕에게 조서를 내리면서 보낸 것이고 경문왕 5년의 예물은 왕을 책봉하면서 내린 것이다. 성덕왕 30년(731)에는 조서를 내려 왕에게 무늬 있는 채색비단[綾綵] 500필과 무늬 없는 비단[帛] 2천 5백필을 주었다. 성덕왕 32년에는 당 현종이 성덕왕에게 개부의동삼사 영해군사의 관작을 더해주고 군사를 내어 발해의 남쪽을 공격하라는 당 현종의 칙서를 내리면서 아울러 왕에게 흰 앵무새 암수[白鸚鵡雌雄] 각 1마리씩과 자주색 얇은 비단에 수놓은 두루마기[紫羅繡袍], 금은으로 세공한 그릇[金銀細器物], 상서로운 무늬가 있는 비단[瑞紋錦], 다섯가지 색깔로 물들인 얇은 비단[五色羅綵] 등 300여 단을 주었다.

---

242) 신라에 온 조제 겸 책명사는 전왕을 조제하고 賻物을 주었는데, 진평왕 54년에는 부의 500단을, 문무왕 원년에는 여러 가지 채색 비단 500단을, 문무왕 5년에는 자줏빛 옷 한 벌, 허리띠 하나 채색비단 100필, 생초 200필, 경문왕 5년에는 부의로 1천필을 주었다고 한다. 이것은 賻·賻贈·贈·賜 등으로 불리는데, 황제의 이름으로 葬儀 供養의 때에 王公·百官에게 布絹·米粟·見錢 등을 하사하는 것이다. 이와 관련해서 淸木場東, 『帝賜の構造-唐代財政史研究 支出編』, 中國書店, 1997, 508~517쪽.

〈표 2-6〉 예물

원성왕 2년 (786.4)	왕 : 羅錦綾綵 30필, 옷 1벌, 銀榼 1개
	왕비 : 錦綵綾羅 20필, 금실로 수놓은 비단치마[押金線繡羅裙衣] 1벌, 銀椀 1개
	대재상 1인 : 옷 한 벌, 銀椀 1개
	차재상 2인 : 옷 한 벌, 銀椀 1개
경문왕 5년 (865.4)	왕 : 錦綵 500필, 옷 2벌, 금은그릇 7개
	왕비 : 錦綵 50필, 옷 1벌, 은그릇 2개
	왕태자 : 錦綵 40필, 옷 1벌, 은그릇 1개
	대재상 : 錦綵 30필, 옷 1벌, 은그릇 1개
	차재상 : 錦綵 20필, 옷 1벌, 은그릇 1개

그런데 사료 F-1)③에서 보았듯이 효성왕은 노자의 『도덕경』을, 경덕왕은 왕 2년에 御製 『효경』을 받았다. 이러한 서적 하사와 관련해서 사료 C-2)를 보면 당 태종이 김춘추에게 『진서』 등의 책을 준 것도 관심을 끈다. 『진서』는 당 태종이 고구려와 백제를 멸망시키려는 뜻을 드러낸 것이며, 노자 『도덕경』의 증여는 당 예종과 현종 연간에 불교와 유교에 비해 도교를 다시 우대한 당의 정황과 관련 있으며, 당 현종이 자신이 주석한 『효경』을 증여한 것은 겸허와 근신으로써 부귀와 사직을 보전하는 제후의 효를 신라왕에게 요구한 것으로 보고 있다.[243] 이처럼 당 황제가 신라왕에게 보낸 예물에서 당시의 당의 사정을 엿볼 수 있다. 그렇다고 하더라도 경덕왕은 당 현종에게 받은 『효경』을 통해 예법과 도덕으로써 종묘를 유지하는 경대부의 효를 신하에게 요구하였을 것이다.[244] 앞 〈표 2-6〉에서 볼 수 있듯이, 당 황제가 원성왕과 경문왕에게 예물을 내릴 때 왕비 등에게도 예물을 내렸는데, 그것은 차등적이었다. 이러한 예물의 차등적 지급은 당의 규정에 따른 것이겠지만, 신라왕은 이를 통해 국내 질서 유지에 이용하기도 하였을 것으로 여겨진다. 이것은 사료 G-2)에서 당 황제가 애장왕의 숙부 彦昇과 그 아우 仲恭 등에게 門戟을 하사하였는데, 本國의 예에 준하여 그것을 주도록 하라고 하는데서 알 수 있는 것이다.

243) 김영하, 「신라 중대의 유학수용과 지배윤리」, 『한국고대사연구』 40, 2005, 146쪽 및 150쪽.

244) 김영하, 위 논문, 2005, 150쪽.

신라왕이 당 사신을 인견하고 이들에 대한 연회를 베풀 때 신라 관료들은 배석하였을 것이다. 특히 연회에 참석하는 구성원과 관련해서 성덕왕 13년(714)에 당나라 현종이 조칙으로 4품 이상의 주요 관리[淸官]들에게 참여하도록 한 것이라든가, 사료 C-3)에서 진덕왕 2년(648) 윤 2월에 김춘추가 당을 떠날 때 당 태종이 3품 이상의 당 관인을 참여시켰다고 하는 것이 주목된다. 이와 같이 당 황제는 연회를 베풀 때 4품 이상의 관리들을 배석시키고 있다. 이 점을 염두에 둔다면 신라왕 역시 당 사신을 인견하고 연회를 베풀면서 일정 정도 이상의 관료들을 배석시켰을 것으로 여겨진다. 이를 통해 신라왕은 왕과 관료간의 질서를, 관료집단 안에서의 상하질서도 염두에 두었을 것으로 생각된다.

앞에서 살펴보았듯이, 신라왕은 당 사신을 조원전에서 인견하기도 하였다. 조원전은 진덕왕 5년(651) 정월 초하루에 百官이 왕에게 새해 인사를 올리는 賀正禮가 열렸던 곳이기도 하였다. 경덕왕 19년(760) 4월에는 두 해가 나타나 10일이 지나도 사라지지 않자 朝元殿에 단을 깨끗이 만들고 인연이 있는 중을 기다렸다고 한다.[245] 이와 같이 백관의 하정례를 받는 장소이며 국가의 중대사가 있을 때 의식을 행한 조원전은 신라의 正殿으로, 여기에서 당 사신을 인견한 것은 신라왕의 권위를 당 사신에게 가시적으로 나타내려는 효과를 기대했기 때문으로 여겨진다. 당으로 돌아가는 사신에게 예물을 하사한 것 역시 신라왕의 권위와 연결지어 이해해 볼 수 있을 것이다.

이상에서 신라왕은 당 사신을 접대하는 의식을 통해 대내외적으로 신라왕의 권위를 내세웠다. 신라왕이 행한 빈례 의식 중 왕권이 가장 잘 드러나는 부분은 당 사신을 인견하고 이들로부터 당 황제의 책봉과 예물 등을 받을 때였다. 또한 당 사신에게 연회를 베푸는 데서도 생각해 볼 수 있었다.

245) 『삼국유사』 5, 감통7, 월명사도솔가.

제3절 국왕의 권력, 軍禮

1. 軍禮의 수용

삼국통일을 전후한 시기에 행해진 신라의 군사훈련과 관련해서, 우선 다음이 관심을 끈다.

> A. 1) 8월에 왕이 西兄山 아래에서 大閱하였다. 9월에 靈廟寺 앞길에 행차하여 閱兵하고 阿湌 薛秀眞의 六陣兵法을 보았다.[246](『삼국사기』 7, 신라본기7, 문무왕 14년)
> 2) 봄 3월에 講武殿 南門에서 觀射하였다.[247](『삼국사기』 7, 신라본기7, 문무왕 17년)

사료 A-1)을 보면 문무왕은 왕 14년(674) 8월에 서형산 아래에서 大閱을, 9월에는 영묘사 앞길에 행차하여 閱兵하고 있음을 알 수 있다. 사료 A-2)는 문무왕 17년 왕이 강무전 남문에서 觀射, 즉 활쏘는 것을 관람하고 있는 것이다.

이러한 대열과 열병, '관사'의식은 군사훈련의 한 방법으로 삼국시대에도 행해졌다. 고구려의 경우는 연개소문이 정변을 일으키기 위해 대신들을 불러 모아 놓고 평양성 남쪽에서 사열을 한 사실에서 짐작할 수 있다.[248] 백제 한성시대의 대열은 한수의 서쪽 또는 남쪽에서 행해지기고 하고 石川에서 행해지기도 하였다.[249] 신라에서는 대체로 알천과 양산 등지에서 이루어졌다.[250] 射는 고구려 시조 주몽의 이름이 '활을 잘 쏘는 사람'이라는 점에서

---

246) 八月 大閱於西兄山下 九月 幸靈廟寺前路閱兵 觀阿湌薛秀眞六陣兵法.
247) 春三月 觀射於講武殿南門.
248) 『삼국사기』 49, 열전9, 개소문전.
249) 『삼국사기』 백제본기, 구수왕 8년·고이왕 7년·근초고왕 24년·아신왕 6년·동성왕 8년 참고.
250) 秋八月 閱兵於閼川(『삼국사기』 1, 신라본기1, 파사이사금 15년) ; 秋七月 大閱閼川西(『삼국사기』 1, 신라본기1, 일성이사금 5년) ; 九月庚午朔 日有食之 大閱於閼川(『삼국사기』 2, 신라본기2, 내해이사금 5년) ; 秋七月 大閱楊山西(『삼국사기』 2, 신라본기2,

무용총 수렵도 말을 탄 고구려 무사가 호랑이와 사슴 등을 활로 쏘고 있다.

짐작할 수 있듯이, 고구려 사회에서 왕에게 요구되는 덕목의 하나였을 것이다. 백제 왕은 활쏘는 것을 관람하거나 도성 내에 射臺를 만들어 활쏘는 것을 익히게 하거나 도성 사람들을 모아 활쏘는 것을 익히도록 하였다.[251] 신라 왕도 활쏘는 것을 관람하였다.[252] 특히 『北史』와 『隋書』, 『唐書』에 따르면 8월 15일에 군신을 모아 궁정에서 활쏘기를 하였다고 한다.[253]

우선 문무왕대의 대열과 열병에서 관심을 끄는 것은 문무왕대 이전 신라에서

내해이사금 25년) ; 秋九月 大閱楊山西(『삼국사기』 2, 신라본기2, 미추이사금 20년) ; 秋七月 大閱於穴城原(『삼국사기』 3, 신라본기3, 실성이사금 14년) ; 秋七月 大閱(『삼국사기』 3, 신라본기3, 자비마립간 6년) ; 秋八月 大閱於狼山之南(『삼국사기』 3, 신라본기3, 소지마립간 8년).

251) 『삼국사기』 백제본기, 고이왕 9년·비류왕 17년·아신왕 7년 참고.

252) 秋七月 又御金城南門觀射(『삼국사기』 3, 신라본기3, 실성이사금 14년).

253) 『북사』 94, 열전82, 신라 ; 『수서』 81, 열전46, 동이 신라 ; 『구당서』 99상, 열전149상, 동이 신라 ; 『신당서』 220, 열전145, 동이 신라.

행한 대열과 그 장소가 다르다는 것이다. 즉 문무왕대 이전은 알천과 양산이 대열의 주요 장소였다고 한다면 사료 A-1)에서 볼 수 있듯이, 문무왕 14년에는 서형산 아래와 영묘사 앞길에서 대열, 열병하고 있는 것이다. 서형산성의 최초 축성 연대는 알려져 있지 않으나, 진평왕 15년(593)에 명활산성과 함께 서형산성을 개축하였고[254] 문무왕 13년에 이것을 증축하였다.[255] 이에 1년 후 그 곳에서 대열이 이루어졌다고도 볼 수 있으나, 서형산성 아래에는 서악동 고분군이 있다. 靈廟寺는 선덕왕 4년(635)에 준성된 절로,[256] 신문왕 4년(684)에 성전이 설치되었고[257] 신라 중대 왕실의 원당으로 기능하였다고도 한다.[258] 문무왕대 '관사'의식이 이루어진 곳은 '강무전' 남문이었다. 강무전은 그 명칭으로 보아 무예와 관련된 전각으로 짐작된다.[259]

다음은 문무왕 8년(668) 기사이다.

B. 1) 9월 21일에 당나라 군사와 합하여 平壤을 포위하였다. 고구려 왕은 먼저 淵男産 등을 보내 英公에게 나아가 항복을 요청하였다. (…) 겨울 10월 22일에 ① 庾信에게 太大角干을, 仁問에게 大角干의 관등을 내렸다. 그 외에 伊湌과 將軍 등을 모두 角干으로 삼았고, 蘇判 이하에게는 모두 한 등급씩 더해 주었다. ② 大幢 少監 本得은 蛇川 전투에서 공이 첫째였고, 漢山州 소감 朴京漢은 平壤城 안에서 軍主 述脫을 죽였던 공이 첫째였으며, 黑嶽令 宣極은 평양성 대문 전투에서 공이 첫째였으므로, 모두 一吉湌의 관등을 주고 租 1천 섬을 내렸다. 誓幢 幢主 金遁山은 평양 군영 전투에서

254) 『삼국사기』 4, 신라본기4, 진평왕 15년.

255) 『삼국사기』 7, 신라본기7, 문무왕 13년.

256) 『삼국사기』 5, 신라본기5, 선덕왕 4년. 이외 『삼국유사』 3, 흥법, 阿道基羅 및 탑상, 靈妙寺丈六 및 『삼국유사』 1, 기이 1, 善德王知幾三事 참고.

257) 신문왕 4년(684) 영흥사에 성전이 설치될 때, 영묘사·사천왕사·감은사·봉성사 등의 사원에도 성전이 설치되었다고 한다(이영호, 「신라 성전사원의 성립」, 『신라불교의 재조명』(신라문화제학술발표회논문집 14), 1993, 264쪽).

258) 이영호, 「신라 중대 왕실사원의 관사적 성격」, 『한국사연구』 43, 1983, 104~105쪽.

259) 이영호, 「신라 왕경의 변화」, 『국읍에서 도성으로-신라 왕경을 중심으로』(신라문화제학술발표회논문집 26), 2005, 191쪽.

공이 첫째였으므로 沙湌의 관등과 조 7백 섬을 내려 주었다. 軍師 南漢山의 北渠는 평양성 北門 전투에서 공이 첫째였으므로 述干의 관등과 벼 1천 섬을 주었고, 軍師 斧壤의 仇杞는 평양 南橋 전투에서 공이 첫째였으므로 술간의 관등과 벼 700섬을 내렸다. 假軍師 卑列忽의 世活은 平壤少城 전투에서 공이 첫째였으므로 高干의 관등과 벼 5백 섬을 내려 주었다. 한산주 소감 金相京은 사천 전투에서 전사하였는데 공이 첫째였으므로 일길찬의 관등을 추증하고 조 1천 섬을 내려 주었다. (…)[260](『삼국사기』 6, 신라본기6, 문무왕 8년)

2) ① 11월 5일에 왕이 포로로 잡힌 고구려 사람 7천 명을 이끌고 서울에 들어왔다. 6일에 文武 관료를 이끌고 先祖廟를 찾아 배알하고 다음과 같이 아뢰었다. "삼가 선조들의 뜻을 이어 당나라와 함께 의로운 군사를 일으켜 백제와 고구려에게 죄를 묻고 원흉에게 죄를 물어 나라의 앞날이 크게 안정되게 되었습니다. 이에 감히 아뢰니 신이시여 들으소서!" ② 18일에 전쟁에서 죽은 자에게 물건을 주어 위로하였는데, 少監 이상에게는 10△△필, 從者에게는 20필이었다. (…)[261](『삼국사기』 6, 신라본기6, 문무왕 8년)

사료 B-2)①에 따르면 문무왕 8년 11월 6일에 왕은 문무신료와 함께 '先祖廟'를 배알하여 당과 합력하여 백제와 고구려를 멸망시킨 사실을 고하고 있음을 알 수 있다. 이것은 문무왕 8년에 왕이 親臨[262]한 고구려 토멸전에 대한 개선의식

---

260) 九月二十一日 與大軍合圍平壤 高句麗王 先遣泉男産等 詣英公請降 (…) 冬十月二十二日 ① 賜庾信位太大角干 仁問大角干 已外伊湌將軍等並爲角干 蘇判已下並增位一級 ② 大幢少監本得 蛇川戰 功第一 漢山州少監朴京漢 平壤城內 殺軍主述脫 功第一 黑嶽令宣極 平壤城大門戰 功第一 並授位一吉湌 賜租一千石 誓幢幢主金遁山 平壤軍營戰 功第一 授位沙湌 賜租七百石 軍師南漢山北渠 平壤城北門戰 功第一 授位述干 賜粟一千石 軍師斧壤仇杞 平壤南橋戰 功第一 授位述干 賜粟七百石 假軍師比列忽世活 平壤少城戰 功第一 授位高干 賜粟五百石 漢山州少監金相京 蛇川戰死 功第一 贈位一吉湌 賜租一千石 (…).

261) ① 十一月五日 王以所虜高句麗人七千入京 六日 率文武臣僚 朝謁先祖廟 告曰 祗承先志與大唐同擧義兵 問罪於百濟高句麗 元凶伏罪 國步泰靜 敢玆控告 神之聽之 ② 十八日賚死事者 少監已上十△△匹 從者二十匹 (…).

262) 전쟁이 있을 때 삼국시대 신라 초기 단계의 왕은 친솔형이었다. 그렇지만 내물, 실성, 눌지마립간대를 하한으로 친솔형은 큰 의미를 갖지 못하다가 이후 敎遣形이

의 하나로 여길 수 있다. 고구려와 부여에서는 전쟁에 앞서 제사를 지내고 있다.263) 신라 역시 그러하지 않았을까 한다. 그리고 사료 B-2)①에 보이는 '선조묘'는 중국식의 제사제도인 종묘를 말한다.264)

이상에서 문무왕대의 대열과 열병이 서형산성과 영묘사라는 신라 중대의 상징적인 공간에서 이루어지고 있고 '관사'의식은 '강무전'에서 이루어졌다. 개선의식은 중국식의 종묘에서 행해졌다. 그러하다면 A-1)에 보이는 문무왕대의 대열과 열병, A-2)의 '관사'의식, B-2)①의 '선조묘'에서의 개선의식은 그 전과는 구별되는 것으로 생각해 볼 수 있을 것이다.

진덕왕대 이후 신라는 중국에서 여러 제도들을 받아들이고 있다.265) 당시는 삼국의 각축전뿐만 아니라 통일전쟁을 하던 시기로, 이러한 과정에서 군사와 관련된 여러 제도들 역시 중국에서 들어왔을 것이다. 우선 사료 B-1)①을 보면 유신에게 태대각간을, 인문에게 대각간의 관등을 주었고 이찬인 장군들은 모두 각간으로 삼았으며 소판 이하에게는 모두 한 등급씩 더해 주고 있음을 알 수 있다. B-1)②는 하위 관직자들에게 공의 크기에 따라 관등을 특진시키고 租를 내렸다는 내용이다. B-2)②에서는 왕경으로 돌아온 후 전쟁에서 전사한 사람들에 대한 전면적인 포상이 시행되고 있음을 알 수 있다.

문무왕대 전쟁의 공로에 대한 포상은 당시의 군사력 강화정책의 일환으로 볼 수 있다.266) 그런데 신라에서 이루어진 전쟁의 공로에 대한 포상 정책과

되었다고 한다(이문기, 「중고기의 군령체계」, 『신라병제사연구』, 일조각, 1997). 그런데 거의 사라졌던 국왕의 전쟁 참가가 무열왕 7년 백제 토멸전, 문무왕 원년, 문무왕 3년 백제부흥군 토벌전, 문무왕 8년 고구려 토멸전에 있었다. 이때의 형태는 親臨形이라고 하였다(이문기, 「신라 문무왕대의 군사정책에 대하여」, 『역사교육논집』 32, 2004, 187~190쪽).

263) 『太平御覽』 7813, 四夷部4, 東夷4, 高句驪 ; 『三國志』 30, 魏書30, 烏丸鮮卑東夷傳30, 부여 및 『太平寰宇記』 1714, 四夷3, 東夷3, 夫餘國조도 참고.

264) 채미하, 「신라 종묘제의 수용과 그 의미」, 『역사학보』 176, 2002 : 앞 책, 2008, 123~124쪽.

265) 이와 관련해서 채미하, 위 논문, 2002 : 위 책, 2008, 111~118쪽.

266) 이문기, 앞 논문, 2004, 83~187쪽. 이러한 포상은 문무왕 9년과 백제부흥군 토벌전이나 나당전쟁에서도 종종 시행되었다.

관련해서 진흥왕대 대가야국을 멸망시키는데 공이 큰 사다함에게 왕이 가라 사람 300명을 준[267] 반면 진평왕대 이후로는 관등을 추증하고 있다.[268] 이러한 포상 정책의 변화와 관련해서 唐 軍防令[269]의 授勳조[270]가 관심을 끈다. 17조[開7]에 따르면 勳에는 12등급이 있는데,[271] 戰功者에게도 각각 高下에 따라 주었다고 한다.[272] 18조[開7]에는 정벌·진압의 공훈을 세우고 미처 훈관을 수여받지 못한 채 죽은 자의 경우 그 훈관은 법례에 따라 수여하였다고 하며, 그 나머지 일반 공훈을 세우고 미처 훈관을 수여받지 못한 채 죽은 자의 경우는 훈관의 수여 범위에 들어가지 않는다는 내용이다.[273] 그러하다면 진평왕대 이후의 포상정책은 중국 율령과의 관련 속에서 이해해 볼 수 있으며,

---

267) 『삼국사기』 44, 열전4, 사다함.

268) 『삼국사기』 열전을 보면 진평왕대는 귀산에게 나마를, 추항에게 대사를, 눌최에게 급찬의 관등을 추증하였다고 한다. 선덕왕대는 죽죽에게 급찬을, 용석에게 대나마의 관등을 추증하고 있다. 태종무열왕대에는 관창에게 급찬을, 김흠운과 예파에게는 일길찬을, 보용나와 적득에게는 대나마의 관등을, 필부에게 급찬의 관등을 추증하고 있다. 문무왕대에는 소나에게 잡찬을, 열기와 구근에게 사찬의 관등을 추증하고 있다.

269) 당 군방령과 관련된 내용은 仁井田陞, 『唐令拾遺補』, 東京大學出版會, 1933 및 池田溫, 『唐令拾遺補』, 東京大學出版會, 1997 참고.

270) 당의 군방령과 관련해서 菊池英夫, 「日唐軍制比較研究上の若干の問題」, 『隋唐帝國と東アジア世界』, 汲古書院, 1979 참고. 野田嶺志, 「日本律令軍制の特質」, 『日本史硏究』 76, 1965에서도 당 군방령의 전체적인 구성, 분류를 논하고 있다. 이와 관련해서 池田溫, 위 책, 1997, 608쪽에서 재인용. 그리고 日·唐 군방령의 비교와 관련해서는 이정희, 「日·唐 軍方令의 比較 硏究」, 『연구논문집』 53(대구효성카톨릭대학교), 1996 참고.

271) 『唐六典』 2, 상서이부, 司勳郎中員外郎도 참고. 여기에서 轉은 勳級, 즉 훈의 등급 단위이고 가장 높은 등급이 12전, 가장 낮은 등급이 1전이다(김택민 주편, 『역주 당육전』(상), 신서원, 2003, 238쪽).

272) 17조[開7] 諸勳十有二等 十二轉爲上柱國 比正二品 十一轉爲柱國 比從二品 十轉爲上護軍 比正三品 九轉爲護軍 比從三品 八轉爲上輕車都尉 比正四品 七轉爲輕車都尉 比從四品 六轉爲上騎都尉 比正五品 五轉爲騎都尉 比從五品 四轉爲驍騎尉 比正六品 三轉爲飛騎尉 比從六品 二轉爲雲騎尉 比正七品 一轉爲武騎尉 比從七品. 그리고 "舊制 勳官上柱國已下至武騎尉爲十二等 有戰功者 各隨高下以授(『唐會要』 81, 勳)"도 참고된다.

273) 18조[開7] 諸征鎭勳 未授身亡者 其勳依例加授 其餘汎勳 未授身亡者 不在敍限. 이와 관련해서 『당육전』 2, 상서이부, 司勳郎中員外郎도 참고.

특히 사료 B-1)에 보이는 문무왕 8년의 포상정책은 당 군방령과 관련지어 생각해 볼 수 있을 것이다. 일본의 大寶令(701)과 養老令은 중국 율령의 영향을 받고 있다.[274] 이 중 양로령의 군방령[275] 33조와 34조는 勳에 대한 내용이며 그 기본 틀은 중국의 그것과 유사하다. 이와 같은 점들을 염두에 둔다면 사료 B-1)①과 B-1)②은 17조[開7]에 대응되며 B-2)②은 18조[開7]와 관련되는 것으로 여겨지는 것이다.

대열과 열병에서 군사들은 진을 펴고 다양한 훈련을 실시하는 진법훈련을 하였을 것이다. 사료 A-1)을 보면 문무왕 14년(674) 9월에 왕은 영묘사 앞길에서 아찬 설수진의 육진병법을 관람하였다. 육진병법은 당나라 李靖이 諸葛亮의 八陣法에 의거하여 만든 진법이다.[276] 이정의 생존 연대(571~649)를 염두에 두면 문무왕 14년 당시 육진병법은 가장 최신의 군사이론이었을 것이다.[277] 이로 볼 때 문무왕대 이후의 대열과 열병에서는 그 전 시기와는 다른 진법의 변화도 생각되어진다. 뿐만 아니라 문무왕대는 군사조직이 신설되거나 재편되었을[278] 뿐만 아니라 무기체계의 변화도 있었다. 이 중 문무왕대 이전까지 신라의 弩[279]는 고구려·백제의 노[280]와 큰 차이는 없었다고 한다. 문무왕은

---

274) 일본 大寶令(701)은 당의 武德, 貞觀, 永徽, 麟德, 乾封, 儀鳳, 垂拱의 諸令과 양로령은 당의 神龍, 太極, 개원초, 개원 4년령과 관련이 있는 것이라고 한다(池田溫, 앞 책, 1997, 67~71쪽).

275) 양로령의 군방령은 唐令과 같은 조문·唐令과 근사한 조문·부분적으로 唐令 같은 자구가 존재하는 조문·唐令과 다른 형태의 조문 또는 다른 장소에 유사한 규정이 존재한다고도 생각되어지는 조문이 있다고 한다(菊池英夫, 앞 논문, 1979, 40쪽, 池田溫, 위 책, 1997, 608쪽에서 재인용).

276) 정구복 외 4인, 『역주삼국사기 4』 주석편(하), 한국정신문화연구원, 1997, 236쪽. 육진병법은 七軍六花陣法이라고도 하는데, 부대를 칠군으로 나누어 전투대형으로 方陣, 圓陣, 雁行陣, 竪陣 등이 있었고 行軍隊形과 宿營隊形의 진법이 따로 있었다(中國軍事史編纂組編, 『中國軍事史』 第4卷, 兵法(解放軍出版社), 1988, 137~143쪽 및 158~162쪽(이문기, 앞 논문, 2004, 202~203쪽에서 재인용).

277) 이문기, 위 논문, 2004, 202~203쪽.

278) 문무왕은 왕 11년에서 16년에 이르는 나·당전쟁이 전개되고 있던 시기에 10여 개에 이르는 군사조직을 신설하였고 군사조직을 재편하였다고 한다(이문기, 위 논문, 2004, 173~180쪽).

병부에 弩幢 1인을 왕 11년(671)에, 弩舍知 1인을 왕 12년에 증치하였는데[281] 노당과 노사지는 노의 생산과 관리를 전담하는 관직이라고 한다.[282] 문무왕대의 노 제작 기술자인 弩師 仇珍川의 일화를 보면 신라의 노는 1,000보까지 날아가는 우수한 성능을 가졌고 그 명성이 당에까지 알려졌다고 한다.[283] 이로 볼 때 문무왕은 弩를 개선하기 위해 상당한 노력을 하였음을 알 수 있다.[284]

이상에서 삼국통일을 전후하여 신라 사회에서 軍事와 관련된 여러 변화가 보여지는데, 이것은 신라의 내적인 변화뿐만 아니라 중국 제도의 영향과도 밀접한 관련을 가지고 있었다고 짐작된다. 이것은 군사의례 역시 마찬가지였을 것이다. 이와 같이 생각할 수 있다면 문무왕대의 대열과 열병, '관사'의식, 개선의식의 하나였던 '선조묘'에 대한 제사는 중국 군사의례의 영향을 받았을 것으로 여겨진다.

중국에서 군사의례는 軍禮로 정리되고 있는데, 군례는 五禮의 하나이다. 오례란 길·흉·빈·군·가례로, 吉禮는 천·지·인신에 대한 제사, 凶禮는 弔喪과 기근·재해의 구휼, 賓禮는 손님을 접대하는 의식, 軍禮는 정벌·전렵·축읍 등의 諸의식, 嘉禮는 飮食·昏冠·賓射·燕饗·脤膰·慶賀를 말한다.[285] 이러한

---

279) 문무왕 이전 신라의 弩에 대한 기록은 진흥왕 19년(558)에 奈麻 득신이 포노를 만들어 성 위에 설치한 것과 태종무열왕 8년(661)에 북한산성에 포노를 설치하였다는 것이 있다.

280) 고구려와 백제의 쇠뇌와 관련해서는 『周書』 49, 異域列傳41, 고구려 ; 『南史』 79, 동이열전69, 백제 및 『宋書』 97, 夷蠻列傳57, 백제도 참고.

281) 『삼국사기』 38, 잡지7, 직관지(상).

282) 이문기, 앞 논문, 2004, 201쪽.

283) 『삼국사기』 6, 신라본기6, 문무왕 9년. 이러한 노의 성능 개량은 문무왕대 무기 발전 정책이 추진된 결과였다고 한다(이문기, 위 논문, 2004, 200~202쪽). 『신당서』 220, 열전145 신라전에 弩士 수천 명이 關門을 지켰다는 기록도 보인다.

284) 후대의 기록이지만, 신라의 쇠뇌 기술의 우수성은 일본에도 알려졌다. 『日本三代實錄』 13, 淸和天皇 貞觀 8年(866) 7月 15日 참고.

285) 錢玄·錢興奇, 『三禮辭典』(江蘇古籍出版社), 1998, 172~173쪽(五禮)·338쪽(吉禮)·209쪽(凶禮)·1022쪽(賓禮), 593쪽(軍禮), 983쪽(嘉禮) 참고.

오례는 『주례』에서 기초를 마련하였고[286] 晉 武帝 때 처음으로 국가에서 도입한다. 隋 文帝는 남북의 儀注를 총집하여 오례의 의주를 편찬하였고, 隋 煬帝는 다시 예제를 정리하여 『강도집례』를 편찬하였다. 이것은 唐代에 오례체계를 세우는 것을 가능하게 하였는데, 당대의 오례체계는 「정관례」·「현경례」를 거쳐 「개원례」로 정비되었다.[287] 이러한 「개원례」는 개원 14년(726)부터 편찬 작업에 착수하여 6년 후인 개원 20년(732)에 반행되었는데, 길례 55개, 빈례 6개, 군례 23개, 가례 50개, 흉례 18개의 총 152개의 의례로 이루어져 있다.[288]

앞에서도 언급하였듯이, 진덕왕대 신라 사회에 중국 문물제도가 수용되었다고 하였다. 이때 중국 오례의 내용도 소개되었으며, 신문왕 6년(686)에 「길흉요례」의 수용[289]으로 이것은 정비되었다고 한다.[290] 당시 신라에 들어온 오례는 「정관례」와 「현경례」 등의 내용을 참고하였을 것이다. 그러나 「정관례」와 「현경례」 등의 구체적인 내용은 알 수 없지만, 그 내용은 「개원례」의 그것과 크게 다르지 않았다. 길례 중 팔자·선농·풍백·우사·영성의 제일 및 그 제장이 「정관례」 및 「개원례」의 그것과 같은데서 생각해 볼 수 있는 것이다.[291] 이후 신라와 중국과의 지속적인 교류로 「개원례」 역시 신라 사회에 들어왔을 것이라고 하였다.[292] 그러하다면 신라의 군사의례는 「개원례」와의 비교를 통해 알

286) 『주례』 春官 大宗伯편에 따르면 禮를 길·흉·빈·군·가례의 다섯으로 분류하고 있다. 『주례』 地官 大司徒편 注疏에 보이는 五禮에 대해 鄭玄 역시 길·흉·빈·군·가례라고 하였다.

287) 이범직, 『한국중세예사상연구-오례를 중심으로-』, 일조각, 1991, 411~413쪽 ; 나희라, 앞 책, 2003, 177~179쪽 ; 채미하, 「신라 중대 오례와 왕권-오례 수용을 중심으로-」, 『한국사상사학』 27, 2006a, 128~130쪽.

288) 池田溫, 「唐開元禮解説」, 『唐開元禮-附大唐郊祀錄』(古典硏究會), 1981, 822~828쪽 ; 이범직, 위 책, 1991, 414~416쪽 ; 김호, 「당 전기 중앙관부와 황제 시봉기구」, 『중국사연구』 26, 2003, 103쪽 ; 채미하, 위 논문, 2006a, 143쪽도 참고.

289) 『삼국사기』 8, 신라본기8, 신문왕 6년.

290) 채미하, 앞 논문, 2006a, 127~133쪽 참고.

291) 채미하, 「신라의 농경제사와 '별제'」, 『국사관논총』 108, 2006b, 45~48쪽 ; 앞 책, 2008 참고.

수 있지 않을까 한다. 여기에 대해서는 다음에서 살펴보기로 한다.

2. 군례의 諸相

다음 〈표 2-7〉은 「개원례」 군례 항목인데, 『唐開元禮』 150권 중 군례는 10권으로 23종의 의례가 있다.

〈표 2-7〉 「개원례」의 군례 항목

<table>
<tr><th colspan="2">有事時의 軍禮</th><th colspan="2">平時의 軍禮</th></tr>
<tr><td>권81</td><td>皇帝親征類于上帝</td><td>권85</td><td>皇帝講武, 皇帝田狩</td></tr>
<tr><td>권82</td><td>皇帝親征宜于太社</td><td>권86</td><td>皇帝射于射宮, 皇帝觀射于射宮</td></tr>
<tr><td>권83</td><td>皇帝親征造于太廟</td><td>권89</td><td>祀馬祖, 享先牧, 祭馬社, 祭馬步</td></tr>
<tr><td>권84</td><td>皇帝親征禡于所征之地, 親征及巡狩郊祀有司軷于國門, 親征及巡狩告所過山川, 平蕩賊寇宣露布, 遣使勞軍將</td><td rowspan="3">권90</td><td rowspan="3">合朔伐鼓, 合朔諸州伐鼓, 大儺, 諸州縣儺</td></tr>
<tr><td>권87</td><td>制遣大將出征有司宜于太社</td></tr>
<tr><td>권88</td><td>制遣大將出征有司告于太廟, 制遣大將出征有司告于齊太公廟</td></tr>
</table>

위의 〈표 2-7〉에 보이는 「개원례」 군례는 有事時의 군례와 平時의 군례로 나누어 볼 수 있다.[293] 유사시의 군례를 보면 皇帝 親征의 경우 出征에 앞서 天·社稷·宗廟에서 제사가 이루어진다. 출정 때에는 우선 國門에서 軷祭가 有司에 의해 이루어지고, 통과하는 산천에 대한 제사를 거쳐, 정복지에서 마제를 지낸다. 전쟁이 종료된 후에는 戰勝 報告가 이루어지고, 使者를 파견하여 軍將들의 위로가 행해진다. 大將을 파견하여 싸운 경우에는 天에 대한 제사는 생략되고, 有司에 의해 사직·종묘 및 제태공묘에 대한 제사가 이루어진다. 평시의 군례는 황제의 강무, 황제의 사냥, 황제가 射弓에서 활을 쏘거나 활쏘기를 관람하는 의례, 말과 관련된 여러 제사 및 合朔·儺의 의례로 이루어져 있다. 다음 〈표 2-8〉은 고려와 조선의 군례 항목을 나타낸 것이다.

292) 채미하, 「신라 국왕의 視學과 그 의미」, 『한국사상사학』 32, 2009, 127~133쪽.
293) 丸橋充拓, 「唐宋變革期の軍禮と秩序」, 『東洋史研究』 64-3, 2005, 493~494쪽.

大唐開元禮卷第八十六

軍禮

皇帝射於射宮　皇帝觀射於射宮

皇帝射於射宮

前一日太樂令設宮懸之樂鼓吹令設十二案於射殿之庭以當月之調登歌各以其合東懸在東階東西面西懸在西階西東面南北二懸及登歌廣開中央(廣開中央避射位也)張熊侯去殿九十步設乏於侯西十步北十步(乏侯邊避矢物以革爲之高廣七尺先有梁爲之則不須更設)設五楅庭前少西(楅長三尺博三寸厚一寸半龍首蛇身所以委矢)布侍射者位於西階

大唐開元禮卷第八十六　一

前東面北上布司馬位於侍射位之南東面布獲者位於乏東東面布侍射者射位於殿階下當御前少西橫布南面侍射者弓矢侯於西門外陳賞物於東階下少東置罰豐於西階下少西(豐者所以承罰爵形似豆大而卑)設罰尊於西階西南北以堂深設篚於尊西南肆實爵加冪　其日質明御服武弁出樂作警蹕及文武侍衛皆如常儀文武官俱公服典謁者引入見樂作及會並如元會之儀酒三遍侍中奏稱有司既具請射又侍中前承制退稱制曰可王公以下皆降文官立東階下西面北上武官立西階下於射之後東面

『대당개원례』 군례 皇帝射於射弓 일부　황제가 사궁에서 활을 쏘는 의례이다. 射宮은 활을 쏘는 宮으로 周代에는 大射의 禮를 행하던 辟雍이었다.

〈표 2-8〉 고려와 조선의 군례 항목

	항목
『고려사』	遣將出征儀, 師還儀, 救日月食儀, 季冬大儺儀
『세종실록』	射于射壇儀, 觀射于射壇儀, 大閱儀, 講武儀, 吹角令, 救日食儀, 季冬大儺儀
『국조오례의』	射于射壇儀, 觀射于射壇儀, 大閱儀, 講武儀, 救日食儀, 季冬大儺儀, 鄕射儀

위의 〈표 2-8〉에 보이는 고려의 遣將出征儀와 師還儀는 당 「개원례」의 그것과 같지는 않지만, 기본적으로는 대외적 군사 행위의 일면을 담고 있다는 점에서 일치하며,[294] 『세종실록』 오례의와 『국조오례의』에는 왕의 親征이나 출정의가 없지만, 당의 「개원례」를 닮아 있다고 한다.[295] 〈표 2-7〉과 〈표 2-8〉을 보면 『주례』의 군례[296] 범주에는 보이지 않지만, 「개원례」와 『고려사』

294) 이범직, 앞 책, 1991, 160~162쪽.

295) 이범직, 위 책, 1991, 345~346쪽. 『국조오례의』에 군출정의식과 취각령이 빠진 것은 밖으로는 명을 의식하고, 안으로는 국초 이래 오랫동안 평화기에서 오는 시대 상황의 반영이라고 한다(이범직, 위 책, 1991, 398쪽).

예지, 『세종실록』 오례의와 『국조오례의』에는 救日月食儀와 季冬大儺儀가 있다. 「개원례」의 講武·田狩·射가 『세종실록』 오례의와 『국조오례의』에는 大閱·講武·射로 나오지만, 『고려사』 군례 항목에는 빠져 있다.[297] 「개원례」의 馬祖·先牧·馬社·馬步에 대한 제사는 『당서』에는 보이지 않고[298] 고려·조선에서는 吉禮, 국가제사에 편제되어 있다.

이상에서 당, 고려와 조선의 군례 항목은 당시의 시대상을 반영하고 있으며, 고려와 조선의 군례는 「개원례」의 범주 안에서 이해되고 있음을 알 수 있다. 앞장에서 신라는 중국과의 지속적인 교류로 여러 예제들을 수용하였고 그것을 최종적으로 정리한 「개원례」도 수용되었을 것이라고 하였다. 그러하다면 「개원례」의 군사의례를 통해 신라의 그것을 유추해 보아도 큰 무리는 없지 않을까 한다.

우선 삼국통일을 전후하여 신라 왕의 親征은 무열왕 7년(660), 문무왕 원년, 문무왕 3년(663), 문무왕 8년에 있었다. 특히 사료 B-2)①를 보면 문무왕

---

296) 『주례』 춘관의 대종백지직에는 군례를 ① 大師之禮 ② 大均之禮 ③ 大田之禮 ④ 大役之禮 ⑤ 大封之禮로 구분하고 있다.

297) 지금까지 우리나라에서 강무의는 조선시대에 들어와 체계화된 사냥제도이자 군사훈련체계로, 조선시대 대군을 통수하는 국왕의 고유한 통치행위이자 유교 이념에 입각한 국가의례였다고 한다. 조선시대 강무의에 대한 연구성과는 박도식, 「조선초기 강무제에 대한 일고찰」, 경희대학교 석사학위논문, 1987 : 『박성봉교수화갑기념논총』(경희사학회논총간행위원회) ; 강동원, 「한국중세의 군사훈련-강무제」, 『체육사학회지』 창간호, 1996 ; 이현수, 「조선 중기 강무시행사례와 군사적 기능」, 『군사』 45, 2002 ; 백기인, 「조선후기 국왕의 열무시행과 그 성격」, 『한국정치외교사학논총』 27-2, 2006 ; 심승구, 「조선시대 사냥의 추이와 특성」, 『역사민속학』 24, 2007 ; 김동진, 「조선전기 강무의 시행과 포호정책」, 『조선시대사학보』 40, 2007 등이 있다. 하지만 후술되듯이, 헌강왕대의 렵은 고구려와 백제의 렵의 전통뿐만 아니라 당 「개원례」 군례의 황제전수를 받아들이고 있었다. 그러하다면 한국사에서 유교적인 강무의라고 하는 것은 헌강왕대의 렵 기사에서부터 찾아볼 수 있지 않을까 한다. 고려시대에는 전수가 군례 항목에 보이지 않지만, 실제로 『고려사』세가를 비롯한 여러 기록을 살펴보면 田狩와 관련된 기록들이 보인다. 이로 볼 때 신라와 고려시대 전수의 내용은 조선시대 강무의로 정리되어 가는 것으로 생각된다.

298) 『신당서』의 군례 항목은 ① 皇帝親征 〈遣將出征〉 ② 仲冬講武於都外 ③ 仲冬皇帝狩田之禮 ④ 射 ⑤ 合朔伐鼓 ⑥ 大儺之禮이다.

8년에 왕은 개선하고 돌아온 후 중국식의 제사제도인 종묘, '선조묘'에서 제사를 지내고 있다. 이처럼 개선의식[299]이 중국식의 종묘에서 이루어졌다는 점을 염두에 둘 때 전쟁에 앞서 이루어진 제사 역시 중국 예제의 영향을 생각해 볼 수 있지 않을까 한다. 이것은 遣將出征에서도 마찬가지였을 것으로 짐작된다. 大將이 출정할 때 태묘에 告하고 황제로부터 斧鉞을 수여받은 후 濟太公의 廟에 고하는데, 告하기를 마치면 집으로 돌아가 잘 수가 없다고 한다.[300] 이와 관련해서 선덕왕 14년(645)에 백제의 신라 공격이 계속되자, 김유신이 왕명을 받고 집에 들르지 않고 바로 출병하였다는 것은 비교할 만하다.[301] 師還儀, 즉 군대가 개선하고 돌아온 이후에 포상정책이 이루어지는데, 사료 B-1)을 보면 신라의 포상정책은 중국 율령의 영향을 받고 있음을 알 수 있었다.

다음으로 평상시의 군사의례인 救日月食儀는 일·월식이라는 자연현상을 軍의 힘을 빌려 적극적으로 대처하려는 것이고, 季冬大儺儀는 질병을 추방하는 의식을 군사의 힘으로 축출하는 것이다. 이것은 『주례』 地官 '鼓人'조와 하관 '太僕'조에 救日月의 내용이 보이며, 『예기』 月令에는 季春, 仲秋에 儺儀가 있었으며 季冬에는 대나의를 확인할 수 있다. 이러한 내용이 「개원례」의 救日月食儀와 季冬大儺儀로 정리되었으며 고려와 조선에서도 행해지고 있다.[302] 신라에서도 잦은 일·월식 기사가 나오며 전염병이 유행하기도

---

299) 당의 개선의식과 관련해서 「개원례」에는 보이지 않지만, 武德 4년(621)에 당 태종이 천하를 大定하고 개선례를 행하였다고 한다(『舊唐書』 2, 본기2, 태종 상). 胡戟 撰, 『中華文化通志-禮儀志』(上海人民出版社), 1998, 393~400쪽에 따르면 군례의 하나로 征伐之禮가 있는데, 그 종류로 ① 出師祭祀 ② 命將誓師 ③ 凱旋之禮 ④ 師不功與京觀을 들고 있다.

300) 당 군방령 11조를 보면 "[開7] 諸大將出征 皆告廟 授斧鉞 辭齊太公廟 辭訖 不反宿於家 元帥凱旋之日 天子遣使郊勞 (…)"가 나온다. 이와 같은 내용은 『唐六典』 5, 상서병부, 兵部郎中조에도 보인다.

301) 『삼국사기』 43, 열전3, 김유신 상.

302) 『예기』 61, 昏義44에 '是故日食 則天子素服 而修六官之職 蕩天下之陽事'라 하여, 천자의 謹愼을 기록하고 있으며 『漢書』 26, 天文志6에 '星傳曰 日者德也 月者刑也 故曰日食修德 月食修刑'이라 하여 일식이 일어나면 천자는 덕을 닦아야 한다고

하였다.[303] 이러한 일·월식 기사라든가 전염병의 유행은 救日月食儀와 季冬大儺儀라는 군사의례가 신라 사회에서도 이루어졌을 가능성을 생각해 볼 수 있다.[304]

이상에서 「개원례」에 보이는 유사시의 군사의례는 통일 전쟁기를 전후한 신라 사회에서 그 모습을 찾아볼 수 있지만, 전쟁이 종식된 이후에는 시행되지 않았을 것이다. 「개원례」의 평상시의 군사 의례 중 가장 중심되는 내용은 救日月食儀와 季冬大儺儀이라기 보다는 황제가 친히 행하는 군사훈련인 皇帝講武, 皇帝田狩, 皇帝射于射宮, 皇帝觀射于射宮이었을 것이다. 앞장에서 살펴본 바와 같이, 신라에서 가장 대표적인 군사훈련은 대열과 '관사'의식이었다. 이러한 대열과 '관사'의식은 통일 이후 신라 사회에서도 계속 행해지는데, 우선 다음이 주목된다.

C. 1) 가을 9월에 백관에게 명령하여 的門에 모여 車弩 쏘는 것을 보게 하였다.[305](『삼국사기』 8, 신라본기8, 성덕왕 30년)
2) 여름 4월에 대신 貞宗과 思仁에게 명령하여 弩兵을 사열하게 했다.[306](『삼국사기』 9, 신라본기9, 효성왕 5년)

사료 C-1)은 성덕왕 30년(731)에 왕이 車弩[307] 쏘는 것을 백관과 함께 관람하

하였다.

303) 전염병에 대한 대응책으로 규휼정책, 약사신앙의 장려, 민간요법의 개발과 의학서의 편찬 등이 있었다고 한다. 이와 관련해서 이현숙, 「신라 통일기 전염병의 유행과 대응책」, 『한국고대사연구』 31, 2003 참고.

304) 특히 선덕왕 16년(647)에 흰 말을 잡아 별이 떨어진 곳에서 제사를 지냈다든가, 문무왕 13년 봄에 요상한 별이 나타나고 지진이 있자, 왕이 담당 관서에 명하여 기도하여 물리치게 하였다고 한다는 기사(『삼국사기』 43, 열전3, 김유신 상·하)와 통일 후 신라 사회의 전염병 유행을 중국과의 관련성 속에서 찾고 있다는 점에서 시사하는 바가 크다.

305) 秋九月 命百官會的門 觀射車弩.

306) 夏四月 命大臣貞宗思仁 閱弩兵.

307) 노는 '쇠뇌'로서, 기계장치를 활용한 활이라고 한다(邊震英, 『弩解』, 1727 : 김기훈·강신엽 역주, 「노해(弩解)」, 『군사』 66, 2008 ; 정구복 외 4인, 『역주삼국사기』 주석편

고 있는 것이고, C-2)는 효성왕 5년(741)에 왕이 弩兵[308]을 열병할 것을 명하고 있는 것이다. 이로 볼 때 당시의 열병에서는 진법 훈련뿐만 아니라 신무기에 대한 점검 및 그것을 다루는 병사들에 대한 군사훈련도 이루어졌음을 알 수 있다. '관사'의식에서도 신무기가 포함되어 있었음을 알 수 있다. 다음 사료 E는 신라 하대의 대열과 '관사'의식에 대한 내용이다.

D. 1) 2월에 왕이 한산주를 두루 돌며 살펴보고 백성들을 浿江鎭으로 옮겼다. 가을 7월에 始林의 벌판에서 大閱했다.[309](『삼국사기』 9, 신라본기9, 선덕왕 3년)

2) 가을 7월에 閼川 가에서 大閱하였다.[310](『삼국사기』 10, 신라본기10, 애장왕 5년)

3) 가을 9월에 왕이 西兄山 아래로 가서 大閱하고, 武平門에 가서 觀射하였다. 겨울 10월에 나라 남쪽 州郡을 巡行하여 늙은이와 홀아비·과부·고아·독거노인을 방문하여 차등에 따라 곡식과 포목을 하사하였다.[311](『삼국사기』 10, 신라본기10, 흥덕왕 9년)

4) 3월에 나라 동쪽의 주군을 순행하였다. (…) 겨울 10월에 왕이 遵禮門에 나가 觀射하였다. 11월에 왕이 穴城의 들에서 獵하였다.[312](『삼국사기』 11, 신라본기11, 헌강왕 5년)

사료 D에 따르면 선덕왕 3년(782)과 애장왕 5년(804), 흥덕왕 9년(834)에 大閱을 시림과 알천·서형산에서 거행하였고 '관사'의식은 흥덕왕 9년과 헌강왕 5년(879)에 무평문과 준례문에서 행하였다고 한다.

하, 한국정신문화연구원, 1997, 573~574쪽.

308) 노병은 노를 다루는 병사이고, 이러한 병사들은 四設幢의 하나인 弩幢에 있었다. 노당은 弩를 전문으로 하는 부대로, 군관은 法堂主-法幢監-法堂頭上-法堂火尺-法堂辟主로 이루어져 있다(『삼국사기』 40, 잡지9, 직관하).

309) 二月 王巡幸漢山州 移民戶於浿江鎭 秋七月 大閱於始林之原.

310) 秋七月 大閱於閼川之上.

311) 秋九月 王幸西兄山下大閱 御武平門觀射 冬十月 巡幸國南州郡 存問耆老及鰥寡孤獨 賜穀布有差.

312) 三月 巡幸國東州郡 (…) 冬十月 御遵禮門觀射 十一月 獵穴城原.

이처럼 삼국을 통일한 이후에도 신라 사회에는 삼국시기와 마찬가지로 대열과 '관사'의식을 행하였다. 특히 통일 이후에 보이는 대열과 '관사'의식은 「개원례」의 皇帝講武, 皇帝射于射宮·皇帝觀射于射宮과 비교해 볼 수 있지 않을까 한다. 우선 講武는 무술을 연습하거나 강습하는 것이다.[313] 『예기』에는 孟冬에 大閱을 한다고 하였고[314] 『周禮』에는 四時로 習武한다고 하였다.[315] 그러나 四時에 習武하기는 곤란했다. 이에 『國語』를 보면 겨울에 대열하는 것이 관례였다.[316] 그러하다면 『春秋』에 보이는 대열은[317] 비상시의 일로 생각되어지는 바, 농한기에 강무를 했음을 알 수 있다.[318] 隋代에는 군인들에게 매년 가을에는 무기를 살피게 하고 겨울에는 戰法을 가르친다고 하였으며[319] 大業 7년(611)에 수 양제가 강무를 했고[320] 당 황제의 閱武 중 최대의 규모는 先天 2년(713)에 현종이 廬山에서 강무한 것이다.[321] 『舊唐書』 裴耀卿 전에 병사들이 훈련을 하지 않으면 예법을 알지 못한다고 했는데,[322] 이것은 강무를 말한다.[323] 이러한 강무는 당 「개원례」 군례에는 皇帝講武로 나오는데, 仲冬에 都外에서 거행되었다.[324]

---

313) 『春秋』 桓公 6年 秋八月 壬午에 大閱하였다고 한다. 여기의 대열을 『左傳』·『公羊傳』·『穀梁傳』에서는 '簡車馬'·'簡車徒'·'閱兵車'로 해석하고 있는데, 즉 거마와 군대를 검열하고 習武하여 전쟁을 준비하는 것이라고 볼 수 있다.

314) 孟冬之月 (…) 天子乃命將帥講武 習射御角力(『예기』 月令).

315) 仲春教振旅 (…) 中夏教茇舍 (…) 中秋教治兵 (…) 仲冬教大閱(『주례』 夏官 大司馬).

316) 三時務農而一時講武 故征則有威 守則有財(『國語』 周語).

317) 秋八月 壬午 大閱(『春秋』 桓公 6年).

318) 胡戟 撰, 앞 책, 1998, 400쪽.

319) 軍人每年 孟秋閱戎具 仲冬教戰法(『수서』 8, 지3, 예의3).

320) 『수서』 3, 제기3, 양제3 본기 및 『通典』 76, 예36, 연혁36, 군례1, 出師儀制(揚兵講武附) 참고.

321) 『통전』 76, 예36, 연혁36, 군례1, 出師儀制(揚兵講武附). 『책부원귀』 124, 제왕부124, 강무도 참고. 이외 顯慶 2년 11월 21일, 武太后 聖曆 2년(『통전』 76, 예36, 연혁3, 군례1, 出師儀制(揚兵講武附))에도 보인다.

322) 兵未訓練 不知禮法 (『구당서』 98, 열전48, 裴耀卿).

323) 胡戟 撰, 앞 책, 1998, 402~403쪽 및 陳戍國, 『中國禮制史-隋唐五代卷』, 湖南教育出版社, 1998, 208~209쪽.

324) 『唐開元禮』 85, 군례 황제강무. 겨울에 강무를 해야 하는 이유에 대해서는 武太后

사료 A-1)의 문무왕 14년의 대열과 열병은 8월과 9월에, C-2)의 효성왕 5년의 열병은 4월에, 사료 D를 보면 선덕왕 3년과 애장왕 5년의 대열은 7월에, 흥덕왕 9년의 대열은 9월에 이루어졌다. 우선 이 시기에도 대열을 행한 시기는 삼국시대 신라의 그것과 크게 다르지 않다.[325] 대열이 행해진 장소는 서형산·영묘사 앞길·알천·시림 등이었다. 『左傳』을 보면 '有宗主先君之主曰都'라고 하고 있다.[326] 이로 볼 때 전근대사회에서 수도는 都 혹은 都城이라 할 수 있다. 신라의 도성의 범위에 대해서는 잘 알 수 없지만,[327] 당시 대열이 행해진 장소 중 서형산성은 도성 外로 볼 수 있지 않을까 한다.

射는 『周禮』에서 6藝의 하나로 나오며, 『의례』에는 大射편과 鄕射禮편이 『예기』에는 射儀편이 있다. 이러한 射禮는 隋制와 唐制에도 보이는데, 당의 경우 武德 9년(626)에 이세민이 황제에 즉위했을 때 習武習射를 중시했다.[328] 永徽 3년(652) 3월 경신에는 大射, 麟德 원년(664) 3월 신해에는 대사례[329] 등이 보인다.[330] 大射禮는 당 「개원례」에서는 皇帝射于射宮, 皇帝觀射于射宮으로 정리되었으며 軍禮에 편제되어 있다.[331] 사료 A-2), C-1), D-3)·4)를 보면

聖歷 2年 王方慶의 상소에서 알 수 있다(『通典』 76, 예36, 연혁36, 군례1, 天子諸侯四時四獵).

325) 앞 주 249에서 볼 수 있듯이, 삼국시대 신라의 대열은 7·8·9월에 행해지고 있다.

326) 『左傳』 莊公 28년. 『春秋左傳』을 보면 이 문구의 註가 "築都 非都也 凡邑有宗廟先君之主曰都 無曰邑 邑曰築 都曰城"이 나온다.

327) 신라의 도성과 관련된 주요 연구성과와 관련해서 여호규, 「도성과 도시」, 『한국고대사 연구의 새동향』, 서경문화사, 2007, 625~637쪽 참고.

328) 『구당서』 2, 본기2, 태종 상과 『통전』 77, 예37, 연혁37, 군례2, 天子諸侯大射鄕射 및 『唐會要』 26과 『태평어람』 110 참고.

329) 『구당서』 4, 본기4, 고종 상.

330) 胡戟 撰, 앞 책, 1998, 348쪽 ; 陳戍國, 앞 책, 1998, 209~213쪽.

331) 『唐開元禮』 86, 군례 황제사어사궁·황제관사어사궁 ; 『신당서』 16, 지6, 예악6, 군례 射 ; 『통전』 77, 예37, 연혁37, 군례2 天子諸侯大射鄕射 참고. 명대에도 이것은 군례에 편입되어 있다(『明史』 57, 지33, 예11(군례), 大射). 한편 鄭玄은 射禮를 嘉禮에 포함시키고 있고(『통전』 77, 예37, 연혁37, 군례2, 天子諸侯大射鄕射) 劉向의 『別祿』에는 吉禮에(胡戟 撰, 앞 책, 1998, 347쪽), 송대에는 가례에 편제되어 있다(『송사』 114, 지67, 예17(가례5), 大射儀 및 『정화오례신의』 198, 皇帝宴射儀).

'觀射'의식은 「개원례」 皇帝觀射于射宮과 비교해 볼 수 있는데, 射弓은 활을 쏘는 宮이다.[332] 그러하다면 문무왕 17년의 강무전 남문,[333] 성덕왕 30년의 적문, 흥덕왕 9년의 무평문, 헌강왕 5년의 준례문은 사궁의 역할을 하였을 것으로 짐작된다.

한편 중국에서 巡狩는 처음에 천자가 수렵에 의해서 군사를 훈련시키기도 하고 한편으로 제후국의 정치와 민정을 시찰하는 일을 말하였다. 그러다가 단순히 천자가 제후국을 순방하여 정치의 득실과 국민의 휴척을 살피는 것으로 바뀌었다.[334] 그렇지만 순수는 군대를 갖춰서 움직이는 것이 필수였고, 또 자주 眞刀眞槍의 군사행동이 수반되었다. 수·당의 황제가 친정할 때는 征巡이라 했다. 「개원례」 군례에는 皇帝親征及巡狩郊祀有司軷于國門, 皇帝親征及巡狩告所過山川이 군례에 편제되어 있다.[335]

사료 D-1)·3)·4)를 보면 선덕왕 3년, 흥덕왕 9년, 헌강왕 5년에 순행하였다고 한다. 순행과 관련해서 『삼국사기』 신라본기에는 巡撫, 幸, 巡狩 등 다양한 용어로 등장한다.[336] 일반적으로 순수 그 자체는 왕의 정치적 활동의 일환이었다.[337] 민심 수습, 군사 위문, 재해 구제 혹은 영토의 확인과 재정복을 위한

---

332) 김택민 주편, 앞 책, 2003, 394쪽.

333) 이영호는 강무전은 백제의 예로 미루어 왕궁의 서쪽에 위치하였을 것이라고 하였다(앞 논문, 2005, 191쪽).

334) 諸橋轍次, 『大漢和辭典』 4, 大修館書店, 1968, 336쪽(순수). 다 알다시피 "天子之諸侯爲巡狩, 諸侯之天子爲述職"이라 하고(『晏子春秋』 內篇問下) "天子五年一巡狩"라고 한다(『禮記』 王制).

335) 『唐開元禮』 84, 군례 皇帝親征及巡狩郊祀有司軷于國門·皇帝親征及巡狩告所過山川. 당대의 순수와 관련해서는 陳戍國, 앞 책, 1998, 224~228쪽도 참고. 한편 『통전』에는 순수의 禮가 길례에 들어가 있고 송대와 명·청대에는 가례에 편제되어 있다(胡戟 撰, 앞 책, 1998, 407쪽).

336) 신형식은 「순행의 유형과 그 성격」, 『삼국사기연구』, 일조각, 1981, 172쪽 주 18에서 순행이라는 것은 "『삼국사기』에는 巡狩·巡守·狩獵·田·牧·巡·行·巡幸 등으로 표현되어 있어 이들에 대한 뚜렷한 차이는 발견할 수 없다"고 하였다. 노용필도 「창녕 진흥왕순수비 건립의 정치적 배경과 그 목적」, 『한국사연구』 70, 1990, 43쪽 주 15에서 순행은 "일반적으로 널리 쓰는 巡狩와 같다고 하면서도 통치자의 지방 출장은 물론 일단 궁궐을 떠난 모든 경우를 포함하는 광범위한 범주임을 염두에 두어야 한다"고 하였다.

宣撫의 수단[338]뿐만 아니라 하교를 위한 순행 등 다양한 목적의 순수도 있었다.[339] 신라에서 이루어진 순행은 중국식의 의례가 수용되기 이전과 이후의 구체적인 변화 모습은 알 수 없지만, 사료 D-1)·3)·4)에 보이는 선덕왕·흥덕왕·헌강왕의 순행은 군사행동을 수반하고 있다는 점에서 「개원례」의 征巡과 비교해 볼 수 있을 것이다.

이상에서 신라에는 다양한 군사의례가 있었음을 「개원례」와 고려, 조선의 군사의례와의 비교를 통해 알 수 있었다. 이러한 신라의 군사의례는 중국 군사의례의 영향을 받고는 있지만, 신라의 전통적인 모습도 여전히 띠고 있었다. 군사의례의 중심되는 내용은 왕이 친히 거행하는 군사훈련으로, 신라에서는 대열과 '관사'의식, 순행이 그것이었다. 이러한 군사의례를 통해 신라 국왕은 자신의 군사적 능력을 대내외적으로 천명하였을 것인데, 이와 관련해서는 헌강왕 5년(879) 기사를 중심으로 생각해 보도록 하겠다.

3. 군례와 王權 - 헌강왕대를 중심으로

사료 D-1)을 보면 선덕왕 3년(782)에 순행과 대열을, D-2)에서는 애장왕 5년(804)에 대열을, D-3)에서는 흥덕왕 9년(834)에 대열과 순행을 행하고 있음을 알 수 있다. 이처럼 선덕왕·애장왕·흥덕왕은 순행 내지는 '관사'의식, 대열을 행하였다. 다음 사료는 헌강왕 5년(879) 기사이다.

> E. 1) 봄 2월에 왕이 국학에 행차하여 박사 이하에게 명해 講論하게 하였다. 2) 3월에 나라 동쪽의 주군을 순행하였다. (…) 3) 여름 6월 일길찬 信弘이 반역하다 목베였다. 4) 겨울 10월에 왕이 遵禮門에 나가 활쏘는 것을 구경하였다. 5) 11월 왕이 穴城의 들에서 사냥하였다.[340](『삼국사기』 11, 신라본기

337) 신형식, 앞 책, 1981, 172~184쪽 : 「순행을 통해 본 삼국시대의 왕」, 『한국학보』 25, 1981 ; 「삼국시대 왕의 성격과 지위」, 『한국 고대사의 신연구』, 일조각, 85~110쪽.
338) 김영하, 「신라시대 순수의 성격」, 『민족문화연구』 14, 1979, 212~245쪽.
339) 신형식, 앞 책, 1981, 174~175쪽.

헌강왕릉 헌강왕은 신라 제49대 왕으로, 재위 5년(879)에 다양한 군사의례를 행하였다. 특히 獵은 이 때 이루어진 군사의례의 頂點이었다.

11, 헌강왕 5년)

우선 사료 E-2)를 보면 헌강왕은 나라 동쪽의 주와 군을 순행하였고 E-4)에서는 준례문에 나아가 '관사'의식을 하였으며 E-5)에서는 혈성의 들판에서 獵하고 있음을 알 수 있다. 이로 볼 때 헌강왕은 선덕왕·애장왕·흥덕왕과 마찬가지로 순행·'관사'의식을 행하고 있지만, 대열이 아닌 사료 E-5)를 보면 獵을 행하고 있다.

獵은 고구려와 백제의 대표적인 군사훈련 중 하나였다. 고구려에서는 초기부터 수렵행사를 통하여 왕은 군사적 능력을 함양하고 군사훈련도 겸하였다.[341]

340) 1) 春二月 幸國學 命博士已下講論 2) 三月 巡幸國東州郡 (…) 3) 夏六月 一吉飡信弘叛伏誅 4) 冬十月 御遵禮門觀射 5) 十一月 獵穴城原.

341) 고구려의 獵과 관련해서 『삼국사기』 고구려본기, 태조대왕 10년·태조대왕 55년·태조대왕 80년·태조대왕 86년·태조대왕 94년·중천왕 15년·서천왕 7년·문자명왕 15년조 참고. 고구려의 수렵은 왕의 주도하에 四季 중에서도 주로 秋季에 5~7일의 일정으로 수도 부근의 기산과 질산을 비롯한 여러 곳의 왕실 수렵지에서 실시되었다고 한다(김영하, 「고구려의 순수제」, 『역사학보』 106, 1985, 7쪽).

특히 봄에는 매년 3월 3일에 수렵행사가 열려 중앙군인 5부병들의 군사훈련을 겸하였다. 아울러 수렵에서 잡은 동물을 희생으로 바치고 하늘과 산천의 神에 대한 제사를 지냈다.[342] 백제의 경우 한성시대의 전렵지로는 횡악·한산·서해 대도 등이었고 웅진천도 후에는 웅진북·牛鳴谷·사비원 등이었다.[343] 이러한 수렵활동은 군사를 조련하는 성격도 지니면서 제의적 의미도 포함하고 있었다. 또한 온달의 예에서 보듯이, 무예가 뛰어난 자를 선발하는 인재 등용의 통로로도 기능하였다.

중국에서 田獵은 畋獵이라고도 한다. 『左傳』을 보면 春搜·夏苗·秋獮·冬狩라 하여,[344] 四時의 田獵 명칭이 보인다. 『爾雅』에서는 『左傳』의 四時 獵名을 그대로 사용하였고 『춘추』에는 "春 西狩获麟"으로 나온다.[345] 본래 衣食의 필요에 따라 전렵이 생겼고 농업사회에 들어와서는 농가에 피해를 주기 때문에 전렵을 했다고 한다. 그러다가 렵을 해서 취한 獸는 『예기』 왕제에서 볼 수 있듯이, "充君之庖"뿐만 아니라 연회에도 사용되었고 종묘제사의 乾豆로도 사용되었다.[346] 이외 전렵은 병졸[士伍]을 훈련하는 군사의 의의도 있다.[347] 大業 3년(607)에 隋 煬帝가 拔延山에서 大獵한 것이 역사상 가장 큰 규모이다.[348] 당대의 수렵은 수제를 따랐는데, 武德 원년 6월 24일과 武德 8년 10월 20일, 武德 8년 12월에 전수를 했다고 한다.[349] 이러한 蒐狩는 열병강무에 그치지

---

342) 『삼국사기』 45, 열전5, 온달전.

343) 백제의 獵과 관련해서는 온조왕 22년·기루왕 27년·진사왕 6년·진사왕 7년·비유왕 29년·문주왕 4년·동성왕 5년·동성왕 14년·동성왕 23년·무령왕 22년 참고.

344) 春蒐 夏苗 秋獮 冬狩(搜 索 擇取不孕者 苗 爲苗除害也 獮 殺也 以殺爲名 順秋氣也 狩 圍守也 動物華成 获則取之 無所擇也)(『左傳』 隱公 5年). 『통전』 76, 예36, 연혁36, 군례1, 天子諸侯四時四獵을 보면 '周制 天子諸侯無事 則歲行蒐苗獮狩之禮'라고 나온다.

345) 『春秋』 哀公 14年.

346) 天子諸侯無事則歲三田 一爲乾豆 二爲賓客 三爲充君之包(『禮記』 王制).

347) 胡戟 撰, 앞 책, 1998, 404쪽.

348) 及大業三年 煬帝在榆林 突厥啓民及西域東胡君長 並來朝貢 帝欲誇以甲兵之盛 乃命有司陳冬狩之禮 (…)(『수서』 8, 지3, 예의3). 『통전』 76, 예36, 연혁36, 군례1, 天子諸侯四時四獵도 참고.

않고 乾豆·賓客·庖廚에까지 미치고 있다.[350] 「개원례」에는 皇帝田狩로 정리되어 있다.

신라의 獵과 관련해서는 파사왕의 아들인 지마가 태자 시절 파사왕을 따라 사냥을 나갔다가 왕비를 얻었다는 기사[351]나 진평왕대의 렵,[352] 헌강왕의 觀獵[353]이 떠오른다. 이것은 위에서 살펴본 고구려·백제, 중국의 렵을 생각할 때 단순한 사냥은 아니었을 것이다. 헌강왕이 왕 5년에 행한 렵 역시 마찬가지였을 것이다. 헌강왕의 렵이 이루어진 혈성원의 위치에 대해서는 알 수 없으나,[354] 실성이사금 14년(415)에는 이곳에서 대열을 행하였다.[355]

당 초기에는 講武와 田獵이 모두 이루어지고 있지만, 당 德宗 이후 武宗과 懿宗을 제외하고는 강무는 행해지지 않는 반면 전렵은 그 횟수가 당 초기보다는 적어졌지만, 꾸준히 거행되었다고 한다.[356] 당시 신라는 당에 입당사를 자주 파견하였고 귀국하는 도당유학생들은 많아졌다. 이를 통해 신라는 새로운 문물을 당에서 수용하였을 것이고[357] 당에서 군사훈련으로 대열이 아닌 렵이

349) 『唐會要』 28, 蒐狩. 이외 武德 5년 12월, 貞觀 16년 12월, 永徽 원년 冬, 先天 원년 11월, 開元 3년 10월에도 전수 기사가 보인다(『통전』 76, 예36, 연혁36, 군례1, 天子諸侯四時四獵).

350) 胡戟 撰, 앞 책, 1998, 406쪽 ; 陳戍國, 앞 책, 1998, 213~219쪽.

351) 『삼국사기』 1, 신라본기1, 지마이사금 즉위년.

352) 『삼국사기』 45, 열전5, 김후직.

353) 『삼국사기』 11, 신라본기11, 진성여왕 9년. 헌강왕이 행한 '관렵'은 왕 10년에 이루어졌다고 한다(이문기, 「신라 효공왕(요)의 출생과 왕실의 인지시기에 대하여」, 『신라문화』 30, 2007, 158~161쪽). 그러하다면 헌강왕 10년의 '관렵'은 후술되는 헌강왕 5년에 행해진 렵의 내용과 크게 다르지 않았을 것으로 생각된다.

354) 헌강왕이 獵한 '穴城原'은 실성이사금 14년(415)에 大閱을 행하기도 한 곳이기도 하나, 『삼국사기』 지리지에는 삼국유명미상지분에 기록되어 있다. 이에 그 구체적인 장소는 알 수 없으나, 경순왕이 왕 5년(931)에 경주에 온 고려 왕건을 혈성까지 전송했다는 점에서 혈성은 경주 북 근교가 아닐까 한다(정구복 외 4인, 『역주 삼국사기 3』, 주석편(상), 한국정신문화연구원, 1997, 84쪽).

355) 당의 경우 武德 5년 12월에 涇陽의 華池에서, 貞觀 16년 12월에 驪山에서, 先天 원년 11월에 驪山의 아래에서, 開元 3년 10월에는 岐州 鳳泉湯에서 전렵을 행하고 있다(『통전』 76, 예36, 연혁36, 군례1, 天子諸侯四時四獵).

356) 丸橋充拓, 앞 논문, 2005, 495쪽의 군례의 실시상황에 대한 〈표〉 참고.

거행되는 사실 역시 알고 있었을 것이다.

이와 같이 생각할 수 있다면 E-5)에 보이는 혈성의 들판에서 이루어진 獵은 기왕의 군사훈련인 대열 대신에 행해진 것으로 볼 수 있다. 앞에서 언급하였듯이 신라의 대열은 「개원례」 황제강무와 비교해 볼 수 있다. 그렇다면 헌강왕 5년의 렵은 「개원례」의 皇帝田狩와 대응시켜 보아도 좋지 않을까 한다. 「개원례」의 皇帝田狩는 仲冬에 거행되었다.[358] 헌강왕이 렵을 행한 시기는 11월로, 「개원례」 황제전수의 仲冬과 같다. 「개원례」 황제강무는 비록 대항성을 강조하기는 하지만, 殺傷을 免하기 위해 眞刀眞槍眞打를 사용하지 않는다고 한다.[359] 반면 「개원례」 황제전수는 驅馳騎射하고 圍獵捕殺하는 것이다. 즉 전자는 모의훈련이고 후자는 실전훈련이었다. 게다가 황제전수는 황제의 遠祖와 사직, 그리고 참가자와 공유하는 것에도 중요한 의미를 두고 있다.[360]

이상에서 헌강왕은 왕 5년에 大閱을 대신하는 獵을 행하였다. 그리고 E-2)를 보면 헌강왕은 나라 동쪽의 주와 군을 순행하였고 E-4)에서는 준례문에 나아가 '관사'의식을 하였다. 이와 같이 헌강왕이 왕 5년에 여러 군사의례를 행한 이유는 무엇일까.

신라 하대 원성왕계 후손들 사이에서 계속되었던 왕위쟁탈전은 경문왕의 즉위와 더불어 종식되었고, 이 시기 왕권의 강화를 위한 여러 개혁이 추진되었다.[361] 헌강왕 6년(880)의 금입택 기사[362]는 헌강왕대가 신라의 극성기라고 할 만큼 정치적 안정과 생활의 풍요를 말해주는 것으로 보고 있다.

---

357) 이와 관련해서 권덕영, 『고대한중외교사-견당사연구-』, 일조각, 1997, 85~96쪽.

358) 『唐開元禮』 85, 군례 황제전수.

359) 『통전』과 「개원례」 참고. 다만 "凡相擬擊 皆不得以刃相及"이다.

360) 胡戟 撰, 앞 책, 1998, 404쪽.

361) 이와 관련된 연구성과로 이기동, 「신라 하대의 왕위계승과 정치과정」, 『역사학보』 85, 1980 : 『신라 골품제사회와 화랑도』, 일조각, 1984 ; 김창겸, 앞 논문, 1994 : 앞 책, 2003 ; 전기웅, 「신라 하대말의 정치사회와 경문왕가」, 『부산사학』 16, 1989 ; 이문기, 「신라 김씨왕실의 소호금천씨 출자관념의 표방과 변화」, 『역사교육논집』 23·24, 1999 ; 채미하, 「신라 하대의 오묘제」, 『종교연구』 25, 2001 : 앞 책, 2008, 219쪽 참고.

362) 『삼국사기』 11, 신라본기11, 헌강왕 6년.

그렇지만 신라 하대 빈번하게 일어나는 반란은 하대 정국의 불안을 대변한다.[363] 이러한 반란은 경문왕 6년(866)·8년·14년에 일어나고 있는데, 이것은 경문왕에 대한 불만 내지 균정계의 왕위 회복을 위한 것으로 보고 있다.[364] 특히 경문왕대의 반란 중 왕 6년에 있었던 이찬 允興 등의 모반[365]은 헌강왕이 태자로 즉위하던 해였다. 사료 E-3)을 보면 헌강왕 5년 여름 6월에 信弘의 반란이 일어났다.[366] 이로 볼 때 헌강왕대의 정국 역시 불안했음을 알 수 있다. 게다가 중국의 내부 사정으로 헌강왕은 왕 4년(878)에 당으로부터 책봉을 받는다.[367]

이처럼 헌강왕은 태자에 즉위한 이후에도 어려움이 있었고 왕위에 즉위한 후에도 그가 정국을 운영하는데 있어 순탄치만은 않았음을 생각해 볼 수 있다. 그렇다면 헌강왕은 이러한 어려움을 타개하려고 하였을 것이다. 이에 헌강왕은 왕 4년 당에서 책봉을 받은 이후 왕 5년에 일련의 의례들을 행한 것이 아닐까 한다.

우선 사료 E-1)을 보면 '국학'에 행차하여 '박사이하'에게 '講論'을 명하였다 한다. 이것은 「개원례」 길례의 '國子釋奠于孔宣父', 고려와 조선의 '有司釋奠文宣王儀'에 해당되는 것이라고 하였다.[368] 사료 E-2)는 「개원례」의 征巡, E-4)는 「개원례」의 皇帝觀射于射宮, E-5)는 「개원례」의 皇帝田狩와 비교해 볼 수 있다. 「개원례」 152개의 의례 가운데 78개는 황제의례로 황실의 권위를 세우고 보존하기 위한 것이었다고 한다.[369] 「개원례」 군례에는 황제의 친정시 상제에

---

363) 원성왕 7년, 애장왕 10년, 헌덕왕 7년·11년·14년·17년, 흥덕왕 7년, 희강왕 즉위년·3년, 민애왕 즉위년, 문성왕 3년·8년·9년·11년 등이 그것이다. 이러한 신라 하대 반란과 관련된 연구로 강성원, 「신라시대 반역의 역사적 성격」, 『한국사연구』 43, 1983 참고.

364) 최병헌, 「신라 하대 사회의 동요」, 『한국사』 3, 국사편찬위원회, 1981, 492쪽 ; 강성원, 앞 논문, 1983, 46~47쪽.

365) 『삼국사기』 11, 신라본기11, 경문왕 6년.

366) 강성원, 앞 논문, 1983에서 일길찬 신홍의 반란은 헌강왕 6년 侍中 乂謙의 사직과 관련 있다고 하였다.

367) 『삼국사기』 11, 신라본기11, 헌강왕 4년.

368) 채미하, 앞 논문, 2009, 124~132쪽.

게 유제를 올리는 의례(皇帝親征類于上帝)를 포함하여 8개가 황제의례로,[370] 헌강왕은 征巡, 皇帝田狩, 皇帝觀射于射宮에 해당하는 것을 행하고 있다. 이로 볼 때 사료 E에 보이는 군사의례는 왕권의례로 그것이 상징하는 바는 자못 크다고 할 수 있는 것이다.

기왕의 연구에서 사료 E-1)에 보이는 신라 국왕의 국학 행차는 왕권의 권위를 강조한다거나 왕권강화와 연결지어 이해하고 있다.[371] 그러하다면 사료 E-2)의 헌강왕이 나라 동쪽의 주와 군을 순행한 것, E-4)의 준례문에 나아가 '관사'의식을 행한 것, E-5)의 혈성의 들판에서 사냥한 것도 이와 마찬가지로 이해해 볼 수 있을 것이다. 즉 헌강왕은 즉위를 전후하여 일어난 여러 어려움을 타개하고 자신의 권위를 내세우기 위해 일련의 행위로 왕권의례를 행하였다고 할 수 있는 것이다. 사료 F-3)에 보이는 信弘의 반란 이후에 이루어지고 있는 '관사'의식과 렵에서는 그것이 보다 더 강화되지 않았을까 한다. 특히 의례의 마지막을 장식하고 있는 獵은 헌강왕 5년에 이루어진 여러 의례의 頂點이었다고 볼 수 있는 것이다.

헌강왕대의 군사훈련과 관련해서 다음도 관심을 끈다.

---

369) 김호, 앞 논문, 2003, 103~104쪽 ; 이범직, 「조선전기의 오례와 가례」, 『한국사연구』 71, 1990 : 『조선시대 예학연구』, 국학자료원, 2004, 50~51쪽에서 "『唐開元禮』의 152항목의 의식 중에서 황실의 의식이 대부분이었으며 일반 서민들의 생활을 규제하는 의례 내용은 하나도 없다. 다만 군현체제 안에서 諸주현의 품관들을 통해서 行用되는 의식이 있을 뿐이다. 그것을 황실 중심의 황실의 정치적 기능을 강조하는 중앙집권적 정치력을 구현하는 외형적 형태를 의례로 정치적 명분과 실세를 반영하고 있는 것으로 이해되는 것이다. 이는 당대의 경학의 수준에서 얻어진 정치론이라고 해도 무리가 없다고 할 것이다"고 하였다.

370) 皇帝親征類于上帝, 皇帝親征宜于太社, 皇帝親征造于太廟, 皇帝親征禡于所征之地, 皇帝講武, 皇帝田狩, 皇帝射于射宮, 皇帝觀射于射宮이 그것이다.

371) 이기동, 「나말려초 근시기구와 문한기구의 확장-중세적 측근정치의 지향-」, 『역사학보』 77, 1978 : 『신라 골품제사회와 화랑도』, 일조각, 1984, 230~236쪽 ; 전미희, 「신라 경문왕·헌강왕대의 '能官人' 등용정책과 국학」, 『동아연구』 17, 1989, 49~50쪽 ; 高明士, 「新羅時代廟學制的成立與展開」, 『大東文化硏究』 23, 1989, 263~265쪽 ; 곽신환, 「유교사상의 전개양상과 생활세계」, 『한국사상사대계』 2, 한국정신문화연구원, 1991, 393쪽 ; 채미하, 앞 논문, 2001 : 앞 책, 2008, 219~222쪽.

환두대도를 어깨에 걸친 병사(왼쪽)와 도끼를 든 무사(오른쪽) 안악3호분 행렬도의 일부이다.

F. (겨울 10월) 大舍 武烏가 兵法 15권과 花鈴圖 2권을 바치니, 屈押縣令을 제수하였다.[372](『삼국사기』 10, 신라본기10, 원성왕 2년)

사료 F에 따르면 원성왕 2년(786)에 大舍 武烏가 兵法 15권과 花鈴圖 2권을 바쳤다고 한다. 이때의 병법과 화령도에 대한 내용은 알 수 없다. 하지만 병법은 일반 병학서로 여겨지며 『증보문헌비고』와 『연려실기술』에 무오병법이라 했고 한국 최초의 병서로 기록되어 있다.[373] 화령도의 '花'자가 후대의 六花陣의 '花'와 통하므로 진법서로 추정하고 있다.[374] 이러한 무오병법과 화령도는 앞에서 살펴본 육진병법이 중국의 그것이었다고 한다면 신라의 실정에 부합되는 것이 아니었을까 한다.

여기에 의거해서 사료 D-2)·3)·4)를 보면 애장왕 5년(804)과 흥덕왕 9년(834)에는 대열을, 헌강왕 5년에는 렵이 이루어졌을 것으로 짐작된다.[375] 그렇지만 전자는 모의 군사훈련이었고 후자는 실전 군사훈련이었다. 이로 볼 때 헌강왕은

---

372) (冬十月) 大舍武烏 獻兵法十五卷花鈴圖二卷 授以屈押縣令.

373) 『증보문헌비고』 246, 예문고5, 병가류 및 『연려실기술』 별집14, 文藝典故 병서류.

374) 정해은, 『한국 전통 병서의 이해』, 국방부 군사편찬연구소, 2004, 33쪽. 한편 『삼국유사』 2, 기이2, 혜공왕조에 "安國柄法 下卷"이라는 기록이 있는데, 이것은 병서로 추정되기도 하지만, 나라를 편안히 하는 "병서"로서 일반 병서를 가리키는 용어일 가능성도 배제할 수 없다고 한다.

375) 고대 중국에서는 사냥을 위주로 강무를 하다가 점차 병법에 의한 진법과 격자법을 통해 무사를 닦는 방식으로 변천되어 갔다고 한다(심승구, 앞 논문, 2007, 174쪽).

실질훈련인 렵을 통해 자신의 군사적 능력을 대내외적으로 천명함으로써 당시의 어려움을 극복하려 하였을 것으로 여겨진다.

헌강왕은 렵에서 획득한 獸를 종묘에 제사지내기도 하였을 것이다. 당시의 종묘는 경문왕가를 중심으로 구성되어 있었다. 즉 경문왕 5년(865)에 왕의 아버지 啓明이[376] 사망하자[377] 다음해인 왕 6년에 懿恭大王으로 추봉하였는데,[378] 이때 의공대왕의 신위가 오묘에 모셔지고 왕의 현조인 원성대왕의 신위가 오묘에서 제외되었다고 하였다. 이로써 경문왕대 이후의 정국 운영에서는 균정계가 배제되었고 경문왕 직계손간의 왕위계승 및 여타 김씨들과 경문왕의 직계 자손간의 차별성이 강조되었다고 하였다.[379] 이러한 종묘에 렵에서 잡은 짐승을 공헌함으로써 헌강왕은 '경문왕가' 중심의 왕실의 권위를 세웠을 것이다.

헌강왕은 렵을 통해서 인재를 등용하기도 하였을 것이다. 경문왕대 이후 신라 왕실은 '능관인'을 등용하려는 노력이 있었고[380] 근시기구와 문한기구의 대두·확장으로 측근정치를 지향해 나갔다고 한다.[381] 헌강왕 7년(881)과 왕 9년의 기사에 보이는 羣臣과 文臣[382]은 이와 관련지어 이해해 볼 수 있을 것이다.

이상에서 헌강왕은 즉위를 전후하여 어려움을 겪었지만, 왕 4년에 당의 책봉을 받은 이후 5년에는 여러 의례를 통해 왕실의 권위를 내세우고 정국의 안정에도 어느 정도 기여했을 것이라고 하였다. 즉 헌강왕은 왕 5년 각종 의례를 통해서 왕실의 위엄을 대내외적으로 내세웠다고 할 수 있는 것이다.

---

376) 『삼국사기』 11, 신라본기11, 경문왕 즉위년. 한편 『삼국사절요』 13, 辛巳(경문왕 즉위년)에는 金啓明을 희강왕의 孫이라고 하였다.

377) 이기동, 앞 논문, 1980 : 앞 책, 1984, 169쪽 주) 84 참고.

378) 『삼국사기』 11, 신라본기11, 경문왕 6년 ; 『삼국유사』 1, 왕력 1, 제48경문왕조에는 懿恭大王이 義恭大王으로 나온다.

379) 이와 관련해서 채미하, 앞 논문, 2001 : 앞 책, 2008, 228쪽.

380) 전미희, 앞 논문, 1989.

381) 이기동, 앞 논문, 1978 : 앞 책, 1984, 241~243쪽.

382) 『삼국사기』 11, 신라본기11, 헌강왕 7년 및 9년.

특히 의례의 마지막을 장식한 렵은 그 정점이었다.

이와 같은 여러 의례가 헌강왕 5년에 가능할 수 있었던 것은 당시 유학의 발전, 특히 국학의 재편[383]과 밀접한 관련을 가지고 있지 않았을까 한다. 이와 관련해서 경문왕·헌강왕이 국학에 행차하여 '박사이하'에게 '강론'하게 한 것[384]이 관심을 끄는데, 이것은 혜공왕대 '박사'에게 '강'하게 한 것[385]과 비교된다. 강=강의로 "학문이나 기술의 일정한 내용을 체계적으로 설명하여 가르침"이라는 뜻이고 강론은 "학술이나 道義의 뜻을 해설하며 토론함"이라는 뜻이다. '박사이하'는 박사뿐만 아니라 조교 내지는 학생도 포함되었을 것으로 여겨진다. 이것은 경문왕·헌강왕대의 국학 행차가 형식적인 것이었다고 볼 수도 있겠지만,[386] 경문왕대 이후 국학의 재편 내지는 확대로 강론을 할 수 있는 자들의 폭이 넓어진 사회적 분위기와 관련있다고 하였다.[387]

제4절 왕실의 권위, 嘉禮

1. 嘉禮의 수용

오례 중 가례는 『周禮』에 의하면 '以嘉禮親萬民'이라고 한다. 반면 길례는

383) 신라 하대의 국학은 국자감으로, 여기에서는 유학에 대한 교육이 당 국자감과 같이 국자학과 태학으로 나누어졌을 것이라고 하였다(전미희, 앞 논문, 1989, 50~51쪽 및 53쪽 ; 노중국, 「신라와 고구려·백제의 인재양성과 선발」, 『신라의 인재양성과 선발』(신라문화제학술발표회논문집 19), 1998, 56~57쪽). 한편 김영하는 「신라 중대의 유학수용과 지배윤리」, 『한국고대사연구』 40, 2005, 153쪽에서 경덕왕대의 대학감, 「개선사석등기」의 국자감이라는 표현은 당 국자감과 외형상의 차이를 극복하려는 의식의 소산으로 이해하고 있다.

384) 春二月 王幸國學 命博士已下 講論經義 賜物有差(『삼국사기』 11, 신라본기11, 경문왕 3년) ; 春二月 幸國學 命博士已下講論(『삼국사기』 11, 신라본기11, 헌강왕 5년).

385) 大赦 幸太學 命博士講尙書義(『삼국사기』 9, 신라본기9, 혜공왕 원년) ; 二月 幸國學聽講(『삼국사기』 9, 신라본기9, 혜공왕 12년).

386) 高明士, 앞 논문, 1989, 265쪽.

387) 이와 관련해서 채미하, 앞 논문, 2009, 124~132쪽 및 143~147쪽 참고.

'以吉禮事邦國之鬼神示', 흉례는 '以凶禮哀邦國之憂', 빈례는 '以賓禮親邦國', 군례는 '以軍禮同邦國'이라고 하였다.[388] 이로 볼 때 오례 중 가례를 제외한 나머지 4례는 '邦國'의 예이고, 가례만이 만민의 예임을 알 수 있다. 이것은 가례를 제외한 4례는 萬民이 행하기 어려운 것이기 때문이었다.[389]

오례 중 유일하게 상·하가 함께 할 수 있는 의례인 가례는 『주례』에서 여섯 항목으로 구분하고 있는데, 첫째 종족 형제를 친하게 하는 '飮食之禮',[390] 둘째 성인남녀를 친하게 하는 '冠婚之禮',[391] 셋째 故舊朋友와 친하게 하는 '賓射之禮',[392] 넷째 사방의 賓客과 친하게 하는 '饗宴之禮',[393] 다섯째 同姓의 이웃나라와 친하게 하는 '脤膰之禮',[394] 여섯째 異姓의 이웃나라와 친하게 하는 '賀慶之禮'이다.[395]

『주례』의 가례는 周 왕실 중심의 친애를 위한 의식이며 그것은 주 왕실의 정치였다고 한다.[396] 『주례』의 가례를 처음 국가의 예로 도입한 것은 晋 무제이며, 隋의 강도집례, 당의 정관례와 현경례를 거쳐 「개원례」로 정비되었다.[397] 이러한 「개원례」 가례를 〈표 2-9〉로 제시하면 다음과 같다.

---

388) 『周禮』 春官 大宗伯.
389) 孫長江 主編, 『中華文化通志』, 上海人民出版社, 1998, 317쪽.
390) 以飮食之禮 親宗族兄弟.
391) 以婚冠之禮 親成男女.
392) 以賓射之禮 親故舊朋友.
393) 以饗宴之禮 親四方之賓客.
394) 以脤膰之禮 親兄弟之國.
395) 以賀慶之禮 親異姓之國.
396) 이범직, 『한국중세예사상연구-오례를 중심으로』, 일조각, 1991, 135쪽.
397) 이범직, 위 책, 1991, 411~413쪽 ; 나희라, 『신라의 국가제사』, 지식산업사, 2003, 177~179쪽 ; 채미하, 「신라 중대 오례와 왕권-오례 수용을 중심으로-」, 『한국사상사학』 27, 2006a, 129~130쪽 참고.

〈표 2-9〉「개원례」의 가례 항목

	항목
「개원례」	1.皇帝加元服 2.納后 3.皇帝元正冬至受皇太子朝賀 4.皇后元正冬至受皇太子朝賀 5.皇帝元正冬至受皇太子妃朝賀 6.皇后元正冬至受皇太子妃朝賀 7.皇帝元正冬至受群臣朝賀 8.皇帝千秋節受群臣朝賀 9.皇后正至受群臣朝賀 10.皇后受外命婦朝賀 11.皇帝于明堂讀孟春令 12.皇帝于明堂讀仲春令 13.皇帝于明堂讀季春令 14.皇帝于明堂讀孟夏令 15.皇帝于明堂讀仲夏令 16.皇帝于明堂讀季夏令 17.皇帝于明堂讀孟秋令 18.皇帝于明堂讀仲秋令 19.皇帝于明堂讀季秋令 20.皇帝于明堂讀令孟冬令 21.皇帝于明堂讀仲冬令 22.皇帝于明堂讀季冬令 23.皇帝養老於太學 24.臨軒冊命皇后 25.臨軒冊命皇太子 26.內冊皇太子 27.臨軒冊命王大臣 28.朝堂冊命諸臣 29.冊內命婦二品以上 30.遣使冊授官爵 31.朔日受朝 32.朝集使辭見 33.皇太子加元服 34.皇太子納妃 35.皇太子元正·冬至受羣臣賀 36.皇太子元正冬至受宮臣朝賀 37.皇太子與師·傅·保相見 38.皇太子受朝集使參辭 39.親王冠 40.親王納妃 41.公主降嫁 42.三品以上嫡子冠 43.三品以上庶子冠 44.四品五品嫡子冠 45.四品五品庶子冠 46.六品以下嫡子冠 47.六品以下庶子冠 48.三品以上婚 49.四品五品婚 50.六品以下婚 51.朝集使於尙書省禮(幷辭) 52.任官初上相見(諸州上佐同) 53.京兆河南牧初上(諸州刺史都督同) 54. 萬年長安河南洛陽令初上(諸縣令同) 55.鄕飮酒 56.正齒位 57.宣赦書 58.羣臣詣闕上表 59.羣臣奉參起居 60.遣使詣蕃宣勞 61.皇帝遣使宣撫諸州 62.皇帝遣使諸州宣制勞會 63.皇帝遣使諸州宣赦書 64.諸州上表

위의 〈표 2-9〉를 보면 당「개원례」의 가례는 황제가 元服을 입는 의례(皇帝加元服)부터 諸州上表까지 64항목으로 이루어져 있다. 이것을『신당서』에서는 12개로 정리하고 있는데, 皇帝加元服·皇太子加元服·皇子冠, 皇帝納皇后·皇太子納妃·親王納妃·公主出降, 皇帝元正冬至受臣朝賀而會, 臨軒冊皇太子, 皇帝御明堂讀時令, 皇帝親養三老五更於太學, 鄕飮酒禮가 그것이다.[398]

우선 당의 가례를 보면 冠禮와 婚禮가 강조되어 있다. 〈표 2-9〉에서 알

398)『신당서』17 禮樂志7. 한편『唐六典』에는 당의 가례가 다음과 같이 정리되어 있다. 1.皇帝加元服 2.納后 3.正·至受皇太子朝賀 4.皇后正·至受皇太子朝賀 5.正·至受皇太子妃朝賀 6.皇后正·至受太子妃朝賀 7.正·至受羣臣朝賀 8.千秋節受羣臣朝賀 9.皇后正·至受羣臣朝賀 10.皇后受外命婦朝賀 11.皇帝于明堂讀春令 12.讀夏令 13.讀秋令 14.曰讀冬令 15.養老于太學 16.臨軒冊皇后 17.臨軒冊皇太子 18.內冊皇太子 19.臨軒冊王公 20.朝堂冊諸臣 21.冊內命婦 22.遣使冊授官爵 23.朔日受朝 24.朝集使辭見 25.皇太子加元服 26.納妃 27.正·至受羣臣賀 28.受宮臣賀 29.與師·傅·保相見 30.受朝集使參辭 31.親王冠 32.納妃 33.公主降嫁 34.三品以上冠 35.四品以下冠 36.六品以下冠 37.三品以上婚 38.四品以下婚 39.六品以下婚 40.朝集使禮見及辭 41.任官初上 42.鄕飮酒 43.正齒位 44.宣赦書 45.羣臣詣闕上表 46.羣臣起居 47.遣使慰勞諸蕃 48.遣使宣撫諸州 49.遣使諸州宣制 50.遣使諸州宣赦書.

大唐開元禮卷第九十九
嘉禮
皇帝於明堂讀孟春令
皇帝於明堂讀仲春令
皇帝於明堂讀季春令
皇帝於明堂讀孟春令 陳設 讀令 鑾駕出宮 鑾駕還宮
陳設
禮部尚書先讀令三日奏讀月令承以宣告 前三日尚舍直長施大次於青龍門外道北南向尚舍奉御設御座守宮設文武侍臣次於大次之後文官在
大唐開元禮 卷第九十九 一
左武官在右俱南向設羣官次於璧水東門之外文官在北武官在南俱西上 前一日尚舍奉御設御幄座於青陽左个近西東向守宮設三品以上及諸司長官座於青陽堂上文官於御座東北南向武官於御座東南北向俱重行西上 無長官者次官一人升判官不合 設刑部郎中讀令座於御座東南北向有案設文官解劍席於丑陛之左設武官解劍席於卯陛之右皆內向太樂令展宮懸於青陽左个之庭設舉麾位於堂上寅陛之南北向一位於樂懸東北南向典儀設三品以上及應升座者位於懸東文左武右俱重行西

『대당개원례』 가례 皇帝於明堂讀孟春令 일부 황제가 명당에서 춘령을 읽는 의례이다. 『주례』와 달리 개원례에 새롭게 추가된 항목 중 하나이다.

수 있듯이 「개원례」에는 皇帝加元服 이하 皇太子加元服, 親王의 冠禮, 3품 이상 관례, 4품 이하의 관례, 6품 이하의 관례가 보인다. 혼례와 관련해서는 황제의 納后, 皇太子의 納妃, 親王의 納妃, 3품 이상의 혼례, 4품 이하의 혼례, 6품 이하의 혼례가 있다. 이것은 『주례』의 둘째 항목인 '冠婚之禮'와 연관성을 지니고 있는 것이다.

당의 가례가 『주례』를 계승한 측면도 있지만, 『주례』와는 달리 새로운 항목이 추가되기도 하였다. 『주례』에 없는 時候에 따른 황제와 신료와의 만남인 皇帝御明堂讀時令과 鄉飮酒禮가 그것이다.[399] 전자와 관련해서 〈표 2-9〉를 보면 「개원례」에는 皇帝가 明堂에서 孟春·仲春·季春·孟夏·仲夏·季夏·孟秋·仲秋·季秋·孟冬·仲冬·季冬에 시령을 읽는 것을 알 수 있다.

〈표 2-9〉에서 볼 수 있듯이, 당의 가례는 황제·황태자 중심의 관례·혼례·책례와 황실 구성원과 신하의 만남인 조하례 등이 중심이었다. 이것은 『주례』의

---

399) 이범직, 앞 책, 1991, 135쪽.

親萬民, 황실에서부터 서인에 이르는 의례의 범위가 황실중심의 의례로 집중되었음을 알 수 있다.[400] 다음 〈표 2-10〉은 고려[401]와 조선[402]의 가례 항목이다.

〈표 2-10〉 고려와 조선의 가례 항목

	항목
『고려사』	1.冊太后儀 2.冊王妃儀 3.元子誕生賀儀 4.冊王太子儀 5.王太子稱名立府儀 6.王太子加元服儀 7.王太子納妃儀 8.冊王子王姬儀 9.公主下嫁儀 10. 進大明表箋儀 11.元正冬至上國聖壽節 望闕賀儀 12.元正冬至節日朝賀儀 13. 元會儀 14. 王太子元正冬至受群臣賀儀 15. 王太子節日受宮官賀 并會儀 16. 人日賀儀 17.立春賀儀 18.新雪賀儀 19.宥旨賀儀 20.一月三朝儀 21.親祠圓丘後齋宮受賀儀 22.大觀殿宴群臣儀 23.老人賜設儀 24.宣麻儀 25.東堂監試放榜儀 26.儀鳳門宣赦書儀 27.親祀圓丘後肆赦儀 28.朝野通行禮儀 29.宰樞謁諸王儀 30.兩府宰樞合坐儀 31.六官諸曹官相謁儀 32.諸都監各色官相會儀 33.參上參外人吏掌固謁宰樞及人吏掌固謁參上參外儀 34.文武員將人吏起居儀 35.監獄日臺省內侍坐起儀 36.按察使別銜及外官迎行幸儀 37.外官迎本國詔書儀(迎香儀同) 38.外官問聖儀 39.新及第進士榮親儀 40.外官出外儀 41.三品使臣按察使相會儀 42.按廉諸別銜相會儀 43.兵馬使及軍官拜坐儀 44.北界營主副使及幕下員相會儀 45.兩界兵馬使廳行禮儀 46.外方城上錄事謁宰臣及外官迎宰臣儀 47.諸道計點使中護評理尹使相會儀 48.平壤府尹迎觀察使儀 49.牧都護知州員同坐儀 50.外官迎兵馬使及兵馬使外官迎銜命宰樞儀 51.外官遙謝改銜儀 52.西京官僚加職遙謝儀 53.防禦員將謁按廉及參上官儀 54.雜儀 (1)上元煙燈會儀 (2)仲冬八關會儀
『세종실록』	1.正至及聖節望闕行禮儀 2.皇太子千秋節望宮行禮儀 3.迎詔書儀 4.迎勅書儀 5.拜表儀 6.傳香儀 7.正至王世子朝賀儀 8.正至王世子嬪朝賀儀 9.正至百官朝賀儀 10.正至會儀 11.中宮正至命婦朝賀儀 12.中宮正至會命婦儀 13.中宮正至王世子朝賀儀 14.中宮正至王世子嬪朝賀儀 15.中宮正至百官朝賀儀 16.王世子正至百官賀儀 17.正至誕日使臣及外官遙賀儀 18.朔望王世子朝賀儀 19.朔望百官朝賀儀 20.賀祥瑞儀 21.五日朝參儀 22.常參儀 23.王世子與師傅賓客相見儀 24.書筵進講儀 25.使臣及外官拜箋儀 26.使臣及外官受上賜宣勞儀 27.使臣及外官迎內香儀 28.使臣及外官迎敎書儀 29.納妃儀 30.冊妃儀 31.冊王世子儀 32.王世子納嬪儀 33.王世子昏禮 34.王女下嫁儀 35.宗親及文武官一品以下昏禮 36.敎書頒降儀 37.文科殿試儀 38.武科殿試儀 39.文武科放榜儀 40.生員放榜儀 41.養老儀 42.中宮養老儀 43.開城府及諸州府郡縣養老儀 44.鄕飮酒儀

〈표 2-10〉을 보면 고려와 조선의 경우 당과 마찬가지로 왕과 왕세자의 혼례와 관례[403] 및 책례, 조하례가 중심 내용이다. 이로 볼 때 고려와 조선의

400) 이범직, 위 책, 1991, 135쪽.

401) 『고려사』 64, 지18, 예6 가례.

402) 『세종실록』 오례, 가례의식.

403) 조선의 경우 『세종실록』에는 관례의 내용이 보이지 않지만, 『국조오례의』에 王世子冠

가례는 당 「개원례」의 범주 안에서 이해되고 있음을 알 수 있다. 그렇다면 한국 고대는 어떠했을까. 신라의 가례 수용과 관련해서 다음이 주목된다.

A. 봄 정월 초하루에 왕이 朝元殿에 나아가 百官에게 새해 축하인사를 받았다. 賀正禮는 이때부터 시작되었다.[404](『삼국사기』 5, 신라본기5, 진덕왕 5년)

여기에 따르면 진덕왕 5년(651) 봄 정월 초하루에 왕이 조원전에 나아가 백관으로부터 새해 축하인사를 받았다고 한다. 진덕왕대를 전후하여 신라는 중국 예제에 대한 관심을 가졌고, 진덕왕대는 唐制를 적극적으로 수용하고 있다. 동왕 3년의 당 장복제 시행, 진덕왕 4년의 당 연호 채용 및 당홀 사용 등[405]이 그것이다. 이후 무열왕과 문무왕을 거쳐 신문왕 6년(686)에 「길흉요례」가 수용되었다.[406] 그리고 중대 이후 신라는 당에 빈번하게 하정사를 파견하였다. 이로 볼 때 진덕왕 5년부터 시작된 신라의 하정례는 신라 사회에 운용되면서 그 역할을 하였을 것이다.

하정례의 수용은 김춘추와 관련 있었다. 김춘추는 진덕왕 원년 12월에 入唐하여 다음해 2월까지 당에 머무르면서[407] 당의 국학에서 강론을 듣고 석전의식을 참관하였다. 그는 태종에게 章服을 중화의 제도로 바꾸기를 청하여 진귀한 의복을 하사받았다.[408] 이와 같이 김춘추가 당에서 견문한 것은 그의 귀국 후 신라의 각종 제도 정비에 반영되었던 것이다.

김춘추는 선덕왕 말에 일어난 비담의 난[409] 이후 정치권력을 장악하였고

儀와 文武官冠儀가 추가되었다. 한국 고대의 경우 고구려 태조대왕 57년(109)에 후한 안제의 관례를 축하한 기록이 참고된다.

404) 春正月朔 王御朝元殿 受百官正賀 賀正之禮 始於此.

405) 春正月 始服中朝衣冠(『삼국사기』 5, 신라본기5, 진덕왕 3년) ; 夏四月 下敎 以眞骨在位者 執牙笏 (…) 是歲 始行中國永徽年號(『삼국사기』 5, 신라본기5, 진덕왕 4년).

406) 채미하, 앞 논문, 2006a, 127~133쪽 참고.

407) 『삼국사기』 5, 신라본기5, 진덕왕 원년. 권덕영, 「견당사 관련기록의 검토」, 『고대한중외교사-견당사연구-』, 일조각, 1997, 26~31쪽 참고.

408) 『삼국사기』 5, 신라본기5, 진덕왕 2년.

진덕왕대는 김춘추의 즉위를 위한 준비기라고 한다.[410] 그렇다면 진덕왕대 唐制 수용을 김춘추 중심의 지배체제 전환과 관련지어 이해할 수 있을 것이다.[411] 다음도 주목된다.

B. 1) 왕의 시대에 알천공·임종공·술종공·호림공(자장의 아버지)·염장공·유신공이 있었는데, 남산 오지암에 모여서 나랏일을 의논했다. 2) 이때 큰 호랑이가 나타나 자리에 뛰어드니 여러 공[諸公]들이 놀라 일어났으나 알천공은 조금도 움직이지 않고 태연히 담소하면서 호랑이 꼬리를 붙잡아 땅에 메어쳐 죽였다. 알천공의 완력이 이와 같았으므로 수석에 앉았으나, 여러 공들은 모두 유신의 위엄에 복종했다. 3) 신라에는 네 곳의 신령한 땅이 있어 나라의 큰일을 의논하려할 때면 大臣들이 반드시 그 곳에 모여서 의논을 하면 일이 반드시 이루어졌다. 첫째는 동쪽의 靑松山이고 둘째는 남쪽의 亐知山이다. 셋째는 서쪽의 皮田이고 넷째는 북쪽의 金剛山이다. 4) 이 왕 때에 처음으로 설날 아침 조례[正旦禮]를 행하였다.[412](『삼국유사』 1, 기이1, 진덕왕)

사료 B-1)에 따르면 나랏일을 6명의 諸公(B-4)의 大臣)이 의논하기 위해

---

409) 『삼국사기』 5, 신라본기5, 선덕왕 16년.

410) 노태돈, 「고대국가의 성립과 발전」, 『한국사』 2, 국사편찬위원회, 1981, 227~228쪽 ; 김영하, 「삼국과 남북국의 사회성격」, 『한국사』 3, 한길사, 1994, 78쪽 ; 주보돈, 「남북국시대의 지배체제와 정치」, 『한국사』 3, 한길사, 1994a, 283~289쪽 참고. 신형식은 진덕왕대를 무열왕권의 정책시험기 또는 무열왕권 확립의 준비기라고 하였다(「무열왕권의 성립과 발전」, 『한국사논총』 2, 1977 ; 「무열왕계의 성립과 활동」, 『한국고대사의 신연구』, 일조각, 1984, 117쪽). 그러나 여기에는 일정한 한계가 있었던 듯하다. 김춘추는 상대등과 같은 귀족 전체를 대표하는 직위를 차지하지는 못하였다. 이것은 성골왕의 시대에는 아직 깨버릴 수 없는 골품제의 규칙이 엄격히 작용하고 있었기 때문일 것이다(이기백, 「통일신라와 발해의 사회」, 『한국사강좌 I (고대편)』, 1982, 307~308쪽).

411) 주보돈, 「김춘추의 외교활동과 신라내정」, 『한국학논집』 20, 1993, 47~48쪽.

412) 1) 王之代有閼川公林宗公述宗公虎林公(慈藏之父)廉長公庾信公 會于南山亐知巖 議國事 2) 時有大虎走入座間 諸公驚起 而閼川公略不移動 談笑自若 捉虎尾撲於地而殺之 閼川公膂力如此 處於席首 然諸公皆服庾信之威 3) 新羅有四靈地 將議大事 則大臣必會其地謀之 則其事必成 一曰東靑松山 二曰南亐知山 三曰西皮田 四曰北金剛山 4) 是王代始行正旦禮.

오지암에 모였음을 알 수 있다. 이와 같은 오지암회의를 선덕왕대로 보기도 하며[413] 진덕왕대로 보기도 한다.[414] 회의를 구성한 6명의 諸公[大臣]은 모두 진골귀족들로,[415] 상대등으로 보는 견해도 있지만[416] 대등의 후신인 귀족회의의 구성원이라고도 하였다.[417]

신라 귀족회의[418]의 주재자는 상대등이었다. 상대등은 법흥왕 18년(531)에 처음 설치[419]된 이래 국왕의 즉위와 동시에 교체되었으며,[420] 1왕대에 1상대등제가 원칙이었다고 한다.[421] 다음 〈표 2-11〉에서 알 수 있듯이 왕이 즉위할 때 상대등을 임명하였지만, 진평왕과 선덕왕의 경우를 볼 때 반드시 1왕대에 1인의 상대등이 아니었음을 알 수 있다.

---

413) 박남수, 『신라 화백제도와 화랑도』, 주류성, 2013, 246~258쪽에서 오지암회의에 참석한 대신들의 이력을 통해 자장이 출가하기 전인 선덕왕 초년에 선덕왕의 즉위와 관련된 회의였다고 하였다.

414) 노태돈, 「삼국의 정치구조와 사회·경제」, 『한국사』 2, 국사편찬위원회, 1981, 215쪽에서 오지암회의를 진덕왕이 죽은 뒤에 알천을 추대하기 위한 회의로 보았다. 김영하, 「신라 중고기의 정치과정시론」, 『태동고전연구』 4, 1988, 32~33쪽에서는 신귀족세력인 금관가야계 김유신이 귀족회의 주요 구성원으로 참가하여 구귀족 세력인 알천을 배제하고 실권을 장악한 것으로 보았고, 이인철은 「신라의 군신회의와 재상제도」, 『한국학보』 65, 39~40쪽에서 진덕왕이 죽은 후 김춘추를 추대한 군신회의로 보았다.

415) 이기백, 「대등고」, 『역사학보』 17·18, 1962 : 『신라정치사회사연구』, 일조각, 1974, 80쪽.

416) 전봉덕, 「신라 최고관직 상대등론」, 『한국법제사연구』, 1968, 323쪽.

417) 이기백, 앞 책, 1974, 81~82쪽. 한편 박남수는 앞 책, 264쪽에서 대등이란 명칭이 대신으로 바뀐 것은 중국의 문물을 적극적으로 수용하면서부터라고 하였다. 또 266쪽에서 대신은 중고기의 왕권이 중대의 그것을 지향하는 과정 곧 갈문왕의 지위를 일축하면서 국왕 직속의 상대등으로 대치하려는 과정에서 나타난 일종의 과도기적 성격이라고 하였다.

418) 신라의 귀족회의는 화백회의(이기백이 대표적이다), 정사당회의(전덕재, 「신라 회백회의의 성격과 그 변화」, 『역사학보』 182)로 보기도 하는데, 이와 관련된 연구성과는 박남수, 앞 책, 2013, 314~331쪽 참고.

419) 夏四月 拜伊湌哲夫爲上大等 摠知國事(『삼국사기』 4, 신라본기4, 법흥왕 18년).

420) 이기백, 앞 책, 1974, 97쪽.

421) 井上秀雄, 「新羅政治體制の變遷過程」, 『古代史講座』 4, 1962 : 『新羅史基礎硏究』, 1974, 435쪽.

금강산 전경 신라의 오지암회의는 4영지에서 이루어졌는데, 금강산은 그 중의 하나이다.

〈표 2-11〉 신라 중고기의 상대등

인명	관등	취임기간	퇴임년월	재임기간	퇴임이유
철부	이찬	법흥왕 18년(531) 3월	법흥왕 21년(534)	약 3년	사망
거칠부	이찬	진지왕 1년(576)	'진지왕 4년(579)'	'약 3년'	
노리부	이찬	진평왕 1년(579) 8월	진평왕 10년(588) 12월	9년 4월	사망
수을부	이찬	진평왕 10년(588) 12월	?		
을제		선덕왕 1년(632) 1월	'선덕왕 5년(636) 1월'	'4년'	
수품	이찬	선덕왕 5년(636) 1월	'선덕왕 14년(645) 11월'	'9년 10월'	
비담	이찬	선덕왕 14년(645) 11월	'선덕왕 16년(647) 1월'	'1년 2월'	반란 피살
알천	이찬	진덕왕 1년(647) 2월	'진덕왕 8년(654)'	'약 7년'	

* ' '은 추정. 주보돈, 「비담의 난과 선덕왕대 정치운영」, 『이기백선생고희기념한국사학논총』(상), 1994b, 224쪽 〈표〉 참고.

위의 〈표 2-11〉에서 진평왕은 즉위와 함께 노리부를 상대등에 임명하였고 그가 진평왕 10년(588)에 사망하자 수을부로 교체하였다. 진평왕은 수을부 취임 이후 44년을 더 재위하였다. 이로 볼 때 수을부는 중도에 사망하였을 것이다. 그런데 진평왕은 수을부 이후 오랫동안 상대등을 임명하지 않았다. 진평왕이 상대등을 임명하지 않는 것은 진평왕의 왕권강화책의 일환이 아니었을까 한다. 진평왕이 여러 제도 개혁 등을 통해서 왕권 강화에 주력한 것은

이와 관련있을 것이다.[422]

이상의 점들을 염두에 둘 때 진평왕 중반 이후 상대등이 주재하는 귀족회의체는 변화하지 않았을까 한다. 즉 소수의 특권화된 귀족이 대신이 되어[423] 국가의 중대한 일을 결정하였는데,[424] 앞 사료 B의 오지암회의의 형태가 그것이 아닐까 한다. 이때는 상대등이 존재하지 않았기 때문에 大臣 6인으로 귀족회의가 이루어졌을 것이다.

선덕왕은 즉위하면서 상대등에 을제를,[425] 왕 5년에 을제를 대신하여 수품을, 왕 14년에는 수품을 대신하여 비담을 상대등에 임명하였다. 이것은 귀족회의체의 주재자인 상대등의 약화뿐만 아니라 귀족회의체 역시 그 권한이 축소되었음을 보여주는 것이라고 할 수 있다. 따라서 상대등은 국왕권과 대립하면서 이전의 위상을 찾으려고 하였을 것이다. 이것이 비담의 난으로 여겨진다.[426]

하지만 비담의 난은 김춘추와 김유신에 의해 진압되었고, 진덕왕이 즉위하면서 상대등에 알천이 임명되었다. 알천은 사료 B-2)에서 볼 수 있듯이 '완력이 이와 같았으므로 수석에 앉았'다고 하였다. 그러나 '여러 공들은 모두 유신의 위엄에 복종했다'고 한다. 이로 볼 때 당시 상대등인 알천 역시 대신의 1인으로, 나머지 대신 5인과 함께 국가의 일을 의결한 것으로 생각된다. 이것은 김춘추가 閼川으로부터 禪讓받는 형식을 취하여 3번 사양하고 난 뒤 즉위하였다[427]는 것에서도 알 수 있다.

이상과 같은 귀족회의체의 변화는 君臣간의 모임의 場에도 영향을 주었을

---

422) 이정숙, 「신라 진평왕대의 왕권연구」, 이화여자대학교박사학위논문, 1995, 549~555쪽.

423) 이기백, 앞 책, 1974, 78~82쪽.

424) 주보돈, 앞 논문, 1994b, 229쪽.

425) 주보돈은 위 논문, 1994b, 225~227쪽에서 상대등이 선덕왕 즉위와 함께 다시 임명된 것은 여왕의 즉위 문제로 인한 정치적 타협으로 보았다.

426) 지금까지 연구에 따르면 비담의 난이 왕위 계승에 따른 문제에서 발단하고 있는 점에는 일치하고 있으나, 그 원인이나 성격 규정은 논란의 여지가 있다. 이와 관련해서 박남수, 앞 책, 2013, 177~179쪽.

427) 『삼국사기』 5, 신라본기5, 태종무열왕 즉위년.

것이다. 사료 B를 보면 귀족회의인 오지암회의에 대한 서술 뒤에 하정례 기사를 두었다. 하정례는 君臣간의 모임의 장에서 이루어지는 것이었다. 그렇다면 귀족회의체의 변화와 새로운 의례의 수용은 관련있었다고 할 수 있다. 하정례는 群臣이 국왕에게 하는 충성서약이었다.[428] 따라서 하정례 수용은 국왕권 강화와도 밀접한 관련을 가진 것으로 이해된다.

하정례가 수용되기 이전 君臣간의 모임의 공간과 관련해서는 南堂이 주목된다.[429] 남당은 첨해이사금 3년(249)에 월성 남쪽에 설치되었고[430] 처음으로 남당에서 정무를 본 것은 첨해이사금 5년이며[431] 눌지마립간 7년(423)에는 노인들을 접대하였고[432] 진평왕 7년(585)에는 죄수의 정상을 살피기도 하였다. 사료 A에서 알 수 있듯이 하정례는 조원전에서 이루어졌다. 이로 볼 때 새로운 의례의 수용으로 군신간의 모임의 공간이 남당에서 조원전으로 변화되었다고 할 수 있다.

이상에서 진덕왕 5년에 새로운 의례인 하정례가 수용될 수 있었던 것은 귀족회의체의 변화와 연동되어 있었으며, 이것은 국왕권의 강화와도 관련있었다. 그리고 하정례의 수용으로 君臣간의 모임의 공간도 변하였다.

2. 가례의 내용과 運用

吉禮를 대표하는 것이 祭禮라고 한다면 가례를 대표하는 것은 혼례이다. 『예기』 郊特牲에는 혼인은 '萬世之始'라고 하였고, 『사기』 外戚世家에는 '人道

428) 채미하, 앞 논문, 2013, 24~34쪽 참고.

429) 귀족회의체와는 별도로 君臣간의 회의체로 南堂회의로 볼 수 있다. 이에 대해서는 전덕재, 앞 논문, 2004, 6~12쪽 참고.

430) 秋七月 作南堂於宮南(南堂或云都堂) (『삼국사기』 2, 신라본기2, 첨해이사금 3년).

431) 春正月 始聽政於南堂 (『삼국사기』 2, 신라본기2, 첨해이사금 5년) ; 春正月初吉 王服紫大袖袍靑錦袴金花飾烏羅冠素皮帶烏韋履 坐南堂聽事 (『삼국사기』 24, 백제본기2, 고이왕 28년).

432) 夏四月 養老於南堂 王親執食 賜穀帛有差 (『삼국사기』 3, 신라본기3, 눌지마립간 7년) ; 十一月 宴羣臣於南堂 (『삼국사기』 26, 백제본기4, 동성왕 11년).

大唐開元禮卷第九十三
嘉禮
納后上
卜日 告圜丘 告方澤 臨軒命使
納采 問名 納吉 納徵
告期 告廟 冊后
卜日
將納后有司卜日如別儀
告圜丘
與加元服之儀同（祝文臨時撰）
告方澤（儀同上）
大唐開元禮卷第九十三 一
臨軒命使
將行納采制命太尉爲使者宗正卿爲副使吏部承
以戒之（問名納吉納徵告期奉迎竝同使）前一日尙舍奉御設御幄
於太極殿如常守宮設羣官客使等諸應陪位者次
於東西朝堂太樂令展宮懸於殿庭設擧麾位於殿
上一位於懸下鼓吹令設十二案乘黃令陳車輅尙
輦奉御陳輿輦皆如元日之儀典儀設文官一品以
下五品以上位於懸東六品以下於橫街之南皆重
行西面北上設武官一品以下五品以上位於懸西

『대당개원례』 가례 納后 '納后'는 황제가 황후를 맞이하는 의례이다. '납후' 절차의 일부가 신문왕의 혼인 절차에서도 보인다.

之大倫'이라고 하였다. 이러한 혼인 절차와 관련해서 六禮, 즉 納采·問名·納吉·納徵·請期·親迎이 있다.[433] 이것은 당「개원례」가례의 皇帝納后 이하 六品以下婚의 절차에서도 확인된다.

고구려에는 서옥제[434]와 취수혼[435] 등의 혼인 풍속이 있었고, 백제는『주서』등을 보면 "婚娶之禮 略同華俗"이라고 하였다.[436] 신라 역시 혼례와 관련된

433) 錢玄·錢興奇 編著, 앞 책, 1998, 201쪽(六禮 二)와 74쪽(士婚禮) 참고. 혼례의 기원 및 六禮와 관련해서는 黃浩,「婚禮起源考辨」,『歷史硏究』1996-1(239), 1996 및 陳筱芳,「周代婚禮 : 六禮抑或三禮?」,『文史』2003-4(53), 2003 참고.

434) 其俗作婚姻 言語已定 女家作小屋於大屋後 名壻屋 壻暮至女家戶外 自名跪拜 乞得就女宿 如是者再三 女父母乃聽使就小屋中宿 傍頓錢帛 至生子已長大 乃將婦歸家(『삼국지』30, 위서30, 동이전40, 고구려). 고구려 서옥제와 관련된 논의는 김선주,「고구려 서옥제의 혼인형태」,『고구려연구』13, 2002, 62~65쪽 참고.

435) 취수혼과 관련된 논의는 김수태,「2세기말 3세기대 고구려의 왕실 혼인」,『한국고대사연구』38, 2005, 86~87쪽 참고.

436)『周書』49, 列傳41, 異域 百濟 ;『北史』94, 列傳82, 百濟 ;『隋書』81, 列傳46, 東夷 百濟.

예속이 있었고,[437] 서옥제의 형태도 있었다고 한다.[438] 중국식의 혼례도 수용되었는데, 이와 관련해서 신문왕 3년(683)에 왕이 김흠운의 딸을 왕비로 맞이하는 [納妃] 모습이 관심을 끈다.

신문왕은 우선 이찬 문영과 파진찬 삼광을 보내어 기일을 정하고(卜日), 대아찬 지상을 보내 夫人에게 납채케 하였다(납채). 그리고 이찬 문영과 개원을 보내 夫人으로 책봉하였고(책후), 그 날 군신들과 그들의 아내 등 여자 60명과 함께 부인을 맞이하였다(命使奉迎). 다음으로 夫人이 왕궁의 북문에 이르러 수레에서 내려 대궐로 들어갔다.[439]

이와 같은 신문왕의 혼인 절차에서 卜日－納采－冊后－命使奉迎의 모습이 찾아지는데,[440] 이것은 「개원례」의 황제가 황후를 맞는 의례(皇帝納后)의 절차에도 보인다.[441] 이로 볼 때 신문왕은 중국식의 혼인제도에 따라 혼인하였음을 알 수 있다.[442] 신문왕의 혼인은 이후 신라 왕의 혼인에 영향을 주었을

---

437) 『北史』 94, 列傳82, 新羅와 『隋書』 81, 列傳46, 東夷 新羅의 "新婚之夕 女先拜舅姑次卽拜(大兄)夫"가 참고된다.

438) 이와 관련해서는 김선주, 「신라 사회의 혼인형태와 '서옥제'」, 『역사민속학』 17, 2010 참고.

439) 春二月 納一吉湌金欽運少女爲夫人 先差伊湌文穎波珍湌三光定期 以大阿湌智常納采 幣帛十五轝 米酒油蜜醬豉脯醯 一百三十五轝 租一百五十車 (…) 五月七日 遣伊湌文穎愷元抵其宅 冊爲夫人 其日卯時 遣波珍湌大常孫文 阿湌坐耶吉叔等 各與妻娘及梁沙梁二部嫗各三十人迎來 夫人乘車 左右侍從 官人及娘嫗甚盛 至王宮北門 下車入內 (『삼국사기』 8, 신라본기8, 신문왕 3년).

440) 納采－問名－納吉－納徵－告期의 의미는 『禮記』 29, 婚儀를, 당 황제의 혼례와 관련해서는 胡戟·劉后濱, 『唐代政治文明』, 西安出版社, 2013, 237~239쪽도 참고.

441) 卜日－告圜丘－告方澤－臨軒命使－納采－問名－納吉－納徵－告期－告廟－冊后－命使奉迎－同牢－皇后謝表－朝太后－皇后受羣臣賀－會羣臣－外命婦朝會－羣臣上禮－皇后廟見－車駕出宮의 순서로 되어 있다.

442) 신문왕의 納妃의례와 관련해서 채미하, 「신라의 오묘제 '시정'과 신문왕권」, 『백산학보』, 2004, 269쪽 : 『신라 국가제사와 왕권』, 혜안, 2008, 143~144쪽 ; 2006a, 앞 논문, 138~139쪽 ; 서영교, 「신문왕의 혼례의-『高麗史』 예지와 비교를 통하여-」, 『백산학보』 70, 2004 ; 이현주, 「신문왕대 納妃禮의 도입과 의미」, 『고대 동아시아 도성의 공간구조와 의례의 재구성』(한국역사연구회·한성백제박물관 공동주최 학술회의 발표문), 2013.11 ; 김수태, 「신문왕대 국왕 친영례의 시행」, 『신라사학보』, 2013 ; 이현주, 「신라 왕실여성의 칭호 변천 연구」, 성균관대학교 박사학위논문, 2014도 참고.

것인데, 성덕왕은 왕 3년(704)에는 승부령 김원태의 딸을, 왕 19년에는 순원의 딸을 納妃하였다.[443] 효성왕은 왕 3년(739)에 이찬 순원의 딸 혜명을 納妃하였다.[444] 경문왕은 왕 3년(863)에 영화부인의 동생을 納(次)妃하였다.[445] 효공왕은 왕 3년(899)에 이찬 우겸의 딸을 納妃하였다.[446]

赦免禮는 신라 가례의 내용 중 가장 많은 내용을 차지한다. 중국에서 사면은 황제의 즉위나 태자의 책봉, 開元·전쟁의 승리·祥瑞의 출현 등 慶事나 가뭄·홍수·지진·蟲害·天文의 변화나 일·월식 등 천재지변을 계기로 이루어졌다.[447] 한국 고대의 사면은 부여의 제천행사이자 국중대회인 迎鼓에서 행한 '解囚徒'를 비롯하여[448] 고구려·백제·신라에서 왕의 즉위·태자의 책봉·순수·자연 재해·전쟁·기타 등에서 시행되었으며, 그 형태는 大赦·赦·曲赦·慮囚·錄囚 등으로 다양하게 나타난다.[449]

이러한 사면이 중국 예제의 본격적인 영향을 받기 전과 받은 이후의 변화상은 잘 알 수 없지만,[450] 신라 중대 빈번히 보이는 사면은 「개원례」 가례의 赦書를 선포하는 의례(宣赦書)와 연결시켜 생각해 볼 수 있을 것이다.[451] 이와 관련해서 다음도 주목된다.

---

443) 夏五月 納乘府令蘇判金元泰之女爲妃(『삼국사기』 8, 신라본기8, 성덕왕 3년) ; 三月 納伊湌順元之女爲王妃(『삼국사기』 8, 신라본기8, 성덕왕 19년).

444) 三月 納伊湌順元女惠明爲妃(『삼국사기』 9, 신라본기9, 효성왕 3년).

445) 冬十月 無雪 納寧花夫人弟爲次妃(『삼국사기』 11, 신라본기11, 경문왕 3년).

446) 春三月 納伊湌乂謙之女爲妃(『삼국사기』 12, 신라본기12, 효공왕 3년).

447) 『歷代刑法考』 33, 赦12.

448) 이와 관련해서 이기백, 「한국 고대의 축제와 재판」, 『역사학보』 157, 1997 ; 김수태, 「한국 고대의 축제와 사면」, 『한국고대사연구』 59, 2010 참고.

449) 한영화, 앞 논문, 2013 참고.

450) 율령제에 기초한 중국 사면의 수용을 나물이사금대로 설정하기도 하는(이근우, 「사면 기사를 통해 본 한일 율령제 수용문제」, 『청계사학』 16·17, 2002) 한편 초기의 관습적인 실시가 신라 중대에 율령적 중앙집권체제가 확립됨으로써 그 성격이 강화된 것으로 파악하기도 한다(김민한, 「신라시대 사면에 대한 연구」, 성균관대학교 석사학위논문, 2001).

451) 채미하, 앞 논문, 2006a, 150쪽.

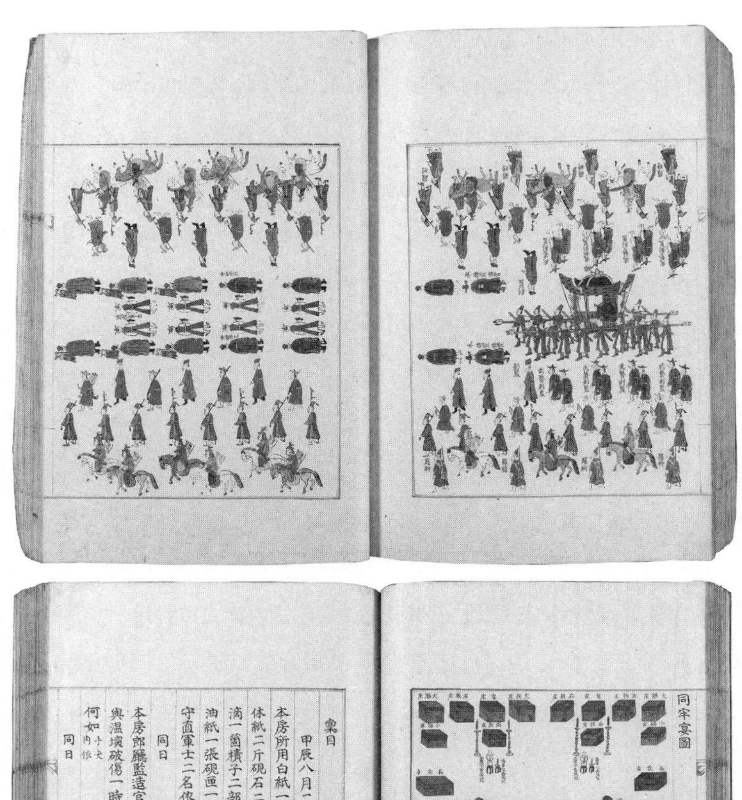

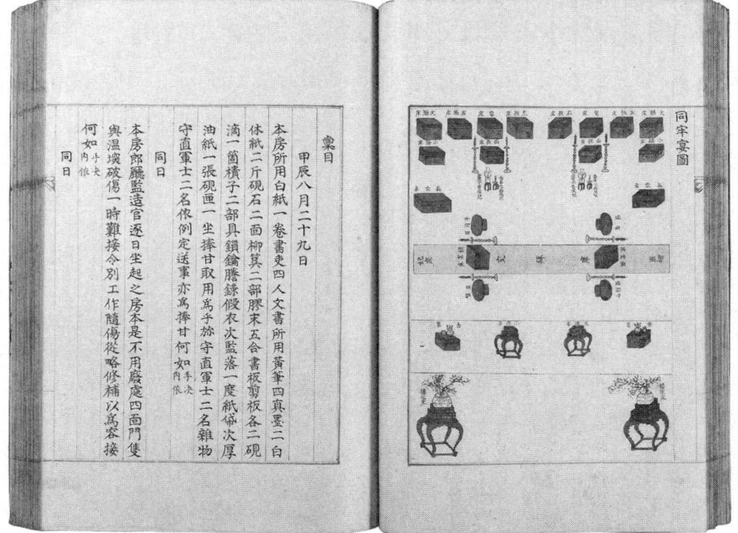

稟目
甲辰八月二十九日
本房所用白紙一卷書吏四人文書所用黃筆四真墨二白
休紙二斤硯石二面柳箕二部膠末五合書板剪板各二硯
滴一箇樻子二部具鎖鑰謄錄假衣次監落一度紙俗次厚
油紙一張硯匣一坐捧甘取用爲乎旀守直軍士二名雜物
守直軍士二名依例定送事亦爲捧甘何如 手決 內依
同日
本房郎廳監造官逐日坐起之房本是不用廢處四面門隻
與溫堗破傷一時難接令別工作隨傷從略修補以爲容接
何如 手決 內依
同日

『헌종효정후가례도감의궤』의 반차도 중 친영 행렬 ‘가례도감의궤’는 왕비의 간택과 왕실 혼인 의식의 기본이 되는 六禮, 그리고 혼인의식에 필요한 각종 물품의 재료와 수량, 물품을 제작한 장인들의 이름, 행사 담당 부서 간에 교환하는 공문서 등이 상세하게 기록되어 있다. ‘헌종효정후가례도감의궤’는 1843년(헌종 9) 12월부터 1844년 사이 헌종의 繼妃를 간택하여 가례를 치르는 절차를 기록한 의궤로 상하 2책으로 구성되었다. 서울대 규장각한국학연구원 제공.

C. 1) 효소왕 11년(702) 가을 7월 왕이 죽었다. 시호를 효소라 하고 망덕사 동쪽에 장사지냈다. 성덕왕 원년(702) 9월에 죄수를 크게 사면하고 문무 관리들에게 관작 한 등급씩을 올려주었으며, 여러 주와 군의 1년간 조세를 면제하였다. 아찬 원훈을 중시로 삼았다. 2년 봄 정월에 몸소 신궁에 제사지냈다.[452](『삼국사기』 8, 신라본기8)

2) 성덕왕 36년(737) 봄 2월에 왕이 죽었다. 시호를 성덕이라 하고 이거사 남쪽에 장사지냈다.(『삼국사기』 8, 신라본기8) 효성왕이 왕위에 올랐다. (…) 크게 사면하였다. 3월에 (…) 이찬 정종을 상대등으로 삼고 아찬 의충을 중시로 삼았다. 3년(739) 봄 정월에 조고묘에 배알하였다.[453](『삼국사기』 9, 신라본기9)

3) 헌안왕 5년(861) 봄 정월 29일에 왕이 죽었다. 시호를 헌안이라 하고 공작지에 장사지냈다. 경문왕 원년 3월에 왕이 무평문에 나가서 크게 사면하였다. 2년(862) 봄 정월에 이찬 김정을 상대등으로 삼고 아찬 위진을 시중으로 삼았다. 2월에 왕이 몸소 신궁에 제사지냈다.[454](『삼국사기』 11, 신라본기11)

사료 C를 보면 효소왕과 효성왕은 즉위한 그 달에 사면하였고 경문왕 역시 즉위하고 얼마 있지 않아 사면하였다. 왕의 즉위와 관련된 사면은 大赦와 赦의 형태로 나타나는데, 이때의 대사와 사는 전국적으로 모든 人民을 대상으로 하는 전면적인 사면을 의미한다.[455] 사료 C-3)에서 경문왕은 무평문에 나가서 사면하였다.

당 황제는 승천문에서 원정·동지에 성대하게 土貢을 베풀거나 연회를 열었고 赦免令을 발포하였으며 낡은 것을 없애고 새로운 것을 포고하였고 萬國의

---

452) 孝昭王十一年 秋七月 王薨 謚曰孝昭 葬于望德寺東 / 聖德王元年 九月 大赦 增文武官爵一級 復諸州郡一年租稅 以阿飡元訓爲中侍 二年 春正月 親祀神宮.

453) 聖德王十一年 春二月 王薨 謚曰聖德 葬移車寺南 / 孝成王立 (…) 大赦 三月 (…) 以伊飡貞宗爲上大等 阿飡義忠爲中侍 三年 春正月拜祖考廟.

454) 憲安王五年 春正月 是月二十九日薨 謚曰憲安 葬于孔雀趾 / 景文王元年 三月 王御武平門 大赦 二年 春正月 以伊飡金正爲上大等 阿飡魏珍爲侍中 二月 王親祀神宮.

455) 이근우, 앞 논문, 2002, 714쪽.

朝貢과 四夷의 賓客을 접견하였다고 한다.456) 고려 덕종은 神鳳樓로 가 毬庭에 金鷄旗를 걸고 사면령을 내렸고457) 예종은 神鳳門에서 사면령을 내렸다고 한다.458) 신봉문은 고려의 정전인 회경전(선경전) 앞의 문(루)으로,459) 순종과 선종도 여기에서 사면하였다.460) 이것은 『고려사』 가례의 儀鳳門宣赦書儀에 해당한다. 이로 볼 때 신라 중대 이후 왕의 즉위와 관련해서 시행된 사면은 그 내용뿐만 아니라 장소까지 당의 영향을 받지 않았을까 한다.

이와 같은 왕의 혼인이나 즉위를 계기로 시행된 대사나 사는 기본적으로 왕의 권위를 높이는 데 기여하였다. 이로 볼 때 신라에 운용된 가례 역시 왕권의례였다고 할 수 있다. 「개원례」 가례의 내용 중 皇帝加元服부터 公主降嫁까지 50개 중 29개가 황제의례라는 점에서 그러하다. 이 중 臨軒冊命皇后·臨軒冊命皇太子 등에는 황제가 직접 나와 책명하고 친왕의 冠禮와 納妃, 공주의 출가 의례는 황제가 御座에 앉아 지켜본다.461)

하지만 가례는 다른 4례와는 달리 상·하가 함께 하는 것으로 구성원의 화합을 도모하였다. 이것을 가장 잘 보여주는 것이 가례 절차에 있는 연회이다. 가례에서의 연회는 『주례』 가례 항목 중 네 번째인 饗宴之禮와 밀접한 관련이 있다.462) 향연의 饗(享)과 宴은 구분되는데, 특히 大饗의 예는 제사와 관련된 것이었다. 燕飮의 과정은 『의례』 연례, 『의례』 공식대부례와 『예기』 연의에서 볼 수 있다. 『五禮通考』을 보면 漢 이래 唐 이후에도 원정조회, 동지소회, 경절조회에서 연회를 베풀었다고 한다.463)

---

456) 『당육전』 7, 尙書工部 宮城.

457) 『고려사』 5, 세가5, 덕종 즉위년.

458) 『고려사』 12, 세가12, 예종 즉위년.

459) 김창현, 『고려 개경의 편제와 궁궐』, 경인문화사, 2011, 77~79쪽.

460) 『고려사』 9, 세가9, 순종즉위년과 『고려사』 10, 세가10, 선종 즉위년 참고.

461) 채미하, 앞 논문, 2006a.

462) 이범직은 가례에서 행한 연회는 『주례』의 첫 번째 항목인 飮食之禮와 관련 있다고도 하였다(앞 책, 1991, 133쪽). 飮食之禮와 관련해서 孫長江 主編, 앞 책, 1998, 321~323쪽 참고.

463) 孫長江 主編, 위 책, 1998, 318쪽.

志卷第二十二　高麗史六十八

正憲大夫工曹判書集賢殿大提學知經筵春秋館事兼成均大司成臣鄭麟趾奉教修

禮十

嘉禮

大觀殿宴群臣儀

陳設前期都校中尙署設綵棚於殿庭近南前一日尙舍局鋪王座於大觀殿上當中南向設便次於王座東少北設二獸爐於殿階

高麗史卷六十八　十一

上左右設太子座於王座東南西向設公侯伯座於王座東西稍南設宰臣樞密座於太子公侯後設文官三品及承制侍臣座於宰臣後武官三品座於樞密後每等異位俱北上相向尙衣尙舍局設花案於王座前楹間左右茶房尙食局具御酒御食御果案其群臣酒食有司隨職供辦守宮署設文武四品以下座於殿下左右廊尙舍局設太子閤辭位於殿庭近東西向公侯伯位次之宰臣樞

『고려사』 예지 가례 大觀殿宴群臣儀 일부　고려시대 大觀殿에서 국왕이 군신에게 연회를 베푸는 의례로, 연회와 관련된 내용으로만 이루어져 있다.

『고려사』의 가례 항목에서 연회를 수반하는 것은 冊太后儀, 冊王妃儀, 元子誕生賀儀, 冊王太子儀, 王太子稱名立府儀, 王太子加元服儀, 王太子納妃儀, 冊王子王姬儀, 公主下嫁儀, 大觀殿宴群臣儀, 老人賜設儀, 雜儀(上元煙燈會儀, 仲冬八關會儀)이다. 이 중 大觀殿宴群臣儀는 그 자체가 연회의 내용이다. 『고려사』 가례 항목 중 朝野通行禮儀와 같이 상하 신분간에 拜禮의 내용을 표시하는 경우는 예외이겠지만, 모든 가례 항목은 연의가 수반되었을 것이다.[464]

『수서』 등을 보면 신라에서는 '婚嫁之禮 唯酒食而已 輕重隨貧富'라고 하였고,[465] 고구려의 경우 『북사』에서 혼례 때 '男家送猪酒而已'라고 하였다.[466] 이것은 예물로 볼 수도 있지만, 혼례 때의 연회와도 연관지어 생각할 수 있다.

464) 이범직, 앞 책, 1991, 146~148쪽.

465) 『北史』 94, 列傳82, 新羅 ; 『수서』 81, 列傳46, 東夷 新羅.

466) 『북사』 94, 列傳82, 高句麗.

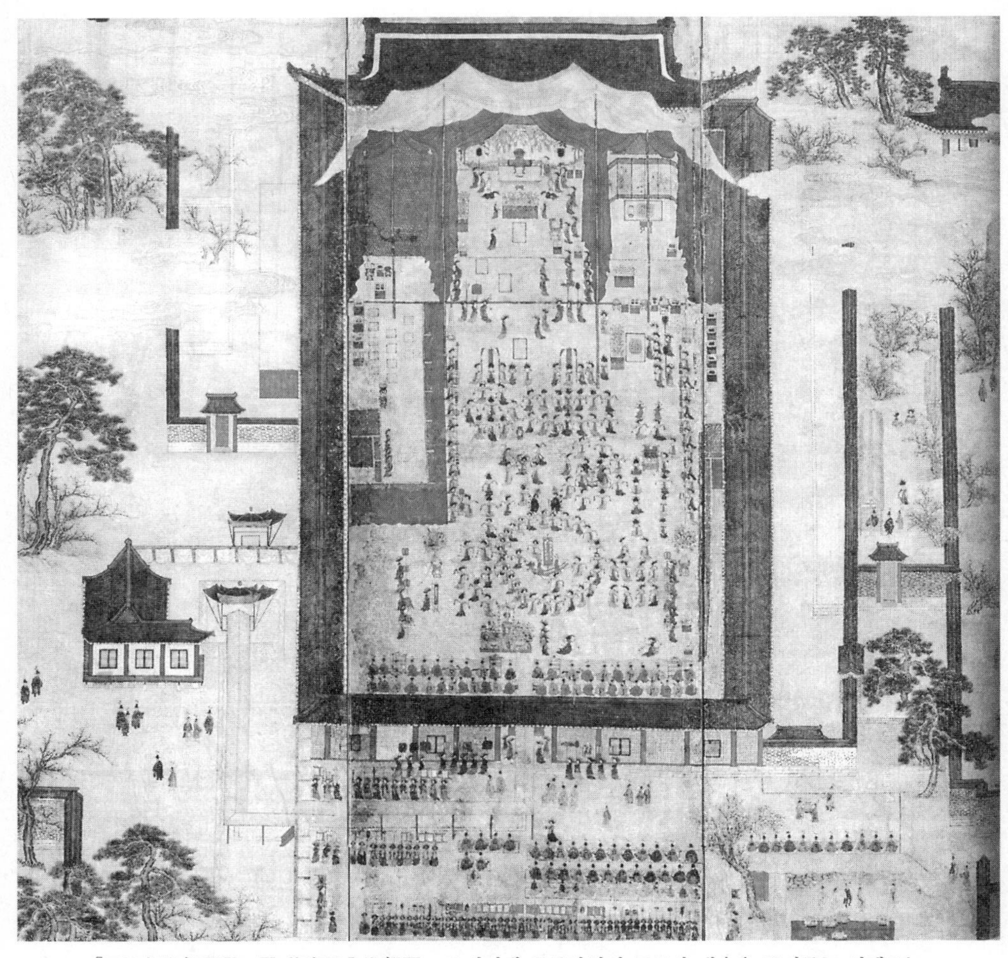

『己丑年進饌圖屛』 중 慈慶殿內進饌圖 조선시대 궁중잔치의 규모와 내용을 보여주는 의궤로는 『進宴儀軌』『進爵儀軌』『進饌儀軌』가 있다. 『기축년진찬도병』에는 자경전내진찬과 明政殿外進饌이 있다. 국립중앙박물관 소장.

눌지마립간 7년(423)에는 남당에서 養老宴을 베풀었다고 하며,[467] 성덕왕은 왕 4년(705)과 30년에 노인들에게 술과 밥을 내려주었다고 한다.[468] 이 중 성덕왕대의 양로연은 「개원례」 가례의 황제가 태학에서 양로하는 의례(皇帝養老於太學)와 『고려사』의 老人賜設儀와 『세종실록』의 養老儀와 비교된다.

이 외에 한국 고대 연회와 관련해서는 고구려 민중왕 2년(45) 봄 3월, 장수왕 12년(424) 가을 9월, 백제 동성왕 22년(500) 5월, 무왕 37년(636) 가을 8월, 신라 진평왕 37년(615) 봄 2월, 문무왕 7년(667) 가을 7월, 효소왕 6년(697) 9월, 혜공왕 5년(769) 봄 3월, 헌덕왕 6년(814) 봄 3월 등의 기사가 참고된다.[469] 이와 같은 연회 기사와 가례와의 연관성을 잘 알 수 없지만, 신라의 가례에서도 연회를 생각해 볼 수 있다.

이상에서 가례의 절차 안에는 연회의 과정이 있었다. 이것은 연회에서 음식과 술, 기타 예물을 서로 나눔으로써 참여자 모두가 친숙을 얻는다는 것으로, 구성원간의 화합을 꾀하는 것이었다. 그런데 『예기』 燕儀에는 '燕禮라는 것은 君臣의 의리를 밝히는 것이다'[470]라고 하였다. 여기에는 上卿·下卿·大夫·士·庶子의 자리가 순서대로 배열되어 있고, 俎豆·牲體·荐羞 등도 모두

---

467) 夏四月 養老於南堂 王親執食 賜穀帛有差(『삼국사기』 3, 신라본기3, 눌지마립간 7년). 김영하는 눌지마립간 7년 왕이 친히 남당에서 養老宴을 베풀었다는 기사로 마립간 시기 왕의 권력이 직접 미칠 수 있는 정치적 공간이 확대되는 반면에 귀족세력의 입지가 점차 축소되고 있음을 반영하는 것으로 이해하였다(「신라 상고기의 관등과 정치체제」, 『한국사연구』 99·100, 1997, 63쪽).

468) 秋八月 賜老人酒食(『삼국사기』 8, 신라본기8, 성덕왕 4년) ; 夏四月 赦 賜老人酒食(『삼국사기』 8, 신라본기8, 성덕왕 30년).

469) 春三月 宴羣臣(『삼국사기』 14, 고구려본기2, 민중왕 2년) ; 秋九月 大有年 王宴群臣於宮(『삼국사기』 18, 고구려본기6, 장수왕 12년) ; 五月 旱 王與左右宴臨流閣 終夜極歡(『삼국사기』 26, 백제본기4, 동성왕 22년) ; 秋八月 燕群臣於望海樓(『삼국사기』 27, 백제본기5, 무왕 37년) ; 春二月 賜大酺三日(『삼국사기』 4, 신라본기4, 진평왕 37년) ; 秋七月 大酺三日(『삼국사기』 6, 신라본기6, 문무왕 7년) ; 九月 宴羣臣於臨海殿(『삼국사기』 8, 신라본기8, 효소왕 6년) ; 春三月 燕群臣於臨海殿(『삼국사기』 9, 신라본기9, 혜공왕 5년) ; 春三月 宴羣臣於崇禮殿 樂極 王鼓琴 伊飡忠榮起舞(『삼국사기』 10, 신라본기10, 헌덕왕 6년) 등.

470) 燕禮者 所以明君臣之義也.

등급이 있다. 이것은 歸賤을 밝히기 위한 것이었다고 하였다.471) 앞에서 살펴본 성덕왕대의 양로연은 鄕飮酒禮와도 관련 있는데, 『의례』를 보면 향음주란 향대부가 나라 안의 어진 사람을 대접하는 것이기도 하였다.472) 『儀禮』 향음주례와 『예기』 鄕飮酒義에 의하면 鄕飮酒의 禮에는 選賓, 迎賓, 列位에서부터 진설할 음식기명, 악공이 연주할 악곡 등에 이르기까지 모두 엄격한 등급 구별과 상세한 규정이 있어 尊卑·長幼·倫常의 차서를 드러낼 뿐만 아니라 安邦·治國의 정치적 함의까지 선양하였다.473) 「개원례」 가례의 皇帝納后 이하의 혼례나 皇帝加元服 이하의 관례에도 그 등급이 있었다.

이로 볼 때 가례는 왕권을 둘러싼 사회계층의 정치질서이기도 하였다. 따라서 신라 국왕은 가례를 통해 군과 신을 구별하려고도 하였을 것이다. 이것을 가장 잘 보여주는 것이 후술되는 조하례이다. 성덕왕 33년(734)에 왕은 교서를 내려 직접 대궐 북문으로 들어와 奏對(천자에게 上奏하거나 下問에 대답함)하도록 하였다474)고 한다. 이와 같은 성덕왕의 교서는 새로운 의례의 선포인 동시에 왕과 신하의 질서를 새롭게 건설하려는 성덕왕의 의지의 표현이라고 하였다.475) 이것은 「개원례」 가례의 군신이 궐에 나가 상표하는 의례(群臣詣闕上表)와 비교해 볼 수 있다.

신문왕 6년(686) 「길흉요례」와 함께 들어온 '사섭규계'의 '규계'의 내용 중에는 신하들이 지켜야 할 규율에 관한 것이 있었고,476) 신라 중대 시행된 가묘제적 성격을 지닌 오묘제는 왕실제사였다. 성덕왕 10년에는 왕이 백관잠을

---

471) 孫長江 主編, 앞 책, 1998, 318쪽.

472) 『周禮』 地官 鄕大夫 ; 『儀禮』 鄕飮酒禮, "鄭玄曰 諸侯之鄕大夫 正月吉日受法於司徒 退而頒於鄕吏 及大比而興其賢者能者 以賓禮禮之 獻於王廷 曰鄕飮酒".

473) 『禮記』 鄕飮酒義, "鄕飮酒之禮 六十者坐 五十者立侍 以聽政役 所以明尊長也 六十者三豆 七十者四豆 八十者五豆 九十者六豆 所以明養老也 民知尊長養老 而後乃能入孝弟 民入孝弟 出尊長養老 而后成敎 成敎而後國可安也".

474) 春正月 敎百官 親入北門奏對(『삼국사기』 8, 신라본기8, 성덕왕 33년).

475) 채미하, 앞 논문, 2006a, 154~155쪽.

476) 김두진, 「통일신라의 역사와 사상」, 『한국사상사대계』 2, 한국정신문화연구원, 1991, 164쪽.

지어 여러 신하들에게 보여주었고,[477] 경덕왕 7년(748)에는 처음으로 정찰 10인을 두어 관리들의 잘못을 살펴 바로잡게 하였다[478]고 한다. 경덕왕 17년의 해관제[479]는 관료체제의 효율적 운영을 위해 수용한 것으로 이해된다. 이를 통해서도 신라 국왕들은 왕권과 신권을 구분하려고 하였다고 볼 수 있었다.[480]

3. 朝賀禮와 朝禮

앞의 사료 A를 보면 정월 초하루에 백관이 임금에게 새해 인사를 올리는 의례가 진덕왕 5년(651)부터 시작되었다고 한다. 이와 관련해서 다음도 주목된다.

D. 1) ① 每年 正月 초하루날에는 서로 賀禮하는데, 왕은 宴會를 베풀어 班賚群官한다. 이 날에 日月神에게 제사지낸다. ② 8월 15일에 이르러서는 設樂하고 官人들에게 활을 쏘게 하여 상으로 말과 베를 준다.[481](『북사』 94, 열전82, 신라 ; 『수서』 81, 열전46, 동이 신라)

2) ① 元日을 중히 여겨 서로 慶賀하고 燕饗하며 해마다 이날에는 日月神에게 제사지낸다. ② 또 8월 15일을 중히 여겨 設樂飮宴하고 群臣을 위로하고 그 뜰에서 활쏘기를 한다.[482](『구당서』 99상, 열전149상, 동이 신라)

---

477) 十一月 王製百官箴 示羣臣 (『삼국사기』 8, 신라본기8, 성덕왕 10년). 이것은 이전의 규계를 토대한 것임은 분명하다고 한다(김두진, 앞 논문, 1991, 164쪽).

478) 始置貞察一員 糾正百官 (『삼국사기』 9, 신라본기9, 경덕왕 7년).

479) 二月 下敎 內外官請暇滿六十日者 聽解官 (『삼국사기』 9, 신라본기9, 경덕왕 17년). 당의 100일과 일본의 120일에 비해 60일로의 축소는 당시 개혁정책과 무관하지는 않았을 것이다(윤선태, 「신라 중대의 형률」, 『강좌한국고대사』 3, 가락국사적개발연구원, 2003, 122~124쪽).

480) 이와 관련해서 채미하, 앞 논문, 2006a, 154~155쪽 참고.

481) ① 每正月旦相賀 主(王)設宴會 班賚群官 其日拜日月神 ② 至八月十五日設樂 令官人射 賞以馬布.

482) ① 重元日 相慶賀燕饗 每以其日拜日月神 ② 又重八月十五日 設樂飮宴 賚群臣 射其庭. 그리고 『신당서』 220, 열전145, 동이 신라에는 "元日相慶 是日拜日月神 (…) 八月望日 大宴賚官吏 射"로 나온다.

大唐開元禮卷第九十七
嘉禮
皇帝元正冬至受羣臣朝賀 會幷
皇帝千秋節御樓受羣臣朝賀 會幷
皇帝元正冬至受羣臣朝賀 會幷
前一日尙舍奉御設御幄於太極殿北壁下南向鋪
御座如常守宮設羣官客使等次於東西朝堂太樂
令展宮懸於殿庭設麾於殿上西階之西東向一位
於樂懸東南西向鼓吹令分置十二案於建鼓之外
乘黃令陳車輅尙輦奉御陳輿輦尙舍奉御又設解
大唐開元禮 卷第九十七 一
劍席於懸西北橫街之南竝如常儀典儀設文官三
品以上位於橫街之南道東 褒聖侯於三品之下 介公酅公位
於道西武官三品以上於介公酅公之西少南俱每
等異位重行北向相對爲首設文官四品五品位於
懸東六品以下於橫街之南每等異位重行西面北
上設諸州朝集使位都督刺史及三品以上東方南
方於文官三品之東重行北面西上西方北方於武
官三品之西重行北面東上四品以下皆分方位於
文武官當品之下諸州使人分方位於朝集使之下
亦如之設諸親位於四品五品之南 皇宗親在東異姓親在西 設

『대당개원례』 皇帝元正冬至受群臣朝賀 일부 황제가 원정·동지에 군신의 朝賀를 받는 의례이다. 朝賀란 신하가 천자를 朝見하고 하례하는 것(朝覲慶賀)이다.

위의 사료 D-1)·2)①에서 새해 아침이 되면 서로 절하는데, 임금은 연회를 열어 관리들을 차례로 대접하고, 그 날 日月神에 대한 제사를 지냈다고 하였다. 사료 D-1)·2)②에서는 8월 15일이 되면 군신을 모아 잔치를 베풀고 그 뜰에서 관리들에게 활쏘기를 시켜 말과 베를 상으로 준다고 하였다.

중국에서 朝賀[483]禮는 慶賀節日의 大朝會로, 원정과 동지, 聖節 3개가 있었다. 원정은 한해의 시작이며 동지는 한해의 陽의 시작이고 성절은 人君의 시작이다. 이 중 원정과 동지의 조하례는 중국 역사에서 계속 이어졌는데, 隋代를 거쳐 唐代에 들어와 원단과 동지 양대 조회를 합쳐 正至라고 하였다.[484] 당의 원단조회는 태극전에서 이루어졌으며[485] 「개원례」의 황제가 원정·동지

---

483) 朝賀란 제후가 천자를 朝見하고 축하를 드리는 朝覲慶賀이다. 『주례』 春官 大宗伯에는 諸侯가 4계절과 수시로 천자를 拜謁하는 禮로, 朝禮(봄)·宗禮(여름)·覲禮(가을)·遇禮(겨울)·會禮(수시)·동례(同禮 : 일제히)가 있다고 하였다.

484) 孫長江 主編, 앞 책, 1998, 372~373쪽.

485) 凡元日大陳設於太極殿(今大明宮於含元殿 在都則於乾元殿) 皇帝袞冕臨軒 (…) 皇太子

에 군신의 조하를 받는 의례가 그것이다.[486] 고려는 정월 초하루, 동짓날, 기타 명절날에 하례하는 의례와 정월 초하루 잔치 의례가 대관전에서,[487] 조선은 正至百官朝賀儀와 正至會儀가 근정전에서 이루어졌다.[488]

이처럼 당, 고려·조선의 조하례가 원정과 동지였다면 신라는 정월 초하루[489]와 8월 15일[490]이라고 할 수 있다. 앞의 사료 D-1)①에서 신라는 1월 1일 하정례 때 "왕은 宴會를 베풀어 班賚群官", 즉 관리들을 차례로 위로, 대접하였다고 한다. 이와 관련해서 隋에서는 정월 초하루와 동지에 황제에게 황태자와 백관, 그리고 외국에서 온 사신[客使]이 차례로 축하하고 그 사이에 有司가 諸州의 表를 아뢰었다고 하였다. 하례를 마친 뒤에는 饗宴이 펼쳐지는데, 皇帝가 술잔을 들면 上下가 舞蹈하고 萬歲 삼창을 하였다. 이러한 절차는 唐에서도 마찬가지였으며 동지 때는 유사가 제주의 표를 올리지 않았다.[491]

獻壽 次上公獻壽 次中書令奏諸州表 黃門侍郎奏祥瑞(『唐六典』 4, 尚書禮部 新年賀禮).

486) 『唐開元禮』 96, 嘉禮 皇帝元正冬至受群臣朝賀. 이와 관련해서 渡辺信一郎, 「『大唐開元禮』「皇帝元正冬至受群臣朝賀」をめぐって」, 『중국사연구』 19, 2002 참고.

487) 『고려사』 67, 지21, 예9, 元正冬至節日朝賀儀 및 元會儀.

488) 『세종실록』 五禮 嘉禮儀式.

489) 백제의 하정례와 관련해서는 고이왕이 왕 28년 1월 1일에 정장을 하고 남당에서 정사를 들었다고 한 것이 참고된다[(春正月初吉 王服紫大袖袍靑錦袴金花飾烏羅冠素皮帶烏韋履 坐南堂聽事 (『삼국사기』 24, 백제본기2, 고이왕 28년)]. 이와 같은 왕의 정상 모습을 고이왕대의 사실로 보기도 하지만, 같은 내용이 『당서』에도 나온다(其王服大袖紫布 靑錦袴 烏羅冠 金花爲飾 素皮帶 烏韋履(『구당서』 199上, 列傳149上, 東夷百濟) ; 王服大袖紫袍 靑錦袴 素皮帶 烏革履 烏羅冠飾以金蘤 (『신당서』 220, 東夷列傳145, 百濟). 고구려의 경우는 동맹제 때 함께 행해진 公會, 1월 1일의 원단조회가 참고된다(이정빈, 「고구려 東盟의 정치의례적 성격과 기능」, 『한국고대사연구』 41, 2006 참고).

490) 8월 15일의 조하례는 신라의 가배 풍속과 연결지어 이해해 볼 수 있지 않을까 한다. 오묘 제일 중 8월 15일 역시 이와 관련있다고 생각된다.

491) 隋制 正旦及冬至 文物充庭 皇帝出西房 卽御座 皇太子鹵簿至顯陽門外 入賀 復詣皇后御殿 拜賀訖 還宮 皇太子朝訖 群官客使入就位 再拜 上公一人 詣西階 解劍 升賀 降階帶劍 復位而拜 有司奏諸州表 群官在位者又拜而出 皇帝入東房 有司奏行事訖 乃出西房坐定 群官入就位 上壽訖 上下俱拜 皇帝擧酒 上下舞蹈 三稱萬歲 皇太子預會 則設坐於御東南 西向 群臣上壽畢 入 解劍以升 會訖 先興(『수서』 9, 志4, 禮儀4). 孫長江 主編, 앞 책, 1998, 373쪽. 당의 경우 會禮가 행해지지 않기도 하였다고도 한다(陳戍國,

다음은 조선의 회례연 관련 내용이다.

E. 1) 임금이 勤政殿의 처마 밑에 나아가서 會禮宴을 행하니, 宗親의 3품 堂上官 이상 및 承旨·六曹參議·注書·史官은 東階 위에 앉고, 議政府·六曹參判 및 3품 당상관 이상은 西階 위에 앉고, 野人의 都萬戶 金多弄介·史官도 또한 西階 위에 조금 남쪽으로 앉았는데, 陪祭한 종친이 한 자리[一位]가 되고, 侍臣이 한 자리가 되고, 백관 내의 文臣이 한 자리가 되고, 倭人이 한 자리가 되어, 근정전의 뜰 동쪽에 있었다. 郊祀 및 宗廟의 春享祭·預告祭의 여러 執事가 한 자리가 되고, 侍臣이 한 자리가 되고, 武官이 한 자리가 되고, 野人이 한 자리가 되고, 向化하여 관직을 받은 자가 한 자리가 되어 근정전의 뜰 서쪽에 있었다.492)

2) 연회의 처음에 宗親과 百官들이 근정전 뜰의 자리[位]에 나아가는데, 임금이 郊祀의 福酒를 마시고, 다음은 王世子가 복주를 마시고, 다음은 獻官과 여러 執事들이 복주를 마시고, 이를 마치면 임금이 또 春享祭의 복주를 마시고, 다음은 왕세자가 복주를 마시고, 다음은 헌관과 여러 집사들이 복주를 마신다. 이를 마치면 왕세자가 백관들을 거느리고 致詞하면서 上壽하고, 禮를 마치면 각기 자리에 나아가 앉는다.493)

3) 연회를 마치려고 할 적에 倭國의 上官人 3인에게는 각각 綿紬 3匹과 虎皮·豹皮 각각 1張씩을 내려 주고, 副官人 1인에게는 면주 2필과 호피 1장씩을 내려 주었다. 野人의 1등 1인에게는 鞍具馬 1필, 條環 1腰, 刀子·藥囊을 내려 주고, 2등 8인에게는 각각 말 1필, 청색 木綿 1필, 홍색 목면 2필, 角弓 1張, 條環 1腰, 刀子·藥囊을 내려 주고, 3등 21인에게는 말은 없고 나머지 물건은 위와 같이 내려 주고, 4등 82인에게는 각기 청색

앞 책, 1998, 240쪽). 이와 관련해서 『예기』14, 명당위 "昔者周公朝諸侯于明堂之位 天子 (…) 三公 (…) 諸侯 (…) 諸伯 (…) 此周公明堂之位也 明堂也者 明諸侯之尊卑也"도 참조.

492) 御勤政殿簷下 行會禮宴 宗親三品堂上官以上及承旨六曹參議注書史官於東階上 議政府六曹參判及三品堂上官以上於西階上 野人都萬戶金多弄介史官亦於西階上稍南坐 陪祭宗親爲一位 侍臣爲一位 百官內文臣爲一位 倭人爲一位 在殿庭東 郊祀及宗廟春享祭預告祭諸執事爲一位 侍臣爲一位 武官爲一位 野人爲一位 向化受職者爲一位 在殿庭西.

493) 宴初宗親官就殿庭位 上飮郊祀福酒 次王世子 次獻官諸執事訖 上又飮春享祭福酒 次王世子 次獻官諸執事訖 王世子率百官致詞 上壽禮訖 各就坐.

목면·홍색 목면 각각 2필과 刀子 각각 1개씩을 내려 주니, 倭人과 野人이 모두 叩頭하면서 拜謝하였다.494)(『세조실록』 6, 세조 3년(1457) 1월 16일(辛巳))

위의 사료 E에서 세조 3년(1457) 1월 16일에 세조가 회례연을 행할 때 1) 관료들이 근정전의 동계와 서계 및 근정전의 동쪽과 서쪽에 각자의 자리에 위치하였음을 알 수 있다. 연회 처음에는 임금－왕세자－헌관－제집사가 郊祀의 복주와 춘향제의 복주를 마신 다음, 술잔을 올리고 자리에 앉았다(2). 다음으로 함께 자리한 왜인, 야인에게 물품을 하사하였다(3)).495)

신라의 하정례는 임금이 群臣들에게 賀禮를 받은 후 잔치를 베풀었다. 이때 일월신에 대한 제사도 이루어졌는데, 신라의 일월제는 문열림에서 지냈다.496) 앞의 사료 E의 조선 세조가 행한 회례연에서는 郊祀의 福酒-춘향제의 복주를 마시고 있음을 알 수 있는데, 조선 세조는 회례연에 앞서 하늘에 제사지내는 예가 최근에는 시행되지 않았지만 하늘에 제사 지낸 후 간략하게 연회를 베풀 것을 명하였다.497) 그리고 친히 春享祭를 宗廟에서 행하기도 하였다.498)

---

494) 宴將半 賜倭上官人三各綿紬三匹虎豹皮各一張 副官人一綿紬二匹虎皮一張 野人一等一人鞍具馬一匹條環一腰刀子藥囊　二等八人馬各一匹靑木綿一匹紅木綿二匹角弓一張條環一腰刀子藥囊 三等二十一人無馬 餘物上同 四等八十二人 各靑紅木綿各二匹刀子各一 倭野人皆叩頭拜謝.

495) 다음도 참고된다. 甲申朔 百官行望闕禮 御勤政殿受賀禮 仍御月臺上 設會禮宴 唐人倭野人等亦侍 三爵而罷 賜侍衛軍士酒[『世祖實錄』 15, 세조 5년(1459 己卯) 1月 1日(甲申)].

496) 文熱林行日月祭(『삼국사기』 32, 잡지1, 제사). 일월제는 해와 달에 대한 제사로, 문열림에서 행하였다. 최근영은 일월제를 지낸 문열림은 양부 四川의 하나로, 양부는 본래 양산부인데 이곳은 신라 시조인 혁거세가 출생한 곳이며 『북사』·『구당서』 등에 '拜日月神'한 것으로 미루어 왕이 직접 주제하였다고 한다(「한국고대의 천신신앙에 대한 고찰」, 『최영희선생화갑기념한국사학논총』, 탐구당, 1987, 9쪽). 이러한 일월제에 대해 필자는 농경제사 중 풍백제, 우사제, 영성제, 오성제와 마찬가지로 중국 제사제도의 영향을 받은 것으로 보았으며(앞 논문, 2006b : 앞 책, 2008, 282쪽), 「신라 宣德王代의 사직단 설치와 祀典의 정비」, 『한국고대사연구』, 2003, 139~140쪽에서는 일월제를 수재, 한재 때 이루어진 제사로 파악하였으나, 앞 논문 2006b : 위 책, 2008, 299쪽에서 별제로 수정하였다.

497) 又傳曰 祀天之禮 近世未行之事 今肇稱殷禮 慶事甚大 以祭之明日 欲君臣同宴 但恐調度

고려의 경우 정월 초하루 잔치에서 조선 세조의 회례연과 같은 제사는 없었지만, 국왕이 원구에서 친히 제사한 후 재궁에서 하례를 받는 의례[499]가 있다. 고려에서 국왕이 원구에 친사하는 날은 정월 모일의 첫 신일[上辛]이었다.[500]

사료 E의 회례연은 교사[501]와 종묘에서 춘향제를 지내고 난 이후 열렸음을 알 수 있다. 조선 종묘의 제일은 정시제가 매년 정월·4월·7월·10월의 上旬과 臘日(동지 뒤의 셋째 未日)로, 조선 세조가 회례연을 행할 때 거행된 종묘 제사는 임시제였다. 신라의 일월제는 중국 제도의 영향을 받았고, 그 제일 역시 춘분과 추분이라면[502] 정월 초하루에 행해진 일월제는 임시제였다고 할 수 있다.

앞의 사료 D-1)·2)②에서 8월 15일이 되면 군신을 모아 잔치를 베풀고 그 뜰에서 관리들에게 활쏘기를 시켜 말과 베를 상으로 준다고 하였다. 『예기』에 따르면 천자·제후·경대부의 활쏘기는 大射, 賓射, 燕射 3종류가 있다고 한다.[503] 첫째 大射는 천자·제후·경·대부가 제사를 드릴 적에 士를 선택하여

浩繁 然予曾見中朝會禮宴 不必豐潔 但成禮而已 今宜倣中朝之事 略設焉[『세조실록』 6, 세조 3年(1457 丁丑) 1月 10日(乙亥)].

498) 『세조실록』 15, 세조 5년(1459) 기묘 1월 12일(을미). 세종 21년(1439) 기미 1월 10일(기축)에도 세종은 친히 종묘에서 춘향제를 행하고 사정전에서 음복연을 베풀었다고 한다. 한편 춘향제는 태종 10년(1410) 1월 10일(정축)일에는 文昭殿에서 행해지기도 했다.

499) 『고려사』 67, 지21, 예9, 嘉禮 親祀圓丘後 齋宮受賀儀.

500) 『고려사』 59, 지13, 예1, 吉禮大祀 圓丘.

501) 교사는 하늘과 땅에 지내는 제사로, 중국에서는 동지 때 남쪽 교외에 나가 하늘에 제사지내고 하지 때 북쪽 교외에 나가 땅에 제사를 올렸다(『唐開元禮』 4, 吉禮, 皇帝冬至祀 圜丘 및 『唐開元禮』 29, 吉禮, 皇帝夏至祭於方丘).

502) "兆五帝于四郊 四望四類亦如之(鄭玄注 四類 日月星辰)"(『주례』 춘관 소종백), "天子常春分朝日 秋分夕月"(『주례주소』 20, 典瑞 注), "朝朝日 夕夕月"(『한서』 25상, 교사지5상), "三代之禮 春朝朝日 秋暮夕月 所以明有敬也 師古曰 朝日以朝 夕月以暮 皆迎其初出也"(『한서』 48, 賈誼傳), "大唐二分朝日夕月於國城東西 各用方色犢 備開元禮"(『통전』 44, 예4, 연혁4, 길례3), 「개원례」 길례 항목 중 '皇帝春分朝日朝日於東郊','春分朝日於東郊有司攝事'와 '皇帝秋分夕月于西郊', '秋分夕月于西郊有司攝事'도 참고.

503) 孔穎達疏 凡天子諸侯及卿大夫禮射有三 一爲大射 是將祭擇士之射 二爲賓射 諸侯來朝天子入而與之射也 或諸侯相朝而與之射也 三爲燕射 謂息燕而與之射 (『禮記』 射義).

시행하였는데, 천자는 사궁에서, 제후는 대학에서, 경대부는 교에서 실시하였다. 사는 거느린 신하가 없기 때문에 대사례가 없었다. 둘째는 賓射로 천자는 治朝에서, 제후는 朝에서 혹은 회맹일 때는 九卿에서, 경대부와 사는 교에서 실시하였다. 셋째는 燕射로 천자·제후는 路寢에서, 경대부와 사는 교에서 실시하였다.[504] 이로 볼 때 신라에서 행한 8월 15일의 활쏘기는 조원전의 뜰에서 이루어진 연사로 볼 수 있다.

이외 射, 활쏘기는 고구려 시조 주몽의 이름이 '활을 잘 쏘는 사람'이라는 점에서 짐작할 수 있듯이, 고구려 사회에서 왕에게 요구되는 덕목의 하나였다. 백제 고이왕은 서문으로 나가 활쏘기를 관람하였고 비류왕은 궁 서쪽에 활 쏘는 대를 만들어 매월 초하루와 보름에 활쏘기를 연습하였으며 아신왕은 서쪽 돈대에서 활쏘기를 하였다.[505] 신라의 실성이사금은 금성 남문에서, 문무왕은 강무전 남문에서, 성덕왕은 적문에서, 흥덕왕은 무평문에서, 헌강왕은 준례문에서 觀射하였다.[506]

활을 쏘고 관람하는 의례는 「개원례」군례의 황제가 射宮에서 활을 쏘는 것(皇帝射于射弓), 황제가 射宮에서 활쏘기를 관람하는 것(皇帝觀射于射弓)에 해당한다. 『예기』 大射義를 보면 활쏘기는 제후를 위한 예로, 공·경·대부·사는 서로 나란히 서서 행하였다. 당에서는 황제가 단독으로 쏘았으며 侍射者는 황제 射後에 단독 혹은 齊射, 나란히 쏘았다. 『예기』 射義에는 燕饗飮酒禮 거행 중에도 활쏘기를 하였지만, 당의 경우에는 행하지 않았다.[507] 신라에서

---

504) 錢玄·錢興奇 編著, 앞 책, 1998, 98쪽(大射)·1022쪽(賓射)·1115쪽(燕射).

505) 秋七月 出西門觀射 (『삼국사기』 24, 백제본기2, 고이왕 9년) ; 秋八月 築射臺於宮西 每以朔望習射 (『삼국사기』 24, 백제본기2, 비류왕 17년) ; 九月 集都人習射於西臺(『삼국사기』 25, 백제본기3, 아신왕 7년).

506) 秋七月 又御金城南門觀射 (『삼국사기』 3, 신라본기3, 실성이사금 14년) ; 春三月 觀射於講武殿南門 (『삼국사기』 7, 신라본기7, 문무왕 17년) ; 秋九月 命百官會的門 觀射車弩 (『삼국사기』 8, 신라본기8, 성덕왕 30년) ; 秋九月 御武平門觀射 (『삼국사기』 10, 신라본기10, 흥덕왕 9년) ; 冬十月 御遵禮門觀射 (『삼국사기』 11, 신라본기11, 헌강왕 5년). 이상과 관련해서 채미하, 「신라의 군례 수용과 왕권」, 『한국사연구』 149, 2010, 121~124쪽 참고.

507) 陳戍國, 앞 책, 1998, 212쪽.

8월 15일에 이루어진 활쏘기는 연회가 베풀어질 때 행한 것으로, 당과는 구별된다고 할 수 있다.[508)]

신라에서 행한 정월 초하루의 하정례와 8월 15일의 조하례는 대조회로, 조원전에서 이루어졌다. 이때 연회를 베풀었으며 정월 초하루에는 일월신에 대한 제사를, 8월 15일에는 활쏘기를 하였다.[509)] 이러한 조하례 외에 신하가 정사를 의논하기 위해 조정에 나가 임금을 뵙는 朝禮도 있었다. 당에는 朔望朝參 및 常朝日 등이 있었으며,[510)] 「개원례」에는 朔日受朝도 있다.[511)] 고려에는 한 달에 세 번 거행하는 조회의례인 一月三朝儀가 대관전에서 열렸으며 평상시 대로 술과 과일을 하사하였다.[512)] 조선에서는 朔望百官朝賀儀와 五日朝參儀가 근정전에서, 常參儀는 사정전에서 행해졌다.[513)] 한국 고대 역시 일반 조례가 있었고, 이것은 평의전에서 이루어지지 않았을까 한다.[514)] 헌덕왕은 왕 3년(811)에 평의전에 나아가 정무를 보았다고 한다.[515)]

---

508) 고려의 경우 활쏘기와 관련된 의례는 보이지 않으며 조선은 『세종실록』 五禮軍禮儀式에 射于射壇과 觀射于射壇이 보인다.

509) 신라의 대조회 날짜와 관련해서 신라의 오묘 제일이 관심을 끄는데, 『삼국사기』 제사지 신라조에 따르면 "一年 六祭五廟 謂正月二日五日 五月五日 七月上旬 八月一日 十五日"이라고 한다. 이 중 8월 15일은 8월 15일의 조하례와도 관련있지 않을까 한다. 그러하다면 정월 초하루의 조하례는 일월제를, 8월 15일의 조하례는 오묘제사를 지내고 난 이후 행해졌다고 여길 수 있는 것이다.

510) 孫長江 主編, 앞 책, 1998, 367~369쪽. 영휘 원년 10월 5일 당 고종이 조를 내려 "京文武五品依舊五日一參"했다고 하며, 2년 8월 29일에는 "來月一日太極殿受朝 此後每五日一度太極殿視事 朔望朝 卽爲恒式"이라 하고 조를 내렸다(『通典』 70, 元正冬至受朝賀). 開元中에 蕭嵩이 奏한 내용을 보면 "每月朔望 皇帝受朝于宣政殿 先列 仗衛(…)"(『唐會要』 24, 朔望朝參)라고 한다. 이로 볼 때 당에서 일반 조회 역시 태극전(선정전)에서 행해졌음을 알 수 있다.

511) 『唐開元禮』 嘉禮 109, 朔日受朝. 이와 관련해서 松本保宣, 「唐代前半期の常朝-太極宮を中心として」, 『東洋史硏究』 65-2, 2006 참고.

512) 『고려사』 67, 지21, 예9, 一月三朝儀.

513) 『세종실록』 五禮 嘉禮儀式. 조선의 조하의례와 관련해서 한형주, 「조선초기 朝賀儀禮에 대한 고찰-正至朝賀를 중심으로-」, 『명지사론』 13, 2002 참고.

514) 이와 관련해서 채미하, 앞 논문, 2013, 11쪽 참고.

515) 夏四月 始御平議殿聽政(『삼국사기』 10, 신라본기10, 헌덕왕 3년) ; 春二月 重修平議臨海二殿(『삼국사기』 11, 신라본기11, 문성왕 9년).

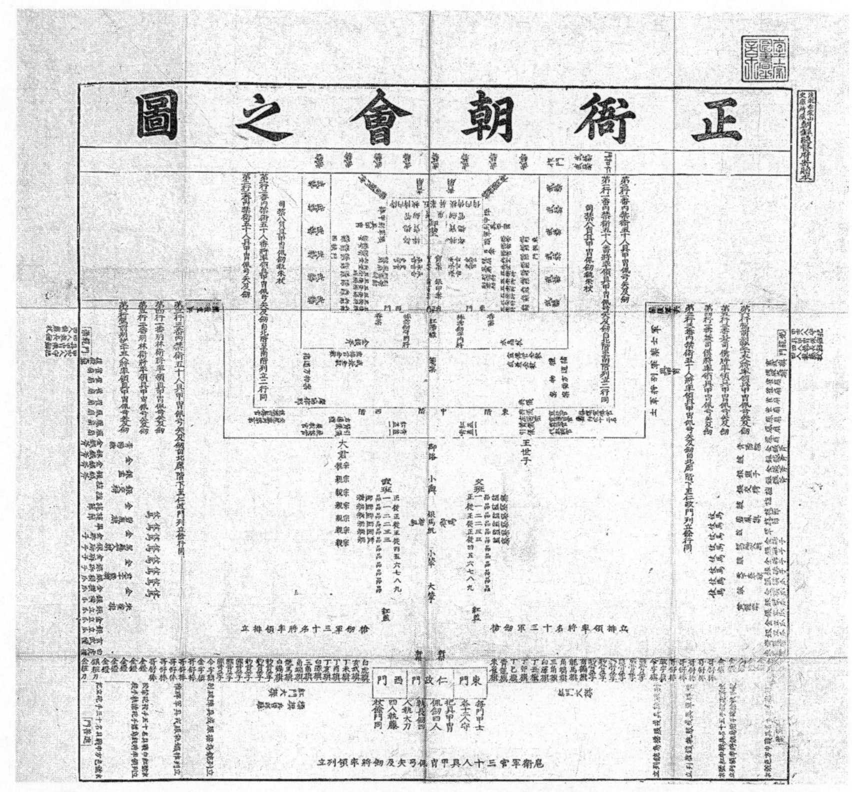

正衙朝會之圖 정전의 한 가운데가 御座이다. 창덕궁 인정전에서 조회를 행할 때 국왕과 관리를 비롯하여 각종 의장 행렬의 위치를 표시한 배치도이다. 한국학중앙연구원 장서각 제공.

한편 조하례는 국왕뿐만 아니라 태자와 왕후도 받았다. 「개원례」에는 황태자가 원정·동지에 군신과[516] 宮臣에게 하례를 받고 있으며,[517] 고려에서는 왕태자가 정월 초하루와 동짓날에 백관의 하례를 받는 의례와 명절날에 동궁 관료들의 하례를 받고 잔치를 열어주는 의례가 있다.[518] 조선에는 王世子正至百官賀儀, 朔望王世子朝賀儀 등이 보인다. 「개원례」를 보면 황후는 원정·동지

516) 『당개원례』 112, 嘉禮 皇太子元正冬至受群臣賀幷會.
517) 『당개원례』 113, 嘉禮 皇太子元正冬至受宮臣賀. 宮臣은 태자의 屬官을 지칭한다.
518) 『고려사』 67, 지21, 예9, 嘉禮 王太子元正冬至受群官賀儀와 王太子節受宮官賀幷會儀.

에 군신과 외명부의 조하를 받고 있으며[519] 조선에는 中宮正至命婦朝賀儀, 中宮正至會命婦儀, 中宮正至百官朝賀儀[520]가 있다.

한국 고대 태자와 왕후의 조하례 관련 기록은 보이지 않지만, 당과 고려와 조선의 예를 통해 왕후와 태자와 관련된 조하례를 생각해 볼 수 있다. 왕후와 태자가 조하례를 받기 위해서는 책명이 필수적인 전제조건이다. 「개원례」를 보면 황태자의 책명의식은 황제가 임헌하여 立冊을 선포하고[521] 그 다음에 內冊皇太子의 의식이 더하여졌다.[522]

임헌이란 황제가 정전에서 나와 殿 앞에 있는 平臺 위에 서는 것을 말한다. 당에서 임헌책명은 태극전에서 거행하는 것으로 규정하고 있으나, 당 후기에는 대명궁의 선정전에서 거행되었다.[523] 고려에서 태자를 책봉하는 의례는 대관전에서,[524] 조선의 冊王世子儀는 근정전에서 행해졌다.[525] 한국 고대 국왕들은 후계자를 공식화하기 위해 태자를 책봉하였다.[526]

신문왕은 왕 3년(683) 2월에 김흠운의 딸을 맞이하여 부인으로 삼은 이후 5월 7일에 부인으로 책명하였다. 「개원례」의 임헌책명황후는 臨軒命使와 皇后

519) 『당개원례』 98, 嘉禮 皇后正至受群臣朝賀 및 皇后正至受外命婦朝賀.

520) 『세종실록』 五禮 嘉禮儀式.

521) 『당개원례』 106, 嘉禮 臨軒冊命皇太子. 그 절차는卜日－告圜丘－告方澤－告太廟－臨軒冊命－謁中宮－謁太廟－皇帝會群臣－群臣上禮－皇后受群臣賀－皇后會命婦－皇太子會群臣－皇太子會宮臣－宮臣上禮로 진행된다.

522) 『당개원례』 107, 嘉禮 內冊皇太子.

523) 『冊府元龜』 257, 儲宮部 建立2 長慶 2年.

524) 『고려사』 66, 지20, 예8 嘉禮 冊王太子儀. 그 절차는 殿庭의 자리배치[陳設]－국왕이 임석한 가운데 책문을 발표하는 의례[臨軒發冊]－왕태자 동궁 궁정의 자리배치－왕태자가 동궁의 궁정에서 책문을 받는 의례[宮庭受冊]－동궁에서 베푸는 잔치의 의례[會賓]－왕태자가 표문을 올리는 의례[附表]－왕태자가 국왕을 알현하는 의례[朝謁]－백관들이 하례하는 의례[百官朝賀]－왕후가 백관의 하례를 받는 의례[王后受百官賀]－국왕이 신하들을 위해 베푼 잔치의 의례[王會群臣]이다.

525) 『세종실록』 五禮 嘉禮儀式.

526) 김병곤, 「『삼국사기』내 책봉기사로 본 삼국의 태자제 운영 양상 및 정치적 위상」, 『사학연구』 100, 2010, 410~411쪽의 〈표 2〉(고구려)와 420쪽의 〈표 7〉(백제) 및 426~428쪽의 〈표 9〉(신라) 참고.

受冊으로 나뉘어 진행되었는데,[527] 황제는 황후를 책명하는 책례의 의장에 임헌하지 않았다. 조선의 冊妃儀는 「개원례」의 절차를 따르고 있으며[528] 고려에서 왕비를 책명하는 의례는 臨軒發冊, 임헌하여 왕후에게 책문을 주는 의례가 이루어졌다.[529] 이로 볼 때 신문왕이 부인으로 책명된 것은 「개원례」의 임헌책명황후의 臨軒命使와 관련지어 이해할 수 있을 것이다.

신문왕 외에 왕비의 책명은 성덕왕이 동왕 19년(720) 3월에 순원의 딸을 왕비로 삼은 후 6월에 왕비를 왕후로 책명한 것[530]에서 알 수 있다. 애장왕 역시 妃인 박씨를 왕후로 책명하였다.[531] 한편 애장왕을 제외하고 효성왕 이후부터 효공왕[532] 이전까지는 당에서 신라의 왕후를 책명하였다.[533] 이것은 「개원례」 가례의 내명부를 책명하는 의례(冊內命婦二品以上)에 해당한다.[534] 이로 볼 때 책명을 받은 왕후는 군신들의 조하례를 받았을 것이다. 이것은

527) 『당개원례』 105, 嘉禮 臨軒冊命皇后. 그 절차는 卜日－告圜丘－告方澤－告太廟－臨軒命使－皇后受冊－皇后受群臣賀－皇后表謝－朝皇太后－皇帝會群臣－群臣上禮－皇后會外命婦－皇后廟見으로 진행된다.

528) 『세종실록』 五禮 嘉禮儀式.

529) 『고려사』 65, 지19, 예7, 嘉禮 冊王妃儀. 大觀殿의 陳設－국왕이 친림해 책문을 주는 의례[臨軒發冊]－궁정의 진설[陳設]－궁정에서 책문을 받는 의례－손님 접대하는 의례[會賓]－왕비궁에서 책사편에 국왕에게 표문을 올리는 의례－백관들이 하례하는 의례[百官朝賀]로 그 절차가 이루어졌다.

530) 三月 納伊飡順元之女爲王妃 六月 冊王妃爲王后 (『삼국사기』 8, 신라본기8, 성덕왕 19년). 한편 고구려의 경우는 春二月 立妃于氏爲王后 后提那部于素之女也 (『삼국사기』 16, 고구려본기4, 고국천왕 2년) ; 冬十月 立椽氏爲王后 (『삼국사기』 17, 고구려본기5, 중천왕 즉위년) 기사가 보인다.

531) 春正月 封母金氏爲大王后 妃朴氏爲王后 是年 唐德宗崩 (…) 其母叔氏爲大妃 妻朴氏爲妃 (『삼국사기』 10, 신라본기10, 애장왕 6년).

532) 효공왕은 왕 10년(906)에 당의 책봉을 받았으며, 왕 2년에는 어머니를 의명왕태후로 삼고 왕 3년에는 예겸의 딸을 왕비로 맞아들였다. 이때 왕비가 당의 책명을 받았는지는 잘 알 수 없지만, 왕후에 대한 책명 주체는 당 황제가 아닌 신라 국왕이 아니었을까 한다. 신덕왕은 원년(912)에 어머니를 정화태후로 왕비를 의성왕후로 삼았다고 한다.

533) 春二月 (…) 唐遣使 詔冊王妃朴氏 (『삼국사기』 9, 신라본기9, 효성왕 2년) ; 三月 納伊飡順元女惠明爲妃 (『삼국사기』 9, 신라본기9, 효성왕 3년) ; 春三月 唐遣使冊夫人金氏爲王妃 (『삼국사기』 9, 신라본기9, 효성왕 4년).

534) 이와 관련해서 채미하, 앞 논문, 2011, 41~42쪽 참고.

태자 역시 마찬가지였을 것이다.

이상에서 살펴본 조하례는 군신이 조정에 나아가 국왕을 뵙는 것으로, 국왕의 귀함을 드러내고 국왕의 존엄함을 알게 하는 것이었다[表一人之貴知萬乘之尊]. 이것은 국왕에 대한 群臣의 충성서약으로, 국왕의 권위와 위엄을 드러내는 것이다. 이러한 조하례는 국왕뿐만 아니라 왕실의 구성원인 태자와 왕후도 받았다. 이로 볼 때 조하례는 왕권뿐만 아니라 왕실의 권위 및 안정과도 밀접하게 연결되어 있었다고 할 수 있다. 그리고 조하례에서는 군신들에게 잔치를 베푸는 등 다양한 의례를 통해 구성원들과 화합을 다지기도 하였다.

제5절 大權의 계승, 凶禮

1. 凶禮와 그 내용

신라에 중국의 흉례가 수용되었음을 알 수 있는 것으로 다음 사료가 주목된다.

A. 唐에 사신을 보내 禮記와 文章을 요청하였다. 則天武后는 담당 관청에 명하여 吉凶要禮를 베껴 쓰게 하고 아울러 文官詞林에서 규범이 될 만한 글들을 채택하여 50권으로 만들어 내렸다.[535](『삼국사기』 8, 신라본기8, 신문왕 6년)

사료 A에 보이는 길흉요례의 '吉凶'이라 함은 '길례와 흉례'만을 지칭하는 것으로 보기도 하지만, 길례와 흉례만이 아닌 국가제도 전반에 걸친 길례에서 흉례에 이르는 오례의 중요한 내용이 모두 포함된 것이다. 이로 볼 때 신라에는 신문왕 6년(686)을 전후하여 오례가 수용되어 있었다고 할 수 있는 것이다.[536]

535) 遣使入唐 奏請禮記幷文章 則天令所司 寫吉凶要禮 幷於文館詞林 採其詞涉規誡者 勒成五十卷 賜之.

536) 채미하, 「신라 중대 오례와 왕권-오례 수용을 중심으로」, 『한국사상사학』 27, 2006a,

오례의 하나인 흉례가 처음 보이는 것은『주례』이다.『주례』 춘관 대종백을 보면 흉례는 나라의 온갖 근심을 애도한다는 것인데, 정현은 애도한다는 것은 患을 救하고 재난을 나누어 근심을 덜어 가볍게 한다는 것을 말한다고 하였다.[537] 이러한 흉례는 다섯 항목으로 구분되는데, 첫째 사망을 슬퍼하는 '喪禮', 둘째 凶札(기근이나 질병 등)을 슬퍼하는 '荒禮', 셋째 禍災(水火 등)를 슬퍼하는 '弔禮', 넷째 나라의 圍敗함을 슬퍼하는 '禬禮'이다. 다섯째는 隣國의 寇亂의 상황을 근심하는 '恤禮'이다.[538]

이로 볼 때『주례』 흉례는 국가의 死亡·疾病·災禍 등의 슬픔을 위로하여 극복하려는 의례임을 알 수 있다. 이러한『주례』의 내용을 국가에 처음 도입한 것은 晉 무제이다. 그리고 수대의 강도집례, 당대의 정관례와 현경례를 거쳐 「개원례」로 정비되었다.[539] 특히 「개원례」는 앞 시기의 예제를 계승하였으며, 이후 동아시아 예제의 典範이 되었다. 다음 〈표 2-12〉는 「개원례」[540]와 고려[541]와 조선[542]의 흉례 항목이다.

〈표 2-12〉 당·고려·조선의 흉례

	항목(내용)
「개원례」 (『唐六典』)	凶年振撫, 勞問疾苦(勞問疾苦), 中宮勞問, 東宮勞問(皇太子勞問), 五服制度, 訃奏·臨喪·除喪(皇帝爲小功已上擧哀), 勅使弔(勅使弔祭), 會喪, 策(冊)贈, 會葬, 致奠, 中宮·太皇太后·皇太后·皇后服(皇后擧哀弔祭),東宮服(皇太子擧哀弔祭), 東宮妃服(皇太子妃擧哀弔祭), 三品以上喪, 四品五品喪(四品以下喪), 六品以下喪, 王公以下喪通儀(王公以下喪)

127~133쪽.

537) 以凶禮哀邦國之憂(哀謂救患分災 凶禮之別有五) (『주례』 춘관 대종백).

538) 以喪禮哀死亡(哀謂親者服焉) 以荒禮哀凶札(荒人物有害也) 以弔禮哀禍災(禍災謂遭水火) 以禬禮哀圍敗(同盟者 合會財貨以更其所喪) 以恤禮哀寇亂(恤憂也 隣國相憂 兵作於外爲寇 作於內爲亂) (『주례』 춘관 대종백).

539) 이범직,『한국중세예사상연구-오례를 중심으로』, 일조각, 1991, 411~413쪽과 나희라,『신라의 국가제사』, 지식산업사, 2003, 177~179쪽 및 채미하, 앞 논문, 2006, 129~130쪽.

540)『唐開元禮』 131~150 흉례 및『唐六典』 4, 尚書禮部 禮部郎中.

541)『고려사』 64, 지18, 예6, 흉례.

542)『세종실록』 오례, 흉례의식.

『고려사』	國恤, 陳慰儀, 祔太廟儀, 上國使祭奠贈賻弔慰儀, 先王諱辰眞殿酌獻儀, 上國喪, 隣國喪, 諸臣喪, 五服制度, 百官忌暇, 重刑奏對儀
『세종실록』	顧命, 初終, 復, 易服不食, 戒令, 沐浴, 襲, 奠, 爲位哭, 擧臨, 含, 設氷, 靈座, 銘旌, 告社廟, 小斂, 奠, 治椑, 大斂, 奠, 成殯, 奠, 廬次, 成服, 服制, 嗣位, 頒敎書, 告訃請諡請承襲, 朝夕哭奠及上食儀, 朔望奠, 議政府率百官進香儀, 治葬, 請諡宗廟儀, 上諡冊寶儀, 上諡冊寶儀(內喪在先則改上爲贈), 啓殯儀, 祖奠儀, 遣奠儀, 發引班次, 發引儀, 路祭儀, 遷奠儀, 立主奠儀, 返虞班次, 返虞儀, 安陵奠儀, 山陵朝夕上食儀, 魂殿虞祭儀, 卒哭祭儀, 魂殿朝夕上食儀, 魂殿四時及臘親享儀, 四時及臘攝事儀, 魂殿正至朔望及俗節親享儀, 朔望及俗節攝事儀, 山陵四時及臘正至俗節祭儀, 山陵親行祭儀, (迎賜諡祭及弔賻儀, 賜賻儀, 賜諡儀, 焚黃儀, 賜祭儀) 練祭儀, 祥祭儀, 禫祭儀, 祔廟儀, 題位版儀, 祔文昭殿儀

위 〈표 2-12〉에서 「개원례」의 흉례 항목 중 五服을 입는 五服制度, 황제가 小功親 이상을 애도하는 訃奏·臨喪·除喪, 칙사를 보내 조문하고 제사지내는 勅使弔, 百寮에게 王公 이하의 喪에 참여하게 하는 會喪, 책문으로 증직하는 策贈, 백료에게 왕공 이하의 葬에 참여하게 하는 會葬, 칙사를 파견하여 상에 참여하는 致奠, 中宮·太皇太后·皇太后·皇后의 服, 東宮의 服, 東宮妃의 服, 3품 이상의 喪, 4품·5품의 喪, 6품 이하의 喪, 왕공 이하의 喪인 王公以下喪通儀는 『주례』 상례의 범주에 속한다.[543] 凶年振撫, 勞問疾苦·中宮勞問·東宮勞問 항목은 『주례』의 황례에 해당한다.

이처럼 「개원례」에서 다루고 있는 내용은 『주례』의 조례·회례·휼례의 내용은 없어지고, 荒禮의 일부 내용이 보이며 대부분은 상례가 차지하고 있음을 알 수 있다.[544] 『고려사』 흉례 항목 중 國恤, 백관과 대신이 국왕을 위로하는 의식인 陳慰儀, 태묘에 부묘하는 의식인 祔太廟儀, 上國使祭奠贈賻弔慰儀, 선왕의 諱辰에 眞殿에서 酌獻하는 의식인 先王諱辰眞殿酌獻儀, 上國喪, 隣國喪, 여러 신하들의 喪인 諸臣喪, 五服制度, 忌日을 당한 백관에게 주는 휴가인 百官忌暇까지 10항목은 『주례』 상례 범주의 의식이고 重刑을 奏對하는 의식인 重刑奏對儀는 緩刑의 의미를 갖는[545] 『주례』 황례의 내용이다. 이러한 고려의

543) 『唐六典』 4, 상서예부 예부낭중.

544) 이범직, 앞 책, 1991, 108～109쪽.

545) 大荒大札 則令邦國移民通財舍禁弛力薄征緩刑 (『주례』 地官 大司徒).

흉례 역시 「개원례」와 마찬가지로 상례가 대부분을 차지하고 있다.[546]

조선 세종대 흉례는 67항목으로 그 내용은 왕의 죽음에 대한 의례절차를 자세하게 서술하였다. 이처럼 세종대에는 흉례가 國恤, 즉 왕의 상례 한가지로만 이루어져 있다. 하지만 『국조오례의』의 내용[547]을 보면 왕자의 외가, 종실의 상제가 포함되었고 士大夫·士庶人의 喪이 정립되었다. 즉 세종대 왕실 중심의 흉례에서 성종대에는 양반관료, 사대부, 서민까지를 포함하는 흉례로 그 범위가 확장되었다.

이상에서 알 수 있듯이 「개원례」, 고려와 조선의 흉례 내용은 대부분 상례이다. 이러한 상례를 관통하는 것은 喪服制로 상복제의 기준은 親親, 尊尊, 名, 出入, 長幼, 그리고 從服이라는 6가지가 있다.[548] 이 중 가장 중요한 기준은 親親과 尊尊이었다.[549] 親親은 혈연과 정감을 통하여 가족과 종족의 인륜관계를 유지하는 '合'을 중시하는 관념이며 尊尊은 상하존비의 차등에 따른 것으로 '分'을 중시하는 관념이다.[550] 이로 볼 때 상복제는 死者에 대한 親疎遠近 관계를 표시하는 것일 뿐만 아니라 사회적 신분에 따라 등급의 차이를 표시하는 것이었다.[551]

중국 최초의 율령인 泰始律令의 상장령에는 신분에 따른 服喪이 규정되어 있으며,[552] 「개원례」와 고려 및 조선의 흉례항목에는 五服制度, 服制가 있다.

---

546) 이범직, 앞 책, 1991, 109쪽.

547) 세종 오례의 흉례에 새로 첨가된 항목은 爲外祖父母擧哀儀, 爲王妃父母擧哀儀, 爲王世子及夫人公主翁主擧哀儀, 爲內命婦及宗戚擧哀儀, 爲貴臣擧哀儀, 臨王子及夫人公主翁主喪儀, 遣使弔王子及夫人公主翁主喪儀, 遣使榮贈王子儀, 遣使致奠王子及夫人公主翁主喪儀, 王妃爲父母祖父母擧哀儀, 成服 除服 王世子爲外祖父母擧哀儀, 臨師傅貳師喪儀, 遣使致奠外祖父母嬪父母師傅貳師喪儀, 王世子嬪爲父母擧哀儀, 成服 除服士大夫士庶人喪儀 (『국조오례의』 5, 흉례).

548) 服術有六 一曰親親 二曰尊尊 三曰名 四曰出入 五曰長幼 六曰從服 (『예기』 大傳).

549) 親親尊尊長長 男女之有別 人道之大者也(鄭玄注云 言服之所以降殺) (『예기』 喪服小記). 親親尊尊長長과 男女有別은 인도의 가장 큰 것이라고 하는데, 정현은 이것을 풀이하기를 상복의 降殺을 말하는 것이라고 하였다.

550) 공병석, 「『禮記』喪葬觀의 人文意識」, 『유교사상연구』 20, 2004, 301쪽 및 303~304쪽.

551) 채미하, 「한국 고대의 죽음과 喪·祭禮」, 『한국고대사연구』 65, 2012, 53~55쪽.

大唐開元禮卷第一百三十二

凶禮

五服制度

斬衰三年

齊衰三年 杖周 不杖周 五月 三月

大功長殤九月 中殤七月 成人九月

小功五月殤 成人

緦麻三月殤 成人

斬衰三年

正服

大唐開元禮 卷第一百三十二 一

子爲父

女子子在室爲父女子重稱子者別於男子言在室關已許嫁

女子子嫁反在父之室爲父遭喪後而出者始服齊衰周出者

而虞則受以三年之服既虞而出則小祥亦如之既除喪而出則已

加服

嫡孫爲祖謂承重者爲曾祖高祖後亦如之

父爲長子重其當先祖之正體又將代已爲廟主故庶子不得爲長子三年不

繼祖與禰也於庶子之嫡孫乃爲其嫡子三年

義服

爲人後者爲所後父受重故三年爲所後祖亦如之凡爲人後者不

『대당개원례』 흉례 五服制度 일부 개원례의 오복제도는 혈친의 親疎를 5계층으로 구분하였다.

「개원례」의 오복제도는 혈친의 親疎를 5계층으로 구분한 것으로,[553] 斬衰三年, 齊衰三年(齊衰杖周·齊衰不杖周), 大功九月傷(長傷九月·中傷七月), 小功五月傷, 緦麻三月傷을 지칭한다.[554] 이것은 고려와 조선의 오복제도와 복제에서도 援用하고 있다. 오복 사이에는 신분 관계에 따라 降服·正服·義服 등이 있다.[555]

死者와의 親疎관계와 사회적 규제에 따라 달라지는 상복제와 관련해서 고구려에서는 부모와 남편상에는 3년복을, 형제상에는 3개월(1개월)의 상복을 입었다.[556] 백제는 고구려와 喪服制가 같은데, 부모 및 남편이 죽으면 3년

552) 홍승현, 「中國 古代 禮制 연구의 傾向과 課題-특히 喪服禮를 중심으로」, 『중국사연구』 36, 2005 및 「晉代 喪服書의 편찬과 성격-喪服禮의 확정 과정을 중심으로」, 『동양사학연구』 102, 2005 참고.

553) 錢玄·錢興奇 編著, 앞 책, 1998, 158~159쪽(五服).

554) 『신당서』 20, 지10, 예악10.

555) 유교사전편찬위원회, 『유교대사전』, 1990, 984~985쪽(五服).

556) 父母及夫喪 其服制同於華夏 兄弟則限以三月 (『주서』 49, 이역열전41, 고구려) ; 死者殯在屋內 經三年 擇吉日而葬 居父母及夫喪 服皆三年 兄弟三月 初終哭泣 葬則鼓儛作樂以送之 埋訖 取死者生時服玩車馬置墓側 會葬者爭取而去 (『北史』 94, 열전82, 고구

동안 治服(居服, 持服)하고[상복을 입고] 나머지 친척들은 葬이 끝나면 상복을 벗는다[除]고 한다.[557] 이것은 중국의 영향으로 이해하고 있다.[558]

신라에서는 지증왕 5년(504)에 상복법이 반행되었고[559) 『北史』와 『隋書』에는 왕과 부모 및 처자의 상에는 1년간 복을 입는다고 한다.[560] 지증왕이 유학사상을 수용한 이후 신라는 점차 유교이념에 입각한 정치운영을 표방하였고 유교식 喪制, 특히 상복제를 받아들인 것[561]으로 볼 수 있는 것이다.[562]

이로 볼 때 신문왕 6년(686)에 길흉요례가 수용되기 이전 이미 신라에는 중국식의 상례가 들어와 있었고 길흉요례에 따라 기왕의 것들을 중국식의 법제로 공식화하지 않았을까 한다. 하지만 중국과는 차이점이 있다. 고구려와 백제의 상례와 관련된 내용 중 고구려와 백제는 모두 3년상을 치렀다고 하지만, 고구려의 형제상은 3개월(1월), 백제에서는 친척들은 상이 끝나면 상복을 벗는 것이 중국과는 달랐다.[563] 신라의 王 및 父母·妻子喪은 1년이었다. 이로 볼 때 한국 고대사회에서는 중국 흉례의 최소한의 원리를 원용했던 것으로

려) ; 死者 殯於屋內 經三年 擇吉日而葬 居父母及夫之喪 服皆三年 兄弟三月 初終哭泣 葬則鼓儛作樂以送之 埋訖 悉取死者生時服玩車馬置於墓側 會葬者爭取而去 (『수서』 81, 동이열전46, 고려) ; 服父母喪三年 兄弟踰月除 (『신당서』 220, 동이열전145, 고구려).

557) 父母及夫死者 三年治服 餘親則葬訖除之 (『周書』 49, 이역열전41, 백제) ; 父母及夫死者 三年居服 餘親則葬訖除之 (『北史』 94, 열전82, 백제) ; 父母及夫死者 三年持服 餘親則葬訖除之 (『通典』 185, 변방1, 백제) ; 喪制如高麗 (『수서』 81, 동이열전46, 백제).

558) 고구려의 상례는 소수림왕대의 율령 반포와 광개토왕·장수왕에 이르는 시기의 중국 상장령을 참고한 것이다(노중국, 「고구려 율령에 관한 일시론」, 『동방학지』 21, 1979, 154~157쪽 ; 나희라, 『고대 한국인의 생사관』, 지식산업사, 2008, 126쪽). 백제는 4세기 중엽 근초고왕대 이후 일정한 수준의 유학을 이해하였을 뿐만 아니라 유교정치에 입각한 정치운영을 하였다. 웅진 천도 이후에는 무령왕릉 매지권의 '不從律令'에서 알 수 있듯이, 율령을 정비하고 시행하였다(노중국, 「백제 율령에 대하여」, 『백제연구』 17, 1986, 60~62쪽).

559) 夏四月 制喪服法頒行(『삼국사기』 4, 신라본기4, 지증마립간 5년).

560) 후술되는 사료 D 참고.

561) 노중국, 「신라 중고기 유학 사상의 수용과 확산」, 『대구사학』 93, 2008, 6~13쪽.

562) 고구려·백제·신라의 상복과 관련해서 채미하, 앞 논문, 2012, 48~51쪽 참고.

563) 노중국, 앞 논문, 1979, 156쪽.

여겨진다.

위의 〈표 2-12〉에 보이는 고려의 흉례 항목 중 중국에서 고려 왕실의 상례 때 파견되는 사신들이 행하는 의식인 上國使祭奠贈賻弔慰儀, 각 왕대별 거란·금 등 상국의 국상 보고인 上國喪, 신라 국왕의 국상 보고인 隣國喪이 있다. 조선의 국휼 내용 중에는 중국에서 내려 준 시호와 제사, 弔賻를 맞이하는 의식인 迎賜諡祭及弔賻儀, 중국에서 내리는 부물을 받는 의식인 賜賻儀, 賜賻 후에 중국에서 내린 시호를 받는 의식인 賜諡儀, 黃紙에 쓴 誥命을 불태우는 의식인 焚黃儀, 賜諡 후에 중국 황제가 내린 제사를 받는 의식인 賜祭儀가 있다.

신라에 온 唐 사신의 임무 중 선왕을 弔祭하는 것은 「개원례」 흉례의 칙사를 보내 조문하는 의례(勅使弔)의 하나인 '勅使弔蕃國主喪'에 해당한다. 효소왕이 죽자 당의 측천무후가 그를 애도하고 조회를 2일간 정지하였다든가, 성덕왕이 죽자 당 현종이 오랫동안 슬퍼했다고 한다. 이것은 「개원례」 흉례의 황제가 소공친 이상을 위해 애도하는 의례(皇帝爲小功已上擧哀)의 절차 중 하나인 訃奏의 '爲蕃國主擧哀'와 관련 있어 보인다. 신라에 온 조제 겸 책명사는 황제를 대신하여 전왕에게는 추증호를 내렸다. 신라 중고기의 진평왕과 선덕왕은 光祿大夫로, 진덕왕은 開府儀同三司로 추증되었다. 신라 중대의 추증호는 성덕왕에게 太子太保를 추증한 것이 보인다. 신라 하대 前王에 대한 추증호는 보이지 않지만 효공왕 원년(897) 7월 5일에 崔元이 경문왕을 太師로, 헌강왕을 太傅로 추증하는 당 황제의 制旨를 가지고 신라에 돌아왔다. 이로 볼 때 경문왕과 헌강왕에 대한 추증호가 있었으며 효공왕이 진성왕의 추증을 요청하는 것으로 미루어 진성왕 역시 추증호가 있지 않았을까 한다. 先王을 추증하는 것은 「개원례」 흉례의 책문으로 증직하는 의례(策贈)의 하나인 '勅使冊贈蕃國主'와 관련지어 볼 수 있다.[564]

「개원례」 흉례에는 상례 이외에 凶年振撫, 勞問疾患·中宮勞問·東宮勞問이

564) 채미하, 「신라의 賓禮-당 사신을 중심으로-」, 『한국사학보』 43, 2011.

라는『주례』의 황례 범주에 해당하는 내용이 있으며 고려 흉례의 重刑奏對儀 항목도 황례에 해당한다. 성덕왕 4년(705)에서 6년까지 흉년이 들자 진휼한 내용은[565]「개원례」흉례의 흉년에 진무하는 의례인 凶年振撫[566]에, 성덕왕 5~6년에 大赦한 것은[567] 고려 흉례의 重刑奏對儀에 해당한다고 할 수 있을 것이다. 김유신이 병이 나자 문무왕이 친히 위문한 것[568]은「개원례」흉례의 (황제가) 질환을 위문하는 의례[569]로 여겨진다.

이상에서 신라의 흉례 내용은「개원례」의 상례뿐만 아니라「개원례」의 흉년진무·노문질환,『고려사』흉례의 重刑奏對儀의 내용도 포함되었을 것으로 생각된다. 하지만 신라 역시 대부분의 내용은「개원례」, 고려·조선과 마찬가지로 상례였을 것이다.「개원례」에는 국휼이 보이지 않지만 三品以上의 喪, 四品五品의 喪, 六品以下의 喪 항목이 있다. 고려 흉례 항목에는 신료들의 상례인 諸臣喪이 있으나, 그 의제는 자세하지 않아 연대기를 통하여 그 사실을 적고 있다.[570] 조선 세종대는 국휼만 있었지만,『국조오례의』단계에는 세종대의 흉례보다 그 적용범위가 확대되었다.

한국 고대 상례의 경우 고구려에는 왕례, 태후례, 태자례가 있었으며[571]

---

565) 夏五月 旱 冬十月 國東州郡饑 人多流亡 發使賑恤(『삼국사기』8, 신라본기8, 성덕왕 4년) ; 春正月 國內饑 發倉廩賑之 秋八月 穀不登 十二月 大赦(『삼국사기』8, 신라본기8, 성덕왕 5년) ; 春正月 民多饑死 給粟人一日三升 至七月 二月 大赦 賜百姓五穀種子有差(『삼국사기』8, 신라본기8, 성덕왕 6년). 이와 관련해서 원성왕 2·4·5·6년과 헌덕왕 1·6년도 참고된다.

566) 凡四方之水旱蝗 天子遣使者持節至其州 位于庭 使者南面 持節在其東南 長官北面 寮佐正長老人在其後 再拜 以授制書(『신당서』20, 지10, 예악10).

567) 원성왕 11년, 흥덕왕 7년 기사도 참고된다.

568)『삼국사기』43, 열전3, 김유신.

569) 勞問의 대상은 諸王·外祖父·皇后父·諸妃主·外祖母·皇后母·大臣·都督刺史蕃國主이다.

570)『고려사』64, 지18, 예6, 흉례 諸臣喪.

571) (…) 以兄喪禮葬之 (…) 秋九月 命有司 奉迎發岐之喪 以王禮葬於裴嶺 (…)(『삼국사기』16, 고구려본기4, 산상왕 즉위년) ; 秋八月 王母柳花薨於東扶餘 其王金蛙以太后禮葬之 遂立神廟(『삼국사기』13, 고구려본기1, 시조 동명성왕 14년) ; (…) (太子解明)死 時年二十一歲 以太子禮葬於東原 立廟(『삼국사기』13, 고구려본기1, 유리명왕 28년).

怪由와 明臨答夫를 통해서 중앙 귀족과 관련된 禮도 있었다.[572] 신라에서는 원광의 장례를 王禮로 치렀다고 하며 진평왕이 귀산과 추항을 禮로써 장례를 치르게 하였고[573] 김흔의 부인이 喪禮를 주관하였다[574]고 한다.[575] 이처럼 한국 고대 왕 이하 귀족들의 상례도 있었음을 알 수 있다. 이러한 상례 중 가장 중요한 것은 왕의 상례, 즉 國恤이었다. 그렇다면 신라의 국휼은 어떠한 모습이었을까?

2. 國恤의 運用

國恤은 國喪을 말하는데, 「개원례」에는 국휼에 대한 내용이 보이지 않는다. 그 이유는 국가의 凶事는 臣子들이 말할 수 있는 바가 아니기 때문에 흉례에서 국휼 기록을 없앴으며 국상이 발생하면 임시로 고전과 전례를 참고·인용하여 처리하고 그 일을 전하지 않은데서 말미암은 것이다.[576] 고려에서도 『고려사』 흉례 항목에 국휼이 있지만, 당과 마찬가지로 그 내용이 '諱而不傳'하였기 때문에 역사에는 대강의 기록만을 남겨 국휼의 내용이 없다는 것이다.[577] 하지만 嗣王의 즉위와 관련된 내용 및 虞祭를 행한 것과 동시에 태묘에 왕의 신주를 부묘한 사실들이 연대기에 보인다.[578] 반면 조선의 흉례 항목은 대부분

---

572) 冬十月 怪由卒 (…) 又以有大功勞 葬於北溟山陽 命有司以時祀之 (『삼국사기』 14, 고구려본기2, 대무신왕 5년) ; 秋九月 國相荅夫卒 (…) 王自臨慟 罷朝七日 乃以禮葬於質山 置守墓二十家 (『삼국사기』 16, 고구려본기4, 신대왕 15년).

573) 『삼국사기』 45, 열전5, 귀산.

574) 『삼국사기』 44, 열전4 김양 附 김흔.

575) 채미하, 앞 논문, 2012, 55쪽.

576) 당대 흉례에 대한 총론은 다음과 같다. 周禮五禮 二曰凶禮 唐初 徙其次第五 而李義府許敬宗以爲凶事非臣子所宜言 遂去其國卹一篇 由是天子凶禮闕焉 至國有大故 則皆臨時采掇附比以從事 事已 則諱而不傳 故後世無考焉 至開元制禮 惟著賑卹水旱遣使問疾弔死擧哀除服臨喪冊贈之類 若五服與諸臣之喪葬衰麻哭泣 則頗詳焉 (『신당서』 20, 지10, 예악10).

577) 高麗人不立國恤之儀 至國有大故 則皆臨時采掇附比以從事 事已則諱而不傳 故其見於史者 特梗而已 (『고려사』 64, 지18, 예6, 흉례 국휼).

578) 이범직, 앞 책, 1991, 109~113쪽.

국휼과 관련된 내용이 차지한다.

조선의 國恤, 대휼 절차는 당 「개원례」 품관의 상례 절차와 거의 유사하다.[579] 당 품관들의 상례는 三品以上의 喪,[580] 四品五品의 喪,[581] 六品以下의 喪[582]이라는 등급의 차이는 있지만, 그 절차는 크게 다르지 않다. 고려의 국휼은 연대기 등의 내용을 통해 조선의 국휼 절차와 비슷하였을 것으로 보고 있다.[583]

고려·조선의 국휼과 당 품관의 상례 절차의 가장 큰 차이는 국휼에서는 嗣位, 왕위계승의식이 거행된다는 것이다. 고려 국휼에서 嗣王의 즉위와 관련해서는 구체적인 의식 내용은 없으나, 충혜왕·공민왕·우왕을 제외하고는 즉위 기사가 모두 기록되어 있다.[584] 조선 국왕의 즉위식은 成服이 끝난 후에 치러졌는데, 이때 冕服을 입었으며 즉위교서를 반포하였다. 그리고 의식을 마치고 나면 다시 상복을 입는다.[585]

---

579) 이현진, 「조선시대 종묘의 부묘 의례와 성격」, 『서울학연구』 43, 2011, 75쪽.

580) 그 절차는 다음과 같다. ① 初終－復－設牀－奠－沐浴－襲－含－赴闕－勅使弔－銘－重－陳小斂衣－奠－小斂－斂髮－奠－陳大斂衣－奠－大斂－奠－廬次－成服－朝夕哭奠－賓弔－親故哭－刺史哭－刺史遣使弔－親故遣使致賻－殷奠－卜宅兆－卜葬日－啓殯－贈諡－親賓致奠 ② (將葬) 陳車位－陳器用－進引－引輴－輴在庭位－祖奠－輴出乘車－遣奠－遣車－哭行序－諸孝從柩車序－郭門外親賓歸－諸孝乘車－宿止－宿處哭位－行次奠－親賓致賵(墓上進上)塋次－到墓－陳明器－下柩哭序－入廟－墓中置器序－掩壙－祭后土－反哭－虞祭 ③ 卒哭祭－小祥祭－大祥祭－禫祭－祔廟 ④ (改葬) 卜宅－啓請－開墳－擧柩－奠－升柩車－斂－奠－設靈筵－進引－告遷－哭柩車位－設遣奠－輀車發－宿止－到墓－虞祭. 김택민 주편, 『역주 唐六典』상, 신서원, 2003, 404~405쪽.

581) 그 절차는 기본적으로 3품 이상과 같으나 刺史哭이 없고 대신 州縣官長弔, 引輴 대신 擧柩, 輴 대신 柩인 점이 다르다.

582) 그 절차는 初終－復－設牀－奠－沐浴－襲－含－銘－重－小斂－奠－大斂－廬次－成服－朝夕哭奠－賓弔－親故哭－州縣弔－州縣使弔－親－筮宅兆－筮葬日－啓殯 ② (將葬) (墓上進上) (改葬) 등의 절차는 4품 이하와 같다.

583) 국휼 항목에 보이는 국상 절차 용어로는 다음과 같은 것이 있다. 大漸, 輟朝市, 殯殿·國葬·造墓都監·魂殿都監, 大斂, 涼闇, 殯, 殯殿, 易月制(以日易月), 服喪之制(易月之服, 斬衰, 麻絰), 反哭(返魂), 擧哀, 大斂, 祖奠, 葬于王陵,. 釋喪服, 魂殿(返魂殿,虞宮), 虞祭(七虞祭, 八虞祭), 卒哭, 小祥(周祥, 中祥祭, 小祥祭), 大祥, 祔太廟 등이다(이현진, 앞 논문, 2011, 72쪽).

584) 『고려사』 64, 지18, 예6, 흉례 국휼.

585) 『세종실록』 오례, 흉례의식 成服·嗣位·頒敎書.

대왕암 수중릉 문무왕은 유언에서 자신을 화장하여 유골을 동해에 묻으면 용이 되어 동해로 침입하는 왜구를 막겠다고 하였다. 이에 신하들은 유언에 따라 동해 입구의 큰 바위에 장사지냈다고 한다.

신라의 국휼과 관련해서는 다음이 관심을 끈다.

B. 가을 7월 1일에 왕이 죽었다. 시호를 文武라 하였다. 여러 신하들이 유언에 따라 동해 입구의 큰 바위 위에서 장례를 치뤘다. (…) 遺詔에서 말하였다. (…) 1) 태자는 일찍이 밝은 덕을 쌓았고 오랫동안 태자의 자리에 있었으니, 위로는 여러 재상으로부터 아래로는 뭇 관리에 이르기까지 죽은 사람을 보내는 도리를 어기지 말고 살아있는 이 섬기는 예의를 빠뜨리지 말라. 종묘의 주인은 잠시도 비울 수 없으니, 태자는 바로 柩前에서 왕위를 잇도록 하라. (…) 2) 吳王의 北山 무덤에서 어찌 금으로 만든 물오리 모양의 빛나는 향로를 볼 수 있을 것이며 魏主의 西陵의 망루는 단지 銅雀이라는 이름만이 전할 뿐이다. 지난 날 만사를 처리하던 영웅도 마침내 한 무더기의 흙이 되어 나무꾼과 목동이 그 위에서 노래하고 여우와 토끼는 그 옆에 굴을 판다. 헛되어 재물을 쓰는 것은 簡牘에 꾸짖음만 남을 뿐이요 헛되이 사람을 수고롭게 하는 것은 죽은 사람의 넋을 구원하는 것이 못된다.

가만히 생각하면 슬프고 애통함이 끝이 없을 것이니, 이와 같은 일은 즐거이 행할 바가 아니다. 3) 屬纊 후 10일에 바로 庫門의 外庭에서 西國의 의식에 따라 화장하라. 4) 상복의 輕重은 정해진 규정[常科]이 있으니 喪을 치르는 제도는 검소하고 간략하게 하는데 힘써라.[586](『삼국사기』 7, 신라본기7, 문무왕 21년)

사료 B에 따르면 681년 7월 1일 재위 21년에 죽은 문무왕은 유조에서 '종묘의 주인은 잠시도 비울 수 없으니, 태자는 바로 柩前에서 왕위를 잇도록 하라'고 당부하고 있다(1)). 그리고 문무왕은 분묘를 치장하는 것은 한갓 재물만 허비하고 史冊에 비방만 남기며 공연히 인력을 수고롭게 하고 幽魂, 죽은 혼령을 구제하지 못한다고 하면서(2)) 죽고 나서 10일이 지나면 자신을 화장하게 하였으며(3)) 상복을 입는 경중은 常科, 정해진 규정이 있고 喪制度의 검약에 힘쓰라고 하였다(4)).

우선 사료 B-1)을 보면 문무왕은 유조를 통해 태자에게 柩前에서 왕위에 오르라고 하고 있음을 알 수 있다. 문무왕의 유조에 따른 신문왕의 즉위의례는 당 태종이 유조에서 '宗社를 보존함에 군주가 없을 수 없으니 황태자는 곧 구전에서 황제위에 즉위하라'는 것과 같다.[587] 이러한 유조에 따른 구전 즉위는 『尙書』 顧命편에 보이는데, 왕의 임종시의 명령과 성왕 사후의 상례 그리고 강왕 즉위시의 의례 등으로 구성되어 있다.[588] 이와 관련해서 다음이 참고된다.

C. 크게 사면하였다. 太學에 행차하여 博士에게 명을 내려 尙書義를 講하게

586) 秋七月一日 王薨 諡曰文武 羣臣以遺言葬東海口大石上 (…) 遺詔曰 (…) ① 太子早蘊離輝 久居震位 上從羣宰 下至庶僚 送往之義勿違 事居之禮莫闕 宗廟之主 不可暫空 太子卽於柩前 嗣立王位 (…) ② 吳王北山之墳 詎見金鳧之彩 魏主西陵之望 唯聞銅雀之名 昔日萬機之英 終成一封之土 樵牧歌其上 狐兎穴其旁 徒費資財 貽譏簡牘 空勞人力 莫濟幽魂 靜而思之 傷痛無已 如此之類 非所樂焉 ③ 屬纊之後十日 便於庫門外庭 依西國之式 以火燒葬 ④ 服輕重自有常科 喪制度務從儉約.

587) 宗社存焉 不可無主 皇太子卽於柩前 卽皇帝位 (『全唐文』 9, 태종 유조).

588) 장인성, 「남조의 상례 연구」, 『백제연구』 32, 2000, 155~157쪽.

하였다.[589](『삼국사기』 9, 신라본기9, 혜공왕 원년)

사료 C를 보면 혜공왕은 원년(755)에 '태학'에 행차하여 '박사'에게 명하여 '尙書義'를 '講'하게 하였다고 한다. 혜공왕 원년에 왕이 '태학'에 행차한 것은 이후 이루어지는 신라 국왕의 국학 행차와는 구별된다.[590] 혜공왕이 태학에 가서 『상서』의 뜻을 들은 것은 즉위와 관련된 일련의 과정으로 생각된다.[591]

신문왕의 구전 즉위는 당시 중국 즉위의례의 형식이 신라에 들어와 적용된 것으로,[592] 이후 신왕들의 즉위 역시 이와 마찬가지가 아니었을까 한다. 이러한 즉위례는 조선에서는 成服 이후에 이루어지는데, 성복은 殯한 다음날 규정에 따라 상복을 입는 것을 말한다.[593] 사료 B-4)를 보면 喪服의 輕重은 정해진 규정이 있다고 하였다. 신문왕은 규정에 따른 상복을 입고 문무왕이 돌아간 1주일이 되는 7월 7일[594]에 왕위를 계승하였다. 이와 같이 새 국왕의 즉위는 선왕에 대한 상례 절차가 진행되는 도중에 이루어졌던 것이다.

선왕에 대한 상례 절차와 관련해서 고구려에서는 사람이 죽으면 집 안에서 殯을 하고 3년이 지난 뒤에 좋은 날을 가려 장사를 지낸다[595]고 한 것이 참고되며, 백제의 殯은 공주 정지산 유적에서 알 수 있다. 殯은 입관 후 장사지낼

---

589) 大赦 幸太學 命博士講尙書義.

590) 二月 幸國學聽講(『삼국사기』 9, 신라본기9, 혜공왕 12년) ; 春二月 王幸國學 命令博士已下 講論經義 賜物有差(『삼국사기』 11, 신라본기11, 경문왕 3년) ; 春二月 幸國學 命博士已下講論(『삼국사기』 11, 신라본기11, 헌강왕 5년).

591) 채미하, 「신라 국왕의 視學과 그 의미」, 『한국사상사학』 32, 2009, 125쪽.

592) 나희라, 「신라의 즉위의례」, 『한국사연구』 116, 2002, 14쪽. 태자에게 柩前에서 왕위를 계승하라는 당부는 본래 신왕의 즉위가 선왕의 喪葬이 모두 끝난 후에 치러졌음을 보여주는 것이며, 이로 보아 殯과 즉위의례가 밀접히 연관되었을 가능성이 있다고 하였다(권오영, 「한국 고대의 상장의례」, 『한국고대사연구』 20, 2000, 13쪽).

593) 錢玄·錢興奇 編著, 앞 책, 1998, 395쪽(成服). 조선에서는 국왕의 대렴 후 왕과의 친소관계에 따라 상복을 입는 것으로 왕의 사망 이후 6일째 이루어졌다.

594) 第三十一神文大王 諱政明 金氏 開耀元年辛巳七月七日卽位(『삼국유사』 2, 기이2, 만파식적).

595) 死者殯在屋內 經三年 擇吉日而葬(『북사』 94, 열전82, 고구려) 死者殯於屋內 經三年 擇吉日而葬(『隋書』 81, 동이열전46, 고려).

때까지 시신을 안치하는 것을 말한다.[596] 『儀禮』 士喪禮의 내용을 보면 사람이 죽으면 시체를 우선 실내에 매장하는 殯=옥내장이 있으며 일정한 기간이 지난 후 야외로 이장하였다고 한다.[597]

신라의 殯과 관련해서는 경애왕을 西堂에 殯한 후 남산 해목령에 장사지냈다[598]는 기사가 보인다. 다음도 관심을 끈다.

D. (사람이) 죽으면 棺斂하며 '葬送起墳陵'한다. 王과 부모·처자의 喪에는 1년간 服을 입는다.[599](『北史』 94, 열전82, 신라)[600]

사료 D를 보면 사람이 죽으면 棺斂을 하고 '葬送起墳陵'했다고 한다. 관렴은 사람이 죽으면 斂襲하여 관에 넣는다는 뜻이다. 『의례』 士喪禮를 보면 襲은 사망 당일 머리와 얼굴을 가려 귀를 흰 면으로 막아 옷을 입혀 전신을 壽衣로 싸는 것을 말하며, 小斂은 사망 다음날 19겹의 옷을 입히고 이불로 가려 시체를 방에서 堂으로 옮기는 것이고, 大斂은 사망 3일째 30겹의 옷을 입히는 것이다. 대렴 이후 시신을 입관한 관은 堂 안 서쪽에 파놓은 구덩이에 옮겨 일정한 시기 동안 안치해 두는데, 이것이 殯이며 빈하는 장소는 殯宮, 빈하는 기간은 殯期이다.[601]

---

596) 錢玄·錢興奇 編著, 앞 책, 998, 1199쪽(殯).

597) 池田末利, 「古代支那に於ける死者儀禮の特色」, 『日本民族協會第9回連合大會要旨』, 日本人類學會, 1955, 62~65쪽. 池澤優, 「死の先にある未來-宗教的終末論における滅びと望み」, 『未來』(東京大學出版會), 2002, 213쪽에서 『의례』의 喪服, 사상례, 旣夕, 士虞禮를 분석하여 死者儀禮의 전체적인 구조가 複葬의 구조와 유사하였다고 지적하고 있다. 이상은 關根英行, 「상제례의 기원과 複葬-유교 사자의례의 상징인류학적 연구-」, 『아세아문화연구』 11, 2006, 62~64쪽에서 재인용.

598) 敬順王立 (…) 爲甄萱所擄卽位 擧前王屍 殯於西堂 與群下慟哭 上謚曰景哀 葬南山蟹目嶺 太祖遣使弔祭 (『삼국사기』 12, 신라본기12, 경순왕 즉위년). 경애왕이 빈전인 西堂과 관련해서 양정석, 「신라 궁궐구조에 대한 시론」, 『한국사연구』 119, 2002, 11쪽 및 23쪽 ; 이근직, 「신라의 상장례와 능원제도」, 『신라 왕경인의 삶-신라문화제학술논문회논문집28』, 2007, 213~214쪽 참고.

599) 死有棺斂 葬送起墳陵 王及父母妻子喪 居服一年.

600) 死有棺斂 葬起墳飾陵 王及父母妻子喪 持服一年 (『隋書』 81, 동이열전46, 신라).

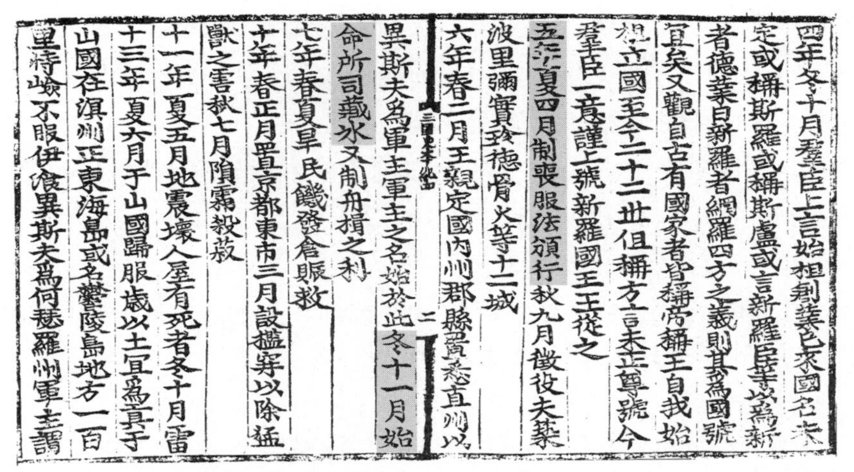

四年冬十月羣臣上言始祖創業已來國名未
定或稱斯羅或稱斯盧或言新羅臣等以爲新
者德業日新羅者網羅四方之義則其爲國號
宜矣又觀自古有國家者皆稱帝稱王自我始
祖立國至今二十二世但稱方言未正尊號今
羣臣一意謹上號新羅國王王從之
五年夏四月制喪服法頒行秋九月徵役夫築
波里彌實珍德骨火等十二城
六年春二月王親定國內州郡縣置悉直州以
三國史記卷四 二
異斯夫爲軍主軍主之名始於此冬十一月始
命所司藏氷又制舟楫之利
七年春夏旱民饑發倉賑救
十年春正月置京都東市三月設檻穽以除猛
獸之害秋七月隕霜殺菽
十一年夏五月地震壞人屋有死者冬十月雷
十三年夏六月于山國歸服歲以土宜爲貢于
山國在溟州正東海島或名鬱陵島地方一百
里恃險不服伊飡異斯夫爲何瑟羅州軍主謂

『삼국사기』 지증왕 5년과 6년 기사 지증왕 5년에는 상복법이 반행되었고 동왕 6년에 얼음을 저장하게 하였다고 한다.

신라에서는 지증왕 5년(504)에 상복법을 제정하고 시행하였으며 동왕 6년에 담당 관청에 명하여 얼음을 저장하게 하였다[602]고 한다. 고대 중국에서 얼음의 사용은 제사용 술을 차갑게 하기 위한 기능과 殯에서 사용하는 기능이 있다고 한다.[603] 이 점을 염두에 둔다면 지증왕 6년의 얼음 사용은 신라에서도 빈이 행해지기 시작했음을 말해주는 것으로 여겨진다.[604] 따라서 棺斂은 습－소렴－대렴－빈을 말하는 것으로 볼 수 있을 것이다.

한편 사료 D를 보면 棺斂을 하고 '葬送起墳陵'했다고 한다. 葬送은 '시신을 매장할 곳으로 보내다'라는 뜻으로, 시신을 매장하는 곳은 墳陵, 무덤이다.

---

601) 장인성, 앞 논문, 2000a, 153~154쪽 ; 채미하, 「한국 고대의 죽음과 喪·祭禮」, 『한국고대사연구』 65, 2012a, 50~51쪽도 참고.

602) 五年 四月 制喪服法頒行 (…) 六年 冬十一月 始命所司藏氷 (『삼국사기』 4, 신라본기4, 지증마립간 5년·6년).

603) 林巳奈夫, 『中國古代の生活史』, 1992(이남규 역, 『고대 중국인 이야기』, 1998, 80쪽). 당 상장령 22조[開25]를 보면 "諸職事官三品以上 散官二品以上 暑月薨者 給氷"이라고 한다.

604) 노중국, 「신라 중고기 유학 사상의 수용과 확산」, 『대구사학』 93, 2008, 6~13쪽. 한국 고대 빈과 관련된 내용은 채미하, 앞 논문, 2012a, 50~53쪽 참고.

이로 볼 때 습-소렴-대렴-빈을 한 이후 장례 절차에 따라 무덤 축조가 이루어졌음을 알 수 있다. 사료 B-3)에서 문무왕은 자신이 임종한 뒤 10일이 되면 바로 庫門의 外庭에서 西國의 의식에 따라 화장하라고 유언을 남기고 있다. 최초로 화장을 한 왕은 문무왕으로 이후 신라에서 화장을 한 왕들도 있었지만,[605] 대부분의 왕들은 무덤을 축조하였다.

신라에서는 지증왕 3년에 순장이 금지되었으며[606] 6세기 전반에는 적석목곽분 대신 횡혈식 석실분이 나타나는데, 이것은 묘제 자체만의 변화가 아니라 장례의 간소화를 의미하는 박장고분이었다.[607] 사료 B-2)에서 무덤의 치장을 간소하게 하라는 문무왕의 유조는 이와 관련지어 이해해 볼 수 있다. 당시 무덤 축조와 관련해서는 다음이 주목된다.

E. (…) 신문왕이 돌아가심에 이르러 효소왕이 즉위하여 山陵을 닦고 장사지내는 길을 손질하였는데[修山陵 除葬路], 정공의 버드나무가 길을 가로 막아 有司가 베어 버리려 하였다. 정공이 화를 내며 말하기를, "차라리 내 머리를 벨지언정 이 나무는 베지 못한다"라고 하였다. 유사가 이를 아뢰니 왕이 크게 노하여 司寇에게 명해 말하기를 "정공이 王和尙의 神術을 믿고 장차 불손한 일을 도모하려 하여, 왕명을 업신여기고 거역해서 자기 머리를 베라고 말했으니, 마땅히 좋아하는 바에 따를 것이다"라고 하였다. 이에 그를 주살하고 그 집을 묻어버렸다. 조정에서 의논하기를 "왕화상과 정공이 매우 친하여 당연히 꺼리고 싫어함이 있을 것이니 마땅히 먼저 그를 도모해야 할 것입니다"라고 하였다. (…)[608](『삼국유사』 5, 神呪6, 惠通降龍)

---

605) 『삼국사기』에는 문무왕 외에 효성왕, 선덕왕, 원성왕이, 『삼국유사』 왕력에는 진성왕, 효공왕, 신덕왕, 경명왕이 화장을 했고 유해처리 방식은 散骨 또는 藏骨이었다. 이 중 원성왕의 경우는 장법으로는 화장을 택하였지만, 숭복사 비문과 『삼국유사』 왕력과 기이에서 확인되듯이 왕릉을 조영하였다.

606) 春二月 下令禁殉葬 前國王薨 則殉以男女各五人 至是禁焉(『삼국사기』 4, 신라본기4, 지증마립간 3년).

607) 최병헌, 「신라의 성장과 신라 고분문화의 전개」, 『한국고대사연구』 4, 1991, 166~168쪽. 이상은 채미하, 앞 논문, 2012a, 47쪽.

608) (…) 及神文王崩 孝昭卽位 修山陵 除葬路 鄭氏之柳當道 有司欲伐之 恭恚曰 寧斬我頭 莫伐此樹 有司奏聞 王大怒 命司寇曰 鄭恭恃王和尙神術 將謀不遜 侮逆王命 言斬我頭

사료 E를 보면 신문왕이 죽자 효소왕이 산릉을 닦고 장사지내는 길을 만드는데, 정공이 이에 대해 반발하자 효소왕은 司寇, 법관에게 정공의 머리를 베게 하였다고 한다. 우선 여기에서 山陵은 天子의 무덤을 뜻하며 秦代에는 山, 漢代에는 陵이라 했으며[609] 산릉 조성을 거스르는 행위는 唐律에 따르면 "十惡 가운데 謀大逆"에 해당한다.[610]

사료 E에서 왕이 죽으면 '修山陵 除葬路'한 것은 무덤 축조와 관련된 일련의 과정을 말하며, 이와 관련하여 충돌이 있으면 율령에 입각하여 처리하였음을 알 수 있다. 다음도 관심을 끈다.

F. 가을 7월 1일에 이르러 사저의 正寢에서 죽으니 향년 79세였다. 대왕이 부음을 듣고 크게 슬퍼하였다. 1) 부의로 고운 빛깔의 비단 1천 필과 租 2천 섬을 주어 喪事에 사용하도록 하였고, 2) 군악대의 북 치고 피리 부는 사람 1백 명을 보냈다. 3) 나아가 金山原에 장사지냈고 담당 관서에 명하여 비를 세워 공적과 명예를 기록하게 하였다. 4) 또한 民戶를 정하여 묘를 지키게 하였다.[611](『삼국사기』 43, 열전3, 김유신(하))

사료 F에 따르면 김유신이 죽자 문무왕은 1) 부의로 고운 빛깔의 비단 1천 필과 租 2천 섬을 내려 상례에 사용하도록 하였고[612] 2) 軍樂鼓吹 1백 명을 주어 장사지내게 했으며 3) 비를 세워 공적과 명예를 기록하였고 4) 民戶를 정하여 묘를 지키도록 하였다고 한다.[613]

宜從所好 乃誅之 坑其家 朝議 王和尙與恭甚厚 應有忌嫌 宜先圖之 (…).

609) 양관 지음, 장인성·임대희 옮김, 『중국역대陵寢제도』, 서경, 2005, 24~26쪽.

610) 한국법제연구원, 『譯註唐律疏議』 名例編, 1997, 109쪽.

611) 至秋七月一日 薨于私第之正寢 享年七十有九 大王聞訃震慟 1) 贈賻彩帛一千匹租二千石 以供喪事 2) 給軍樂鼓吹一百人 3) 出葬于金山原 命有司立碑 以紀功名 4) 又定入民戶以守墓焉.

612) 諸職事官薨卒 文武一品賻物二百段 粟二百石 (…) (당 상장령 8조).

613) 문무왕 13년 김유신 사후의 일련의 상장례는 당의 상장령을 토대로 한 것이다(나희라, 「고대의 상장례와 생사관」, 『역사와 현실』 54, 2004, 181~182쪽 : 앞 책, 2008, 112쪽).

김유신묘 『삼국유사』에 의하면 "김유신 장군을 흥무대왕으로 추봉하였는데, 그 능은 西山 毛只寺 東向한 산봉에 있다"고 하였다.

우선 F-4)에 보이는 수묘인과 관련해서 광개토왕은 선조 왕들이 遠近의 舊民들을 데려다가 무덤을 지키게는 하였지만(1)), 능묘에 석비를 세우지 않아 수묘인 연호들이 섞이게 되었다고 하면서 비를 세워 연호를 착오 없게 하라고 하였다(2)).[614] 이로 볼 때 고구려 초기부터 수묘제가 있었던 것을 알 수 있는데, 신대왕이 명림답부를 위해 수묘 20가를 두었다는 기록[615]이 있다. 당시의 수묘인이 중국 수묘인 제도의 영향인지는 알 수 없지만, 광개토왕이 역대 왕릉과 자신의 능에 수묘인을 둔 것은 중국 상장령과 관련있을 것이다.[616]

---

614) 1) 國罡上廣開土境好太王 存時教言 祖王先王 但教取遠近舊民 守墓洒掃 吾慮舊民轉當羸劣 (…) 2) 自上祖先王以來 墓上不安石碑 致使守墓人烟戶差錯 唯國罡上廣開土境好太王 盡爲祖先王 墓上立碑 銘其烟戶 不令差錯 (「광개토왕릉비문」).

615) 秋九月 國相荅夫卒 (…) 乃以禮葬於質山 置守墓二十家 (『삼국사기』 16, 고구려본기4, 신대왕 15년).

616) 노중국, 앞 논문, 1979, 156~157쪽 ; 김현숙, 「광개토왕비를 통해 본 고구려 수묘인의 사회적 성격」, 『한국사연구』 65, 1989 ; 조법종, 앞 논문, 1995.

광개토대왕릉비와 탁본 광개토대왕릉비문은 크게 세 부분으로 구성되어 있으며, 제3부는 묘를 관리하는 수묘인에 관한 내용이 기술되어 있다.

그리고 광개토왕은 그 곳에 묘비를 세우도록 하였다. 중국에서 묘비를 세우기 시작한 것은 수대 이후부터로 보인다.[617]

신라에서는 눌지왕 19년(435)에 역대왕릉을 정비하지만, 당시에는 수묘인을 두지 않았다.[618] 반면 문무왕 4년(664)에 제왕능원에 백성 20호씩을 이주시켰다고 하며[619] 태종무열왕릉비가 세워졌다. 김유신 사후의 상장례는 당의 상장령을 토대로 한 것이다.[620] 이처럼 문무왕대의 수묘인[621]과 비의 건립[622]은

617) 仁井田陞, 앞 책, 1933, 834쪽.

618) 二月 修葺歷代園陵(『삼국사기』 3, 신라본기3, 눌지마립간 19년).

619) 二月 命有司徙民於諸王陵園 各二十戶(『삼국사기』 6, 신라본기6, 문무왕 4년).

620) 나희라, 앞 책, 2008, 112쪽.

621) 諸諸陵 皆置留守 領甲士與陵令 相知巡警 左右兆域內 禁人無得葬埋 古墳則不毁 (당

중국 喪葬令의 영향으로 이해된다. 이것은 이후 중신들에게 적용되었는데, 김양이 죽자 賻儀와 葬禮를 김유신의 舊例에 따르도록 한데서 알 수 있다.[623)]

『삼국사기』 제사지 신라조에는 신라의 '宗廟之制', 조상제사제도로 시조묘와 신궁, 오묘가 나온다. 이 중 신라의 오묘제는 늦어도 신문왕대에는 시정되었다고 할 수 있는데, 신문왕 7년(687) 4월 오묘에 태조대왕과 신문왕의 고조인 진지대왕, 증조인 문흥대왕, 祖인 태종대왕, 考인 문무대왕의 신위가 모셔진 데서 알 수 있다. 이러한 시정오묘제는 혜공왕대 개정되었고 여기에는 태조대왕 대신 미추왕이 오묘의 수위에 모셔졌으며 태종대왕과 문무대왕의 신위는 '不毁之宗'으로 하였고 직계 2조의 신위를 모셨다. 혜공왕대의 개정오묘제는 애장왕 2년(801)에 태종대왕과 문무대왕의 신위가 別立되고 시조대왕과 애장왕의 고조·증조·祖·考의 직계 4조를 모시는 오묘로 바뀌었는데, 이는 更定오묘제라고 할 수 있다.[624)]

이와 같은 신라 중대 이후에 보이는 오묘제는 신라 사회에서 祔廟가 이루어졌음을 알려준다. 부묘는 先王의 神位(위패, 신주)를 종묘에 모시는 것으로,[625)] 공식적으로 국휼 기간이 끝나고 왕과 신료들이 슬픔에서 벗어나 일상의 평화로움으로 돌아가는 전환점이었다. 「개원례」 품관의 상례 절차를 보면 부묘가 있으며, 고려 흉례 항목에는 祔太廟儀가 있고 국휼조에는 현종, 예종, 왕태후 任氏, 신종, 고종, 충혜왕, 충정왕 등의 부묘 기사가 수록되어 있다. 조선의 경우 禫祭 후 시향제 때 부묘하였다. 이들의 공통점은 국상 절차 중 맨 마지막에 부묘를 행하고 있다는 사실이다.[626)]

『의례』에는 상례를 크게 殯을 중심으로 한 예[士喪禮]와 葬을 중심으로

상장령 1조).

622) 諸碑碣 其文須實錄 不得濫有褒飾 五品以上立碑 (…) 七品以上 立碣 (…) (당 상장령 20조).

623) 『삼국사기』 44, 열전4, 김양.

624) 이상의 오묘제와 관련해서는 채미하, 『신라 국가제사와 왕권』, 혜안, 2008, 제3장~제4장 참고.

625) 錢玄·錢興奇 編著, 앞 책, 1998, 578~579쪽(祔).

626) 이현진, 앞 논문, 2011, 72쪽.

한 예[旣夕禮], 장부터 祭까지의 예[士虞禮]로 나눈다.[627] 이러한 과정은 「개원례」 품관들의 상례와 고려와 조선의 국휼과정인 喪(殯)－葬(산릉조성)－祭(부묘)에서도 알 수 있다. 신라의 국휼 역시 선왕의 빈이 이루어졌고 이후 장례 절차에 따라 무덤이 축조되었으며 부묘가 거행되었다. 이와 같은 국휼 절차에서 신왕의 즉위례는 선왕의 죽음에 대한 혼란을 잠재웠으며 그와 관련된 통치의례는 新王의 통치권 장악과 밀접한 관련을 가졌을 것이다. 이에 대해서는 다음에서 살펴보기로 한다.

3. 신왕의 卽位禮와 統治儀禮

사료 B-1)에서 문무왕은 왕 21년(681) 유조에서 '종묘의 주인은 잠시도 비울 수 없으니, 태자는 바로 柩前에서 왕위를 잇도록 하라'고 하였다. 한국 고대에 선왕의 유조로 신왕이 즉위하기도 하였다.[628] 하지만 구전 즉위와 관련한 유조는 문무왕의 경우만 보인다. 이와 같은 구전 즉위는 앞에서 살펴보았듯이, 『尙書』 顧命과 康王之誥에 보인다. 여기에 따르면 주 강왕은 성왕의 고명(임금의 유조)에 따라 구전에서 즉위하였다.[629] 한 무제는 구전 즉위를 받아들였으며 무제 사후 소제는 이것을 거행하였고 후한시대에 이것이 확립되어 남조에서도 계승하였다.[630] 이러한 구전 즉위는 당일 즉위였으며, 그 과정은 『後漢書』 禮義志 大喪에서 알 수 있다.[631]

그런데 당 태종의 경우 유조를 통해 황태자는 구전에서 황제의 자리에 즉위하라고 하였다.[632] 고종은 태종이 죽은 2달 후에 구전에서 즉위하였다.[633]

627) 유교사전편찬위원회, 앞 책, 1990, 1315쪽(장송의례).

628) 신라의 경우 유리왕의 遺訓, 탈해왕의 顧命, 조분왕의 遺言, 문무·문성왕의 遺詔, 선덕왕의 下詔, 정강·진성왕의 謂○○이 보인다.

629) 胡戟 撰, 『中華文化通志-禮儀志』, 上海人民出版社, 1998, 360쪽.

630) 장인성, 앞 논문, 2000b, 155~158쪽.

631) 나희라, 앞 논문, 2002, 6~7쪽 참고.

632) 宗社存焉 不可無主 皇太子卽於柩前 卽皇帝位(『全唐文』 9, 태종 유조). 다음도 주목된다. (大曆十四年) 五月癸卯(3) 上不康 至辛亥 不視朝 (…) 辛酉(21) 詔皇太子監國 是夕

덕종은 정월 계사(13일)에 선정전에서 구전 즉위와 관련된 유조를 반포하였으며, 이날 회녕전에서 죽었다. 갑오(24일)에 神柩를 태극전에 옮겼으며, 병신(26일)에 황태자가 즉위하였다.[634] 이처럼 당에서는 유조로 구전 즉위가 반포되었지만, 황제가 죽은 당일에 즉위하지 않았으며 선황의 빈전이 설치된 이후 즉위하였다. 따라서 당 황제의 즉위는 유조에 의한 1차 즉위와 빈전이 설치되고 난 이후에 이루어지는 2차 즉위로 이루어졌다고 한다.[635]

사료 B-1)을 보면 문무왕은 7월 1일에 유조로 구전 즉위를 명하였고, 신문왕은 7월 7일에 왕위를 계승하였다.[636] B-3)에서 신라 문무왕은 "屬纊 후 10일 후에 바로 庫門의 外庭에서 西國의 의식에 따라 火葬하라"고 하였다. 속광은 사람의 臨終 때 햇솜인 纊을 입과 코에 대어 숨의 유무를 알아보는 것이다.[637] 그리고 문무왕은 임종 후 10일 후에 화장하라고 하였다. 이로 볼 때 문무왕의 장례는 문무왕이 임종한 후 10일 후에 치려졌을 것이다. 그러하다면 신문왕은 문무왕이 임종한 후에 관렴, 즉 습－소렴－대렴－빈을 한 이후 장례를 지냈다고 볼 수 있다. 따라서 신문왕은 문무왕이 죽자 유조에 따라 우선 구전즉위를 하였고 문무왕의 시신을 빈전에 모신 후 실질적인 2차 즉위를 하지 않았을까 한다.

이와 같이 생각할 수 있다면 신문왕의 즉위는 당 즉위례의 형식이 신라에 들어와 적용된 것으로 볼 수 있을 것이다.[638] 유조에 따른 구전 즉위가 依例的인

上崩于紫宸之內殿 遺詔皇太子柩前卽位 壬戌(22) 遷神柩于太極殿 發喪(『舊唐書』 11, 본기11, 대종).

633) (貞觀) 二十三年 太宗有疾 詔皇太子聽政於金液門 四月 從幸翠微宮 太宗崩 以羽檄發六府甲士四千 衛皇太子入于京師 六月甲戌 卽皇帝位于柩前 大赦 賜文武官勳一轉 民八十以上粟帛 給復雍州及比歲供軍所一年 癸未 長孫無忌爲太尉癸巳檢校洛州刺史李勣爲開府儀同三司參掌機密(『新唐書』 3, 본기3, 고종).

634) (貞元) 二十一年春正月辛未朔 御含元殿受朝賀 (…) 癸巳 會群臣於宣政殿 宣遺詔 皇太子宜於柩前卽位 是日 上崩於會寧殿享壽六十四 甲午 遷神柩於太極殿 丙申 發喪 群臣縞素 皇太子卽位(『舊唐書』 13, 본기13, 덕종하).

635) 胡戟·劉后濱, 앞 책, 2013, 169쪽 및 240~241쪽.

636) 『삼국유사』 2, 기이2, 만파식적.

637) 『禮記』 喪大記.

신문왕릉과 神文王陵銘文護石(위) 신문왕은 죽은 뒤 낭산 동쪽에 장사지냈다고 한다. 그리고 신문왕릉 호석의 남쪽 支持石의 사면에 해서체의 '門'자가 음각되어 있다. 羨門의 위치를 표시한 것으로 여겨진다. 『문자로 본 신라』(국립경주박물관, 2002)

것으로 상징성을 띤다면 빈전이 설치되고 난 이후의 2차 즉위는 실질적인 의미를 지닌다고 할 수 있는 것이다. 이와 같은 문무왕의 구전 즉위와 관련된 유조와 신문왕이 선왕의 빈전을 마련한 후 행한 즉위례는 이후 의례화되었을 것이다.

경순왕은 즉위하고 난 이후에 선왕인 경애왕의 빈전을 마련하였다. 경순왕이 경애왕의 빈전을 마련한 후 2차 즉위를 했는지의 여부는 알 수 없지만, 선왕이

638) 나희라는 앞 논문, 2002, 14쪽에서 문무왕이 구전 즉위를 하라는 유조는 중국 즉위례의 영향이라고 하였다. 필자는 신문왕이 구전에서 1차 즉위를 하였고 이후 실질적인 즉위를 하였다고 보았다. 이와 같은 문무왕의 유조와 신문왕의 즉위는 당시 진행되고 있었던 중국 예제의 수용과 밀접한 관련을 가지고 있는데, 이것이 지니는 정치적인 의미에 대해서는 채미하, 「신라의 오묘제 '시정'과 신문왕권」, 『백산학보』 70, 2004 : 『신라 국가제사와 왕권』, 혜안, 2008, 139~170쪽 참고. 한편 원성왕이 왕 14년(798) 12월 29일에 사망하자, 소성왕은 그 다음해에 즉위하였다. 소성왕의 즉위 해와 원성왕의 죽은 해가 다른 것은 유월칭원에 따른 것으로, 소성왕은 원성왕이 죽자 우선 구전에서 즉위하였고 원성왕의 빈전을 마련한 후에 2차 즉위를 하였을 것이다.

죽자 바로 구전에서 즉위한 것으로 여겨진다. 고려 혜종이 943년 태조의 유명에 따라 5월 29일 內議省 문 밖에서 태조가 죽은 당일에 왕위에 오르고 6월 3일에 태조의 빈전을 마련하고 있음도 참고된다.[639]

한편 고려 문종은 정종이 죽자 빈전을 마련하고, 구전에서 선왕이 죽은 당일에 즉위하였다.[640] 숙종은 왕태자에게 구전에서 즉위하라는 유조를 내렸고,[641] 예종은 숙종이 죽은 당일에 빈전을 마련한 이후 왕위에 올랐다.[642] 이처럼 고려의 경우 혜종을 제외하고는 선왕들은 구전 즉위를 유조로 남기고 있으며, 신왕은 선왕의 빈전을 설치하고 당일에 즉위하였다.[643]

한국 고대에는 고구려 동천왕이 왕 22년(248) 9월에 죽자, 중천왕이 가을 9월에 즉위하였다. 신라 태종무열왕은 왕 8년(661) 6월에 죽었는데, 문무왕 원년 6월에 첫 기사가 보인다. 따라서 문무왕은 선왕이 죽은 그 달에 즉위하였음을 알 수 있다. 이와 같이 한국 고대 신왕의 즉위는 선왕이 죽은 당월에 즉위한 사실은 확인되지만, 고려의 경우처럼 당일 즉위인지는 알 수 없다.

하지만 신라 문무왕의 유조에서 알 수 있듯이 종묘의 주인인 국왕의 자리는 잠시라도 비워둘 수 없는 자리였다. 때문에 신문왕 이전에도 신왕의 즉위는 선왕이 죽은 당일 내지는 얼마 있지 않은 시기가 아니었을까 한다.[644] 그리고 신문왕 이후부터는 유조에 따른 1차 즉위와 선왕의 빈이 시행된 이후의 2차

---

639) 『고려사』 64, 지18, 예6, 흉례 國恤 및 『高麗史』 7, 세가7, 문종 총서.

640) 『고려사』 6, 세가6, 정종 12년.

641) 『고려사』 12, 세가12, 숙종 10년 10월 2일.

642) 『고려사』 64, 지18, 예6, 흉례 國恤.

643) 당일 즉위가 아닌 경우를 보면 성종, 선종, 강종이 대표적이다(『고려사』 64, 지18, 예6, 흉례 國恤).

644) 문무왕이 태자에게 柩前에서 왕위를 계승하라는 당부는 본래 신왕의 즉위가 선왕의 喪葬이 모두 끝난 후에 치러졌음을 보여주는 것이라고 하였다(권오영, 2000, 앞 논문, 13쪽). 하지만 필자는 신문왕 이전 역시 신왕의 즉위는 선왕의 상장이 끝나기 전에 있었다고 본다. 『삼국사기』에 따르면 신라 첨해이사금이 왕 15년(261) 12월 28일에 죽자 미추왕이 그 다음해 왕위에 즉위하였고, 고구려 장수왕이 왕 79년(491) 12월에 죽자 그 뒤를 이어 문자명왕이 다음해에 즉위하였다고 한다. 미추이사금과 문자명왕이 선왕의 구전에서 즉위했는지의 여부는 알 수 없지만, 선왕이 죽은 당일 내지는 가까운 시점에 즉위하였으며 그 다음 달에 원년을 칭하였던 것이다.

즉위가 이루어졌다고 생각되는 것이다.

이와 같은 신왕의 즉위는 선왕의 국휼이 끝난 뒤 성대하고 장엄하게 거행된 것이 아니라 모든 사람이 슬픔에 빠져 애도하고 있는 국휼 기간에 이루어졌다. 이것은 국휼이 선왕을 애도하는 것에 그치지 않고 사회관계의 조정을 통해 사회질서를 새롭게 정비하고 창출하는 과정이라는 점을 의미한다. 특히 신왕에 의해 이루어지는 사회관계의 재확립 과정은 바로 새로운 통치자의 출현을 말한다. 때문에 신왕의 즉위는 여러 가지 상징적인 절차를 통해 구현되었다.

중국 고대의 경우 황제 즉위 때 印綬를 양도하였고 군신들의 조하를 받았다. 이것은 일본도 마찬가지였다.[645] 고려 문종은 구전에서 즉위하였는데, 백관이 국새를 받들고 중광전에 나아와 조하하였다고 하며,[646] 선종은 선정전에서 즉위할 때 백관의 조하를 받았다고 한다.[647] 여기에서 국새는 국가의 권리와 정통성을 상징하는 것으로, 왕위의 계승 또는 국가권력 이양의 징표였다. 한국 고대 신왕의 즉위 절차와 관련된 기록은 보이지 않지만, 신왕의 즉위는 중국·일본·고려와 크게 다르지 않았을 것으로 생각된다.[648] 신라 원성왕의 즉위에서 국인이 모두 만세를 불렀다는 것[649]은 중국 황제가 즉위할 때 이루어진 칭호만세와 비교해 볼 수 있다.[650]

한국 고대 신왕은 선왕의 국휼 과정에서 즉위하면서 새로운 권력자로 탄생하였다. 우선 왕위에 오른 신왕은 국휼을 주관하는 주재자로서 그 역할을 하면서 자신의 정통성을 확인하였다. 왕위에 즉위한 신왕은 국휼 기간에 다양한 통치의례를 통해 자신의 왕권을 안정시켰을 뿐만 아니라 통치권도 장악해 나갔다. 중국에서는 신황제의 즉위시에 대사면이나 세금 감면, 관작을 수여하는 포상이

645) 이상은 나희라, 앞 논문, 2002, 6~9쪽 및 14쪽 참고.

646) 『고려사』 12, 세가12, 숙종10년 10월 2일.

647) 『고려사』 10, 세가10, 선종 총서.

648) 胡戟·劉后濱, 『唐代政治文明』, 西安出版社, 2013, 169~170쪽을 보면 당 황제의 즉위례는 '授冊書-授玉寶-換袞冕-受朝賀-受勸誡-第一次發布聖旨'의 순으로 이루어진다고 보았다. 이것은 고려와 조선 마찬가지였을 것이다.

649) 『삼국사기』 10, 신라본기10, 원성왕 즉위년.

650) 胡戟·劉后濱, 앞 책, 2013, 169~170쪽 참고.

제도화되어 행해졌다.[651] 일본 나라시대의 즉위의에서도 敍位, 賜祿, 大赦, 復除, 改元 등을 하였다.[652] 당 고종은 즉위 후 크게 사면하고 文武官의 등급을 올려주고 民 80 이상에게 粟帛을 주는 등 다양한 의례를 행하고 있으며 관리를 임명하기도 하였다.[653]

한국 고대 역시 신왕의 즉위년과 2~3년에 大赦와 관리임명, 復租稅, 賜爵 등의 기사가 보인다.[654] 이 중 대사와 관리임명은 전 시기에 고루 분포되어 있지만, 賜爵이나 세금 감면 등 사회·경제적 포상의 비율은 적다.[655] 즉위교서를 반포하기도 하였으며[656] 先考 등을 추봉하였고 왕비 등을 책봉하기도 하였다. 그렇다면 이와 같은 통치의례가 이루어진 시점은 언제였을까.

『後漢書』 예의지 大喪을 보면 황제는 즉위한 당일에 사면하고 있으며, 당 고종은 즉위 당일뿐만 아니라 이후에도 관리를 임명하였다.[657] 고려 덕종은 1031년 5월 25일에 즉위하였는데, 관리임면은 6월 1일과 3일에 행하였고 20일에는 현종을 장사지냈으며 24일에는 경령전에 참배하였고 27일에 사면하였다.[658] 예종은 1105년 10월 2일에 왕위에 올라 20일에 선왕을 장사지낸 후 왕모의 책봉과 관리 임면·加爵·대사 등을 행하였다.[659]

이처럼 당과 고려에서는 신왕이 즉위하고 난 이후 행한 일련의 통치행위는 즉위 당일에 이루어지기도 하였지만, 즉위한 이후 그리고 선왕의 장례를 치르고도 행해졌다. 한국 고대의 경우는 다음이 주목된다.

---

651) 西嶋定生, 『中國古代帝國の形成と構造』, 東京大學校出版會, 1961, 東京.
652) 石野雅彦, 「古代國家 即位儀－レガリア奉上を中心に」, 『日本古代の國家と祭儀』, 雄山閣, 1996, 90쪽.
653) 주 633 참고.
654) 신왕의 즉위년과 2~3년에 이루어진 통치의례는 신왕의 통치력 장악과 밀접한 관련을 가지고 있다고 생각한다. 때문에 신왕의 즉위와 관련된 통치의례로 보았다.
655) 나희라는 앞 논문, 2002, 13쪽에서 賜爵이나 세금 감면 등 사회적 경제적 포상은 중국의 영향으로 보고 있다.
656) 신문왕이 가장 대표적이며, 문성왕의 경우도 교서를 반포하였다.
657) 주 633 참고.
658) 『고려사』 5, 세가5, 덕종총서 및 『고려사』 5, 세가5, 덕종 즉위년.
659) 『고려사』 12, 세가12, 예종총서 및 『고려사』 12, 세가12, 예종 즉위년.

G-1) ① 대무신왕 27년(44) 겨울 10월에 왕이 죽었다. 대수촌원에 장사지내고 호를 대무신왕이라고 하였다. 민중왕이 國人의 추대로 즉위하였다. (…) 겨울 11월에 크게 사면하였다.[660](『삼국사기』 14, 고구려본기2)

② 산상왕 31년(227) 여름 5월에 왕이 죽었다. 산상릉에 장사지내고 호를 산상왕이라고 하였다.(『삼국사기』 16, 고구려본기4) 동천왕 2년(228) 봄 2월에 왕은 졸본으로 가서 시조묘에 제사지내고 크게 사면하였다.[661](『삼국사기』 17, 고구려본기5)

③ 양원왕 15년(559) 봄 3월에 왕이 죽었다. 호를 양원왕이라고 하였다. 평원왕 2년(560) 봄 2월에 왕은 졸본으로 행차하여 시조묘에 제사지냈다. 3월에 왕은 졸본으로부터 돌아오면서 지나는 주·군의 옥에 갇힌 죄수 중 두 가지 사형죄를 제하고는 모두 풀어주었다.[662](『삼국사기』 19, 고구려본기7)

G-2) ① 책계왕 13년(298) 가을 9월에 漢과 貊人이 來侵하여 王이 出禦하였으나, 적의 군사들에게 해를 입어 죽었다. 분서왕이 (…) 즉위하였다. 겨울 10월에 크게 사면하였다.[663](『삼국사기』 24, 백제본기2)

② 계왕 3년(346) 가을 9월에 왕이 죽었다. 근초고왕 2년 봄 정월에 천신과 지신에게 제사지냈다. 진정을 조정좌평으로 삼았다.[664](『삼국사기』 24, 백제본기2)

③ 아신왕 14년(405) 가을 9월에 왕이 죽었다. 전지왕 2년(406) 봄 정월에 왕이 동명묘에 배알하고 남단에서 천지에 제사지냈으며, 크게 사면하였다.[665](『삼국사기』 25, 백제본기3)

---

660) 大武神王二十七年 冬十月 王薨 葬於大獸村原 號爲大武神王 / 閔中王國人推戴以立之 (…) 冬十一月 大赦.

661) 山上王三十一年 夏五月 王薨 葬於山上陵 號爲山上王 / 東川王二年 春二月 王如卒本 祀始祖廟 大赦.

662) 陽原王十五年 春三月 王薨 號爲陽原王 / 平原王二年 春二月 王幸卒本 祀始祖廟 三月 王至自卒本 所經州郡獄囚 除二死 皆原之.

663) 責稽王十三年 秋九月 漢與貊人來侵 王出禦爲敵兵所害薨 / 汾西王 (…) 卽位 冬十月 大赦.

664) 契王三年 秋九月 王薨 / 近肖古王二年 春正月 祭天地神祇 拜眞淨爲朝廷佐平.

665) 阿莘王十四年 秋九月 王薨 / 腆支王二年 春正月 王謁東明廟 祭天地於南壇 大赦.

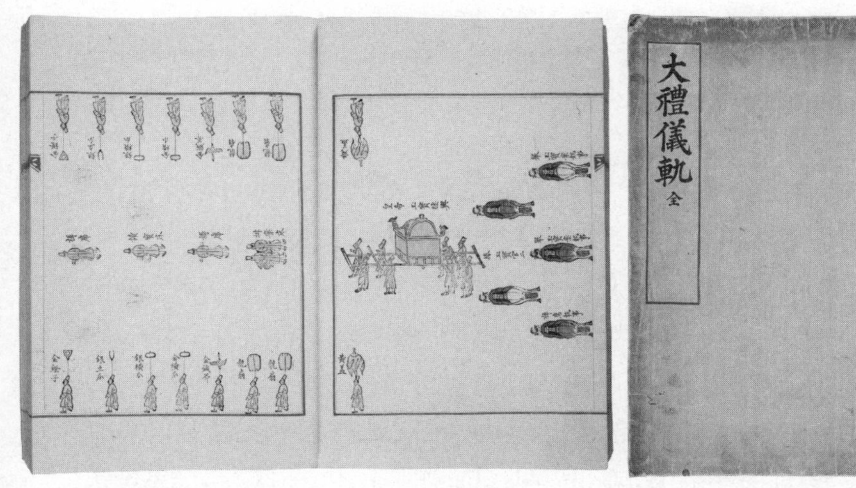

大禮儀軌 1897년 10월 13일 대한제국이 탄생하면서 황제로 등극한 고종의 황제 즉위식을 기록한 의궤이다. 국왕은 대부분 전왕이 사망하여 장례가 진행되는 중에 왕위에 올랐다. 때문에 조선시대 즉위식 관련 의궤로 유일하게 남아있다. 서울대 규장각한국학연구원 제공.

G-3) ① 지마이사금 23년(134) 가을 8월에 왕이 죽었는데, 아들이 없었다. 일성이사금 원년 9월에 크게 사면하였다. 2년(135) 봄 정월에 시조묘에 제사지냈다.[666](『삼국사기』 1, 신라본기1)

② 유례이사금 15년(298) 겨울 12월에 왕이 죽었다. 기림이사금 2년(299) 봄 정월에 장흔을 이찬으로 삼아 내외병마사를 겸하게 하였다. 2월에 시조묘에 제사지냈다.[667](『삼국사기』 2, 신라본기2)

③ 법흥왕 27년(538) 가을 7월에 왕이 죽었다. 시호를 법흥이라 하고, 애공사 북쪽 산봉우리에 장사지냈다. 진흥왕 원년 8월에 크게 사면하고 문무관의 관작은 한 등급씩 올려주었다.[668](『삼국사기』 4, 신라본기4)

④ 진지왕 4년(579) 가을 7월 17일에 왕이 죽었다. 시호를 진지라 하고

---

666) 祇摩尼師今二十三年 秋八月 王薨 無子 / 逸聖尼師今元年 九月 大赦 二年 春正月 親祀始祖廟.

667) 儒禮尼師今十五年 冬十二月 王薨 / 基臨尼師今二年 春正月 拜長昕爲伊湌 兼知內外兵馬事 二月 祀始祖廟.

668) 法興王二十七年 秋七月 王薨 謚曰法興 葬於哀公寺北峯 / 眞興王元年 八月 大赦 賜文武官爵一級.

영경사 북쪽에 장사지냈다. 진평왕 원년 8월에 이찬 노리부를 상대등으로 삼았다. 친동생 백반을 진정갈문왕으로, 국반을 진안갈문왕으로 봉하였다. 2년(580) 봄 2월에 몸소 신궁에 제사지냈다.[669](『삼국사기』 4, 신라본기4)

위의 G를 보면 고구려의 민중왕(1)①), 백제의 분서왕(2)①), 신라의 일성이사금(3)①)과 진흥왕(3)③)은 즉위한 다음 달에 사면하고 있음을 알 수 있다. 이와 같은 사면은 즉위와 관련된 통치의례이다. 신왕들은 선왕이 즉위한 다음 달에 사면뿐만 아니라 다양한 통치의례를 행하였는데, 신라의 기림이사금은 관리 임명을(3)②), 진흥왕은 문무관의 관작을 한 등급 올려주기도 하였고(3)③), 진평왕은 관리를 임명하였을 뿐만 아니라 두 동생을 갈문왕으로 봉하였다(3)④). 고구려의 동천왕(1)②)과 평원왕(1)③), 백제의 전지왕(2)③)의 경우처럼 즉위 다음해에 시조묘 내지는 천지제사를 지내고 사면을 행하기도 하였다. 백제 근초고왕은 즉위 다음해에 천지에 대한 제사를 지내고 관리를 임명하였다(2)②).

이와 같이 한국 고대 신왕의 통치의례는 신왕이 즉위한 이후 다양한 시기에 이루어졌으며, G에서 알 수 있듯이 고구려의 민중왕(1)①), 백제의 분서왕(2)①), 신라 진흥왕(3)③)을 제외하고는 신왕의 통치의례가 종결되는 것은 시조묘(신궁) 내지는 천지신에 대한 제사였다. 친사시조묘(신궁)를 신왕의 2차 즉위의례로 보면서 1차 즉위의인 신왕의 정치적·행정적 즉위를 종교적으로 보장해준 것으로 이해하였다.[670] 하지만 이것은 신왕의 즉위와 관련된 통치의례의 마지막을 장식하는 것으로, 선왕의 국휼이 끝났음을 알려주는 지표로도 볼 수 있을 것이다. 다음도 관심을 끈다.

H. 1) 효소왕 11년(702) 가을 7월에 왕이 죽었다. 시호를 효소라 하고 망덕사

---

669) 眞智王四年 秋七月十七日 王薨 謚曰眞智 葬于永敬寺北 / 眞平王元年 八月 以伊湌弩里夫爲上大等 封母弟伯飯爲眞正葛文王 國飯爲眞安葛文王二年 春二月 親祀神宮.

670) 나희라는 앞 논문, 2002, 4쪽에서 친사시조묘는 신왕 즉위의 일련의 과정을 마무리 짓는 것이라고 하였다.

동쪽에 장사지냈다. 성덕왕 원년 9월에 죄수를 크게 사면하고 문무 관리들에게 관작 한 등급씩을 올려주었으며, 여러 주와 군의 1년간 조세를 면제하였다. 아찬 원훈을 중시로 삼았다. 2년(703) 봄 정월에 몸소 신궁에 제사지냈다.[671](『삼국사기』 8, 신라본기8)

2) 성덕왕 36년(737) 봄 2월에 왕이 죽었다. 시호를 성덕이라 하고 이거사 남쪽에 장사지냈다.(『삼국사기』 8, 신라본기8) 효성왕이 즉위하였다. (…) 크게 사면하였다. 3월에 (…) 이찬 정종을 상대등으로 삼고 아찬 의충을 중시로 삼았다. 3년(739) 봄 정월에 조고묘에 배알하였다.[672](『삼국사기』 9, 신라본기9)

3) 선덕왕 6년(785) 봄 정월 13일에 이르러 죽었다. 시호를 선덕이라 하였다.(『삼국사기』 9, 신라본기9) 원성왕이 즉위하였다. (…) 2월에 고조 대아찬 법선을 현성대왕, 증조 이찬 의관을 신영대왕, 조 이찬 위문을 흥평대왕, 고 일길찬 효양을 명덕대왕으로 추봉하였다. 어머니 박씨를 소문태후로 삼고 아들 인겸을 왕태자로 삼았다. 성덕대왕과 개성대왕의 두 사당을 헐고 시조대왕·태종대왕·문무대왕 및 조 흥평대왕·고 명덕대왕으로써 5묘를 삼았다. 문무백관들의 관작을 한 등급씩 올려주고, 이찬 병부령 충렴을 상대등으로 이찬 제공을 시중으로 삼았다.[673](『삼국사기』 10, 신라본기10)

4) 헌안왕 5년(861) 봄 정월, 이 달 29일에 왕이 죽었다. 시호를 헌안이라 하고 공작지에 장사지냈다. 경문왕 원년 3월에 왕이 무평문에 나가서 크게 사면하였다. 2년 봄 정월에 이찬 김정을 상대등으로 삼고 아찬 위진을 시중으로 삼았다. 2월에 몸소 신궁에 제사지냈다.[674](『삼국사기』 11, 신라

671) 孝昭王十一年 秋七月 王薨 諡曰孝昭 葬于望德寺東 / 聖德王元年 九月 大赦 增文武官爵一級 復諸州郡一年租稅 以阿湌元訓爲中侍 二年 春正月 親祀神宮.

672) 聖德王三十六年 春二月 王薨 諡曰聖德 葬移車寺南 / 孝成王立 (…) 大赦 三月 (…) 以伊湌貞宗爲上大等 阿湌義忠爲中侍 三年 春正月 拜祖考廟.

673) 宣德王六年 春正月 至十三日薨 諡曰宣德 / 元聖王立 (…) 二月 追封高祖大阿湌法宣爲玄聖大王 曾祖伊湌義寬爲神英大王 祖伊湌魏文爲興平大王 考一吉湌孝讓爲明德大王 母朴氏爲昭文太后 立子仁謙爲王太子 毁聖德大王開聖大王二廟 以始祖大王太宗大王文武大王及祖興平大王考明德大王爲五廟 增文武百官爵一級 拜伊湌兵部令忠廉爲上大等 伊湌悌恭爲侍中.

674) 憲安王五年 春正月 是月二十九日薨 諡曰憲安 葬于孔雀趾 / 景文王元年 三月 王御武平門 大赦 二年 春正月 以伊湌金正爲上大等 阿湌魏珍爲侍中 二月 王親祀神宮.

본기11)

5) 진성왕 11년(897) 겨울 12월 을사(4)에 왕이 북궁에서 죽었다. 시호를 진성이라 하고 황산에 장사지냈다.(『삼국사기』 11, 신라본기11) 효공왕이 즉위하였다. (…) 크게 사면하고 문무백관의 관작을 한 등급씩 올려주었다. 2년(898) 봄 정월에 어머니 김씨를 높여 의명왕태후로 삼았다. 서불한 준흥으로 상대등으로 삼고 아찬 계강을 시중으로 삼았다.[675] (『삼국사기』 12, 신라본기12)

위의 H에서 신라 효성왕과 효공왕은 즉위한 그 달에 사면하였고(2)와 5)) 효공왕은 문무백관의 관작을 한 등급씩 올려주기도 하였다(5)). 원성왕은 즉위 다음 달에 관작을 한 등급씩 올려주고 관리를 임명하였다(3)). 성덕왕은 즉위한 지 2달 후에 사면하였고 관작을 올려주고 있으며(1)) 경문왕 역시 사면하였다(4)). 성덕왕(1))과 경문왕(4))의 신궁제사는 통치의례의 마무리로 생각된다.[676] 그런데 효성왕은 통치의례를 조고묘로 마무리하였으며(2)) 원성왕은 관작을 한 등급 올려주고 관리를 임명하기에 앞서 증조·고조·조·고를 추봉하고 오묘를 개정하였다(3)).[677]

고구려 고국양왕 9년에 國社를 세우고 宗廟를 정비[修]하였다고 한다. 『周書』를 보면 백제에서는 시조 구태묘에 1년에 4번 제사지낸다고 한다. 구태에 대해서는 여러 견해가 있지만, 구태묘는 왕실의 직계 시조인 구태에 대한 제사로 이해하고 있다. 신라의 오묘제는 늦어도 신문왕대에는 시정되었고 혜공왕대 개정되었으며 애장왕대 更定되었다고 하였고 신왕들은 왕위에 즉위하면서 선왕을 종묘에 부묘하였다고 하였다.[678] 이와 같은 선왕의 신위를

---

675) 眞聖王十一年 冬十二月乙巳 王薨於北宮 謚曰眞聖 葬于黃山 / 孝恭王立 (…) 大赦增文武百官爵一級 二年 春正月 尊母金氏爲義明王太后 以舒弗邯俊興爲上大等 阿飡繼康爲侍中.

676) 애장왕, 헌덕왕의 예에서도 알 수 있다.

677) 한편 소성왕이 왕 2년(800) 6월에 사망하자 애장왕이 그 해 7월에 이름을 바꾸었고, 왕 2년 2월에 오묘제를 更定하였다.

678) 고구려·백제·신라의 종묘(오묘)에 대해서는 채미하, 앞 논문, 2012a, 62~65쪽 참고.

대묘에 봉안하는 부묘는 국휼의 마지막 단계로, 흉례가 완전히 끝남을 의미한다.679)

고구려 보장왕은 왕 2년(643) 봄 정월에 아버지를 왕으로 봉하였고, H-3)에서 신라 원성왕은 왕의 직계 4조를 추봉하였다. 이것은 한국 고대에 중국의 제사제도인 종묘제가 수용됨으로써 직계 조상을 모신 오묘제가 통치의례의 하나로 자리잡아 갔음을 보여주는 것이다. 하지만 H-1)·4)를 보면 친사신궁이 국휼의 마지막을 장식하기도 하였다. 고구려에서 종묘가 정비되고 난 이후인 안장왕·평원왕·건무왕이 지낸 시조묘제사 역시 이것으로 이해할 수 있을 것이다. 이로 볼 때 한국 고대의 부묘는 고려·조선의 부묘와는 구별된다고 할 수 있다.

이상에서 문무왕의 유조에 따라 왕위에 오른 신문왕은 유조에 따른 1차 즉위인 구전 즉위와 빈이 시행된 이후의 2차 즉위를 행하였고 이후에는 의례화되었다고 하였다. 그리고 신왕은 즉위한 당일 내지는 선왕의 장례가 끝난 이후에 대사와 관리임명 등 다양한 통치의례를 행하였다. 이러한 신왕의 통치의례 중 '친사시조묘(신궁)'는 국휼을 마지막으로 장식하였다. 하지만 신라에 종묘제가 수용된 이후에는 선왕의 신위를 종묘에 모시는 부묘가 그 자리를 차지하기도 하였다.

---

679) 부묘와 관련해서는 채미하, 「신라 흉례의 수용과 그 의미」, 『한국사상사학』 42, 2012b, 50~58쪽 참고.

제3장 儀禮, 정치와 사회를 말하다

제1절 흥덕왕대의 정치와 의례

1. 흥덕왕 9년의 敎와 개혁정치

흥덕왕은 왕 9년(834)에 敎를 내렸다. 이와 관련해서 다음 사료가 주목된다.

> A. 흥덕왕 즉위 9년, 太和 8년에 敎를 내려 말하였다. "1) 사람은 上下가 있고, 지위는 尊卑가 있어 명칭과 법칙이 같지 않고 의복 역시 다르다. 2) 풍속이 점차 각박해지고 백성들이 서로 다투어 사치와 호화를 일삼아서, 다만 신이하고 진기한 물품을 숭상하고 도리어 토산품의 鄙野한 것을 싫어하니 3) 예의가 무시되는 지경에 빠지고 풍속은 쇠퇴하여 없어지는 데까지 이르렀다. 4) 舊章에 따라 감히 밝은 명령을 펴니, 만일 일부러 범하는 자가 있으면 나라에는 常刑이 있다."[1](『삼국사기』 33, 잡지2, 색복)

사료 A의 내용은 1) 사람은 上下가 있고, 지위는 尊卑가 있어 명칭과 법식이 같지 않고 의복도 다르다. 2) 그런데 풍속이 점점 각박하고 백성들이 다투어 사치와 호화를 일삼고, 다만 외래품의 진기한 것만을 숭상하고 도리어 국산품의 鄙野한 것을 싫어한다. 3) 그리고 예절이 어긋나고 풍속이 파괴되기에 이르렀다. 4) 따라서 舊章에 따라 명을 베푸니, 만일 일부러 범하는 자가 있으면 나라에는 常刑이 있다라고 하였다.

이와 같은 흥덕왕 9년에 내려진 교는 『삼국사기』 色服조 부분에 기술되어 있다. 하지만 이것은 색복에만 해당하는 것은 아니었을 것이다. 『삼국사기』 색복조를 비롯하여 車騎·器用·屋舍조의 4개 항목은 진골에서 평인(백성)에

---

1) 興德王卽位九年 太和八年 下敎曰 1) 人有上下 位有尊卑 名例不同 衣服亦異 2) 俗漸澆薄 民競奢華 只尙異物之珍寄 却嫌土産之鄙野 3) 禮數失於逼僭 風俗至於陵夷 4) 敢率舊章 以申明命 苟或故犯 國有常刑.

遠文史缺落其制不可僂數但粗記其可見云爾
法興王制自太大角干至大阿湌紫衣阿湌至
級湌緋衣並牙笏大奈麻奈麻青衣大舍至先
沮知黃衣
伊湌迊湌錦冠波珍湌大阿湌衿荷緋冠上堂
大奈麻赤位大舍組纓
興德王即位九年大和八年下敎曰人有上下
位有尊卑名例不同衣服亦異俗漸澆薄民競
奢華只尚異物之珍奇却嫌土産之鄙野禮數
三國史記卷三十三 二
失於逼僭風俗至於陵夷敢率舊章以申明命
苟或故犯固有常刑
眞骨大等幞頭任意表衣半臂袴並禁罽繡錦
羅腰帶禁研文白玉靴禁紫皮靴帶禁隱文白
玉襪任用綾已下履任用皮絲麻布用二十六
升已下
眞骨女表衣禁罽繡錦羅內衣半臂袴襪履並
禁罽繡羅裱禁罽及繡用金銀絲孔雀尾翡翠
毛者梳禁瑟瑟鈿玳瑁釵禁刻鏤及綴珠冠禁

『삼국사기』 흥덕왕 9년의 敎 내용 일부 흥덕왕은 재위 9년(834)에 敎를 내려 일상생활의 여러 가지를 골품에 따라 규제하였다.

이르는 각 신분의 금제로 이루어져 있고, 모두 같은 방식으로 기록되어 있다. 따라서 4개 항목의 주된 전거자료는 흥덕왕 9년에 발표한 교의 내용으로 추정할 수 있다.[2] 나아가 『삼국사기』 편찬자들이 교의 내용을 분류하여 잡지의 색복·거기·기용·옥사 등 4개 항목으로 분류·재정리한 것으로 볼 수도 있다.[3]

이와 같이 생각할 수 있다면 색복·거기·기용·옥사 4개 항목은 흥덕왕 9년에 내려진 교로 여길 수 있다. 색복의 내용은 최상위인 왕을 제외하고 진골대등, 6두품, 5두품, 4두품, 평인 남·녀 각 5계층으로 나누어 禁하는 것과 다만 사용할 것[只用]·사용하지 말 것[不用]을 자세하게 열거하였다.[4] 거기·기용·옥사의 내용은 탈 것·사용하는 기물·집 등에 대해 신분에 따라 사용해야 할 것과 하지

2) 武田幸男, 「新羅骨品制の再檢討」, 『東京大學東洋文化研究所紀要』 67, 1975b, 116~126쪽.

3) 이문기, 「『삼국사기』잡지의 구성과 전거자료의 성격」, 『한국고대사연구』 43, 2006, 211쪽.

4) 『삼국사기』 33, 잡지2, 거기 및 김동욱, 「삼국사기 색복조의 신연구」, 『삼국사기 지의 신연구』(신라문화제학술발표회논문집2), 1991 ; 박남수, 「신라의 의생활과 직물생산」, 『한국고대사연구』 64, 2011 등.

말아야 할 것을 열거하였다. 우선 거기에서 車는 진골·6두품·5두품 3계층으로 나누어 구분하였고 騎는 진골·6두품·5두품·4두품에서 백성까지 남·녀 각 4계층으로 나누어 금하는 것과 허용하는 품목을 각각 다르게 규정하였다.[5)]

기용은 진골, 6두품과 5두품, 4두품에서 백성까지 3계층으로 나누어 금지하는 품목을 적어 놓았는데, 국내에서 생산된 사치성이 있는 용기에 대한 금지와 수입품에 대한 금지이다.[6)] 옥사에는 옥사의 室의 길이와 넓이 등을 진골·6두품·5두품·4두품에서 백성까지 4계층으로 나누었고, 병풍과 床에 대한 규제는 진골과 6두품에 대한 금제만 있다. 가옥 내 마구간의 크기는 6두품·5두품·4두품에서 백성까지 3계층으로 나누어 구분하였다.[7)] 지방의 진촌주·차촌주는 5두품·4두품과 같다고 하였는데, 이것은 옥사뿐만 아니라 색복·거기·기용에도 적용되었다. 위의 내용을 〈표 3-1〉로 제시하면 다음과 같다.

〈표 3-1〉『삼국사기』 잡지 색복·거기·기용·옥사조의 禁·只用(不用·禁) 규정

<table>
<tr><th colspan="2"></th><th>禁</th><th colspan="4">只用(不用·禁)</th></tr>
<tr><td colspan="2" rowspan="2">色服</td><td rowspan="2">진골대등(여)</td><td rowspan="2">육두품(여)</td><td>오두품(여)</td><td>사두품(여)</td><td rowspan="2">평인(여)</td></tr>
<tr><td>진촌주</td><td>차촌주</td></tr>
<tr><td rowspan="4">車騎</td><td rowspan="2">車</td><td rowspan="2">진골</td><td rowspan="2">육두품</td><td>오두품</td><td colspan="2" rowspan="2"></td></tr>
<tr><td>진촌주</td></tr>
<tr><td rowspan="2">騎</td><td rowspan="2">진골(여)</td><td rowspan="2">육두품(여)</td><td>오두품(여)</td><td colspan="2">사두품(여)至백성(여)</td></tr>
<tr><td>진촌주</td><td colspan="2">차촌주</td></tr>
<tr><td colspan="2" rowspan="2">器用</td><td rowspan="2">진골</td><td colspan="2">육두품·오두품</td><td colspan="2">사두품至백성</td></tr>
<tr><td colspan="2">진촌주</td><td colspan="2">차촌주</td></tr>
<tr><td colspan="2" rowspan="2">屋舍</td><td rowspan="2">진골</td><td rowspan="2">육두품</td><td>오두품</td><td colspan="2">사두품至백성</td></tr>
<tr><td>진촌주</td><td colspan="2">차촌주</td></tr>
</table>

5) 『삼국사기』 33, 잡지2, 거기 및 김기웅, 「삼국사기의 거기 신라조고」, 위 책, 1991, 21~22쪽 등.

6) 『삼국사기』 33, 잡지2, 기용 및 이은창, 「신라의 용기에 관한 연구」, 위 책, 1991, 194~196쪽 등.

7) 『삼국사기』 33, 잡지2, 옥사 및 김정기, 「삼국사기 옥사조의 신연구」, 위 책, 1991, 103~104쪽 ; 양정석, 「영선령을 통해 본 『삼국사기』 옥사조」, 『한국사학보』 28, 2007a ; 양정석, 「신라 왕경인의 주거공간」, 『신라 왕경인의 삶』(신라문화제학술발표회논문집 28), 2007b 등.

〈표 3-1〉과 같이 흥덕왕은 교를 내려 일상생활의 여러 가지를 골품에 따라 규제하였다. 이러한 규제 이유와 관련해서 사료 A가 관심을 끄는데, A-2)에서 흥덕왕은 당시의 사치 풍조를 지적하고 있고 이로 말미암아 A-3)에서 알 수 있듯이 신분과 풍속이 무너졌다고 하였다. 이로 볼 때 흥덕왕의 교는 사치를 금지하기 위해 왕 9년에 왕경인뿐만 아니라 지방인까지도 일상생활을 통제한 것으로 여길 수 있을 것이다.

흥덕왕대를 전후하여 신라의 정치·경제·사회는 위기상황에 있었다. 신라 하대 빈번하게 일어난 반란은 당시 정국의 불안을 대변한다.[8] 특히 헌덕왕 14년(822)에 일어난 김헌창의 반란은 귀족사회의 분열뿐만 아니라 지방인의 동요를 말한다.[9] 이것은 현존질서의 약화와 반대세력의 대두를 보여주는 것이다. 헌덕왕 6년부터 13년까지는 거의 매년 旱災·홍수에 따른 재해가 계속되었다.[10] 이로 말미암아 백성들이 도적집단이 되기도 하였으며 중국으로 流亡하기도 하고 자식을 팔아서 살 방도를 강구하기도 하였다. 이것은 흥덕왕대도 마찬가지였다. 흥덕왕 3년(828) 4월에 한산주 瓢水縣의 어떤 妖人이 자칭 速富之術을 가졌다고 하여 뭇사람들이 이를 자못 惑信하였다고 한다. 결국 왕은 "左道를 가지고 사람들을 惑하게 하는 자에게 형벌을 내리는 것은 선왕의 법이다"라고 하여, 그 사람을 먼 섬으로 귀양보냈다고 한다. 흥덕왕 6년·7년·8년의 자연재해로 말미암은 농민층의 빈곤은 사회·경제적 불안 요인이었다.

이와 같은 정치·사회·경제적 불안 속에서 사치 풍조는 만연하였을 것이다. 이것은 흥덕왕 3년에 청해진을 설치한 이후 더욱 활발해진 대외무역으로 들어온 사치품도 일조하였을 것이다. 동왕 6년과 7년·8년의 천재지변으로

---

8) 신라 하대 반란과 관련해서는 강성원, 「신라시대 반역의 역사적 성격」, 『한국사연구』 43, 1983 참고.

9) 김헌창의 난에 대해서는 김동수, 「신라 헌덕·흥덕왕대의 개혁정치」, 『한국사연구』 39, 1982, 38~41쪽 및 황선영, 「신라 하대 김헌창 난의 성격」, 『부산사학』 35, 1998 참조.

10) 『삼국사기』 10, 신라본기10, 헌덕왕 6년 5월 8월·7년 8월·8년 정월·9년 하 5월·11년 3월·12년·13년 춘 참고.

사회적 불안은 더욱 가중되었을 것이다. 이에 흥덕왕은 국가의 위기 상황을 타개하기 위해 긴급하게 사치를 금하는 교를 전 사회계층에게 내린 것으로 여길 수 있을 것이다.

흥덕왕은 애장왕 5년(804)에 侍中에 임명되어 형 彦昇과 함께 애장왕대의 개혁정치를 주도했다. 그리고 형 언승이 왕위에 오르는데 일정한 역할을 하였으며 헌덕왕대의 정치에도 깊이 관여하였다.[11] 헌덕왕 11년(819)에 上大等에 임명되었고, 왕 14년에는 副君이 되어 月池宮에 들어갔으며, 헌덕왕을 이어 왕위에 올랐다. 이로 볼 때 흥덕왕대의 정치는 애장왕·헌덕왕대의 정치와 연결되어 있었다고 할 수 있다. 사료 A에 보이는 흥덕왕 9년의 교와 관련해서는 다음 기사가 관심을 끈다.

B. 봄 3월에 (…) 下敎하여 1) 새로운 佛寺 창건을 금지하고 오직 修葺만을 허락하였다. 2) 또 비단에 수를 놓아 佛事하는 것과 金銀으로 그릇을 만드는 것을 금지하여 해당 관청으로 하여금 널리 알리고 시행토록 하였다.[12](『삼국사기』 10, 신라본기10, 애장왕 7년)

사료 B를 보면 애장왕은 왕 7년(806)에 1) 불사의 新創을 금지하고 단지 수리하는 것만을 허락하였으며 2) 불사를 위해 수를 놓은 비단을 사용하는 것과 금·은으로 만든 그릇을 사용하는 것도 금지한다는 교를 내렸음을 알 수 있다.

이 시기 왕과 귀족의 원찰건립은 원당이라는 명목으로 특정한 사찰과 특별한 인연을 맺고 있었다. 뿐만 아니라 귀족들은 이를 통해 자신의 세력기반을 확대하기도 하였다.[13] 이에 애장왕 7년에 새로 사찰을 건립하는 것을 금지하고

---

11) 김동수, 앞 논문, 1982, 29~31쪽 및 41~42쪽.

12) 春三月 (…) 下敎 1) 禁新創佛寺 唯許修葺 2) 又禁以錦繡爲佛事 金銀爲器用 宜令所司普告施行.

13) 이 중 김언승은 서당화상비·신행선사비·이차돈 순교비 건립에 참여하였다. 최홍조, 「新羅 哀莊王代의 政治改革과 그 性格」, 『한국고대사연구』 54, 2009, 341~344쪽.

불사와 관련하여 사치스러운 물품을 제한한 것은 진골귀족들에게 사원세력과 결합하여 사찰에 재산을 도피하고 사치생활을 막기 위한 조처로 볼 수 있다.14)

선림원종 명문 선림원종은 신라 애장왕 5년(804)에 제작되었다. 강원도 양양 선림원지에서 출토되었고 오대산 월정사로 이관 보존되었다. 한국전쟁 때 파손되어 오늘에 이른다. 국립춘천박물관 소장

그러하다면 애장왕 7년의 교는 진골귀족들에 의한 불교 사원의 濫設과 사치스러운 불사로 말미암아 더 이상 방치하기 어려워진 사회·경제적 폐해와 관련있다고 할 수 있다. 이러한 애장왕 7년의 교는 애장왕 전반기에 이루어진 왕실의 불사와는 배치되지만, 애장왕대 성전사원의 축소 정비와는 궤를 같이 한다.15) 이로 볼 때 흥덕왕 9년의 교는 애장왕대부터 있어왔던 신라 사회의 사치를 금지하기 위한 정책의 완결이라고 할 수 있을 것이다. 하지만 흥덕왕이 왕 9년에 전사회 계층에게 내린 교는 사치 근절만을 위한 것은 아니었을 것이다.

사료 A-1)을 보면 사람에게는 상하가 있고 위에는 존비가 있는 것이라고 하여, 신분의 차이가 엄존함을 강조하고 있음을 알 수 있다. A-3)에서는 사치풍조로 인해 禮數의 흐트러짐, 즉 신분질서체계의 흐트러짐을 지적하고 풍속도 점차 타락되어 갔다고 하였다. 그러하다면 흥덕왕이 왕 9년에 골품에 따라 색복·거기·기용·옥사에 대해 규제하는 교를 내린 것은 신분질서를 바로잡아 신라 사회를 안정시키려고 한 것이 아니었을까 한다.

---

14) 이와 관련해서 김동수, 앞 논문, 1982, 33~34쪽.

15) 최홍조, 앞 논문, 2009, 337~344쪽.

신라의 골품제에 편입된 사람들은 왕경인만이었고, 처음에는 모두 8개의 신분층으로 구성되어 있었다. 먼저 골족은 聖骨과 眞骨로 구분되었으며, 두품층은 6~1두품까지 6개의 신분층이 존재하였다. 그러나 통일을 전후하여 성골과 3~1두품까지의 두품층은 곧 소멸되어 일반 평민과 같게 되었다. 이러한 변화는 신라 하대에도 전개되었다. 흥덕왕의 교에서 알 수 있듯이, 색복을 제외한 거기·기용·옥사에서는 4두품과 백성 사이의 구분은 없어졌다. 기용에는 6두품과 5두품 사이의 구분이 없다. 이처럼 당시 골품제의 하부구조에서 신분간의 차이가 무너지고 있음을 알 수 있다.[16] 그리고 진촌주·차촌주도 골품제에 편입되었다.

중국 秦때부터 황제의 명령을 詔, 王侯와 諸侯의 명령을 교라고 하였고 조서(칙서)·교서는 황제·제후왕의 명령인 詔·教를 성문화한 것이다. 왕명의 공포인 교는 왕의 통치행위로서 현실정치에 시행되었고, 흥덕왕 9년의 교 역시 마찬가지였을 것이다. 그러하다면 당시 교에 내포되어 있는 골품제는 교가 반포된 이후 신라 사회에 적용되었다고 할 수 있다. 흥덕왕의 교는 진골대등(진골)을 비롯하여 전 사회 계층을 규제하고 있다. 이로 볼 때 기왕의 연구에서 신분제 확립을 통해 흥덕왕이 초월적 왕권을 구축하기 위한 것이라든가,[17] 진골귀족들의 이해를 반영하여 진골과 두품간의 신분적 구분을 분명히 하고자 하였다[18]는 견해는 재고의 여지가 있다.[19]

새로운 골품제는 앞의 〈표 3-1〉에서 볼 수 있듯이, 진골에게 여러 물품을 금지함으로써 왕과 진골귀족을 그리고 진골과 6두품을 분명하게 구분하고 있다. 반면 기용에서 6두품과 5두품은 그 출입이 허용되고 있다. 이에 6두품과 5두품의 구별이 없어졌다고 여길 수도 있지만, 색복·거기·옥사에서는 6두품과 5두품이 구분되어 있다. 거기·기용·옥사에서도 4두품과 백성 역시 동요되고는

16) 이종욱, 「남산신성비를 통하여 본 신라의 지방통치체제」, 『역사학보』 64, 1974.
17) 武田幸南, 앞 논문, 1975b.
18) 이종욱, 앞 논문, 1974 ; 김동수, 앞 논문, 1982, 49~50쪽.
19) 전미희, 「신라 하대 골품제의 운영과 변화」, 『신라문화』 26, 2005, 89~90쪽 및 95~96쪽.

있었지만, 색복에서는 4두품과 백성을 구분하고 있다. 이처럼 흥덕왕은 당시 동요되던 골품제의 모습을 그대로 인정하였다. 게다가 한정적이지만 지방인도 골품제에 편제하였다. 이것은 이전의 골품제 사회에서는 용인될 수 없는 개혁적인 내용이었다.

이러한 흥덕왕의 개혁적인 정치 행보는 왕 3년(828)에 弓福(장보고)이 중국 당나라의 徐州에서 小將으로 활약하다가 귀국하자 지금의 莞島에 청해진을 설치하게 하였고 淸海鎭大使에 임명한 데서도 알 수 있다. 신라 '진'의 최고 지휘관은 頭上大監, 都護 또는 鎭頭라 하였다. 그런데 장보고만이 '대사'로 나온다. 이것은 장보고의 청해진과 그 세력들이 다른 진들과는 다르다는 것을 신라 정부에서 인정한 것이다.[20]

『삼국사기』 열전 김유신 하에 흥덕왕이 김유신을 흥무대왕으로 추봉했다고 한다. 반면 『삼국유사』 기이 김유신조에는 경명왕대로 나온다. 하지만 『삼국사절요』·『동국통감』·『동사강목』 등에는 흥덕왕대로 나온다. 김유신 가문은 무열계에 의해 도태된 가장 대표적인 세력이었고[21] 그 후손들은 김헌창의 난 평정에 공을 세웠다.[22] 흥덕왕은 여기에 대한 조처로 김유신을 대왕으로 추봉한 것이다.[23]

이상에서 흥덕왕 9년의 교는 애장왕대 이루어진 사치 금지와 관련된 정책의 완결일 뿐만 아니라 현실에 입각하여 골품제를 새롭게 정비한 것이었다. 흥덕왕은 신라 사회의 총체적인 난국을 기왕의 골품제로 해결하기는 어려웠다고 여겼을 것이다. 이에 흥덕왕은 골품제의 동요와 지방인의 성장을 그대로 인정하면서 골품제를 정비하였다. 이를 통해 흥덕왕은 신라 사회의 어려움을 극복하려고 하였던 것이다. 이것은 사료 A-4)에서 만일 범하는 자가 있으면 나라에는

---

20) 채미하, 「청해진의 사전편제와 해양신앙」, 『진단학보』 99, 2005 : 『신라 국가제사와 왕권』, 혜안, 2008, 338~339쪽.

21) 이기백, 「신라 혜공왕대의 정치적 변혁」, 『신라정치사회사연구』, 일조각, 1974, 247~252쪽.

22) 김동수, 앞 논문, 1982, 40쪽.

23) 이현태, 「신라 중대 신김씨의 등장과 그 배경」, 『한국고대사연구』 42, 2006, 239~240쪽.

常刑이 있다고 한데서, 흥덕왕의 생각을 읽을 수 있다. 그리고 왕 9년에 행해진 일련의 군사의례는 이와 밀접한 관련을 가지고 있었을 것이다.

2. 흥덕왕대의 의례와 그 내용

흥덕왕 9년(834)의 군사의례와 관련해서는 다음이 관심을 끈다.

C. 1) 가을 9월 ① 왕이 西兄山 아래로 가서 大閱을 하고 ② 武平門에 가서 활쏘기를 보았다[觀射]. 2) 겨울 10월에 나라 남쪽 州郡을 巡行하여 늙은이와 홀아비·과부·고아·독거노인을 방문하여 차등에 따라 곡식과 베를 하사하였다.[24](『삼국사기』 10, 신라본기10, 흥덕왕 9년)

사료 C를 보면 흥덕왕 9년 가을 9월에 서형산 아래에서 大閱을(C-1)①), 무평문에서 '觀射'의식을 하였고(C-1)②), 겨울 10월에는 나라 남쪽의 주군을 巡幸하고 있음(C-2))을 알 수 있다.

삼국통일을 전후하여 신라 사회의 군사의례는 신라의 전통적인 모습도 여전히 띠고 있었지만, 중국 제도의 영향을 받기도 하였다. 따라서 통일 이후 신라의 군사의례는 五禮의 하나인 軍禮로, 「개원례」 군례와 비교할 수 있다. 군사의례의 중심 내용은 왕이 친히 거행하는 대열과 '관사'의식, 순행이었다.[25]

우선 사료 C-1)①에 보이는 흥덕왕의 대열과 관련해서 문무왕 14년(674)의 대열과 열병, 효성왕 5년(741)의 열병, 선덕왕 3년(782)과 애장왕 5년(804)의 대열이 참고된다. 이러한 대열은 「개원례」 군례의 皇帝講武로, 강무는 무술을 연습하거나 강습하는 것이다. 『예기』에는 孟冬에 대열을 한다고 하였고 『周禮』에는 四時로 習武한다고 하였다. 그러나 사시에 습무하기는 곤란했다. 이에 『국어』를 보면 겨울에 대열하는 것이 관례였다. 그러하다면 『춘추』에 보이는

---

24) 1) 秋九月 ① 王幸西兄山下大閱 ② 御武平門觀射 2) 冬十月 巡幸國南州郡 存問耆老及鰥寡孤獨 賜穀布有差.

25) 이와 관련해서 채미하, 「신라의 軍禮 수용과 王權」, 『한국사연구』 149, 2010 참고.

대열은[26] 비상시에 이루어졌고, 대체로 농한기에 강무를 했다고 여길 수 있다. 수대에는 군인들에게 매년 가을에 무기를 살피게 하고 겨울에는 전법을 가르친다고 하였으며 대업 7년(611)에 수 양제가 강무를 했다.[27] 당 황제의 열무 중 최대의 규모는 先天 2년(713)에 현종이 驪山에서 강무한 것이다. 『舊唐書』 배요경전에는 병사들이 훈련을 하지 않으면 예법을 알지 못한다고 했는데, 이것은 강무를 말한다.

사료 C-1)②의 무평문에서 행해진 '관사'의식은 문무왕 17년 강무전 남문, 성덕왕 30년(731) 적문, 헌강왕 5년(879) 준례문에서도 이루어졌다. 射는 『周禮』에서 6藝의 하나로 나오며, 『의례』에는 大射편과 鄕射禮편이, 『예기』에는 射儀편이 있다. 사례는 수제와 당제에도 보이는데, 당의 경우 武德 9년(626)에 이세민이 황제에 즉위했을 때 習武習射를 중시했다. 영휘 3년(652) 3월 경신에는 大射, 인덕 원년(664) 3월 신해에는 대사례 등이 보인다. 대사례는 당 「개원례」에서는 皇帝射于射宮, 皇帝觀射于射宮으로 정리되었으며, 군례에 편제되어 있다. '관사'의식은 「개원례」 皇帝觀射于射宮과 비교해 볼 수 있으며 사궁은 활을 쏘는 궁이다.

한편 중국에서 순수는 처음에 천자가 수렵을 통해 군사를 훈련시키기도 하고, 제후국의 정치와 민정을 시찰하는 일을 말하였다. 그러다가 천자가 제후국을 순방하여 정치의 득실과 국민의 휴척을 살피는 것으로 바뀌었다. 그렇지만 순수는 군대를 갖춰서 움직이는 것이 필수였고, 또 자주 眞刀眞槍의 군사행동이 수반되었다. 수·당에서는 황제의 친정을 征巡이라 했다. 「개원례」에는 皇帝親征及巡狩郊祀有司軷于國門, 皇帝親征及巡狩告所過山川이 군례에 편제되어 있다.

사료 C-2)의 순행과 관련해서 『삼국사기』 신라본기에는 巡撫, 幸, 巡狩 등 다양한 용어로 등장한다. 일반적으로 순수는 왕의 정치적 활동의 일환이었다. 민심 수습, 군사 위문, 재해 구제 혹은 영토의 확인과 재정복을 위한 宣撫의

26) 秋八月 壬午 大閱(『春秋』 桓公 6年).

27) 『隋書』 본기및 『通典』 76, 예36, 연혁36, 군례1, 出師儀制(揚兵講武附) 참고.

수단뿐만 아니라 하교를 위한 순행 등 다양한 목적의 순수도 있었다. 신라에서 이루어진 순행은 중국식의 의례가 수용되기 이전과 이후의 변화 모습은 알 수 없지만, 흥덕왕의 순행은 군사행동을 수반하고 있다는 점에서 「개원례」의 征巡과 비교해 볼 수 있다.[28)]

전근대 동아시아 사회에서 "국가의 大事는 제사와 軍事에 있다"[29)]고 하였다. 제사는 근본에 보답하고 神明을 섬기는 것이고 군사는 외적의 침입을 막고 국가를 편안히 하기 위한 일이다. 때문에 제사와 군사는 국가 중대사와 밀접하게 관련되어 있었다. 국가의 다양한 조직과 제도 중 군사는 국가의 총체적인 생존 역량을 보여주는 하나의 척도였고, 그것과 관련된 의례를 통해 최고 통치권자인 국왕은 자신의 위상을 대내외적으로 표방하기도 하였다. 이와 관련해서 헌강왕 5년(879) 기사가 관심을 끈다.

> D. 1) 봄 2월에 왕이 국학에 행차하여 박사 이하에게 명해 강론하게 하였다. 2) 3월에 나라 동쪽의 주군을 순행하였다. (…) 3) 여름 6월 일길찬 信弘이 반역하다 목베였다. 4) 겨울 10월에 왕이 遵禮門에 나가 활쏘는 것을 구경하였다. 5) 11월 왕이 穴城의 들에서 사냥하였다.[30)](『삼국사기』 11, 신라본기 11, 헌강왕 5년)

우선 사료 D-2)를 보면 헌강왕은 나라 동쪽의 주와 군을 순행하였고 D-4)에서는 준례문에 나아가 '관사'의식을 하였으며 D-5)에서는 혈성의 들판에서 獵하고 있음을 알 수 있다. 이처럼 헌강왕은 흥덕왕과 마찬가지로 '관사'의식과 순행을 하였고 대열이 아닌 렵을 행하였다.

당 초기에는 講武와 田獵을 모두 행하였다. 하지만 당 덕종 이후 무종과 의종을 제외하고 강무는 이루어지지 않았으며, 전렵은 그 횟수가 당 초기

---

28) 이상의 대열, '관사'의식, 순행과 관련해서는 채미하, 앞 논문, 2010, 121~126쪽.

29) 國之大事 在祀與戎(『左傳』 成公 13年).

30) 1) 春二月 幸國學 命博士已下講論 2) 三月 巡幸國東州郡 (…) 3) 夏六月 一吉湌信弘叛伏誅 4) 冬十月 御遵禮門觀射 5) 十一月 獵穴城原.

보다는 적었지만 꾸준히 거행되었다고 한다. 신라는 이때 당에 사신을 자주 파견하였고 귀국하는 도당유학생들도 많아졌다. 이를 통해 신라는 새로운 문물을 당에서 수용하였고[31] 당시 당에서 대열 대신 렵이 군사훈련으로 거행되는 사실도 알았을 것이다. 이와 같이 생각할 수 있다면 헌강왕 5년의 렵은 군사훈련으로, 「개원례」의 皇帝田狩와 대응시킬 수 있을 것이다.

신라 하대 원성왕계 후손들 사이에서 계속되었던 왕위쟁탈전은 경문왕의 즉위와 더불어 종식되었고, 이 시기 여러 정치 개혁이 추진되었다. 헌강왕 6년 기사는 헌강왕대가 신라의 극성기라고 할 만큼 정치적 안정과 생활의 풍요를 말해주는 것으로 보고 있다. 그렇지만 신라 하대 빈번하게 일어난 반란은[32] 정국의 불안을 말한다. 경문왕 6년(866)·8년·14년에 일어난 반란은 경문왕에 대한 불만 내지 균정계의 왕위 회복을 위한 것으로 보고 있다.[33] 특히 경문왕대의 반란 중 왕 6년에 있었던 이찬 윤흥 등의 모반은 헌강왕이 태자로 즉위하던 해였다. 사료 D-3)을 보면 헌강왕 5년 여름 6월에 신홍의 반란이 있었다.[34]

이상과 같이 헌강왕은 즉위를 전후하여 어려움을 겪었고 즉위 직후가 아닌 왕 4년(878)에 당으로부터 책봉을 받았다. 왕 5년에는 일련의 군사의례를 행하였다. 이러한 군사의례는 헌강왕대의 정국을 안정시키는데에 기여했을 것이라고 하였다.[35] 앞장에서 흥덕왕 9년의 교는 애장왕이 내린 사치 금지와 관련된 교와 연결되어 있을 뿐만 아니라 골품제의 정비와도 관련 있다고 하였다. 흥덕왕이 골품제의 동요를 인정하고 지방인을 골품제에 편입한 개혁정치는 반포와 동시에 시행되었다. 하지만 골품귀족들은 흥덕왕의 개혁정치에

31) 권덕영, 『고대한중외교사-견당사연구-』, 일조각, 1997, 85~96쪽.
32) 원성왕 7년, 애장왕 10년, 헌덕왕 7년·11년·14년·17년, 흥덕왕 7년, 희강왕 즉위년·3년, 민애왕 즉위년, 문성왕 3년·8년·9년·11년 등이 그것이다.
33) 최병헌, 앞 책, 1976, 492쪽 ; 강성원, 앞 논문, 1983, 46~47쪽.
34) 강성원, 앞 논문, 1983에서 일길찬 신홍의 반란은 헌강왕 6년 侍中 乂謙의 사직과 관련 있다고 하였다.
35) 이상 헌강왕의 군사의례와 관련해서 채미하, 앞 논문, 2010, 126~135쪽 참고.

대해 반발하였을 것이다. 그럼에도 불구하고 흥덕왕은 군사의례를 행함으로써 자신의 개혁정치에 대한 의지를 대내외적으로 표방한 것으로 여겨진다.

한편 흥덕왕은 신궁제사와 시조묘제사를 지내고 있다. 이와 관련해서 다음 사료가 주목된다.

E. 1) 2년 봄 2월에 시조묘를 拜謁하였다. (…) 3년 봄 정월에 친히 神宮에 제사지냈다.[36](『삼국사기』 10, 신라본기10, 애장왕)
2) 2년 2월에 왕이 친히 신궁에 제사를 지냈다. (…) 5년 봄 정월에 이찬 憲昌을 武珍州 도독으로 삼았다. 2월에 시조묘를 拜謁하였다.[37](『삼국사기』 10, 신라본기10, 헌덕왕)
3) 2년 봄 정월에 친히 신궁에 제사지냈다. (…) 8년 봄에 국내에 큰 기근이 들었다. 여름 4월에 왕이 始祖廟를 배알하였다. 겨울 10월에 복숭아와 오얏나무가 다시 꽃을 피웠다. 역병이 돌아 많은 백성이 죽었다.[38](『삼국사기』 10, 신라본기10, 흥덕왕)

사료 E-3)에 따르면 흥덕왕은 왕 2년(827)에 신궁에 친사하였고 왕 8년 봄에 나라 안에 큰 기근이 들자, 4월에 왕이 시조묘에 배알하였다고 한다. 이러한 신궁제사와 시조묘제사는 애장왕·헌덕왕대에도 이루어졌다.

신궁제사는 종묘제가 수용되고 오묘제가 시정된 이후에도 국가의 중요한 제사였다. 하지만 오묘제가 시정된 이후 신궁제사의 위상에는 변화가 있었고 혜공왕대의 오묘제 개정과 애장왕대의 오묘제 경정 이후 신궁제사는 형식적인 것으로 변하였다. 이러한 신궁제사는 애장왕대를 전후하여 애장왕의 전왕인 39대 소성왕과 흥덕왕을 이은 희강왕부터 문성왕까지는 친사하지 않았다.[39]

---

36) 二年 春二月 謁始祖廟 (…) 三年 春正月 王親祀神宮.
37) 二年 二月 王親祀神宮 (…) 五年 春正月 以伊湌憲昌爲武珍州都督 二月 謁始祖廟.
38) 二年 春正月 親祀神宮 (…) 八年 春 國內大飢 夏四月 王謁始祖廟 冬十月 桃李再華 民多疫死.
39) 채미하, 「신라의 시조묘 제사」, 『민속학연구』 12, 국립민속박물관, 2003 ; 앞 책, 2008, 228~243쪽.

반면 애장왕·헌덕왕·흥덕왕은 여기에 친사하였다.

신라 상고기 대부분의 왕들은 즉위한 그 다음해의 정월이나 2월에 시조묘에 친사(알)하였다. 신궁이 설치된 이후에는 시조묘제사와 관련된 기록은 보이지 않지만, 시조묘제사는 신라 중고기에도 여전히 존속하였다. 하지만 신궁 설치 이후 시묘묘의 위상은 상고기와는 달라졌으며 혜공왕대 오묘제사의 수위에 모셔진 태조대왕묘가 시조대왕묘로 바뀌면서 시조묘제사는 그 기능을 상실하였다. 이에 애장왕·헌덕왕·흥덕왕대의 시조묘제사는 오묘의 수위에 모셔진 시조대왕묘로 이해하였다.[40)]

앞에서 흥덕왕대의 정치는 애장왕·헌덕왕대의 그것과 밀접한 관련을 가지고 있다고 하였다. 그리고 하대 다른 왕들과는 달리 애장왕·헌덕왕·흥덕왕은 신궁과 시조묘에 대한 제사를 지냈다. 이로 볼 때 흥덕왕이 행한 신궁제사와 시조묘제사는 애장왕·헌덕왕의 그것과 연결되어 있었다고 할 수 있다. 제사는 군사와 마찬가지로 국가의 중요한 일 중의 하나로, 전근대 동아시아 사회에서 정치의 요건으로 제시되었다. 이에 애장왕·헌덕왕·흥덕왕이 행한 신궁·시조묘제사 역시 당시의 정치·경제·사회적 불안과 밀접한 관련을 가지고 있었다고 생각된다.[41)] 특히 흥덕왕 8년의 시조묘제사는 같은 해에 있었던 대기근과 관련된 의례로 여겨진다.

한편 흥덕왕 7년의 의례 역시 당시 신라 사회의 어려움을 극복하기 위해 행한 것으로 생각된다. 흥덕왕은 왕 7년 봄과 여름에 가뭄으로 말미암아 정전에 나가지 않았고 평상시에 먹던 음식을 줄였으며, 지방의 죄수들을 사면하였다. 이 중 大赦는 신라 중대 이후 빈번하게 보이는데, 「개원례」 가례의 赦書를 선포하는 의례(宣赦書)와 연결된다. 왕 7년에는 흉년이 들어 도적이 일어나자

40) 채미하, 「신라의 신궁 제사」, 『전통문화논총』 2, 한국전통문화학교, 2004 ; 위 책, 2008, 105~110쪽.

41) 각 왕이 지낸 신궁제사는 2년과 3년에 이루어지고 있는데, 이것은 신왕의 즉위와 관련된 의례라고 볼 수 있다. 애장왕 2년의 시조묘제사는 혜공왕대 개정된 오묘제를 개정하는 것에 앞서 이루어진 것으로 여겨지며 헌덕왕 5년의 시조묘제사는 헌창을 무주도독으로 임명한 것과 연결지어 이해할 수 있지 않을까 한다.

겨울 10월에 사자로 하여금 백성들을 위로하게 하였다고 한다. 이것은 「개원례」 흉례의 흉년에 (주의 수해·한해·충해·염해를) 진무하는 의례(凶年振撫諸州水旱蟲炎)에 해당하는 것으로, 성덕왕 4년(705)에 나라 동쪽의 주·군에 흉년이 들자 왕이 사자를 보내 진휼하였다는 예와도 비교된다.[42)]

이상에서 흥덕왕은 대열과 '관사'의식, 순행 등의 군사의례를 통해 왕 9년에 내린 교를 대내외적으로 선포하여 자신의 개혁 의지를 드러내었다고 하였다. 그리고 흥덕왕은 신궁과 시조묘제사 등 다양한 의례를 통해서도 국가의 어려움을 해결하려고 하였다.

3. 흥덕왕대 정치와 의례의 의미

흥덕왕 9년에 반포된 교의 내용 중 사료 A-4)의 舊章에 따라 엄명을 베푸는 것이니, 만일 일부러 범하는 자가 있으면 나라에는 常刑이 있다라고 하는 것이 주목된다. 여기에서 '舊章'의 사전적인 뜻은 예전의 제도와 문물, 예전의 법령과 규칙이며 '常刑'은 일정한 法度·刑罰이다. 이로 볼 때 흥덕왕 이전에 법령(규칙)·법도(형벌)가 있었음을 알 수 있는데, 이와 관련해서 율령이 관심을 끈다.

중국 율령은 진·한 이래로 꾸준히 변하였으며, 율과 령이 분리되어 령의 편목을 알 수 있는 것은 晉代의 泰始律令부터이다. 전근대 동아시아 법체계의 형식인 율령격식은 당대에 완성되어 이후 동아시아 법체계의 모범이 되었다.[43)] 『唐六典』에는 "무릇 律로써 형을 바로 하고 죄를 정하며(定刑定罪), 令으로써 규범과 제도를 세우며(設範立制), 格으로써 위법을 금하고 잘못을 바로잡으며(禁違正邪), 式으로써 일의 방법과 절차를 정한다(軌物程式)"[44)]고 하였다. 『新唐

42) 이러한 예는 신라 상대부터 있어 왔지만, 신라 중대 이후 중국식의 예제로 공식화되지 않았을까 한다.

43) 이와 관련해서 堀敏一, 「中國における律令法典の形成」, 『律令制と東アジア世界』, 汲古書院, 1994 참조.

44) 『唐六典』 6, 형부낭중원외랑.

흥덕왕릉 전경과 흥덕왕릉 비석받침(왼쪽 아래) 흥덕왕은 죽은 후 章和夫人의 무덤에 합장하였다고 한다. 그리고 무덤의 전반 좌측에 비를 세웠는데, 비를 세운 받침돌인 귀부만 남아 있고 비신과 이수는 없어졌다.

書』에는 "령은 尊卑·貴賤의 등급을 정하고 국가의 제도를 규정한 것이고, 격은 백관·유사가 항상 행해야 할 일을 기술한 것이며, 식은 (백관·유사가) 항상 준수해야 하는 규정이다. 무릇 국가의 정치는 반드시 이 세 가지에 따라서 시행해야 한다. 그러나 (이 세 가지를) 위반한 것이 있거나 사람이 잘못을 저질러 죄를 묻는 경우에는 오로지 律로써 처단한다"[45]고 하였다.

그러하다면 사료 A-4)의 '舊章'은 令에, '常刑'은 律에 해당하는 것으로, 흥덕왕 9년의 敎는 율령과 함께 운용되었다고 여길 수 있을 것이다. 중국에서 대규모로 율령이 제정된 것은 수 문제의 개황율령, 당 태종의 정관율령, 당 고종의 영휘율령과 당 현종의 개원율령이었고, 이후는 格勅을 중심으로 진행되었다고 한다.[46] 일본은 중국 율령이 수용되어 운용되었다. 이 중 大寶令은

45) 『新唐書』 56, 지46, 형법.
46) 전영섭, 「동아시아 율령네트워크의 형성과 율령체계」, 『역사와 세계』 41, 2012, 215~227쪽.

대보 2년(702)에 완성되어 시행되었는데, 당령의 내용을 편목마다 제1조부터 순번으로 검토하고 그것에 대응하는 일본령의 조문을 정하여 逐條的 또는 체계적으로 唐令을 繼受한 것으로 이해하고 있다.[47] 양로령은 양로 2년(718)에 撰定되었으며, 그 시행은 天平寶字 원년(757)이었다.[48] 중국 수·당의 령과 일본 고대 령의 편목을 제시하면 다음 〈표 3-2〉와 같다.

〈표 3-2〉 중국 수·당의 令과 일본 대보령·양로령의 편목

국가	令	연도	편목
수	開皇令	582	1.官品上下 2.諸臺省職員 3.諸寺職員 4.諸衛職員 5.東宮職員 6.行臺諸監職員 7.諸州郡縣職員 8.命婦職員 9.祠 10.戶(?) 11.學 12.選擧 13.封爵俸廩 14.考課 15.宮衛軍防 16.**衣服** 17.鹵簿上下 18.**儀制** 19.公式上下 20.田 21.賦役 22.倉庫廐牧 23.關市 24.家寧 25.獄官 26.喪葬 27.雜
당	永徽令	651	1.官品上下 2.臺省職員 3.寺監職員 4.衛府職員 5.東宮諸府職員 6.州縣職員 7.命婦職員 8.祠 9.戶 10.學 11.選擧 12.封爵 13.祿 14.考課 15.宮衛 16.軍防 17.**衣服** 18.**儀制** 19.鹵簿 20.公式 21.田 22.賦役 23.倉庫 24.廐牧 25.關市 26.捕亡 27.醫疾 28.家寧 29.獄官 30.**繕營** 31.喪葬 32.雜
	開元 7년령	719	1.官品上 2.官品下 3.三師三公臺省職員 4.寺監職員 5.衛府職員 6.東宮王府職員 7.州縣鎭戍獄瀆關津職員 8.內外命婦職員 9.祠 10.戶 11.選擧 12.考課 13.宮衛 14.軍防 15.**衣服** 16.**儀制** 17.鹵簿上 18.鹵簿下 19.公式上 20.公式下 21.田 22.賦役 23.倉庫 24.廐牧 25.關市 26.醫疾 27.獄官 28.**營繕** 29.喪葬 30.雜
	開元 25년령	732	1.官品 2.三師三公臺省職員 3.寺監職員 4.衛府職員 5.東宮王府職員 6.州縣鎭戍獄瀆關津職員 7.內外命婦職員 8.祠 9.戶 10.學 11.選擧 12.封爵 13.祿 14.考課 15.宮衛 16.軍防 17.**衣服** 18.**儀制** 19.鹵簿 20.樂 21.公式 22.田 23.賦役 24.倉庫 25.廐牧 26.關市 27.捕亡 28.醫疾 29.假寧 30.獄官 31.**營繕** 32.喪葬 33.雜
일본	大寶令	701	1.官位 2.官員 3.後宮官員 4.東宮家令館員 5.神祗 6.僧尼 7.戶 8.田 9.賦役 10.學 11.選任 12.繼嗣 13.考仕 14.祿 15.軍防 16.**儀制** 17.**衣服** 18.公式 19.醫疾 20.**營繕** 21.關市 22.倉庫 23.廐牧 24.假寧 25.喪葬 26.捕亡 27.獄 28.雜
	養老令	718?(757 시행)	1.官位 2.職員 3.後宮職員 4.東宮職員 5.家令職員 6.神祗 7.僧尼 8.戶 9.田 10.賦役 11.學 12.選敍 13.繼嗣 14.考課 15.祿 16.宮衛 17.軍防 18.**儀制** 19.**衣服** 20.**營繕** 21.公式 22.倉庫 23.廐牧 24.醫疾 25.假寧 26.喪葬 27.關市 28.捕亡 29.獄 30.雜

47) 大隅淸陽, 「大寶令の歷史的 位相」, 『日唐律令比較硏究の新段階』, 山川出版社, 2008, 226~234쪽.

48) 野村忠夫, 『律令政治 諸樣相』, 塙書房, 1968 ; 榎本淳一, 「養老律令試論」, 『日本律令制論集』 上卷(笹山晴先生還紀念會編), 吉川弘文館, 1993.

신라 율령은 위의 〈표 3-2〉에서 볼 수 있듯이, 중국·일본 율령과 같은 편목과 조문이 남아 있지 않다. 그리고 중국이나 일본과 같은 대대적인 율령 정비와 관련된 기사도 찾아지지 않는다.[49] 이에 신라 율령은 중국 율령과 직접적으로 대비하기는 어렵다. 그럼에도 불구하고 대부분의 연구자들은 신라 사회에 중국의 율령이 들어왔다고 한다. 신라 율령의 성립시기와 관련해서는 나물마립간대,[50] 중고기,[51] 중대[52]로 정리된다.[53] 『삼국사기』에 흩어져 있는 형옥 관련 기사들을 통해 신라율의 내용을 알 수 있으며,[54] 당령을 참고하여 통일기 신라령의 편목으로 官位·職員·祠·戶·學·選擧·軍防·衣服·儀制·樂·公式·田·賦役 등을 추정할 수 있다.[55] 신라의 격은 이방부격을 통해 알 수 있으며, 식은 신라의 율령이 수정된다는 사실에서 생각해 볼 수 있다.

신라에는 적어도 삼국통일을 전후한 시기에 중국의 율령격식이 들어와 시행되었다. 신라 하대에도 율령격식은 반포되고 운용되었다. 애장왕 6년(805) 8월에 공식 20여 조가 頒示되었는데, 공식은 율령의 시행 세목인 式으로 보기도 하지만[56] 령의 한 편목인 공식령으로 볼 수도 있다.[57] 수·당대에 문서행정과

---

49) 신라에서 대대적인 율령의 반포라든가, 수정 그리고 편목이 보이지 않는 것은 그 사회가 율령 보다 우선하는 골품제가 그 사회를 운영하였기 때문에 그러하지 않았을까 한다.

50) 이근우, 「사면기사를 통해 본 한일 율령제 수용문제」, 『청계사학』 16·17, 2002 등.

51) 전봉덕, 「신라율령고」, 『서울대논문집(인문사회과학)』 4, 1956 ; 노중국, 「고구려 율령에 관한 일시론」, 『동방학지』 21, 1979 ; 주보돈, 「울진봉평신라비와 법흥왕대 율령」, 『한국고대사연구』 2, 1989 등.

52) 林紀昭, 「新羅律令に 關する二·三の問題」, 『法制史硏究』 17, 1967 ; 山本孝文, 「한국 고대 율령의 고고학적 연구」, 부산대학교 박사학위논문, 2005, 28쪽.

53) 이상과 관련해서 홍승우, 「신라율의 기본성격」, 『한국사론』 50, 2004 참고. 한편 중국 율령을 참고해서 제정된 각 국 마다의 개별제도를 '율령'으로 보기는 어렵다는 견해(武田幸男, 「新羅 法興王代の律令と衣冠制」, 『古代朝鮮と日本』, 朝鮮史硏究會, 1974)도 있다.

54) 한용근, 『高麗律』, 서경문화사, 1998, 50~79쪽.

55) 武田幸男, 「朝鮮の律令制」, 『岩波講座 世界歷史』 6, 岩波書店, 1971.

56) 井上秀雄, 「『三國史記』にあらわれた新羅の中央官制について」, 『朝鮮學報』 51, 1969 ; 『新羅

관련된 각종 서식은 공식령으로 정리되었다. 당의 율령을 받아들인 일본 양로령의 관찬 주석서인 『令義解』(天長 10년 : 833)에서도 공식령을 공문의 양식을 규정하는 령이라고 하였다. 애장왕 7년에 반시된 교는 '下敎'로 시작하여 '宜令所司 普告施行'으로 끝나는 왕명 행정문서의 형태를 취하고 있다.[58] 이것은 왕 6년에 반포된 공식령이 적용된 것으로 신라 사회에 실제로 공식령을 포함한 다양한 율령이 운용되었음을 보여주는 것이다.

흥덕왕 9년의 색복·거기·기용·옥사에 대한 교는 당 문종대의 의복·거승·기용·궁실에 대한 하조[59]와 그 명칭이 동일한 순서대로 사용되고 있다.[60] 하지만 색복·거기·기용·옥사와 관련된 내용은 사료 A-4)에서 '구장'에 따른다는 점을 염두에 둘 때, 이미 신라 사회에 있었다고 볼 수 있다. 색복과 관련해서는 진덕왕 3년(649) 봄 정월에 중국의 의관을 착용하였다든가, 문무왕 4년(664)에 부인들의 의복도 중국 의복을 입도록 한 것 등이 참고된다. 문무왕 20년에 왕이 금·은으로 만든 그릇 등을 안승에게 주었으며 성덕왕 22년(723)에 왕이 의복·그릇·노비·수레와 말을 주어 예를 갖추어 포정과 정완을 당에 보냈다는 기사 등에서는 거기·기용과 관련된 규정을 알 수 있다. 영선령과 관련해서는 문무왕 19년(679)에 동궁을 창건하고 궁궐 안팎의 여러 문의 액호를 始定하였다는 기사 등이 주목된다.

이처럼 흥덕왕 이전 신라 사회에는 색복·거기·기용·옥사에 대한 규정이 있었으며, 이것은 앞 〈표 3-2〉에서 볼 수 있는 의복령·의제령·영선령 등에 해당한다. 그러하다면 흥덕왕이 내린 교는 편목의 형식과 그 양식의 경우 당 문종대 칙령의 영향을 받았지만, 내용은 흥덕왕 이전의 것을 새롭게 수정하고 보완한 것으로 생각된다. 흥덕왕 이전의 색복·거기·기용·옥사와 관련된 령에

史基礎硏究』, 東出版, 1974, 292~293쪽.

57) 武田幸男, 앞 논문, 1971, 68쪽.

58) 양정석, 「신라 공식령의 왕명문서양식 고찰」, 『한국고대사연구』 15, 1999.

59) 『唐會要』 태화 1년(827)dr에는 의복·거승·기용·궁실이 있고 『唐會要』 태화 6년칙에는 의복·거마·제사에 대한 내용이 있다.

60) 양정석, 앞 논문, 2007a, 28~33쪽 : 앞 논문, 2007b, 20~21쪽.

는 진골을 비롯하여 6두품과 5두품, 4두품과 백성은 분명하게 구분되어 있었고 지방민은 포함되어 있지 않았을 것이다.

율령의 수용과 수정은 전근대 동아시아에서 국가 禮의 수용 및 정비와도 밀접한 관련을 가지고 있었다. 당의 경우 행정기구의 운영을 포괄적으로 규정한 令에 祠令·鹵簿令·衣服令·儀制令·喪葬令·仮寧令 등 예와 중복되는 부분이 있다.[61] 이러한 예는 신분에 따른 구별이 있었다.

길례와 관련해서 『예기』 왕제편을 보면 천자부터 제후, 大夫·士는 廟를 건립해 제사지내고 庶人은 주거 공간인 寢에서 제사한다고 하였다. 이 중 大夫·士·庶人의 제사 대상을 보면 대부는 3대, 사는 2대, 서인은 父의 제사에 그치거나 혹 최대 2대까지 제사하였다.[62]

흉례와 관련된 殯과 장례 치르는 시기도 신분에 따라 달랐다. 즉 천자는 수레 위에 용을 그린 郭을 설치하며 곽 주위에 帷幕을 치는데, 7일 만에 빈한 후 7개월 만에 장사지낸다.[63] 제후는 柩를 수레 위에 놓고 사방을 나무로 둘러싸며 나무의 상단을 합쳐서 지붕같이 하고 흰색의 흙으로 칠했으며 5일 만에 빈하고 5개월 만에 장사하였다.[64] 선비는 죽은 후 초혼의 례를 하고 입관 준비가 행해진 후 정전의 서쪽 계단 근처에 肂라고 불리는 구덩이를 파서 가매장하고 3일 만에 빈하고 3개월 후에 본장이 치러진다.[65]

다음 〈표 3-3〉은 개원 29년(741) 이전 신분에 따른 무덤 축조와 관련된 내용이다.[66]

61) 堀敏一, 「中國における律令制の成立」, 『東アジア世界における日本古代史講座』 7, 學生社, 1982, 73쪽.
62) 『예기』 왕제. 『國語』 楚語 下에는 '士庶不過其祖'라고 하고 있다.
63) 『예기』 단궁 상.
64) 『예기』 喪大記.
65) 『儀禮』 士葬禮.
66) 양관 지음, 장인성·임대희 옮김, 『중국역대陵寢제도』, 서경, 2005, 169~170쪽.

〈표 3-3〉 개원 29년(741) 이전 신분에 따른 무덤 축조 규정

	1품관	2품관	3품관	4품관	5품관	6품이하
영지(묘지)	방 90보	방 80보	방 70보	방 60보	방 50보	방 20보
분구(높이)	1장 8척	1장 6척	1장 4척	1장 2척	1장	8척
四隅	4품 이상, 궐을 건축함				土堠를 세움	
석비	5품 이상 이수(용무늬가 있는 비두), 귀부(구형비좌), 받침 위 9척					7품 이상, 규수방부, 받침 위 4척
석각	3품 이상 석인, 석수 6개 (석인, 석호, 석양 각 2개)			5품 이상 석인, 석수 4개(석인, 석양 각 2개)		

이와 같은 의례는 율령과 마찬가지로 신라 사회에 수용되었고 운용되었는데, 五禮로 대표되는 국가 예가 그것이다.[67] 신라 역대 왕들은 율령을 반포하고 수정하였으며 다양한 의례도 행하였다. 율령과 의례에 대한 정보는 당과 신라와의 잦은 사신 왕래 등을 통해 알 수 있었을 것이다. 흥덕왕대에는 왕 3년(828) 2월·3년 겨울 12월·5년 겨울 12월·6년 2월·11년 봄에 사신이 입당하였다.

전근대 동아시아의 율령과 의례는 尊卑 貴賤을 따진다. 이러한 율령과 의례는 신라 사회의 운영 원리인 골품제와 불가분의 관계였을 것이다. 율령과 의례는 골품제가 견고하여 신라 사회가 골품제로 유지되었을 때에는 그것을 보조하고 뒷받침하는 정도에 머물렀을 것이다. 그런데 흥덕왕은 왕 9년의 교에서 동요되는 골품제의 모습을 그대로 인정하고 지방인을 골품제에 편입시켰다. 이것은 기왕의 골품제에서는 해결할 수 없는 것이었다. 흥덕왕은 율령과 의례를 적극적으로 활용하였던 것이다. 사료 A-4)에서 '구장'에 근거하며 이를 어기는 자는 '상형'으로 다스린다고 한 것, 사료 C에 보이는 다양한 군사의례를 통해 교를 대내외적으로 알린데서 알 수 있다. 이와 같이 생각할 수 있다면 신라 하대 골품제의 동요로 말미암아 골품제만으로 신라 사회를 운영하기 어려워지자, 율령과 의례의 역할은 커지지 않았을까 한다.

이상의 흥덕왕 9년의 교와 다양한 의례는 율령과 의례가 신라 사회에 자리매

67) 채미하, 앞 논문, 2006 : 「신라 국왕의 視學과 그 의미」, 『한국사상사학』 32, 2009 : 앞 논문, 2010 : 「신라의 賓禮-唐 사신을 중심으로」, 『한국사학보』 43, 2011 : 「신라 흉례의 수용과 그 의미」, 『한국사상사학』 42, 2012 등 참고.

김하여 그 역할을 하였음을 보여주는 것이다. 하지만 흥덕왕이 행한 율령과 의례에 의한 정치는 골품 귀족들의 반발을 불러일으켰을 것이다. 이것은 흥덕왕 사후의 왕위쟁탈전에서 알 수 있다. 이로 볼 때 흥덕왕은 신라 사회의 신분제인 골품제가 그 기능을 다하지 못하자 율령과 의례를 통해 정치를 운영하였지만, 골품제의 장벽은 넘지 못하였다고 할 수 있다.

제2절 한국 고대의 喪·祭禮

1. 厚葬과 薄葬

다음 사료는 『三國志』에 보이는 한국 고대 喪葬과 관련된 기록이다.

A. 1) ① 사람이 죽으면 여름에 모두 얼음을 사용한다. ② 사람을 죽여서 殉葬을 하는데, 많을 때는 백명 정도 된다. ③ 厚葬한다. ④ 槨은 있고 棺은 없다.[68](『三國志』 30, 위서30, 동이전30, 부여)

2) ① 그들은 장사를 지낼 적에는 큰 나무 槨을 만드는데, 길이가 10여 丈이나 되며 한쪽 머리를 열어 놓아 문을 만든다.[69] ② 새로 사람이 죽으면 모두 가매장을 하며 겨우 형체가 덮일 만큼 묻었다가 가죽과 살이 썩은 다음에 뼈를 추려 곽 속에 안치한다. ③ 온 집 식구를 모두 하나의 곽 속에 넣어 두는데, 살아 있을 때와 같은 모습으로 나무로 새겨 죽은 사람의 숫자대로 하였다. ④ 또 瓦鑩이 있어 그 안에 쌀을 담아서 곽의 戶 옆에다 엮어 매단다.[70](『三國志』 30, 위서30, 동이전30, 동옥저)

3) ① 남녀가 결혼하면 바로 죽어서 입고 갈 壽衣를 미리 조금씩 만들어

68) ① 其死 夏月皆用冰 ② 殺人徇葬 多者百數 ③ 厚葬 ④ 有槨無棺.

69) 『증보문헌비고』 禮考35에는 "開一頭作廬"라고 되어 있다. 廬는 草庵을 의미하는 것으로 1908년 『문헌비고』 증보 당시까지 草墳이 일반적이지 않았을까 생각된다고 하였다(이두현, 「葬制와 관련된 무속연구」, 『문화인류학』 6, 1973, 7쪽).

70) ① 其葬作大木槨 長十餘丈 開一頭作戶 ② 新死者皆假埋之 才使覆形 皮肉盡 乃取骨置槨中 ③ 擧家皆共一槨 刻木如生形 隨死者爲數 ④ 又有瓦鑩 置米其中 編縣之於槨戶邊.

둔다. ② 厚葬하는데, 金·銀의 재물을 모두 送死에 쓴다. ③ 돌을 쌓아서 봉분을 만들고 소나무·잣나무를 벌려 심는다.[71](『三國志』 30, 위서30, 동이전30, 고구려)

4) ① 그들의 장례에는 棺은 있으나 槨은 없다. ② 소나 말을 탈 줄 모르기 때문에 소와 말은 모두 送死에 쓴다.[72](『三國志』 30, 위서30, 동이전30, 마한)

5) 소나 말을 탈 줄 모르기 때문에 가축을 기르는 것은 단지 送葬 때문이다.[73] (『晉書』 97, 동이열전67, 마한)

사료를 보면 부여에서는 사람을 죽여서 殉葬을 하는데 많을 때는 백명 가량이나 된다고 한다(A-1)②). 동옥저에서는 죽은 사람의 숫자대로 살아 있을 때와 같은 모습으로 나무로 모양을 새기는데(A-2)③), 이것은 순장 당하는 사람을 대신하여 사용한 목각 인형인 俑으로 여겨진다. 고구려에서는 동천왕이 세상을 떠나자 가까운 신하 중에는 殉死하여 같이 묻히기를 원하는 사람이 많았는데, 중천왕은 이를 禮가 아니라 하여 금지하였다고 한다.[74] 신라에서도 지증왕 3년(502)에 순장을 금지하였는데, 그 이전에는 왕이 죽으면 남녀 각 5인을 순장하였다고 한다.[75]

부여에서는 장사를 후하게 지낸다고 하였고(A-1)③), 후술되는 G-1)③에서는 停喪 기간에 喪主는 빨리 장사지내지 않으려고 하지만, 다른 사람이 强勸하기 때문에 언제나 실랑이를 벌이는 것으로 예절로 삼는다고 하였다. 고구려에서도 장례를 후하게 지내며 金·銀의 재물을 送死(장례)에 소비하였다고 한다(A-3)②). 이러한 『삼국지』의 기록은 『후한서』[76]의 내용과 거의 같고[77] 이후 『梁書』·『南

---

71) ① 男女已嫁娶 便稍作送終之衣 ② 厚葬 金銀財幣盡於送死 ③ 積石爲封 列種松柏.

72) ① 其葬有槨無棺 ② 不知乘牛馬 牛馬盡於送死.

73) 不知乘牛馬 畜者但以送葬.

74) 秋九月 王薨 葬於柴原 號曰東川王 國人懷其恩德 莫不哀傷 近臣欲自殺以殉者衆 嗣王以爲非禮禁之 至葬日 至墓自死者甚多 國人伐柴以覆其屍 遂名其地曰柴原 (『삼국사기』 17, 고구려본기5, 동천왕 22년).

75) 春二月 下令禁殉葬 前國王薨則殉以男女各五人 至是禁焉 (『삼국사기』 4, 신라본기4, 지증마립간 3년).

고령 지산동 75호분 내부는 돌방무덤으로, 으뜸 돌방 가장자리를 따라 8기의 순장 덧널이 있다. 봉토 중에는 3기의 순장덧널이 더 있으며 동물을 순장한 것도 있다. 대가야박물관 제공.

史』에도 그 내용이 보인다.[78] 한과 마한에서는 소와 말을 탈줄 모르기 때문에 送死와 送葬, 장례에 쓴다고 한다(A-4)②와 A-5))

순장과 후장을 하는 한국 고대인들이 거주하는 사후 세계는 다양하였는데,[79] 무덤은 그 중의 하나였다. 무덤 내부 시설과 관련하여 부여와 한에서는 장례에

76) 『三國志』나 『魏略』의 편찬시기에 대해서는 다양한 견해가 있다. 그러나 『三國志』는 280년 전반, 『魏略』은 260년대 중반경이라는 설이 유력하다(윤용구, 「3세기 이전 중국 사서에 나타난 한국고대사상」, 『한국고대사연구』 14, 1998, 주61 및 주81 참고.

77) 便稍營送終之具 金銀財幣盡於厚葬 積石爲封 亦種松柏(『後漢書』 85, 동이열전75, 고구려). 『後漢書』는 유송 원가 9년(432)경에 편찬되었으며 동이전은 『三國志』에 의거하여 서술되었다(윤용구, 앞 논문, 1998, 150쪽).

78) 已嫁娶 便稍作送終之衣 其死葬 有槨無棺 好厚葬 金銀財幣盡於送死 積石爲封 列植種松柏(『梁書』·『南史』, 동이 고구려).

79) 나희라, 『신라의 국가제사』, 지식산업사, 2008, 73~85쪽.

槨은 사용하나 棺은 쓰지 않으며(A-1)④와 A-4)①) 동옥저에서는 장사를 지낼 때 큰 나무 槨을 만드는데, 길이가 10여 丈이나 된다고 하였다(A-2)①). 고구려의 경우는 돌을 쌓아 봉분을 만든다고 하였고(A-3), 『삼국지』에는 보이지 않지만 『梁書』와 『南史』에 '其死葬 有槨無棺', 죽은 사람을 장사할 때 곽은 쓰지만 관은 사용하지 않는다고 하였다.

이와 같이 『삼국지』 단계의 한국 고대인은 殉葬하였을 뿐만 아니라 경비를 많이 들여 그 사회의 중요한 자산을 무덤에 厚葬하였음을 알 수 있다. 이것은 死者의 다음 세상을 위한 것으로, 사람의 영혼이 사후에 재생하더라도 그의 신분과 지위를 다시 누린다고 생각하는 계세사상 때문이었다. 그리고 사자가 영원한 안식을 누리기 위해서는 시신을 埋葬하여 영원히 보존해야 한다고 생각하였다.[80] 이처럼 한국 고대인들은 사후에도 매장된 지하에서 현세와 같은 물질적·정신적 생활을 계속하며 사후의 세계도 현세와 큰 차이가 없다고 여겼던 것이다. 이것은 生者들이 死者를 위해 행한 장송의례를 통해서도 생각해 볼 수 있다.

우선 사료 A-2)④를 보면 동옥저에는 와력이 있는데, 그 안에 쌀을 담아서 곽의 戶[출입구] 옆에 엮어 매단다고 한다. 와력의 쌀은 사자의 양식으로 그것을 뼈를 안치한 출입구 옆에 매단다는 것은 음식물을 제공하는 의례로, 영혼의 편의를 위한 것으로 이해하고 있다.[81] 이것은 볍씨가 발아하여 새로운 생명으로 탄생하는 신비한 힘과 같이 死者에게도 생기를 바라는 기원의 산물이기도 하였다.[82]

A-3)③을 보면 고구려에서는 돌을 쌓아서 봉분을 만들고 소나무·잣나무를 그 주위에 벌려 심는다고 한다. 적석총 주위에 松柏을 심었다는 기록은 동천왕

---

80) 변태섭, 「한국고대의 계세사상과 조상숭배신앙」(상·하), 『역사교육』 3·4, 1958·1959, 53~69쪽 및 73~95쪽.

81) 김기웅, 「고분에서 엿볼 수 있는 신라의 장송의례」, 『신라문화제학술회의논문집5-신라 종교의 신연구』, 1984, 272~273쪽 ; 김영미, 「불교의 수용과 신라인의 죽음관의 변화」, 『한국고대사연구』 20, 2000, 157쪽.

82) 권오영, 「한국 고대의 새[鳥] 관념과 제의(祭儀)」, 「역사와 현실』 32, 1999, 118쪽.

8년(234)의 陵前植松[83]에서도 찾아볼 수 있다. 이처럼 무덤 주위에 송백을 심는 것은 중국 秦·漢代의 일반적인 경향이었다.[84] 고구려의 陵前植松이 중국 무덤 건축의 영향인지는 잘 알 수 없으나, 무덤에 상록수를 심는 것은 죽음을 재생으로 전환하고 그 삶을 영원토록 한다는 관념의 반영이었다.[85] 다음도 주목된다.

B. 큰 새의 깃털을 사용하여 장사를 지내는데, 그것은 죽은 사람이 새처럼 날아다니라는 뜻이다.[86](『삼국지』 30, 위서30, 동이전30, 변진)

사료 B를 보면 변진에서는 큰 새의 깃털을 사용하여 장사를 지낸 것은 죽은 사람이 새처럼 날아다니라는 뜻이라고 한다. 이것은 고대인들이 새를 영혼의 운전자로 이승과 저승을 연결시킨다고 인식하였기 때문으로 보인다.[87]

이상에서 『삼국지』 단계의 한국 고대인들의 계세사상은 死者의 사후를 위해 순장·후장을 하였고 사후 세계의 거주지로 무덤을 축조하였음을 알 수 있다.[88] 이것은 한국 고대인들이 삶과 죽음을 뚜렷하게 구분하지 않았음을 보여주는 것이다. 주몽과 혁거세가 죽은 후 자신들의 생명의 근거지로 돌아갔다

83) 秋九月 太后于氏薨 太后臨終遺言曰 妾失行 將何面目見國壤於地下 若群臣不忍擠於溝壑 則請葬我於山上王陵之側 遂葬之如其言 巫者曰 國壤降於予曰 昨見于氏歸于山上 不勝憤恚 遂與之戰 退而思之 顔厚不忍見國人 爾告於朝 遮我以物 是用植松七重於陵前(『삼국사기』 17, 고구려본기5, 동천왕 8년).

84) 장인성, 「남조의 상례 연구」, 『백제연구』 32, 2000a, 154쪽 ; 김병준 옮김, 『순간과 영원-중국 고대의 미술과 건축』, 아카넷, 2001, 457~462쪽과 주19 참고.

85) 한국문화상징사전편찬위원회, 『한국문화상징사전』, 동아출판사, 1992, 431~432쪽 및 515~517쪽.

86) 以大鳥羽送死 其意欲使死者飛揚.

87) 권오영, 앞 논문, 1999, 113~117쪽 ; 한국문화상징사전편찬위원회, 위 책, 1992, 410~414쪽.

88) 고국천왕의 사후 생활처는 그의 무덤이었으며 고구려의 서천왕, 가야의 수로왕, 신라의 미추왕, 김후직, 김유신 등의 예에서 무덤 안에 사자의 영혼이 있다고 하였다.

든가[89] 고구려에서 고국천왕·산상왕과 태후 우씨의 관계가 사후에까지 이어진다는 생각도 이와 관련 있는 것이다.[90] 사료 A-3)①을 보면 고구려에서는 남녀가 결혼하면 壽衣를 미리 만들어 둔다고 한다. 이것은 결혼과 동시에 죽음을 준비하던 습속으로, 계세적 내세관에 바탕을 둔 관념의 반영이라고 할 수 있다.[91]

이처럼 한국 고대인들은 죽음은 끝이 아니라 또 다른 삶의 시작이고 삶은 죽음을 맞이하는 과정이라고 생각하였다. 그렇지만 한국 고대 사회에 들어온 불교와 유교는 여기에 변화를 주었다. 이 중 불교의 내세관은 生과 死의 절대성을 부정한다는 점에서 계세적 내세관과 분명하게 구별되지는 않지만, 생과 사의 순환에 응보의 원리를 적용함으로써 이전과는 다른 내세관을 전개하였다. 즉 불교의 내세관에 의하면 사람이 죽으면 육신을 떠난 영혼이 전생에 지은 業에 따라 지옥·아귀·축생·아수라·인간·천상의 6道 중 한 곳에서 다시 태어나는 윤회를 되풀이한다고 한다. 이것은 사람이 죽으면 그 영혼이 내세의 삶을 살아간다는 계세사상과는 동일한 것이지만, 현세에서 살아가던 모습 그대로 이어지는 것으로 설정된 계세사상과는 차이를 보이는 것이다.[92]

이와 관련해서 다음이 주목된다.

C. 1) 어느날 그 어머니가 죽으니, 이때 원효는 고선사에 머무르고 있었는데, 원효가 그를 보고 예를 갖춰 맞이하였다. 사복은 답배하지 않고 말하기를, “그대와 내가 옛날에 經을 실었던 암소가 지금 죽었으니 함께 장사지냄이

89) 나희라, 『고대 한국인의 생사관』, 지식산업사, 2008, 68쪽.

90) 『삼국사기』 17, 고구려본기5, 동천왕 8년.

91) 노태돈, 「고구려의 역사와 사상」, 『한국사상사대계』 2, 한국정신문화연구원, 1991. 나희라는 앞 책, 2008, 101~129쪽에서 性, 再生과 연결지어 이해하고 있다.

92) 김영미, 앞 논문, 2000, 161~162쪽 및 구미래, 「불교 전래에 따른 화장의 수용양상과 변화요인」, 『실천민속학연구』 4, 2002, 126~127쪽. 전호태, 「5세기 고구려 고분벽화에 나타난 불교적 내세관」, 『한국사론』 21, 1989 및 김영미, 「불교의 죽음관」, 『전주사학』 7, 1999도 참고. 한편 신라 사회에 업설과 윤회사상에 입각한 내세관이 정착하는 데에는 원광의 점찰회가 중요한 역할을 했다고 한다(김영미, 앞 논문, 2000, 166~167쪽). 나희라, 앞 책, 2008, 58~61쪽도 참고.

어떻겠소?"라고 하였다. 원효가 말하기를, "좋다"고 하였다. 2) 드디어 함께 집에 도착하였다. 원효에게 布薩시켜 주게 하였다. 시체 앞에 이르러 고축하기를, "나지 말지니, 그 죽음이 괴롭다. 죽지 말지니, 그 生이 괴롭도다."고 하였다. 사복이 말하기를, "말이 번거롭다"고 하였다. 원효가 이를 고쳐서 말하기를, "죽고 나는 것이 괴롭다."고 하였다. 3) ① 두 분이 시신을 메고 活里山 동쪽 기슭으로 갔다. 원효가 말하기를, "지혜의 호랑이를 지혜의 숲속에 장사지냄이 또한 마땅하지 않으리오?"라고 하였다. 사복이 이에 偈를 지어 말하기를, "그 옛날 석가모니불은 娑羅樹 사이에서 열반에 드셨다. 지금 역시 그와 같은 이 있어 연화장세계에 들어가고자 한다."고 하였다. ② 말을 마치고 띠풀을 뽑았다. 아래에 있는 세계는 晃朗하고 淸虛하며 칠보로 장식한 난간과 누각이 장엄하여 인간세상이 아니었다. 사복이 시체를 업고 함께 들어가니 그 땅이 갑자기 합쳐졌다. 원효는 이에 돌아왔다.[93](『삼국유사』 4, 義解5, 蛇福不言)

사료 C에서 蛇福의 어머니가 죽자 사복은 원효와 함께 어머니의 장례를 치렀는데(1)), 원효는 시신에게 戒를 주면서 "나지 말지니 그 죽음이 괴롭다. 죽지 말지니 그 生이 괴롭도다"라고 하였고 사복은 이를 고쳐 "죽고 나는 것이 괴롭다"(2))고 하여 윤회하는 生死의 괴로움을 말하고 있다. 그리고 사복 어머니의 三生에 관한 모습이 나타난다. 즉 前生에는 經을 실어 나르던 소였다가(1)) 그 공덕으로 今生에 사람으로 태어났고,[94] 죽은 후에는 蓮華藏世界로 涅槃하는데 그 "세계는 晃朗하고 淸虛하며 칠보로 장식한 난간과 누각이 장엄하여 인간세상이 아니었다"고 한다(3)②).

---

93) 1) 一日其母死 時元曉 住高仙寺 曉見之迎禮 福不答拜而曰 君我昔日駄經牸牛 今已亡矣 偕葬何如 曉曰諾 2) 遂與到家 令曉布薩授戒 臨尸祝曰 莫生兮其死也苦 莫死兮其生也苦 福曰 詞煩 更之曰 死生苦兮 3) ① 二公轝歸活里山東麓 曉曰 葬智惠虎於智惠林中 不亦宜乎 福乃作偈曰 往昔釋迦牟尼佛 娑羅樹間入涅槃 于今亦有如彼者 欲入蓮花藏界寬 ② 言訖拔茅莖 下有世界 晃朗淸虛 七寶欄楯 樓閣莊嚴 殆非人間世 福負尸共入 其地奄然而合 曉乃還.

94) 전생에 축생인 소가 善根功德에 힘입어 今生에 사람의 몸으로 태어났다는 설화는 불교의 業報輪回說에 토대를 둔 것이다(김상현, 『신라화엄사상사연구』, 민족사, 1991, 174~175쪽).

덕화리 1호분 천장의 연꽃 무늬 평안남도 대동군 덕화리의 봉화산 남쪽 기슭의 두 고분 중에 서쪽에 있다. 천장은 1단의 평행고임을 놓고 그 위에 6단의 8각 고임을 계단식으로 좁혀 올리고 뚜껑돌을 덮은 팔각 고임천장이다. 천장 뚜껑돌에는 큰 연꽃무늬와 구름무늬를 그렸다. 연꽃은 끝이 뾰족한 8판의 복선 연화문이다

불교에서 영혼은 불멸이며 윤회를 거듭하고 죽은 후 내세에서는 현세와는 다른 삶을 살게 된다. 이처럼 현재의 모습이 아닌 다른 모습으로 내세를 살아간다는 윤회사상에 근거하여 불교에서는 화장을 하였다. 불교식 화장을 처음 한 인물은 자장으로 "화장하여 유골을 석혈 속에 모셨다"[95]고 하며 최초로 화장을 한 왕은 문무왕이다.[96] 화장한 뼈를 가루 내어 보관한 藏骨用 토기가 발견되는 것은 대체로 7세기를 기점으로 나타난다.[97]

이와 같은 윤회설에 바탕을 둔 불교의 화장은 죽은 후 영혼의 지위가 현재와 같다거나 무덤에 머문다는 전통적 관념에 변화를 가져왔다. C-3)②에서 사복은

95) 遂殞身而卒 荼毗安骨於石穴中(『삼국유사』 4, 의해5, 慈藏定律).

96) 『삼국사기』 7, 신라본기7, 문무왕 21년. 『삼국사기』에는 문무왕 외에 효성왕·선덕왕·원성왕이, 『삼국유사』 왕력에는 진성왕·효공왕·신덕왕·경명왕이 화장을 했고 유해 처리 방식은 散骨 또는 藏骨이었다. 이 중 원성왕의 경우는 장법으로는 화장을 택하였지만 숭복사 비문과 『삼국유사』 왕력과 기이에서 확인되듯이 왕릉을 조영하였다.

97) 강인구, 「백제의 화장분묘」, 『백제고분연구』, 일지사, 1977, 105~138쪽 ; 이남석, 『백제의 고분문화』, 서경, 2002, 305~311쪽에서 부여 지역의 화장묘를 언급하고 있다.

뼈단지(骨壺) 공주 정지산 유적의 화장묘에서 출토되었다. 이 유적에서는 산의 정상부에 작은 구덩이를 파고 뚜껑 덮은 굽다리 완을 매납한 화장묘가 모여 있었다. 국립공주박물관 소장

'元和十年'銘 뼈단지 원화 10년은 815년으로, 경주 민애왕릉에서 출토되었다. 국립경주박물관 소장

어머니와 함께 연화장 세계에 들어갔는데, 이때 현세와 내세를 연결해 주는 매개물은 茅莖, 띠풀이었다.[98] 이처럼 현세에서 내세로 가는 통로가 전통적인 방법과는 달라졌음을 알 수 있다. 하지만 원광이 죽자 郊外에서 장사를 지내는데, 나라에서 羽儀와 葬具를 내려 임금의 장례와 같이 치렀다고 한다.[99] 여기에서 羽儀는 장례 의식에 장식으로 사용하던 새의 깃으로, 이로 미루어 불교 수용 이후에도 전통적 관념은 여전히 남아 있었음을 알 수 있다. 화장은 불교 수용 이전에도 있었는데,[100] 이것은 骨숭배의 일환이었고 후술되는 復次葬과 관련 있다.[101] 불교의 화장이 인공적으로 살을 없애는데 비해 한국 고대의 복차장은 자연적으로 살을 없애는 것으로 대체로 매장하였다. 원광[102]과 혜숙[103]은 화장이 아닌 풍장을 하였으며 元曉,[104] 念佛師,[105] 선율[106] 등은

---

98) 사복이 뽑은 띠풀의 자리는 현세와 타계를 연결하는 통로가 되는 지점, 곧 우주 중심의 자리이고 띠풀은 이른바 '우주의 나무(cosmic tree)'의 변형으로 설명하고 있다(황패강, 『한국 서사문학의 연구』, 1972, 175~181쪽).

99) 遂葬于郊外 國給羽儀葬具 同於王禮(『삼국유사』 4, 의해5, 원광서학).

100) 진주 상촌리 신석기 시대 주거지 안의 옹관에서 화장한 뼈가 발견되었고 청동기 시대 요동성의 강상묘와 누상묘에서도 화장을 한 흔적이 보인다고 한다.

101) 이상과 관련해서 나희라, 앞 책, 2008, 49~52쪽 참고.

102) 『삼국유사』 4, 의해5, 圓光西學.

103) 『삼국유사』 4, 의해5, 二惠同塵.

소상을 만들거나 매장 후 봉분을 조성하였다.

후술되는 사료 I에서 고구려왕은 불법을 잘 믿어 복을 받으라는 명을 내리고 뒤이어 국가제사를 개혁하고 있다. 여기에 보이는 국가제사는 중국 제사제도의 영향을 받은 것이다. 이로 볼 때 한국 고대 계세적 내세관의 변화에 유교의 영향도 생각되어지는 것이다. 죽음의 문제는 유교에서 매우 중요한 위치를 차지하고 있는데, 사자와 생자가 교류하는 의식인 상례와 제례에서 그것을 잘 알 수 있다.

한국 고대 묘제는 동향과 남향이 枕向이었고 특히 동향이 압도적이었다고 한다. 이것은 대개 '해 뜨는 방향'이 모든 생명을 소생·부활시킨다는 관념에서 비롯되었다. 이후 한대에 널리 행해진 北枕의 영향을 받아 고구려나 백제의 침향은 차츰 북향으로 바뀌었다.[107] 이와 관련해서 『예기』의 "머리를 북쪽으로 향하게 하는 것은 三代의 통례이다. 幽界[저승]로 가기 때문이다"[108]라는 것이 참고된다. 덕흥리고분 묵서명(408)에는 "주공이 땅을 잡고 공자가 날을 가렸으며 무왕이 시간을 선택했다"[109]고 하여 무덤을 쓰는 일에 고구려에서는 유교 성현의 권위를 빌리고 있다. 공자는 "처음으로 俑을 만든 사람은 그 후손이 없을 것이다"[110]고 하여 장례 때 용을 함께 묻는 것을 용납하지 않았다. 중국에서 薄葬의 지표로 거론된 것은 '不封不樹'였고 이것은 위·진 남북조시대에 흥기하였다.[111] 수대 이후의 상장령에는 棺에 금·은 보화를 넣지 못하게 하였다.[112]

---

104) 『삼국유사』 4, 의해5, 元曉不羈.

105) 『삼국유사』 5, 피은8, 念佛師.

106) 『삼국유사』 5, 감통7, 善律還生.

107) 김원룡, 「신라 묘제에 관한 일고찰」, 『신라가야연구』 1, 청구대학, 1966 : 『한국민속연구논문선』 1(김택규·성병희 공편), 일조각, 1982, 261쪽 ; 최병현, 『신라고분연구』, 일지사, 1992 참고.

108) 葬於北方北首 三代之達禮也 之幽界之故也(『예기』 단궁 하).

109) 周公相地 孔子擇日 武王選時(『덕흥리고분 묵서명』).

110) 仲尼曰 始作俑者 其無後乎(『맹자』 양혜왕 상).

111) 나희라, 앞 책, 2008, 145쪽 주 32와 주 33 참고.

이상에서 한국 고대 불교와 유교의 영향으로 계세적 내세관이 변하면서 무덤의 구조 및 매장의 방법도 바뀌어 갔다. 고구려에서는 '積石爲封'의 葬風이 점차 변하였는데, 평양 천도 후에 유행한 봉토분의 존재에서 알 수 있다.[113] 후술되는 사료 E-2)④에서 고구려 사람들은 매장이 끝난 뒤 죽은 자가 생존시에 썼던 의복과 거마를 모두 거두어 무덤 옆에 두는데, 장례에 모였던 사람들이 앞을 다투어 가져간다고 한다. 이것은 기왕에 부장품으로 넣었던 물건을 넣지 않는 것을 반영한 것으로 생각된다.[114] 신라에서는 지증왕 3년(502)에 순장이 금지되었으며 6세기 전반에는 적석목곽분 대신 횡혈식 석실분이 나타나는데, 이것은 묘제 자체만의 변화가 아니라 장례의 간소화를 의미하는 박장고분이었다.[115] 문무왕의 유조도 관심을 끈다.

D. 遺詔에서 말하였다. (…) 1) 吳王의 北山 무덤에서 어찌 금으로 만든 물오리 모양의 빛나는 향로를 볼 수 있을 것이며 魏主의 西陵의 망루는 단지 銅雀이라는 이름만이 전할 뿐이다. 지난 날 만사를 처리하던 영웅도 마침내 한 무더기의 흙이 되어 나무꾼과 목동이 그 위에서 노래하고 여우와 토끼는

---

112) 棺內不得置金銀珠玉(隋 開皇喪葬令) ; 諸葬不得以石爲棺槨及石室 其棺槨皆不得雕鏤彩畵 施戶牖欄檻 棺內又不得有金銀珠玉 (당 상장령 17조).

113) 김원룡, 『한국고고학개설』, 1973, 124~127쪽. 물론 적석총에서 봉토분으로 바뀐 것은 무덤 조성의 여러 부분에 대한 단절적인 변화를 가져온 것은 아니라고 한다(강현숙, 「고구려 고분의 구조적 특징」, 『고구려의 역사와 문화유사』, 서경문화사, 2004, 462~464쪽). 나희라, 「무덤과 무덤 벽화로 본 고구려인의 생사관」, 『고분벽화로 본 고구려 문화-연구총서2』, 고구려연구재단, 2005 : 앞 책, 2008, 133~147쪽도 참고.

114) 이것은 후장의 풍습이 현실적으로 변화된 것으로 도굴 등에 의한 분묘의 훼손을 예방하려는 적극적인 방책으로 보기도 하고(조법종, 「광개토왕릉비문에 나타난 수묘제연구」, 『고대와 중세 한국사의 시대구분』(한국고대사연구 8), 한국고대사연구회, 1995, 189쪽), 상장례를 통해 죽은 자와 그 가족의 경제력을 과시함으로써 사자가 남긴 힘을 확인하고 그리하여 산자(특히 죽은 자의 신분과 경제적 상속에 직접 관련되는 가족)의 사회적 지위를 확인하다는 의미도 있다고 한다(나희라, 앞 책, 2008, 127쪽 및 143쪽).

115) 최병현, 「신라의 성장과 신라 고분문화의 전개」, 『한국고대사연구』 4, 1991, 166~168쪽.

능지탑 소조불상조각 능지탑은 문무왕을 화장한 후 세운 탑이라고 한다. 왼쪽은 능지탑 소조불상의 무릎 위 조각이며 오른쪽은 왼쪽 넓적다리 조각이다. 국립경주박물관 소장.

> 그 옆에 굴을 판다. 헛되어 재물을 쓰는 것은 簡牘에 꾸짖음만 남을 뿐이요 헛되이 사람을 수고롭게 하는 것은 죽은 사람의 넋을 구원하는 것이 못된다. 가만히 생각하면 슬프고 애통함이 끝이 없을 것이니, 이와 같은 일은 즐거이 행할 바가 아니다. 2) 屬纊 후 10일에 바로 庫門의 外庭에서 西國의 의식에 따라 화장하라. 3) 상복의 輕重은 정해진 규정[常科]이 있으니 喪을 치르는 제도는 검소하고 간략하게 하는데 힘써라.[116](『삼국사기』 7, 신라본기7, 문무왕 21년)

사료 D에서 문무왕은 분묘를 치장하는 것은 한갓 재물만 허비하고 史冊에 비방만 남기며 공연히 인력을 수고롭게 하고 幽魂, 죽은 혼령을 구제하지 못한다고 하였다(1)). 이에 문무왕은 자신을 화장하게 하였으며(2)) 상복을 입는 경중은 있지만 喪制度도 검약에 힘쓰라고 하였다(3)). 이와 같이 문무왕은

---

116) 遺詔曰 (…) 1) 吳王北山之墳 詎見金鳧之彩 魏主西陵之望 唯聞銅雀之名 昔日萬機之英 終成一封之土 樵牧歌其上 狐兎穴其旁 徒費資財 貽譏簡牘 空勞人力 莫濟幽魂 靜而思之 傷痛無已 如此之類 非所樂焉 2) 屬纊之後十日 便於庫門外庭 依西國之式 以火燒葬 3) 服輕重 自有常科 喪制度 務從儉約.

遺詔에서 喪葬을 간략히 할 것을 당부하고 있는데, 여기에는 무덤과 부장품뿐만 아니라 후술되는 喪服과 殯[117] 등 상장례 전반에 대한 내용이 포함되었을 것으로 생각된다.

2. 喪服制와 殯

상복제와 殯은 중국 喪禮의 요체로, 6세기 이후 삼국의 생활상을 전하는 중국 사서에 이에 대한 내용이 나온다.[118] 우선 고구려와 관련된 사료는 다음과 같다.

E. 1) 부모와 남편 喪에는 그 服制가 중국과 같으나, 형제는 3개월로 한정한다.[119](『周書』 49, 이역열전41, 고구려)

2) ① 사람이 죽으면 집 안에 殯하였다가, 3년이 지난 뒤 吉日을 가려 장사지낸다. ② 父母와 남편의 喪에는 모두 3년服을 입고, 형제 喪에는 3개월간 입는다. ③ 初終에는 눈물을 흘리며 哭하지만, 장사지낼 때에는 북치고 춤추며 풍악을 울리면서 보낸다. ④ 埋葬이 끝나면 죽은 사람이 생시에 썼던 의복·노리개·수레·말 등을 가져다가 무덤 옆에 놓아두는데, 장례에 참석한 사람들이 다투어 가져간다.[120](『北史』 94, 열전82, 고구려)[121]

---

117) 이와 관련해서 大化 2년(646)에 공포된 薄葬令에서 "왕 이하 서민들은 빈을 만들지 못하게" 하는 규정이 있는 것이 참고된다(김후련, 「고대 일본인의 장송의례」, 『비교민속학』 23, 2002, 388~394쪽).

118) 『周書』는 당 고조 무덕 연간에서 당 태종 정관 2년 사이(618~628)에 令狐德棻 등이 봉칙찬한 북주 5세(557~581) 25년간의 정사이다(고병익, 「중국정사의 외국열전」, 『동아교섭사의 연구』, 1970 ; 박성봉, 「동이전 고구려관계기사의 정리」, 『한국연구자료총간』 6(경희대전통문화연구소), 1981 ; 국사편찬위원회, 『중국정사조선전 역주 1』, 1987, 602쪽). 여기에 보이는 고구려 생활상은 前史와 다른 내용이 많고 주로 당대에 얻어진 것으로 이해하고 있다(국사편찬위원회, 위 책, 1987, 604쪽). 그 내용은 『北史』와 『隋書』에도 그대로 옮겨지고 있다. 이것은 백제와 신라도 마찬가지이다.

119) 父母及夫喪 其服制同於華夏 兄弟則限以三月.

120) ① 死者殯在屋內 經三年 擇吉日而葬 ② 居父母及夫喪 服皆三年 兄弟三月 ③ 初終哭泣 葬則鼓儛作樂以送之 ④ 埋訖 取死者生時服玩車馬置墓側 會葬者爭取而去.

3) 父母喪에는 3年服을 입고, 兄弟의 喪에는 다음달에 상복을 벗는다.[122] (『新唐書』 220, 동이열전145, 고구려)

사료 E-1)을 보면 부모와 남편의 상에는 그 상복제가 중국과 같으나, 형제는 3개월로 한정한다고 한다. 이것은 E-2)②에도 같은 내용이 보인다. E-3)에는 부모상에는 3년복을 입고 형제의 상에는 다음 달에 상복을 벗는다고 한다. 이처럼 고구려에서는 부모와 남편상에 3년복을, 형제상에는 3개월(1개월)의 상복을 입었음을 알 수 있다.

E-2)①을 보면 고구려에서는 사람이 죽으면 집 안에서 殯을 하고 3년이 지난 뒤에 좋은 날을 가려 장사를 지낸다고 한다. 빈과 관련해서 발기가 자결하자 동생인 계수가 시신을 거두어 초장하고 그 뒤에 상을 모셔서 왕례로써 장례지냈다고 하며 동천왕의 사후 본장까지 일정기간이 경과하였다는 데서 빈이 이루어졌음을 알 수 있다. 후술되듯이, 광개토왕은 사망부터 본장이 치러지기 전까지 2년 정도의 기간이 걸렸으며, 덕흥리 벽화고분의 묵서명에서 鎭의 玉柩를 遷移했다고 한다.[123] 이러한 고구려의 상례는 소수림왕대의 율령 반포와 광개토왕·장수왕에 이르는 시기의 중국 상장령을 참고한 것이다.[124]

다음은 백제와 관련된 기록이다.

F. 1) 부모나 남편이 죽으면 3년 동안 상복을 입고, 나머지 친척은 장례가 끝나면 상복을 벗는다.[125](『周書』 49, 이역열전41, 백제)[126]

---

121) 死者殯於屋內 經三年 擇吉日而葬 居父母及夫之喪 服皆三年 兄弟三月 初終哭泣 葬則鼓儛作樂以送之 埋訖 悉取死者生時服玩車馬置於墓側 會葬者爭取而去(『隋書』 81, 동이열전46, 고려).

122) 服父母喪三年 兄弟踰月除.

123) 권오영, 앞 논문, 2000, 10~12 및 5쪽.

124) 노중국, 「고구려 율령에 관한 일시론」, 『동방학지』 21, 1979, 154~157쪽 ; 나희라, 앞 책, 2008, 126쪽.

125) 父母及夫死者 三年治服 餘親則葬訖除之.

126) 父母及夫死者 三年居服 餘親則葬訖除之 (『北史』 94, 열전82, 백제) ; 父母及夫死者 三年持服 餘親則葬訖除之 (『通典』 185, 변방1, 백제).

무령왕(왼쪽·가운데)과 왕비(오른쪽)의 지석 무령왕릉 널길에서 발견되었다. 이를 통해 무덤 주인공의 정체, 사망과 매장의 시점을 알 수 있었다. 무령왕지석 뒷면에는 방위도가, 왕비의 지석 뒷면에는 매지권이 새겨져 있다.

2) 喪制는 고구려와 같다.[127](『隋書』 81, 동이열전46, 백제)

사료 F-1)에 따르면 부모 및 남편이 죽으면 3년 동안 治服(居服, 持服)하고 나머지 친척은 葬이 끝나면 상복을 벗는다[除]고 한다. F-2)에서는 백제의 喪制가 고구려와 같다고 하는데, 백제의 殯은 무령왕과 왕비의 지석을 보면 무령왕은 '癸卯年五月丙戌朔七日壬辰'에 죽었고 '到乙巳年八月癸酉朔十二日甲申'에 장사지냈다고 한다. 계묘년은 무령왕 23년(523)이며 을사년은 성왕 3년(525)이다. 따라서 무령왕의 사망일은 523년 5월 7일이고 장례일은 525년 8월 12일이다. 무령왕의 왕비는 '丙午年十一月'에 죽는데, 병오년은 성왕 4년(526)이다. 장례일은 '己酉年二月癸未朔十二日甲午'이다. 기유년은 성왕 7년(529)이므로, 529년 2월 26일에 해당한다.[128] 백제는 4세기 중엽 근초고왕대 이후 일정한 수준의 유학을 이해하였을 뿐만 아니라 유교 정치에 입각한 정치운영을 하였다. 웅진 천도 이후에는 무령왕릉 매지권의 '不從律令'에서 알 수 있듯이, 율령을 정비하고 시행하였다.[129]

신라의 경우를 보면 『北史』와 『隋書』에 사람이 죽으면 棺斂을 하고 '葬送起墳

127) 喪制如高麗.

128) 이러한 무령왕과 왕비의 사망일에서 장례일까지 소요된 기간은 26개월 또는 27개월이라고 한다. 이와 관련해서 장인성, 「무령왕릉 묘지를 통해 본 백제인의 생사관」, 『백제연구』 32, 2000a ; 조경철, 「백제 왕실의 3년상」, 『동방학지』 145 등 참조.

129) 노중국, 「백제 율령에 대하여」, 『백제연구』 17, 1986, 60~62쪽 참고.

陵'했으며 왕과 부모 및 처자의 상에는 1년간 상복을 입는다고 한다.130) 여기에서 관렴은 사람이 죽으면 斂襲하여 관에 넣는다는 뜻으로, 습－소렴－대렴－빈을 말하는 것이며 뒤이어 나오는 '葬送起墳陵', 무덤의 축조를 고려할 때 바로 매장하지는 않았을 것이다. 이에 관렴이라는 용어를 통해 빈이 행해졌을 것으로 여겨지며, 이것은 지증왕 6년(505)에 얼음을 사용하였다는 것에서도 알 수 있었다. 이것은 지증왕이 유학사상을 수용한 이후 신라는 점차 유교이념에 입각한 정치운영을 표방하였고 유교식 喪制, 특히 상복제와 빈도 받아들인 것131)으로 볼 수 있는 것이다. 신라의 빈과 관련해서는 경애왕을 西堂에 殯한 후 남산 해목령에 장사지냈다는 기사가 보인다.132)

한편 다음도 주목된다.

G. 1) 魏略에 전한다. ① 그 나라의 習俗은 다섯 달 동안 停喪하는데 오래 둘수록 영화롭게 여긴다. ② 죽은 이에게 제사지낼 때에는 날 것과 익은 것을 함께 쓴다. ③ 喪主는 빨리 장사지내고 싶어하지 않지만 다른 사람이 强勸하기 때문에 언제나 실랑이를 벌이는 것으로서 예절로 삼는다. ④ 居喪 중에는 남녀 모두 純白色의 옷을 입고 부인은 베로 만든 面衣를 착용하며 반지나 패물을 몸에서 제거하니, 대체로 중국과 비슷하다.133)(『三國志』 30, 위서30, 동이전30, 부여)
2) 魏略에 전한다. (…) 사람이 죽어 장사지낼 때 곽은 있으나 관은 없다. 100일 동안 停喪한다. 후장을 좋아하며 돌을 쌓아 봉분을 만들고 소나무·잣나무를 벌려 심는다.134)(『太平御覽』 783, 四夷部4, 東夷4, 高句驪)135)
3) 봄 정월 乙亥 초하루 戊子에 천황이 죽었다. 이 때 나이는 若干이었다.

130) 死有棺斂 葬送起墳陵 王及父母妻子喪 居服一年 (『北史』 94, 열전82, 신라) ; 死有棺斂 葬起墳飾陵 王及父母妻子喪 持服一年 (『隋書』 81, 동이열전46, 신라).
131) 노중국, 「신라 중고기 유학 사상의 수용과 확산」, 『대구사학』 93, 2008, 6~13쪽.
132) 이상과 관련해서 채미하, 앞 논문, 2012a, 50~51쪽.
133) 魏略曰 ① 其俗停喪五月 以久爲榮 ② 其祭亡者 有生有熟 ③ 喪主不欲速而他人彊之 常諍引以此爲節 ④ 其居喪 男女皆純白 婦人着布面衣 去環珮 大體與中國相彷彿也.
134) 魏略曰 (…) 其死葬 有槨無棺 停喪百日 好厚葬 積石爲封 列種松栢.
135) 魚豢 魏略曰 高麗 其死 葬有槨無棺 停喪百日也 (『太平御覽』 552, 禮儀部 31).

① 신라왕은 천황이 이미 죽었다는 소식을 듣고 놀라고 슬퍼하여 배 80척으로 조공하고 아울러 각종 樂人 80명을 바쳤다. ② 이들은 對馬島에 도착하여 큰 소리로 울고 筑紫에 이르러 또 큰 소리로 울었다. ③ 難波津에 이르러 모두 흰 옷을 입었다. 조공물을 받들고 또 여러 가지 악기를 연주하였다. ④ 難波로부터 서울에 이르기까지 울부짖기도 하고 춤추고 노래부르기도 하였는데, 마침내 屍身을 모셔둔 곳에 參禮하였다.[136](『일본서기』 13, 윤공천황 42년)

우선 사료 G-1)④를 보면 부여에서는 喪 동안에는 남녀 모두 純白色의 옷을 입고, 부인은 베로 만든 面衣를 착용하며 반지나 패물을 몸에서 제거하니, 상복을 입는 禮는 대체로 중국과 비슷하다고 한다. G-3)에서는 눌지마립간 37년(453)에 윤공천황이 죽자 왕이 弔使를 보냈는데, 이들은 난파진에 이르러 모두 素服을 입고 서울에 있는 殯宮에 참례했다고 한다.

G-1)①를 보면 부여의 습속은 다섯 달 동안 停喪하는데, 오래 둘수록 영화롭게 여긴다고 한다. 停喪은 사람이 죽어 殮襲을 마쳤지만, 아직 장례를 치르지 않은 상태를 뜻한다. 그 기간은 부여는 5개월이며 G-2)를 보면 고구려에서는 100일이라고 한다. 대체로 부여와 고구려의 停喪은 빈으로 이해하고 있다.[137]

이러한 빈의 시원적 형태와 관련해서 부여에서는 사람이 죽으면 여름에는 모두 얼음을 사용하는데(사료 A-1)①), 이것은 즉시 매장하지 않았음을 말하는 것이다. 동옥저에서는 사람이 죽으면 시체는 모두 가매장을 하되, 겨우 형체가 덮일 만큼 묻었다가 가죽과 살이 다 썩은 다음에 뼈만 추려 槨 속에 안치한다고 한다(A-2)②). 이것은 가매장(1차장)과 본장을 행하였음을 말하는 것으로, 이때의 가매장은 빈장의 형태로 여겨진다. 이와 관련해서 부여에서는 투기하는 여자를 죽인 다음 산 위에 버려 썩게 하였다가 내준다고 하는데,[138] 이것은

136) 春正月乙亥朔戊子 天皇崩 時年若干 ① 於是 新羅王聞天皇旣崩 而驚愁之 貢上調船八十艘 及種種樂人八十 ② 是泊對馬而大哭 到筑紫亦大哭 ③ 泊于難波津 則皆素服之 悉捧御調 且張種種樂器 ④ 自難波至于京 或哭泣 或儛歌 遂參會於殯宮也.

137) 권오영, 앞 논문, 2000, 9쪽.

138) 男女淫 婦人妬 皆殺之 尤憎妬已殺 尸之國南山上 至腐爛 女家欲得 輸牛馬乃與之 (『三國

징벌적 의미도 있지만 빈장으로 볼 수도 있지 않을까 한다. 예인들은 "꺼리는 것이 많아 병을 앓거나 사람이 죽으면 옛 집을 버리고 곧 다시 새 집을 지어 산다"고 하는데,[139] 이를 家殯으로 보기도 한다.[140] 한국 고대 複次葬의 흔적[141]을 통해서도 殯의 존재를 생각해 볼 수 있다.[142]

사료 G-1)③에서 부여의 상복은 중국과 같았다고 한다. G-1)①의 停喪은 중국의 영향인지 한국 고대 고유의 습속에 중국의 빈이 수용된 것인지는 잘 알 수 없다. 하지만 초기의 停喪은 후기에 停喪 3년에 居服 삼년으로 바뀌는데, 이것은 중국 상례의 영향이라고 한다.[143] 유교에서 복상제도는 親親, 尊尊, 名, 出入, 長幼, 그리고 從服이라는 6가지 기준이 있다.[144] 이 중 상복제의 가장 중요한 원칙은 親親과 尊尊이었다.[145] 親親은 혈연과 정감을 통하여 가족과 종족의 인륜관계를 유지하는 '合'을 중시하는 관념이며 尊尊은 상하존비의 차등에 의한 안배로서 '分'을 중시하는 관념이다.[146] 중국 최초의 율령인 泰始律令의 상장령에는 신분에 따른 服喪이 규정되어 있다.[147]

志』 30, 위서30, 동이전30, 부여).

139) 多忌諱 疾病死亡輒損棄舊宅 更作新居 (『三國志』 30, 위서30, 동이전30, 예).

140) 권오영, 앞 논문, 2000, 9쪽.

141) 고구려의 발기·동천왕·광개토왕, 鎭과 백제의 개로왕, 신라의 혁거세와 탈해에서 찾을 수 있다.

142) 이러한 殯이 행해지는 이유와 관련해서 권오영, 앞 논문, 2000, 10~12쪽 및 22~25쪽 참고.

143) 김철준, 『한국고대사회연구』, 서울대학교출판부, 1990, 264~266쪽. 중국의 3년상은 한대 이전에는 25개월의 3년상이 시행되다가 한나라 정현의 27개월의 3년상과 삼국시대 왕숙의 25개월의 3년상이 논쟁을 벌였고 남조의 송 이후로는 정현의 27개월 3년상이 지배적이었다고 한다. 이상과 관련해서 조경철, 「백제 왕실의 3년상」, 『동방학지』 145, 2009, 108~112쪽 참고.

144) 服術有六 一曰親親 二曰尊尊 三曰名 四曰出入 五曰長幼 六曰從服 (『禮記』 大傳).

145) 親親尊尊長長 男女之有別 人道之大者也(鄭玄注云 言服之所以降殺) (『禮記』 喪服小記). 親親尊尊長長과 男女有別은 인도의 가장 큰 것이라고 하는데, 정현은 이것을 풀이하기를 상복의 강쇄를 말하는 것이라고 하였다.

146) 공병석, 앞 논문, 2004, 301쪽 및 303~304쪽.

147) 홍승현, 「中國 古代 禮制 연구의 傾向과 課題-특히 喪服禮를 중심으로」, 『중국사연구』 36, 2005 및 「晉代 喪服書의 편찬과 성격-喪服禮의 확정 과정을 중심으로」, 『동양사학

『의례』 士喪禮의 내용 분석 결과 사람이 죽으면 시체를 우선 실내에 매장하여 (殯=옥내장) 일정한 기간이 지난 후 야외로 이장하는 구조, 즉 복장식 구조였다고 하는데,[148] 이것은 신분에 따라 달랐다.[149] 즉 천자는 수레 위에 용을 그린 郭을 설치하며 곽 주위에 帷幕을 치는데 7일만에 빈한 후 7개월만에 장사지낸다.[150] 제후는 柩를 수레 위에 놓고 사방을 나무로 둘러싸며 나무의 상단을 합쳐서 지붕같이 하고 흰색의 흙으로 칠했으며 5일만에 빈하고 5개월만에 장사하였다.[151] 선비는 죽은 후 초혼의례를 하고 입관 준비가 행해진 후 정전의 서쪽 계단 근처에 肂라고 불리는 구덩이를 파서 가매장하고 3일만에 빈하고 3개월 후에 본장이 치러진다.[152]

이러한 유교의 상복제와 빈은 한국 고대 사회에 들어와 운용되었다.[153] 상복제는 死者에 대한 親疏遠近 관계와 사회적 신분에 따라 등급의 차이를 표시한 것으로, 死者와의 親疎관계와 사회적 규제에 따라 달라지는 것이었다. 고구려의 父母와 남편 喪의 상복과 형제상의 상복이 달랐다든가, 백제에서 나머지 친척들은 장례가 끝나면 상복을 벗는 데서 알 수 있다. 신라의 王 및 父母·妻子喪은 1년이고 고구려의 형제상은 3개월(1월), 백제에서 친척들은 상이 끝나면 상복을 벗는 것은 중국과는 달랐다.[154]

연구』 102, 2005 참고.

148) 池田末利, 앞 논문, 1955, 62~65쪽. 池澤優, 「死の先にある未來-宗教的終末論における滅びと望み」, 『未來』, 東京大學出版會, 2002, 213쪽에서 『의례』의 喪服, 사상례, 旣夕, 士虞禮를 분석하여 死者儀禮의 전체적인 구조가 複葬의 구조와 유사하였다고 지적하고 있다. 이상은 關根英行, 앞 논문, 2006, 62~64쪽에서 재인용.

149) 天子七日而殯七月而葬 諸侯五日而殯五月而葬 大夫士庶人三日而殯三月而葬(『예기』 왕제).

150) 『예기』 단궁 상.

151) 『예기』 喪大記.

152) 『의례』 士葬禮.

153) 이와 관련해서 일본에서 빈이 의례로 완성된 것은 6세기이며 그것을 수입한 주체가 백제계 도래인이라는 견해(和田萃, 「殯の基礎的考察」, 『日本古代の儀禮と祭祀』, 塙書房, 1995, 34쪽)도 참고된다. 일본 고대의 빈과 관련해서 강윤석, 「일본 고대의 殯(모가리)에 대하여」, 『고문화』 65, 2005 참고.

154) 노중국, 앞 논문, 1979, 156쪽.

한국 고대의 3년상과 1년상은 殯葬을 치르는 기간으로, 대체로 상복을 입는 기간과 빈의 기간은 일치하는 것으로 이해하고 있다.[155] 앞에서 살펴본 무령왕과 왕비의 빈 기간은 거상기간이면서 상복 기간이었다. 광개토왕릉비를 보면 광개토왕이 39세에 돌아가니 갑인년(414) 9월 29일 을유에 산릉으로 모셨다고 한다. 광개토왕은 왕 22년(412) 10월에 죽었다.[156] 이처럼 백제와 고구려에서 빈을 치른 시기는 거상=상복 기간이었음을 알 수 있다. 이것은 신라 역시 마찬가지였을 것이다.[157] 신라는 왕과 부모 및 처자의 상에는 1년간 상복을 입었다고 하였다.

그런데 신라 문무왕은 '(현경 6년(661) 6월에 장례의식은 겨우 끝났으나 상복을 채 벗지도 못하였기 때문에 구원 요청에 응하여 달려갈 수 없었다'[158]고 하였다. 태종무열왕은 왕 8년(661) 6월에 죽었다. 신문왕은 원년(681) 8월 16일의 교서에서 '喪中에 서울에서 반란이 일어났다'고 하였다. 김흠돌의 반란이 일어난 것은 신문왕 원년 8월 8일이었다. 문무왕은 왕 21년(681) 7월 1일에 죽었고 사료 D-2)를 보면 유언으로 자신이 죽고 나서 10일 후에 장례를 치르라고 하였다. 이와 같이 문무왕이 태종무열왕의 장례가 끝나고 나서도 여전히 상복을 입었다고 한 것이라든가, 신문왕의 교서에서 문무왕의 상중에 반란이 일어났다고 한 것은 통일을 전후로 해서 빈 기간=상복 기간이 아님을 말해주는 것으로 여겨진다. 이것은 문무왕이 遺詔에서 喪葬을 간략히 할 것을 당부하고 있는 것[159]과 밀접한 관련을 가지고 있다고 생각되는데, 여기에는 상·장례 전반에 대한 내용이 포함되었을 것이다.[160] 그 중의 하나가 빈 기간의 단축이 아니었을

155) 조법종, 앞 논문, 1995, 188쪽 ; 권오영, 앞 논문, 2000, 14~15쪽 및 「상장제를 중심으로 한 무령왕릉과 남조묘의 비교」, 『백제문화』 31, 2002, 58~59쪽도 참고.

156) 以甲寅年九月卄九日乙酉遷就山陵 (「광개토왕릉비」) ; 冬十月 王薨 號爲廣開土王 (『삼국사기』 18, 고구려본기8, 광개토왕 22년).

157) 채미하, 앞 논문, 2012a, 54~55쪽.

158) 『삼국사기』 7, 신라본기7, 문무왕 11년 가을 7월 26일 설인귀의 편지에 대한 문무왕의 답서.

159) 『삼국사기』 7, 신라본기7, 문무왕 21년.

160) 채미하, 앞 논문, 2012a, 47~48쪽.

까 한다.

한편 한국 고대 왕 이하 귀족들의 상례도 있었다.[161] 이러한 상례가 유교의 영향을 받았는지 어떤지는 잘 알 수 없지만, 상복제와 빈을 염두에 둘 때 유교의 상례는 한국 고대 사회에 일정 정도 영향을 주었을 것으로 생각된다.[162] 이와 관련해서 사료 E-2)③이 관심을 끄는데, 고구려 사람들은 사람이 죽으면 눈물을 흘리며 곡[初終哭泣]을 하지만, 나중에 장례를 할 때에는 북치고 춤추며 풍악을 울렸다[鼓舞作樂]고 한다.

우선 '初終哭泣'에서 初終은 죽음을 의미한다[163]고도 한다. 그런데 초종은 초상 이후부터 卒哭까지의 장례 절차를 말하는 것이다. 哭泣은 '소리내어 슬피 움'이라는 뜻이다. 사별의 아픔과 그 슬픔이 제일 먼저 울음으로 표현되기 때문에 울음은 슬픔에 대한 인류 공통의 언어지만, 哭 풍습은 고대 중국에서 비롯되었다. 유교 상례 절차에서 대렴(입관)까지는 곡을 끊이지 않고 대렴 후에는 수시로 곡하고 卒哭 후에는 朝夕哭만 하고 禫祭 후에는 모든 곡을 그친다고 한다.[164]

다음으로 葬禮를 할 때 '鼓舞(歌舞)'와 '作樂(節奏)'의 목적은 鎭魂과 復活의 기원으로 이해하고 있다.[165] 이 중 '作樂'과 관련해서 중국의 挽歌가 관심을

---

161) 채미하, 앞 논문, 2012a, 55쪽.

162) 고려시대 금석문에 의하면 사망→ 불사 부근에서 화장→ 습골→ 정기간 불사에서 權按→ 매골의 과정(최재석, 「신라시대의 葬法과 喪·祭」, 『한국고대사회사연구』, 일지사, 1987, 522쪽)으로 진행되는데, 이것은 한국 고대도 마찬가지가 아니었을까 한다. 이 중 권안은 망자에 대한 추모기간으로 유교의 빈과 유사하다고 한다(구미래, 앞 논문, 2002, 134쪽).

163) 劉熙(후한)의 『釋名』의 釋喪制에서는 20세가 안되어 죽었을 때는 殤, 少壯시에 죽었을 때는 夭, 천수를 누리고 늙어 죽었을 때는 壽終(壽久也 終盡也 生已久遠 氣終盡也)이라고 하였다. 이로 볼 때 終이란 죽음을 나타내는 용어임을 알 수 있다(장인성, 「무령왕릉 묘지를 통해 본 백제인의 생사관」, 『백제연구』 32, 2000b, 165~166쪽).

164) 『예기』에서는 "상례에 슬픔이 부족하고 예에 남음이 있는 것은 예가 부족하고 슬픔이 남은 것만 못하다[喪禮 與其哀不足而禮有餘也 不若禮不足而哀有餘也(『예기』 단궁상]"고 하는데, 상례의 본질은 슬픈 情感, 盡哀, 반드시 슬픔을 다하는 것이다(공병석, 앞 논문, 2004, 290쪽).

165) 谷川健一, 「王權の發生と構造」, 『稻と鐵』, 小學館, 1983, 414쪽 ; 권오영, 앞 논문, 2000,

끈다. 만가는 送死에 쓰는 가곡으로 先秦의 상례에는 음악을 쓰지 않았는데, 한대에 민간 喪葬에서 送死의 만가가 있었고 이것이 樂府에 채록되면서 크게 유행하여 東漢 시대에 喪制에 정식으로 넣었다고 한다.[166] 北齊 喪葬令과 隋 開皇喪葬令에서 이것을 볼 수 있으며[167] 김유신 장례 때의 '軍樂鼓吹'는 당 상장령[168]의 영향을 받은 것이다.

이상과 같이 사료 E-2)③의 '初終哭泣'과 '鼓舞作樂'의 해석을 통해 사료 E-2)에 보이는 고구려 상장례의 내용은 중국의 영향을 받은 유교의 상장례라고 해도 무방할 것이다. 그리고 문무왕 13년(673) 김유신 사후의 일련의 상장례[169] 역시 중국 상장례의 영향을 받았다.[170] 신문왕 6년(686)에는 신라에 수용된 凶禮가 체계화되었다.[171] 이러한 사실로 미루어 볼 때 유교적 상장례는 한국 고대 사회에 운용되었고 일정한 역할을 하였다고 볼 수 있다.

3. 조상숭배와 祭禮

조상숭배란 "농경민족 사이에 뚜렷한 종교형태로서, 숭배의 대상인 祖上은 시조·조상신·죽은 자·死靈 등이다. 주로 조상의 靈이나 死者의 靈에 대한 제사를 가리킨다"[172]고 한다. 한국 고대인들의 조상숭배는 祖(死)靈숭배에서

19쪽에서 재인용. 나희라는 애도의 엄숙함을 넘어 삶[생]의 활력을 표현하는 노래와 춤을 포함한 놀이의 성격을 띤 행위로 보아야 한다고 하였다(앞 책, 2008, 110~111쪽의 주 26 참고.

166) 노인숙, 「중국에서의 상례문화의 전개」, 『유교사상연구』 15, 2001, 80쪽.

167) 仁井田陞, 『唐令拾遺』, 東京大學出版會, 1933, 823~826쪽 참고.

168) 三品以上四引四披 六鐸六翣 挽歌六行三十六人 有挽歌者 鐸依歌人數 已下準此 (…) (당 상장령 14조).

169) 至秋七月一日 薨于私第之正寢 享年七十有九 大王聞訃震慟 1) 贈賻彩帛一千匹租二千石 以供喪事 2) 給軍樂鼓吹一百人 3) 出葬于金山原 命有司立碑 以紀功名 4) 又定入民戶 以守墓焉 (『삼국사기』 43, 열전3, 김유신(하)).

170) 채미하, 앞 논문, 2012a, 57~59쪽 참고.

171) 遣使入唐 奏請禮記幷文章 則天令所司 寫吉凶要禮 幷於文館詞林 採其詞涉規誡者 勒成五十卷 賜之 (『삼국사기』 8, 신라본기8, 신문왕 6년).

172) 장수근, 「한국 민간신앙의 조상숭배」, 『한국문화인류학』 15, 1983, 64쪽에서 재인용.

그 원형을 찾을 수 있으며[173] 제례를 통해 조상(시조, 조상신)에 대한 숭배가 나타났다. 제례는 조상숭배에 대한 의례적 행위로, 사자를 생자와 분리하기보다는 사자와 생자간의 상호관계를 보여주는 것이다.[174] 이와 같은 조상을 기리는 의식인 제례는 가족·종족 내부의 윤리나 종교의 문제에만 그치는 것이 아니라 禮, 즉 서열적 사회를 규정하는 지배층의 정치적 규율의 일부이기도 하였다.[175] 이와 관련해서 우선 다음이 주목된다.

H-1) 거처하는 좌우에 큰 집을 세우고 鬼神에게 제사지낸다.[176] 또 靈星과 社稷에도 제사를 지낸다. (…) 2) 涓奴部는 본래 國主였으므로 지금은 비록 王이 되지 못하지만 그 適統大人은 古雛加의 칭호를 얻었으며 또한 宗廟를 세우고 靈星과 社稷에 제사지낸다.[177](『三國志』 30, 위서30, 동이전, 고구려)

사료 H-1)을 보면 고구려에서는 거처하는 곳의 좌우에 큰 집을 세워 귀신을 제사지냈고 또 영성과 사직에도 제사지냈다고 하며, H-2)에는 본래 나라의 주인이었던 연노부 또한 종묘를 세우고 영성과 사직에 제사를 지냈다고 한다. 사료 H-1)의 왕궁 양쪽의 큰 집은 종묘이고, 귀신은 왕실의 조상(시조)신이다.[178] 이상의 종묘·사직·영성을 당시 중국의 예제를 수용한 것으로 이해하기도 하지만,[179] 중국인들이 이민족의 신앙을 자신들의 예제적 용어로 표현한 것으

---

173) 이은봉, 『한국인의 죽음관』, 2000, 47~52쪽 및 최길성, 『한국의 조상숭배』, 예진, 1986 참고.

174) 한국정신문화연구원, 앞 책, 1992, 제례조 참고.

175) 육정임, 「宋代 조상제사와 제례의 재구상」, 『한국사연구』 27, 2007, 315쪽.

176) 於所居之左立大屋 祭鬼神 又祠靈星社稷(『梁書』·『南史』 고구려). 『梁書』와 『南史』에는 왼쪽에 세워 귀신에 대한 제사를 지내고 있다고 하는데, 이와 관련해서 서영대, 「고구려의 사직과 영성에 대하여」, 『고구려의 사상과 문화』, 고구려연구재단, 2005, 35~36쪽 참고.

177) 1) 於所居之左右立大屋 祭鬼神 又祀靈星社稷 (…) 2) 涓奴部本國主 今雖不爲王 嫡統大人 得稱古雛加 亦得立宗廟 祠靈星社稷.

178) 서영대, 앞 논문, 2005, 26~30쪽.

179) 井上秀雄, 『古代朝鮮史序說-王者と宗教』, 寧樂社, 1978, 94쪽.

로 생각되어진다.[180)]

이로 볼 때 고구려에서는 중국의 제사제도를 수용하기 이전부터 왕실의 조상신에 대한 제사를 지내고 있었음을 알 수 있다. 이와는 별도의 시조묘제사도 있었다.[181)] 고구려의 시조묘는 대무신왕 3년(20)에 졸본, 지금의 국내성에 세워졌고[182)] 신대왕 4년(168) 9월, 고국천왕 2년(180) 9월, 동천왕 2년(228) 2월, 중천왕 13년(260) 9월, 고국원왕 2년(332) 2월, 안장왕 3년(521) 4월, 평안왕 2년(560) 2월, 건무왕 2년(619) 4월에 祀始祖(東明王)廟 했다고 한다.[183)] 이러한 시조묘제사의 주신은 주몽이다.[184)]

백제는 온조왕 원년(기원전 18)에 동명왕묘를 세웠고, 다루왕 2년(29) 정월, 책계왕 2년(287) 정월, 분서왕 2년(299) 정월, 비류왕 9년(312) 4월, 계왕 2년(345) 4월, 아신왕 2년(393) 정월, 전지왕 2년(406) 정월에 謁始祖(東明)廟했다고 한다. 백제 시조묘의 주신은 백제 왕실의 실제 건국시조가 아닌 지배집단과 공유되는 부여의 공동시조인 동명이다.[185)] 백제 한성시기의 지배세력은 왕족인 부여씨

---

180) 서영대, 앞 논문, 2005, 34~36쪽.

181) 시조묘제사가 왕의 즉위 2·3년에 행해진 것으로 보아 신왕의 즉위의례로 거행된 것으로 보고 있다(井上秀雄, 앞 논문, 1978).

182) 대무신왕 3년 춘3월 "立東明王廟"라고 나오는데, 대무신왕 본기에 보이는 동명왕묘 기사를 후대의 삽입, 조작 기사라고 하기도 한다(井上秀雄, 「高句麗の祭祀儀禮」, 『古代東アジア史論集』(上), 1978, 128쪽 등).

183) 동명왕묘와 시조묘를 같은 것으로 보기도 하나(노명호, 「백제의 동명신화와 동명묘」, 『역사학연구』 X(전남대학교사학회), 1981 등), 동명왕묘와 시조묘는 다른 것으로 보는 견해(조법종, 앞 논문, 1995, 192쪽 등)도 있다. 고국천왕대의 시조묘 기사는 허구라는 견해도 있다(田中通彦, 「高句麗の信仰と祭祀」, 『酒井忠夫先生古稀祝賀記念論集 歷史における民衆と文化』, 圖書刊行會, 1982, 734쪽 등).

184) 井上秀雄, 앞 책, 1978, 109쪽. 태조왕대 주몽을 국조로 하는 의식이 성립되었고 이후 시조묘가 건립되었다는 견해도 있다. 즉 시조로서 주몽에 대한 의식과 숭배가 태조왕대 이루어졌다고 하였다. 그래서 고구려의 주몽묘 건립은 태조왕대부터 차대왕에 이르는 기간에 이루어졌을 것이나 차대왕대에 반태조왕 세력에 의해 정국이 주도되었으므로 차대왕을 시해하고 신대왕을 옹립한 친태조왕 세력이 집권하자 시조묘 봉사가 이루어졌을 것으로 보았다(이종태, 「삼국시대의 시조인식과 그 변천」, 국민대학교 박사학위논문, 1996, 80~84쪽).

185) 차용걸, 「백제 의식고-제의·전렵·순무·열병·습사의식에 관한 검토」, 『백제연구』

를 비롯하여 진씨·해씨 등 부여계가 정치의 중심을 이루었다. 때문에 이 시기 백제 왕실은 범부여계의 공동조상인 동명을 국가제사의 대상으로 하였던 것이다.[186)]

신라는 남해왕 3년(6)에 '시조' 혁거세묘를 세운 이후 소지왕대까지 대부분의 왕들은 즉위한 그 다음해의 정월이나 2월에 시조묘에 親祀(謁)하고 있다. 소지왕대 설치된 신궁은 지증왕이 처음으로 신궁에서 즉위의례를 행한 이후 예외가 있기는 하지만, 중고기 대부분의 왕들은 즉위 다음해나 그 다음해에 신궁에서 친사하였다. 그리고 시조묘와 신궁에는 시조 혁거세왕을 모셨다.[187)]

이와 같은 삼국의 시조묘제사는 국가 및 왕실의 최고 제사이자 신왕의 즉위의례였고 특정 왕계의 혈연적 계보관념에 의한 직계 조상이 아니라 全국가적 '시조'왕을 제사한다는 점에서 공통점을 지니고 있다. 이것은 당시 연맹체적 질서를 극복하지 못한 정치 상황을 반영한 것으로 이해되며, '시조'왕은 하늘의 자손으로 천신과 연결되어 있다.[188)] 이로 볼 때 시조묘제사에서의 시조는 혈연적 계보를 초월한 자연신적인 성격을 지니고 있다고 할 수 있다. 그렇지만 왕권의 강화와 왕실의 가계 인식, 직계 조상을 제사지내는 중국 제사제도의 수용으로 시조에 대한 인식도 변하였다. 이와 관련해서 우선 다음이 관심을 끈다.

I. 3월에 교서를 내려 불법을 숭상하여 복을 구하게 하였다. 담당 관청에 명하여 나라의 社稷을 세우고 宗廟를 수리하게 하였다.[189)](『삼국사기』 18, 고구려본기6, 고국양왕 9년)

12, 1981, 75~76쪽.

186) 노명호, 앞 논문, 1981.

187) 이와 관련된 제 견해는 나희라, 「신라의 국가 및 왕실 조상제사 연구」, 서울대학교 박사학위논문, 1999 ; 앞 책, 2003 참고.

188) 이은봉, 「천신의 대리자로서의 시조신신앙」, 『한국고대종교사상-천신·지신·인신의 구조』, 집문당, 1984 참고.

189) 三月 下敎 崇信佛法求福 命有司 立國社 修宗廟.

사료 I를 보면 國社를 세우고 宗廟를 정비[修]하였다고 한다. 고국양왕 9년은 392년으로 광개토왕릉비에는 광개토왕 2년으로 나온다. 고구려의 시조묘제사는 고국원왕까지 행해지다가 광개토왕, 장수왕, 문자명왕대에 걸쳐 약 200여 년간 보이지 않는다. 이것은 당시 시조묘제사의 변화 내지는 재편과 관련 있을 것으로 여겨지며 사료 I는 그것이 반영된 것으로 생각된다.[190)]여기의 종묘는 중국 제사제도에 입각한 것으로, 후술되겠지만 종묘에는 가장 먼 시조와 가까운 조상들을 함께 모셨다.

백제와 관련해서는 다음 사료가 주목된다.

J. 그 나라의 왕은 계절의 仲月에 하늘과 五帝의 神에게 제사지내고, 또 해마다 네 번씩 그 시조 仇台의 사당에 제사드린다.[191)](『周書』 49, 이역열전 41, 백제)[192)]

사료 J에 따르면 시조 구태묘에 1년에 4번 제사지낸다고 한다. 구태묘는 한성시기의 동명묘 제사가 사비시기에 변한 것으로[193)] 구태에 대해서는 여러

190) 여기에 보이는 종묘는 졸본에 있던 시조묘와 달리 도성에 있었던 것으로 계루부 왕실의 기존의 종묘를 국가적 제례의 격식에 맞도록 정비한 것이고 거기에는 계루부 출신의 초대왕인 태조왕을 주신으로 하여 차대왕·신대왕 등이 봉사되었을 것이라는 견해(노명호, 앞 논문, 1981, 74~76쪽), 앞 견해에 동의하면서 여기의 종묘는 천자의 예인 칠묘를 봉사한 것이라고 추정한 견해(신종원, 『신라초기불교사연구』, 민족사, 1991, 21쪽), 광개토왕을 전후한 시기에 왕실세계인식에 동명왕을 중시하는 변화가 있어서 이 종묘에는 동명왕을 주신으로 하여, 유리왕, 대무신왕 등이 모셔졌을 것이라는 견해(조인성, 「고구려 묘제고」, 『한국고대사연구회회보』 13, 1989, 4쪽) 등이 있다. '수종묘'는 종묘의 수리 외에도 종묘의 제도를 재편하여 왕실의 정통성과 신성성을 확보하기 위한 노력을 제도적으로 뒷받침하는 것으로 볼 수 있다고 하였다. 즉 '수종묘'를 통해 동명왕 곧 주몽에 대한 국가적 제사의 장소인 시조묘와는 별도의 왕실의 祭所를 갖게 되었다는 것이다(조인성, 「4·5세기 고구려 왕실의 세계인식 변화」, 『한국고대사연구』 4, 72~73쪽).

191) 其王以四仲之月 祭天及五帝之神 又每歲四祠其始祖仇台之廟.

192) 이외 『隋書』 81, 동이열전46, 백제 ; 『北史』 94, 열전82, 백제 ; 『冊府元龜』 959, 외신부 사풍 제1, 백제 ; 『한원』 30, 번이부 백제 ; 『삼국사기』 32, 잡지1, 제사조도 참고.

193) 井上秀雄은 「百濟の律令體制への變遷」, 『律令制』, 1986, 152쪽에서 백제의 제사제도가

견해[194]가 있지만, 구태묘는 왕실의 직계 시조인 구태에 대한 제사로 대체로 이해하고 있다. 이로 볼 때 구태묘는 종묘적인 성격을 지니고 있는 것으로 여길 수 있을 것이다.

『삼국사기』 제사지 신라조에는 신라의 '宗廟之制', 조상제사제도로 시조묘와 신궁, 오묘가 나온다. 이 중 오묘제는 자기 世系 조상을 제사하는 가묘제로 家祖的 성격을 지닌 것이다.[195] 신라의 오묘제는 늦어도 신문왕대에는 시정되었다고 할 수 있는데, 신문왕 7년 4월 오묘에 태조대왕과 신문왕의 고조인 진지대왕, 증조인 문흥대왕, 祖인 태종대왕, 考인 문무대왕의 신위가 모셔진 데서[196] 알 수 있다. 이러한 시정오묘제는 혜공왕대 개정되었고 여기에는 태조대왕 대신 미추왕이 오묘의 수위에 모셔졌으며 태종대왕과 문무대왕의 신위는 '不毁之宗'으로 하였고 직계 2조의 신위를 모셨다.[197] 혜공왕대의 개정오묘제는 애장왕 2년에 태종대왕과 문무대왕의 신위가 別立되고 시조대왕

5세기 후반 어느 시기에 마한시대 이래의 제사습속을 버리고 중국풍의 제사제도를 채용했을 것이라는 견해를 제시하기도 하였다(이와 관련해서 이기동, 「백제국의 정치이념에 대한 일고찰-특히 '周禮'주의적 정치이념과 관련하여」, 『진단학보』 69, 1990, 13~14쪽도 참고). 서영대는 성왕 전반기 즉 사비천도를 전후한 시기에 사전을 개편했고 그것은 천신(천 및 오제) 지기(삼산오악) 인귀(구태묘) 전반에 걸친 것이라고 하였다(「백제의 오제신앙과 그 의미」, 『한국고대사연구』 20, 2000, 123~128쪽). 노중국은 웅진도읍기에는 한성도읍기 때의 제의체계와는 다른 변화양상이 나타났으나, 천도 이후 일어난 정치적 불안으로 백제왕실은 국가체제를 재정비할 여력이 없었기 때문에 이러한 변화를 아직 체계화하지 못하였다고 하였다. 그래서 제의체계의 정비는 성왕의 사비천도 단행과 더불어 이루어졌는데, 이것은 중국제도의 수용과 밀접한 관련을 가지고 있었을 것이라고 하였다(「백제의 제의체계 정비와 그 변화」, 『계명사학』 15, 2004, 149쪽).

194) 이와 관련해서 서영대, 앞 논문, 2000, 123~126쪽.

195) 변태섭, 앞 논문, 1964, 68쪽.

196) 夏四月 遣大臣於祖廟 致祭曰 王某稽首再拜 謹言太祖大王眞智大王文興大王太宗大王文武大王之靈 某以虛薄 嗣守崇基 寤寐憂勤 未遑寧處 奉賴宗廟 護持乾坤降祿 四邊安靜百姓雍和 (…) (『삼국사기』 8, 신라본기8, 신문왕 7년).

197) 按新羅宗廟之制 (…) 至第三十六代惠恭王 始定五廟 以味鄒王爲金姓始祖 以太宗大王文武大王 平百濟高句麗 有大功德 並爲世世不毁之宗 兼親廟二爲五廟 (『삼국사기』 32, 잡지1, 제사).

과 애장왕의 고조·증조·祖·考의 직계 4조를 모시는 오묘로 바뀌었는데,[198] 이는 更定오묘제라고 할 수 있다.[199]

이상에서 한국 고대에는 실질적인 시조와 직계 조상을 모시는 제사가 시행되었음을 알 수 있다. 이것은 중국 가묘제의 영향이었다. 이와 관련해서 『예기』 왕제편의 '天之諸侯 宗廟之祭'는 '천자제후의 종묘제사'로 해석되는데,[200] 천자제후의 종묘제사는 『예기』 왕제편의 天子七廟와 諸侯五廟이다.[201] 이에 宗廟는 천자와 제후의 가묘를 말하는 것으로 大夫와 士, 庶人의 가묘와는 구별되는 것이다. 그리고 종묘의 조상숭배 구조는 태조묘와 친묘로, 가장 먼 시조와 가까운 조상들을 함께 모시는 것이다.

이러한 종묘의 제일에 대해 『예기』 왕제편에는 봄의 礿祭, 여름의 禘祭, 가을의 嘗祭, 겨울의 烝祭 등 1년 4시제와 3년마다 지내는 祫祭, 5년마다 지내는 禘祭인 大祭가 있었다고 한다. 『唐開元禮』에는 사시맹월과 납월에 행하는 1년 5향과 3년마다 지내는 협제, 5년마다 지내는 체제가 있었고, 사시맹월제는 정해진 날짜가 없이 좋은 날을 골라 거행하였다고 한다. 백제의 구태묘 제사는 1년 4제이며, 신라의 오묘제사는 1년 6제로 1월 2일, 1월 5일, 5월 5일, 7월 상순, 8월 1일, 8월 15일이다.[202] 구태묘에 대한 제일에 대해서는 잘 알 수 없지만 신라의 오묘 제일은 전통적인 조상숭배의 祭日에 보다 더 가까운 것이다.[203]

『예기』 왕제편을 보면 천자부터 제후, 大夫·士는 廟를 건립해 거기에서

198) 春二月 謁始祖廟 別立太宗大王文武大王二廟 以始祖大王及王高祖明德大王曾祖元聖大王皇祖惠忠大王皇考昭聖大王爲五廟 (…)(『삼국사기』 10, 신라본기10, 애장왕 2년).

199) 春二月 更定五廟 遷太宗文武之室于別廟(王謁始祖廟 別立太宗文武二廟 以始祖及王高祖明德曾祖元聖皇祖惠忠皇考昭聖大王爲五廟) (『東史綱目』 제5(상), 辛巳(애장왕 2년)). 이상과 관련해서 채미하, 『신라 국가제사와 왕권』, 혜안, 2008 참고.

200) 天之諸侯 宗廟之祭 春曰礿 夏曰禘 秋曰嘗 冬曰烝(『예기』 왕제).

201) 天子七廟 三昭三穆與太祖之廟而七 諸侯五廟 二昭二穆與太祖之廟而五 大夫三廟 一昭一穆與太祖之廟而三 士一廟 庶人祭於寢(『예기』 왕제).

202) 『삼국사기』 32, 잡지1, 제사.

203) 서영대, 「한국 고대 신관념의 사회적 의미」, 서울대 박사학위논문, 1991, 49~50쪽.

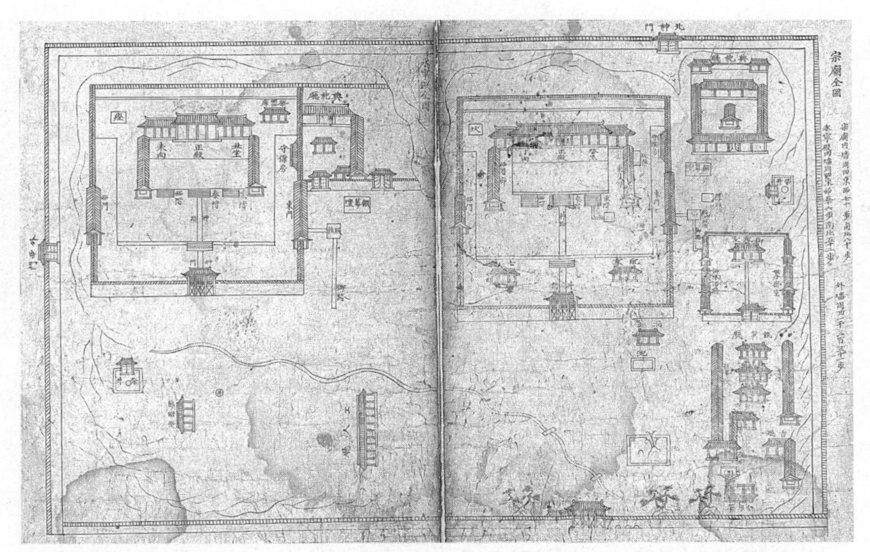

종묘 정전과 영녕전 『종묘의궤』의 정전과 영녕전의 모습. 창건 당시 7칸이던 태실은 현종 때는 11칸으로 늘어났다. 현재는 19칸이다. 창건 당시 영녕전은 4칸의 본전을 중심으로 양쪽 협실이 각 1칸이었다. 현종 때는 협실이 4칸이며, 현재는 각 6칸이다. 한국학중앙연구원 장서각 제공.

제사지내고 庶人은 주거 공간인 寢에서 제사한다고 한다.[204] 이 중 大夫·士·庶人의 제사대상은 대부는 3대, 사는 2대, 서인은 父의 제사에 그치거나 혹 최대 2대까지 제사하기도 하였다.[205] 이러한 家廟制는 중국에서 漢代까지는 그다지 관심을 받지 못하다가 위·진시대에 묘제가 재정비되었고 晉代에 家廟라는 단어도 출현하였다. 北齊 武帝 河淸 3년(564)의 河淸令은 현존 최고의 가묘제 관련 令文이다.[206] 가묘제는 당에서 완비되었고 그에 따라 관료의 가묘 설치도 상례화되었다고 한다.[207]

---

204) 주 201 참고.

205) 『國語』 楚語 下에는 '士庶不過其祖'라고 하고 있다.

206) 『隋書』 10, 지5, 예의5.

207) 이와 관련해서 貞觀 6년(632) 門下侍中 즉 정3품인 王珪가 寢에서 조상을 제사한 것을 이유로 法司의 규탄을 받고, 태종의 관대한 조치를 하사받아 永樂坊에 가묘를 건립했다(『通典』 48, 諸侯大夫宗廟 ; 『唐會要』 19, 百官家廟)는 것이 참고된다. 개원 20년(732)에 완성된 「개원례」에 의하면 5품 이상의 관직자는 국가로부터 가묘 설립

종묘 정전 19칸으로 이루어진 종묘 정전은 조선의 19왕과 왕비의 신주를 모시고 있다.

사료 H-2)를 보면 본래의 國主였던 涓奴部의 嫡統大人이 고추가의 칭호를 얻고 자체의 종묘를 세웠으며 영성과 사직에 따로 제사지냈다고 하는데, 고구려의 중앙집권화로 말미암아 이것은 사라졌다고 한다.[208] 하지만 고구려 왕실에서는 중국의 조상제사제도인 종묘를 수용하여 직계 조상에 대한 제사를 지냈다. 그러하다면 그것과 짝하는 가묘 역시 고구려 사회에 들어왔을 것이고 귀족들은 자신들의 직계 조상에 대한 제사를 지내는 廟를 가지지 않았을까 한다. 대무신왕 5년(22)에 괴유가 죽자 왕이 유사에게 時祀하게 하였다고 하는 것[209]은 참고해 볼 만하다. 이와 관련해서 다음도 관심을 끈다.

K. 1) (…) 신라 제30대 왕 법민은 龍朔 원년 신유 3월에 조서를 내렸다. ① 朕은 伽耶國 始祖의 9대손 仇衡王이 이 나라에 항복할 때 이끌고 온 아들 世宗의 아들인 率友公의 아들 庶云 匝干의 딸 文明皇后가 낳았다. 시조 수로왕은 나에게 곧 15대 시조가 된다. ② 그 나라는 이미 멸망당했으나, 장사지낸 廟는 지금도 남아 있으니 宗廟에 합해서 계속하여 제사를 지내게

특권을 받았으며 6품 이하 하급관리와 서인은 침에서만 祖·禰 즉 조부와 부를 제사할 수 있었다(『唐開元禮』 3, 序禮 下). 이상은 육정임, 앞 논문, 2007, 318~319쪽 참고.

208) 서영대, 앞 논문, 2005, 31쪽에서 동천왕(234~248)대 전후로 보고 있으며 조인성, 앞 논문, 1991, 71~72쪽에서는 고국양왕 9년(392) 國社 건립을 그 계기로 보고 있다.

209) 冬十月 怪由卒 (…) 又以有大功勞 葬於北溟山陽 命有司以時祀之 (『삼국사기』 14, 고구려본기2, 대무신왕 5년).

하겠다[合于宗祧 續祀乃事]. 2) 인하여 그 옛 궁터에 使者를 보내서 묘에 가까운 上上田 30頃을 共營의 비용으로 하여 王位田이라 부르고 本土에 소속시켰다. 3) 왕의 17대손 賡世 級干이 조정의 뜻을 받들어 그 밭을 주관하여 매해 때마다 술과 단술을 빚고 떡·밥·차·과실 등 여러 맛있는 음식을 진설하고 제사를 지내어 해마다 끊이지 않게 하였다. 그 제삿날은 거등왕이 정한 年中 5일을 바꾸지 않았다. 이에 비로소 그 향기로운 孝祀가 우리에게 맡겨졌다. (…) 4) 신라 말년에 忠至 匝干이란 자가 있었는데 金官 高城을 쳐서 빼앗고 城主將軍이 되었다. 이에 英規 阿干이 장군의 위엄을 빌어 廟享을 빼앗아 함부로 제사를 지냈는데, 端午를 맞아 사당에 제사를 지내다가 사당의 대들보가 이유없이 부러져 떨어져서 인하여 깔려죽었다. (…) 5) ① 규림이 대를 이어 제사를 지내다가 나이 88세에 이르러 죽었고 그 아들 間元卿이 이어서 제사를 지냈다. ② 단오날 謁廟祭 때 영규의 아들 俊必이 또 發狂하여 사당으로 와서 間元이 차려 놓은 제물을 치우고서 자기가 제물을 차려 제사를 지냈는데 三獻이 끝나지 못해서 갑자기 병이 생겨서 집에 돌아가서 죽었다.[210](『삼국유사』 2, 기이2, 가락국기)

사료 K는 수로묘 제의가 금관가야 멸망 이후 한 때 중단되었다가 문무왕대 재개되어(1)) 수로왕의 17세손인 갱세 급간이 주관하였고(3)) 이후 규림이 선대를 이어 제사를 받들었고 그가 죽자 그 아들 간원경이 계속해서 제사지냈다는 것이다(5)①).[211] 그리고 K-1)②의 "合于宗祧 續祀乃事"[212]에서의 宗祧는 종묘

---

210) (…) 洎新羅第三十王法敏龍朔元年辛酉三月日 有制曰 ① 朕是伽耶國元君九代孫仇衡王之降于當國也 所率來子世宗之子 率友公之子 庶云匝干之女 文明皇后寔生我者 玆故元君於幼冲人 乃爲十五代始祖也 ② 所御國者已曾敗 所葬廟者今尙存 合于宗祧 續乃祀事 2) 仍遣使於黍離之趾 以近廟上上田三十頃 爲供營之資 號稱王位田 付屬本土 3) 王之十七代孫賡世級干祗稟朝旨 主掌厥田 每歲時釀醪醴 設以餠飯茶菓庶羞等奠 年年不墜 其祭日不失居登王之所定年內五日也 芬苾孝祀 於是乎在於我 (…) 4) 新羅季末有忠至匝干者 攻取金官高城 而爲城主將軍 爰有英規阿干 假威於將軍 奪廟享而淫祀 當端午而致告祠 堂梁無故折墜 因覆壓而死焉 (…) 5)① 圭林繼世奠酹 年及八十八歲而卒 其子間元卿 續而克禋 ② 端午日謁廟之祭 英規之子俊必又發狂 來詣廟 俾徹間元之奠 以己奠陳享 三獻未終 得暴疾 歸家而斃.

211) 김상돈, 「신라말 구가야권의 김해 호족세력」, 『진단학보』 82, 1996, 64쪽.

212) "合于宗祧 續乃祀事"를 "이를 宗廟에 합사하고 제사를 계속할 것이다"(리상호 옮김,

수로왕릉 금관가야 시조인 수로왕의 무덤이다.

수로왕릉의 崇善殿(廟) 현재 수로왕에 대한 제사를 지낸다.

로, 신라 왕실의 종묘라기보다는 수로왕의 직계 자손들이 직계 조상을 모신 家廟로 수로왕묘는 여기의 太祖廟에 해당하는 것이 아닐까 한다.[213)]

수로왕에 대한 제사는 문무왕대부터 신라 말까지 그 직계 자손들에 의해 이루어졌다. 이 점을 염두에 둘 때 신라 하대 오묘에서 훼철된 神位 역시 직계 자손들에 의해 家廟에서 제사지내졌을 가능성도 생각해 볼 수 있을 것이다. 『예기』 곡례를 보면 제사를 모셔야 할 바가 아닌데 제사를 모시는 것을 淫祀라 하고 음사에는 복이 없다고 하였다.[214)] 사료 K-4)를 보면 신라 말에 영규가 수로왕의 제향을 빼앗아 淫祀하던 중 사당의 대들보가 부러져 죽었다고 하고 K-5)②를 보면 영규의 아들 준필이 수로왕의 후손인 간원이 차린 제물을 치우고 자기가 차린 제물로 제사를 지냈는데, 갑작스럽게 병을 얻어 집에 돌아와 죽었다고 한다.

유교의 제사는 死者와 生者의 관계가 일정한 혈연관계에 있어야 하는 것이었다. 유교에서 제사를 지내거나 조상을 받드는 것은 귀신이나 영혼의 실재성을 믿어서가 아니라 유교의 덕목인 효와 밀접한 관련을 가지고 있는 것이다.[215)] 때문에 『논어』 八佾에는 "제사는 죽은 조상이 그 곳에 있는 듯이 지내야 한다(祭如在)"고 하였고 『중용』에서도 "죽은 이 섬기기를 살아 있는 이 섬기듯이 한다(事死如事生)"고 하였으며 『예기』 少義에는 "제사에는 조상에 대한 공경의 태도가 주가 된다"(祭祀主敬)고 하였다

수로왕에 대한 제사는 1년에 5번으로, 그 날짜는 거등왕이 정한 매년 음력 정월[孟春] 3일과 7일 음력 5월 5일, 음력 8월 5일과 15일이라고 한다.[216)]

『삼국유사』, 1960, 272쪽), "宗廟에 합하여 제사를 계속케 하리라"(李丙燾, 『삼국유사』(修正版), 乙酉文化社, 1992, 292쪽), "宗廟에 합하여 제사를 계속하게 하겠다"(李載浩, 『삼국유사』(中), 明知大學出版部, 1975, 139쪽)로 해석하고 있다.

213) 김영하는 신라 중대 왕실로부터 분화한 귀족과 진골 자체에서 분화한 귀족가문들은 직계 조상을 중심으로 한 가계의식을 지니게 되었고 大夫의 예제에 해당하는 3묘를 설치했을 것으로 추측하였다(김영하, 『신라중대사회연구』, 일지사, 2007, 229~230쪽).

214) 非其祭而祭之 名曰淫祀 淫祀無福(『예기』 곡례 하).

215) 구미래, 앞 논문, 2002, 124쪽.

216) 『삼국유사』 2, 기이2, 가락국기.

그리고 제사 때마다 술과 감주를 빚고 떡과 밥, 다과와 여러 가지 음식을 준비하여 올렸다고 한다(K-3). 이것은 사료 G-1)②의 부여에서 죽은 이[亡者]에게 제사지낼 때에는 날 것과 익은 것을 함께 쓴다고 하는 것과 비교된다. 이러한 수로왕에 대한 제사 비용을 충당하기 위해 K-2)를 보면 수로왕묘에 가까운 상전 30경을 바쳐 제사를 마련할 토지를 사고 왕위전이라 불렀고 位土(문중의 제사 또는 이와 관련된 일에 필요한 비용을 충당하기 위해 마련된 토지)에 부속시켰다고 한다. 이와 관련해서 다음도 주목된다.

L. 1) 이에 상신 金敬信을 보내어 김공의 능에 가서 사죄하고 공을 위하여 功德寶田 30결을 鷲仙寺에 내려 명복을 빌게 하였다. 이 절은 김공이 평양을 토벌한 후 복을 빌기 위해 세운 곳이기 때문이다.[217](『삼국유사』 1, 기이1, 미추왕 죽엽군)
2) 적리녀의 아들은 廣學大德과 大緣三重인데, 형과 동생 두 사람이 모두 신인종에 투신하였다. 長興 2년 신묘에 태조를 따라 서울로 올라와서 임금의 행차를 따라다니며 분향하고 수도하였다. 그 노고를 포상하여 두 사람 부모의 忌日寶로 돌백사에 논밭 몇 결을 지급하였다.[218](『삼국유사』 5, 신주6, 明朗信印)

사료 L-1)을 보면 김유신을 위해 공덕보를 세우고 그 밑천으로 밭 30결을 취선사에 내려 공의 명복을 빌게 하였다고 한다. L-2)는 고려 태조가 광학대덕과 대연 삼중 형제에게 태조를 수종한 노고를 포상하여 부모의 기일보로 돌백사에 전답 몇 결을 지급했다는 내용이다.

이처럼 불교에서는 불사에 보를 설치하여 제사 비용을 마련하였음을 알 수 있다.[219] 그렇지만 불교에서의 제사 내지 추선공양에서는 사자와 생자와의

---

217) 乃遣上臣金敬信 就金公陵謝過焉 爲公立功德寶田三十結于鷲仙寺 以資冥福 寺乃金公討平壤後 植福所置故也.

218) 積利女之子 廣學大德 大緣三重 昆季二人 皆投神印宗 以長興二年辛卯 隨太祖上京 隨駕焚修 賞其勞 給二人父母忌日寶于堗白寺 田畓若干結.

219) 이외에 점찰보가 있다. 建福三十年癸酉秋 隋使王世儀至 於皇龍寺設百座道場 請諸高

관계가 혈연관계가 아닌 경우도 있었다.[220] 이로 볼 때 한국 고대에서 직계 조상에 대해 제사를 지내는 왕실의 종묘와 귀족들의 가묘는 한국사에서 자연신이 아닌 인격신인 조상을 숭배하는 관념을 퍼뜨리는데 일정한 역할을 하였다고 볼 수 있을 것이다.

4. 상 · 제례의 의미 – 祔廟를 중심으로[221]

부묘[222]와 관련해서 『예기』를 보면 "은대에는 練祭 뒤에 祔祭를 행하고 주대에는 卒哭을 지낸 후 부제를 행한다고 하였는데, 공자는 은대의 제도가 좋다"[223]고 하였다. 중국에서는 唐 이후 국휼을 기록하지 않아 부묘가 거행된 시점을 알기 어렵다. 「개원례」 품관의 상례절차를 보면 졸곡제－소상제－대상제－담제－부묘의 순서로 되어 있다. 이것은 조선도 마찬가지로, 당과 조선은 주대의 예를 따르고 있음을 알 수 있다. 하지만 고려 덕종은 현종을 덕종 원년 5월 기축일에 中祥祭를 지낸 뒤 2년 8월 태묘에 부묘하였으며, 인종은 예종을 裕陵에 장례를 치른 뒤 虞祭를 4번 지내고 소상을 지내고 다시 우제를 지낸 뒤 부묘하였다.[224]

德說經 光最居上首 議曰 (…) 故光於所住嘉栖寺 置占察寶 以爲恒規 時有檀越尼 納田於占察寶 今東平郡之田一百結是也 古籍猶存 (『삼국유사』 4, 의해5, 원광서학). 한국 고대 사회에 불교가 수용된 후 살아서 善因을 쌓지 못했거나 악행을 행한 경우에는 죽은 후의 追善에 의해 천상에 태어나거나 극락에 왕생할 수 있다고 생각하였는데, 진흥왕대 시작된 팔관회에서 그 시원을 찾아볼 수 있으며 『梵網經』이 널리 유포되면서 추선공양은 널리 시행되었다고 한다. 그러면서 점차 신라인들은 죽은 가족의 사후를 위해 기도하고 독송해주는 풍속이 자리 잡게 되었다고 한다(김영미, 앞 논문, 2000, 167~168쪽).

220) 일례로 善律은 죽었을 때 만났던 사량부 여인의 명복을 빌었다고 한다(『삼국유사』 5, 감통7, 善律還生).

221) 이하의 내용은 채미하, 앞 논문, 2012b, 50~58쪽 참고.

222) 이현진, 「부묘의 절차와 그 의미」, 『규장각 소장 왕실자료 해제·해설집』 4, 서울대학교 규장각, 2005 및 이현진, 앞 논문, 2011 참고.

223) 殷既練而祔 周卒哭而祔 孔子善殷(期而神之人情) (『禮記』 檀弓) ; 三虞卒哭 明日以其班祔(班 次也 祔 卒哭之明日 祭名) (『儀禮』 既夕禮).

이와 같이 중국, 고려와 조선은 부묘를 거행하는 시점이 각각 달랐다. 신라의 경우는 다음이 주목된다.

M. 1) 아버지를 開聖大王으로 추봉하고 어머니 김씨를 貞懿太后로 추존했으며, 처를 왕비로 삼았다.[225](『삼국사기』 9, 신라본기9, 선덕왕 즉위년)

2) ① 2월에 고조부인 대아찬 法宣을 玄聖大王이라 하고, 증조부인 이찬 義寬을 神英大王이라 하고, 조부인 이찬 魏文을 興平大王이라 하고, 아버지인 일길찬 孝讓을 明德大王이라 하여 추봉하였다. (…) ② 聖德大王과 開聖大王의 두 묘를 헐어 시조대왕·太宗大王·文武大王과 조부 興平大王·아버지 明德大王을 五廟로 하였다. (…)[226](『삼국사기』 10, 신라본기10, 원성왕 원년)

사료 M-2)①에 따르면 원성왕은 즉위하자마자 直系 4祖를 追封하였으며 M-2)②에 따르면 선덕왕대 오묘에 모셔진 성덕대왕과 개성대왕의 신위를 옮기고, 시조대왕·태종대왕·문무대왕의 신위와 자신의 祖·父인 흥평대왕과 명덕대왕의 신위로 오묘를 개편하고 있음을 알 수 있다. 이와 같이 왕위에 즉위한 국왕이 왕위에 오르지 못했던 직계 조상을 대왕으로 추봉하는 것은 이들을 오묘에 모시기 위한 조처라고 한다.[227] 이러한 직계조상을 추봉하기 시작한 것은 태종무열왕부터이다.[228] M-2)②에서 선덕왕대 오묘의 신위로 모셔진 개성대왕은 선덕왕의 父인 孝芳으로 M-1)을 보면 선덕왕이 즉위하자마자 추봉되었다.[229] 아마도 선덕왕 역시 대왕 추봉과 거의 동시에 부묘하여

---

224) 『고려사』 64, 지18, 예6, 흉례 국휼.

225) 追封父爲開聖大王 尊母金氏爲貞懿太后 妻爲王妃.

226) ① 二月 追封高祖大阿飡法宣爲玄聖大王 曾祖伊飡義寬爲神英大王 祖伊飡魏文爲興平大王 考一吉飡孝讓爲明德大王 (…) ② 毁聖德大王開聖大王二廟 以始祖大王太宗大王文武大王及祖興平大王考明德大王爲五廟 (…).

227) 米田雄介는 오묘에 列祀될 수 있는 자격은 대왕호를 가지는 직계 조상이어야 한다고 하였다(「三國史記に見える新羅の五廟制」, 『日本書紀研究』 15, 塙書房, 1987, 318쪽).

228) 夏四月 追封王考爲文興大王 母爲文貞太后 大赦 (『삼국사기』 5, 신라본기5, 태종무열왕 원년).

괘릉 원성왕릉으로 추정되는 이 능은 통일 후 신라의 능묘제도를 가장 잘 갖추고 있으며, 석물의 조각 수법 또한 매우 뛰어나다.

오묘의 신위를 개편하였을 것으로 여겨진다.

이로 볼 때 추봉된 대왕들이 부묘되면서 오묘의 개편이 이루어졌으며, 이것은 신문왕대 오묘제가 시정된 이후 예제상의 관행에 따랐을 것이다.[230) M-2)①에서 원성왕은 왕위에 오른 2월에 직계 조상을 추봉하고 있는데, 전왕인 선덕왕은 왕 6년(785) 정월 13일에 죽었다. 이처럼 원성왕은 즉위하고 나서 얼마 있지 않아 직계조상을 추봉하였던 것이다. 이러한 모습은 선덕왕도 마찬가지였으며 희강왕·신무왕·신덕왕도 그러하였다.[231)] 반면 소성왕이 혜충태자를

229) 주 225 참고.

230) 채미하, 「신라 혜공왕대 오묘제의 개정」, 『한국사연구』 108, 2000, 37~41쪽 ; 앞 책, 2008, 170~177쪽.

231) 春正月 (…) 追封考爲翌成大王(…)(『삼국사기』 10, 신라본기10, 희강왕 2년) ; 追謚考爲宣康大王 (…)(『삼국사기』 10, 신라본기10, 민애왕 즉위년) ; (…) 追尊祖伊飡禮英(一云孝眞)爲惠康大王 考爲成德大王(…)(『삼국사기』 10, 신라본기10, 신무왕 즉위년) ; 五月 追尊考爲宣聖大王 (…)(『삼국사기』 12, 신라본기12, 신덕왕 원년).

추봉한 것은 왕 원년(799) 5월로, 전왕인 원성왕은 왕 14년(798) 12월 29일에 죽었다. 애장왕은 왕 2년(801) 2월에 오묘를 개편하였는데,[232] 소성왕은 왕 2년(800) 6월에 훙하였다.

이처럼 직계 조상을 추봉한 시기를 보면 부자간의 계승일 경우에는 5~8개월의 차이를 두고 있지만, 그렇지 않을 경우 즉위 후 얼마 있지 않아 곧바로 이루어졌던 것이다.[233] 신라의 종묘에는 직계조상이 모셔졌다. 이것은 조선이 종묘 정전과 영녕전에 국왕과 제후를 포함한 정비 모두를 봉안하고 고려가 태묘와 별묘에 국왕과 왕후를 봉안하는 것[234]과는 구별되는 것이다. 하지만 직계조상을 종묘에 모시는 데는 정치적 상황에 따라 제약을 받기도 하였다.

개정오묘제에서는 직계 2조의 신위를 모시는 것이 원칙이었다. 선덕왕의 직계 2조는 祖인 元訓과 父인 孝芳이다. 그런데 父인 개성대왕의 신위만을 오묘에 모셨고 祖인 원훈을 대신하여 외조인 성덕대왕의 신위가 오묘에 모셔졌다. 이것은 개정오묘제의 원칙에서 어긋나는 것이다.[235] 원성왕대의 오묘에는 개정오묘제의 원칙에 따라 직계 2조를 모셨다. M-2)①에서 원성왕은 즉위하자

232) 夏五月 追封考惠忠太子爲惠忠大王(『삼국사기』 10, 신라본기10, 소성왕 원년) ; 春二月 (…) 別立太宗大王文武大王二廟 以始祖大王及王高祖明德大王曾祖元聖大王皇祖惠忠大王皇考昭聖大王爲五廟(『삼국사기』 10, 신라본기10, 애장왕 2년).

233) 한편 김유신과 김위홍의 대왕 추봉과 박씨왕 시기 義父, 王母의 父, 왕비의 조부 등에 대왕을 추봉한 것은 부묘와는 관계없는 것으로, 신라 상대 갈문왕과 유사한 것으로 생각해 볼 수 있지 않을까 한다. 갈문왕과 관련해서는 이기백, 「신라시대의 갈문왕」, 『역사학보』 58, 1973 ; 『신라정치사회사연구』, 일조각, 1974 및 서의식, 「신라 '상대'갈문왕의 책봉과 성골」, 『역사교육』 104, 2007 참고.

234) 이현진, 앞 논문, 2011, 73쪽. 조선에서는 국왕의 부묘에 맞춰 공신을 공신당에 배향했지만, 고려에서는 체협제를 지낼 때 공신을 배향하는데, 이것은 당·송과 유사하다(이현진, 위 논문, 2011, 71쪽 및 85~86쪽 참고).

235) 선덕왕이 親祖가 아닌 外祖를 모신 이유를 자기 혁명에 대한 변명과 명분으로(변태섭, 「묘제의 변천을 통하여 본 신라사회의 발전과정」, 『역사교육』 8, 1964, 70~71쪽), 왕위계승에 있어 母쪽의 영향을 받아 別系로 즉위한 선덕왕이 무열왕계와의 관계를 드러내기 위한 것으로(井上秀雄, 「新羅の始祖廟」, 『朝鮮朝鮮史序說-王者と宗敎-』, 寧樂社, 1978, 72쪽 ; 최병헌, 「신라 하대사회의 동요」, 『한국사』 3, 국사편찬위원회, 1981, 435~436쪽 ; 浜田耕策, 「新羅の神宮と百座講會と宗廟」, 『東アジア世界における日本古代史講座-東アジアにおける儀禮と國家-』, 學生社, 1982, 246쪽 등) 볼 수 있다.

마자 직계 4조를 추봉하였다. 추봉된 직계 조상들은 오묘에 모셔질 수 있는 자격이 있었다. 그렇지만 원성왕은 직계 2조의 신위만을 오묘에 모시고 있다. 이처럼 선덕왕이 외조인 성덕대왕의 신위를 오묘에 모신 것이나 원성왕이 직계 4조를 추봉하였지만 직계 2조만을 부묘한 것은 무열왕계인 김주원 세력으로부터 자유롭지 못했기 때문이다.[236]

신라는 남해왕 3년(6)에 '시조' 혁거세묘를 세운 이후 소지왕대까지 대부분의 왕들은 즉위한 그 다음해의 정월이나 2월에 시조묘에 親祀(謁)하고 있다. 소지왕대 설치된 신궁은 지증왕이 처음으로 신궁에서 즉위의례를 행한 이후 예외가 있기는 하지만, 중고기 대부분의 왕들은 즉위 다음해나 그 다음해에 신궁에서 친사하였다. 이러한 시조묘제사와 신궁제사의 성격은 대체로 즉위의례의 일부로 이해하고 있다.[237]

신궁제사는 오묘제가 시정된 이후에도 국가의 중요한 제사 중 하나였다.[238] 하지만 선덕왕, 원성왕, 애장왕은 오묘의 신위 개편을 신궁제사 보다 앞서 행하고 있다. 이것은 오묘제가 개정된 이후 오묘제사의 격이 신궁제사보다 우위에 두어진 것을 반영하는 것으로 여겨진다. 애장왕대 오묘제가 다시 개정되는 것을 전후한 39대 소성왕, 43대 희강왕, 44대 민애왕, 45대 신무왕, 49대 헌강왕, 50대 정강왕, 51대 진성왕, 52대 효공왕, 53대 신덕왕, 54대 경명왕, 56대 경순왕이 신궁에서 친사하지 않고 있다. 이것은 오묘제가 경정된 이후 신궁제사가 형식적인 것으로 변화되었음을 말하는 것으로 헤아려진다.[239]

이처럼 직계조상을 부묘하는 오묘제는 신라 사회에 수용된 이후 그 위상이

---

236) 채미하, 「신라 하대의 오묘제」, 『종교연구』 25, 2001 ; 앞 책, 2008, 195~202쪽.

237) 浜田耕策, 앞 논문, 1982, 229~230쪽.

238) 대체로 신궁제사를 신라말까지의 최고의 제사로 파악하고 있다. 이와 관련해서 이종태, 「신라 지증왕대의 신궁설치와 김씨시조인식의 변화」, 『택와허선도선생정년기념한국학논총』, 일조각, 1992, 67~68쪽 ; 최광식, 『고대한국의 국가와 제사』, 한길사, 1994, 336~337쪽 ; 나희라, 「한국고대의 신관념과 왕권-신라왕실의 조상제사를 중심으로-」, 『국사관논총』, 1996, 138쪽 등.

239) 이상은 채미하, 「신라의 신궁제사」, 『전통문화연구』 2, 한국전통문화학교, 2004 ; 앞 책, 2008, 228~243쪽.

提高되면서 신궁을 대신하여 갔을 것이고 신왕들은 여기에 제사지냈을 것이다. 이 역시 시조묘제사나 신궁제사와 마찬가지로 즉위의례와 관련된 통치의례였을 것이다. 「개원례」 152개의 의례 가운데 78개는 황제의례[240]로 황실의 권위를 세우고 보존하기 위한 것이었다.[241] 신문왕 6년(686) 당이 보낸 「길흉요례」역시 왕권을 수식하는 의례였을 것이고 신라 중대 이후 왕에게 최고의 권위를 향유토록 하였을 것이다.[242] 신라 국휼 내용 중 특히 신왕의 즉위와 직계조상을 종묘에 모시는 부묘는 그것을 가장 잘 보여주는 것이라고 할 수 있다.

禮制에 따르면 부묘는 신분별로 차이가 있다. 『예기』 왕제편을 보면 천자부터 제후, 大夫·士는 廟를 건립해 거기에서 제사지내고 庶人은 주거 공간인 寢에서 제사한다고 한다. 이 중 大夫·士·庶人의 제사 대상은 대부는 3대, 사는 2대, 서인은 父의 제사에 그치거나 혹 최대 2대까지 제사하기도 하였다.[243] 앞서 살펴본 殯과 장례 치르는 시기도 신분에 따라 달랐다.[244] 그리고 무덤 축조와 관련해서도 신분에 따라 구별하고 있다.[245]

---

240) 흉례에서는 凶年振撫, 勞問疾患, 五服制度, 訃奏·臨喪·除喪, 勅使弔, 會喪, 策贈, 會葬, 致奠이 해당한다.

241) 김호, 「당 전기 중앙관부와 황제 시봉기구」, 『중국사연구』 26, 2003, 103~104쪽 ; 이범직, 「조선전기의 오례와 가례」, 『한국사연구』 71, 1990 : 『조선시대예학연구』, 국학자료원, 2004, 50~51쪽에서 "『唐開元禮』의 152항목의 의식 중에서 황실의 의식이 대부분이었으며 일반 서민들의 생활을 규제하는 의례 내용은 하나도 없다. 다만 군현체제 안에서 諸주현의 품관들을 통해서 行用되는 의식이 있을 뿐이다. 그것을 황실 중심의 황실의 정치적 기능을 강조하는 중앙집권적 정치력을 구현하는 외형적 형태를 의례로 정치적 명분과 실세를 반영하고 있는 것으로 이해되는 것이다. 이는 당대의 경학의 수준에서 얻어진 정치론이라고 해도 무리가 없다고 할 것이다"고 하였다.

242) 채미하, 앞 논문, 2006a.

243) 天子七廟 三昭三穆與太祖之廟而七 諸侯五廟 二昭二穆與太祖之廟而五 大夫三廟 一昭一穆與太祖之廟而三 士一廟 庶人祭於寢 天之諸侯 宗廟之祭 春曰礿 夏曰禘 秋曰嘗 冬曰烝(『예기』 왕제). 『國語』 楚語 下에는 '士庶不過其祖'라고 하고 있다.

244) 天子七日而殯七月而葬 諸侯五日而殯五月而葬 大夫士庶人三日而殯三月而葬(『예기』 왕제).

245) 개원 29년(741) 이전 신분규정에 따른 무덤 축조와 관련해서 양관 지음, 장인성·임대희 옮김, 앞 책, 2005, 169~170쪽 참고.

「정조부묘도감의궤」 1802년(순조 2) 정조의 신주를 혼전에서 종묘로 옮겨 모시는 부묘 의식 과정을 기록한 의궤이다. 반차도 행렬에는 신주를 운반하는 神輦과 神轝의 모습도 있다. 서울대 규장각한국학연구원 제공.

「神轝圖」 祭禮儀軌圖屛風의 신주를 모신 가마 그림으로, 휘장이 달린 신련에 비해 신여는 간소한 형태이다. 선왕의 삼년상이 끝난 후 종묘에 부묘할 때 신주를 운반하였다. 국립고궁박물관 제공.

신라 사회는 골품제 사회로, 골품제는 혈통의 높고 낮음에 따라 관직진출·혼인·服色을 비롯한 사회생활 전반에 걸쳐 여러 가지 범위와 한계를 규정한 신분제였다. 특히 흥덕왕 9년(834)의 골품제에 따른 色服·車騎·器用·屋舍 등 여러 규제의 제정 기사[246]는 그것을 잘 알려준다. 여기에는 국왕과 그 친족집단이 진골귀족 위에 초월하는 존재였다.[247] 하지만 이들 역시 예제, 율령의 영향을 받았으며 골품귀족들 역시 마찬가지였을 것이다. 이로 볼 때 흉례의 내용은 당시 골품제 사회를 유지하는데 일조하였을 것으로 여겨진다.

한편 직계[世系] 조상을 부묘하면서 시행된 오묘제는 家祖的 성격을 지닌 것으로,[248] 신라 왕실의 가계 성립이나 가계 인식과 밀접한 관련을 가지고 있다. 신문왕대 오묘제 시정은 무열왕계를 중심으로 한 가계가 성립되는 계기가 되었다. 개정오묘제는 혜공왕대 불안한 정치 상황에서 나온 조처로 무열계가

246) 『삼국사기』 33, 잡지2, 색복.
247) 이기동, 『신라 골품제사회와 화랑도』, 일조각, 1984, 161쪽.
248) 변태섭, 앞 논문, 1964, 68쪽.

삼국통일에 공이 큰 태종대왕과 문무대왕을 '불훼지종'으로 둠으로써 무열계 입지를 공고히 하려고 한 것이었다. 애장왕대 오묘제 경정은 원성왕계라는 계보의식의 성립과 신라 하대 근친왕족들은 원성왕의 후손이라는 범주 안에서 결집하였다. 경문왕 6년(866)의 오묘[249]에서 원성대왕의 신위가 遷毁되면서 경문왕계라는 가계의식의 성립과 '경문왕가기'라는 시대를 창출하였다.[250]

이처럼 신라 왕실의 가계 인식은 직계조상을 모시는 제사가 시행되면서 이루어진 것으로 진골귀족들 역시 가묘를 두어 직계 조상에 대한 제사를 지냈을 것이다.[251] 이로 볼 때 진골귀족들도 자신의 가계에 대한 인식을 하였을 것인데, 김유신 가문[252]과 김주원 가문[253]이 가장 대표적이다. 家系는 조상으로부터 이어져 내려오는 한 집안의 계통을 뜻하며, 혈연이나 혼인 등을 통해 이루어지는 것이다. 친족의 뜻은 혼인과 혈연을 기초로 하여 상호 간에 관계를 가지는 사람을 말한다. 이로 볼 때 가계에 대한 인식은 친족에 대한 인식으로 보아도 큰 무리는 없을 것이다.

앞에서 살펴본 상복제도는 혈친의 친소관계를 표시하는 것이다. 당·고려·조선의 오복제도 중 緦麻服은 친족(혈친) 범위의 마지막 단계로 여기에서 친족 구성의 내용이 달라진다. 고려 시마복의 정복의 경우 위로는 고조부모, 횡으로는 외사촌 형제 및 자매, 아래로는 만 玄孫으로 자신을 포함한 5대를 친족의 보편적 범위로 보고 있다.[254]

---

249) 春正月 封王考爲懿恭大王 母朴氏光和夫人爲光懿王太后 夫人金氏爲文懿王妃 立王子晸爲王太子 (『삼국사기』 11, 신라본기11, 경문왕 6년).

250) 채미하, 앞 책, 2008, 제3장~제4장 참고.

251) 채미하, 앞 논문, 2012a, 66~69쪽.

252) 直系尊屬은 증조 仇亥－조 武力－부 舒玄, 卑屬은 자 三光－손 允中－증손 미상－현손 巖이다.

253) 武烈王－文王－中侍 大莊－上大等 思仁－中侍 惟正－侍中 周元으로 이어지며 주원의 자는 憲昌이며 손은 梵文이다.

254) 正服爲高祖父母 爲堂伯叔祖父母 爲再從伯叔及妻 爲再從姑 爲堂兄弟妻 爲親表兄弟及姉妹 爲再從姪及姪女在室 爲堂姪孫女 爲曾孫女 爲衆孫女 爲曾姪孫 爲嫡玄孫 (『고려사』 64, 지18, 예6, 흉례 오복제도). 다음은 당의 시마복의 친족 범위이다. 爲族兄弟(三從兄弟) 爲族曾祖父 報 爲族祖父 報 爲曾孫 玄孫爲外孫 爲從母兄弟姉妹 爲姑之子 爲舅之子

신라의 상복법은 지증왕대 반포되었으며 이것은 신라 사회에 적용되었을 것이다. 이와 관련해서 우선 다음이 참고된다.

N. 신라 초기의 의복제도는 색상을 고찰할 수 없다. 제23대 법흥왕 때 비로소 6부인의 服色의 尊卑制度를 정하였는데, 아직도 夷俗과 같았다. 진덕왕 재위 2년에 이르러 金春秋가 唐에 들어가 당의 의례를 따를 것을 청하였다. 太宗皇帝가 조서로써 이를 허락하고 兼하여 衣帶를 하사하였다. 김춘추가 드디어 돌아와서 시행하여 夷俗을 중화로 바꾸었다. 문무왕 재위 4년에 또 부인의 복식을 고치니, 이때부터 의관이 중국과 같게 되었다.[255](『삼국사기』 33, 잡지2, 色服)

사료 N을 보면 23대 법흥왕 때에 이르러 비로소 6부인의 복색의 尊卑制度를 정하였는데, 이때의 복색제도는 아직 '夷俗' 그대로였으나, 진덕왕 2년(648)에 김춘추가 입당하여 중국식 의복제도를 받아들임[256]에 이르러 중화의 풍속(華俗)으로 바뀌었다고 하였다. 그리고 문무왕 4년(664)에는 부인의 의관도 중국과 같게 하였다.

이처럼 색복조 序의 내용은 신라에서 관리들의 복색제도가 중국식으로 변화되어 갔음을 보여주는 것이다. 이것은 지증왕대 반행된 상복법 역시 신라 사회에서 엄격히 적용되었음을 말해주는 것으로 여겨진다. 그리고 사료 D-2)에서 문무왕은 상복의 輕重은 정해진 규정이 있다고 하였다. 여기에서 상복의 경중은 신분별 차이를 말하는 것이기도 하겠지만, 혈친의 친소에 따라 상복을 입는 것으로 생각된다. 당시 혈친의 친소와 관련해서는 혜공왕 4년(768)에 대공과 대렴 형제의 반란사건에서 9족이 주살되었다[257]는 것이 관심을 끈다.

爲族曾祖姑在室者 報 爲族祖姑在室者 報 爲族姑在室者(父之再從姊妹) 報 (『通典』 134, 禮94, 開元禮纂類 29, 凶禮1 五服制度).

255) 新羅之初 衣服之制 不可考色 至第二十三葉法興王 始定六部人服色尊卑之制 猶是夷俗 至眞德在位二年 金春秋入唐 請襲唐儀 太宗皇帝詔可之 兼賜衣帶 遂還來施行 以夷易華 文武王在位四年 又革婦人之服 自此已後 衣冠同於中國.

256) 『삼국사기』 신라본기에는 진덕왕 3년의 사실로 나오고 있다.

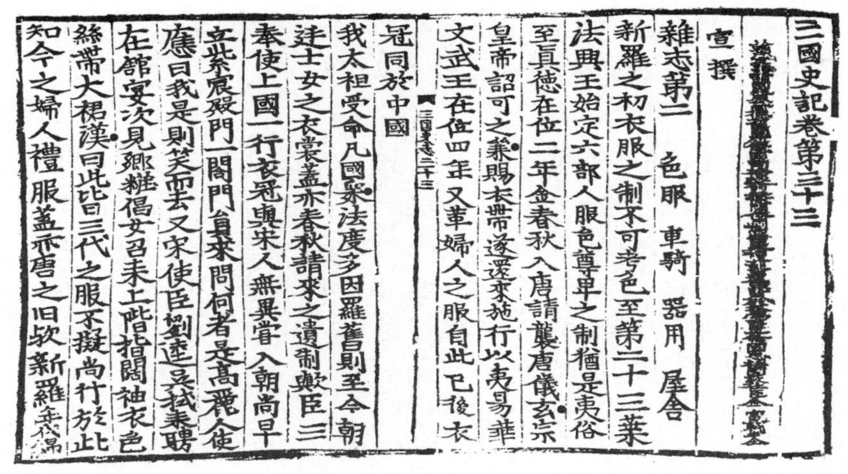
三國史記卷第三十三

宣撰

雜志第二 色服 車騎 器用 屋舍

新羅之初衣服之制不可考色至第二十三葉

法興王始定六部人服色尊卑之制猶是夷俗

至眞德在位二年金春秋入唐請襲唐儀太宗

皇帝詔可之兼賜衣帶遂還來施行以夷易華

文武王在位四年又革婦人之服自此已後衣

冠同於中國

我太祖受命凡國家法度多因羅舊則至今朝

廷士女之衣裳蓋亦春秋請來之遺制歟臣三

奉使上國一行衣冠與宋人無異嘗入朝尚早

立紫宸殿門一閤門負來問何者是高麗人使

應曰我是則笑而去又宋使臣劉逵吳拭來聘

在館宴次見鄕粧倡女召來上階指闊袖衣色

絲帶大裙漢曰此皆三代之服不擬尚行於此

知今之婦人禮服蓋亦唐之旧歟新羅[illegible]

『삼국사기』 색복조 일부 『삼국사기』 색복조 序의 내용은 신라의 복색제도가 중국식으로 변화되어 감을 알려주고 있다

9족은 일반적으로 高祖부터 玄孫까지의 직계친을 중심으로 하여 방계친으로 고조의 4대손을 포함한 同宗 친족을 말한다.[258] 그러하다면 당시 친족은 4대조와 자신을 포함한 5대가 그 범주에 속하지 않았을까 한다.

이상에서 신라 사회에 수용되어 운영된 상·제례는 왕의 위상을 드러내는 왕권 의례였을 뿐만 아니라 이것들이 신분별로 달랐음을 염두에 둘 때 골품제 사회를 유지하는데도 일정한 영향을 미쳤다고 하였다. 그리고 직계조상을 종묘에 모시는 부묘는 왕실과 진골귀족의 가계인식에도 영향을 미쳤는데, 이러한 가계 인식은 당시 친족 관념과 크게 다르지 않다고 하였다. 특히 지증왕 이후 신라 사회에 시행된 상복제도는 혈친의 친소관계를 알 수 있는 징표였다고 하였다.

---

257) 秋七月 一吉湌大恭與弟阿湌大廉叛 集衆圍王宮三十三日 王軍討平之 誅九族(『삼국사기』 9, 신라본기9, 혜공왕 4년).

258) 유교사전편찬위원회, 앞 책, 1990, 152~153쪽(九族). 부계 사친족·모계 삼친족·처족 이친족을 말하는 경우도 있다.

제4장 다양한 공간에서 정치 질서를 構築하다

제1절 왕궁의 의례 공간

한국 고대 왕궁[1]은 도성[2]의 중심 공간으로, 궁궐[3]·궁성[4] 등으로 불렸다. 고구려의 졸본과 국내성의 왕궁, 평양성의 왕궁과 장안성의 내성(궁성), 백제 한성의 南城과 웅진성과 사비성의 왕궁이 그것이며 신라의 왕궁으로는 금성과 월성 등이 있었다.[5] 이와 같은 왕궁에 고구려 동명성왕은 성곽과 궁실을 지었는데,[6] 「동명왕편」 인용의 『구삼국사』에서는 동명왕이 황천의 도움으로 7일만에 성곽과 宮臺를 이루었다고 한다.[7] 백제 개로왕은 흙을 쪄서 성을

---

1) 고구려 산상왕 즉위년 以兵圍王宮, 장수왕 2년 異鳥集王宮, 문자명왕 27년 王宮南門自毁, 백제 온조왕 25년 王宮井水暴溢, 온조왕 43년 鴻鴈百餘集王宮, 고이왕 5년 震王宮門柱 黃龍自其門飛出, 비류왕 20년 王宮火 連燒民戶, 아신왕 14년 白氣自王宮西起 如匹練, 의자왕 15년 修太子宮極侈麗 立望海亭於王宮南, 의자왕 20년 有一犬狀如野鹿 自西至泗沘河岸 向王宮吠之 俄而不知所去, 신라 진덕왕 6년 王宮南門無故自毁, 신문왕 3년 至王宮北門, 혜공왕 4년 圍王宮三十三日, 경문왕 15년 龍見王宮井 등이 보인다.

2) 도성의 용례로 백제 기루왕 40년 鸛巢于都城門上, 신라 태종무열왕 7년 屠破義慈都城 등이 있으며, 이것은 王都과 같은 것으로 보아도 큰 무리가 없지 않을까 한다. "本國界內置三州 王城東北當唐恩浦路曰尙州 王城南曰良州 (…)"(『삼국사기』 34, 잡지3, 지리1, 新羅疆界)의 왕성은 도성=왕도로 생각되며 왕성의 다음 용례인 백제 구수왕 7년 "王城西門火"와 자비마립간 2년 "夏四月 倭人以兵船百餘艘 襲東邊 進圍月城 四面矢石如雨 王城守 賊將退" 등과는 구별된다.

3) 고구려 광개토왕 16년 增修宮闕, 신라 흘해이사금 5년 重修宮闕, 문무왕 19년 重修宮闕頗極壯麗, 혜공왕 16년 伊湌志貞叛 聚衆 圍犯宮闕, 경애왕 4년 入處宮闕과 열전 견훤조에 焚燒宮闕 등이 보인다.

4) 궁성의 용례로는 初赫居世二十一年 築宮城 號金城(『삼국사기』 34, 잡지3, 지리1, 신라강계) ; 又有先至宮城門 鼓噪以待者 亦一萬餘人(『삼국사기』 50, 열전10, 궁예) 등이 있다.

5) 이와 관련해서는 앞 주 4·5·6 참고.

6) 시조 동명성왕 4년 營作城郭宮室. 이외에 봉상왕 7년 增營宮室, 고국원왕 12년 燒其宮室, 평원왕 13년 重修宮室, 열전 倉租利전에 (봉상왕)九年 秋八月 王發國內丁男年十五已上 修理宮室 등이 참고된다.

쌓고 그 안에 궁실과 樓閣, 臺榭 등을 지었다고 하며[8] 동성왕은 왕궁 동쪽에 임류각을 세웠다고 한다.[9] 신라 혁거세거서간은 금성에 궁실[10]을 조영했다고 한다.

이로 볼 때 왕궁에는 궁실(궁전)과 누각, 대사, 성곽 등이 있었음을 알 수 있다. 왕궁 안에는 문과 인공 연못, 우물 등도 있었다.[11] 특히 왕궁의 문 이름은 처음에는 방위명이었으나, 신라 문무왕은 동궁[12]을 짓고 궁궐 안팎의 여러 문 이름을 처음으로 정하였다.[13] 그리고 다음이 주목된다.

A. 1) 제21대 毗處王(炤智王이라고도 한다) (…) 왕이 궁에 들어가서 거문고갑을 쏘았다. 그 곳에서는 내전에서 분향 수도하던 승려가 宮主와 은밀하게 간통을 하고 있었다. 두 사람은 사형을 당했다.[14](『삼국유사』 1, 기이1, 사금갑)

2) 봄 3월에 가물었으므로 왕이 正殿에서 거처하기를 피하고 평상시의 반찬 가짓수를 줄였으며, 南堂에 나아가서 몸소 죄수의 정상을 살폈다.[15]

---

7) 忽然雲霧散 宮闕高𡽱嵬(七月 玄雲起骨嶺 人不見其山 唯聞數千人聲以起土功 王曰 天爲我築城 七日 雲霧自散 城郭宮臺自然成 王拜皇天就居) (『동국이상국집』 3, 동명왕편).

8) 개로왕 21년 "(…) 城郭不葺 宮室不修 (…) 於是 盡發國人 烝土築城 卽於其內作宮室樓閣臺榭 無不壯麗." 이외에 온조왕 15년 作新宮室, 초고왕 23년 重修宮室, 비류왕 20년 修宮室, 진사왕 7년 重修宮室, 문주왕 3년 重修宮室, 동성왕 8년 重修宮室 등도 참고된다.

9) 春 起臨流閣於宮東 高五丈 又穿池養奇禽 諫臣抗疏 不報 恐有復諫者 閉宮門 (『삼국사기』 16, 백제본기4, 동성왕 22년).

10) 혁거세거서간 26년 營宮室於金城 이외에 일성이사금 10년 修葺宮室, 벌휴이사금 13년 重修宮室, 미추이사금 15년 改作宮室, 소지마립간 18년의 重修宮室 등이 참고된다.

11) 고구려 문자명왕 27년 王宮南門自毁, 백제 고이왕 5년 震王宮門柱, 비유왕 21년 宮南池中有火, 무왕 13년 震宮南門, 신라 탈해이사금 24년 金城東門自壞, 첨해이사금 7년 龍見宮東池, 미추이사금 원년 龍見宮東池~金城西門災, 자비마립간 4년 龍見金城井中, 소성왕 2년 臨海·仁化二門壞, 헌덕왕 5년 玄德門火 등이 참고된다.

12) 양정석, 「新羅 月池와 東宮의 變化過程 檢討 : 月池 南便 建物址의 分析을 中心으로」, 『한국사연구』 154, 2011 참고.

13) 創造東宮 始定內外諸門額號(『삼국사기』 7, 신라본기7, 문무왕 19년).

14) 第二十一毗處王(一作炤智王) (…) 王入宮見琴匣射之 乃內殿焚修僧與宮主潛通而所奸也 二人伏誅.

(『삼국사기』 4, 신라본기4, 진평왕 7년)

3) 여름 4월에 왕자 陽成을 책립하여 태자를 삼고, 內殿에서 群臣에게 잔치를 베풀었다.[16](『삼국사기』 19, 고구려본기7, 양원왕 13년)

4) 봄과 여름에 가물어 농작물을 거둘 수 없게 되었다. 왕이 正殿을 피하고 음식의 가짓수를 줄었으며, 내외의 獄囚를 사면하니, 가을 7월에야 비가 왔다.[17](『삼국사기』 10, 신라본기10, 흥덕왕 7년)

사료 A-2)에 따르면 신라 진평왕은 가뭄이 들자 正殿에 거처하기를 피하였고 A-4)에서 신라 흥덕왕은 봄과 여름에 가뭄이 들자 정전에 나가지 않았다고 한다. 사료 A-1)에서는 焚修僧이 신라의 내전에 있었으며 A-3)에서 고구려 양원왕은 양성을 태자로 삼은 후 내전에서 군신들에게 잔치를 베풀었다고 한다. 이로 볼 때 한국 고대 왕궁에는 정전과 내전이 구분되어 있었다고 할 수 있다.

이와 관련해서 『주례』 등에 따르면 궁궐은 다섯 개의 문과 세 개의 朝로 만든다고 한다.[18] 다섯 개의 문은 바깥에서부터 皐門·稚門·庫門·應門·路門이다. 문에 의해 구획되는 공간은 皐門 안과 庫門 밖을 外朝, 路門 밖을 治朝, 노문 안쪽을 燕朝라고 하고, 외조·치조·연조를 합쳐서 '삼조'라고 하였다.[19] 외조는 나라에 큰 일이 있으면 군신이 정사를 의논하는 곳이며[20] 치조(중조)는

15) 春三月 旱 王避正殿減常膳 御南堂親錄囚.

16) 夏四月 立王子陽成爲太子 遂宴羣臣於內殿.

17) 春夏 旱 赤地 王避正殿 減常膳 赦內外獄囚 秋七月 乃雨.

18) ① 掌守王宮之中門之禁(鄭玄注 中門於外內爲中 若今宮闕門 鄭司農云 王有五門 外曰皐門 二曰雉門 三曰 庫門 四曰應門 五曰路門 路門一曰畢門 玄謂 三門也) (『周禮』 天官 閽人) ② 朝士掌邦外朝之法(鄭玄注 周天子 諸侯皆有三朝 外朝一 內朝二 內朝之在路門內者 或謂之燕朝 (…) 賈公彦疏 (…) 按外朝在庫門之外 正朝在路門之外 燕朝 在路寢之庭) (『周禮』 春官 朝士) ③ 天子宮垣之門三 路門爲宮門之終 亦曰畢門 應門爲宮門之中 亦曰中門 庫門爲宮門之外 亦曰大門 (『禮書通故』 宮室2) ④ 庫門天子皐門 稚門天子應門(天子五門 路應稚庫皐 由內而外 路門亦曰畢門 今魯庫門之制 如天子皐門之制 稚門之制 如天子應門也) (『禮記』 14, 明堂位).

19) 錢玄·錢興奇 編著, 『三禮辭典』, 江蘇出版社, 1998, 162쪽(五門) 및 51쪽(三門)도 참고.

20) "(…) 掌外朝之政 以致萬民而詢焉 一曰國危 二曰詢國遷 三曰詢立君" (『周禮』 秋官

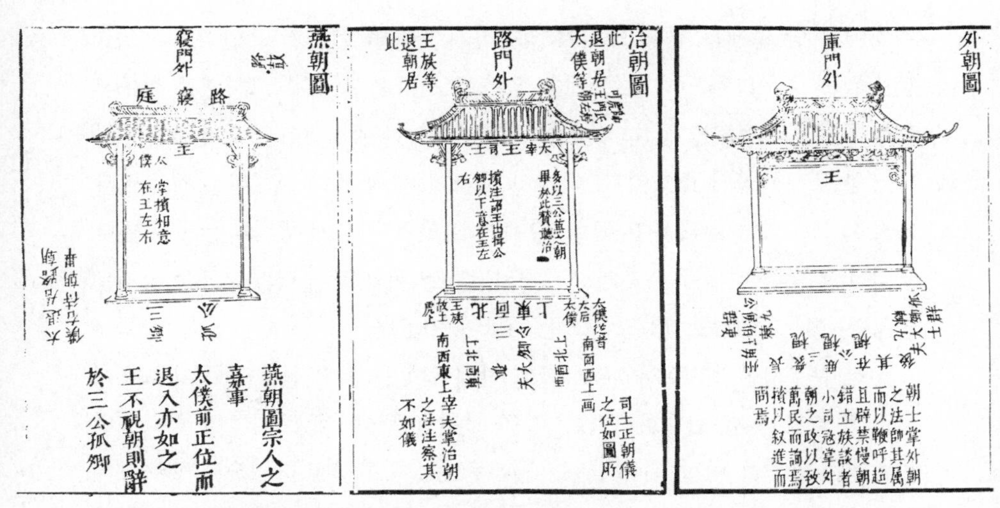

周禮의 燕朝圖·治朝圖·外朝圖 『周禮』에 따르면 궁궐은 다섯 개의 문과 세 개의 朝[五門三朝]로 만든다고 하였다.

천자와 군신이 일상으로 정사를 보던 곳인 正朝이며[21] 연조(내조)는 宗族의 일을 의논하는 곳이었다.[22]

이처럼 궁궐은 五門三朝의 원칙에 따라 만들어졌는데, 이 원칙은 수·당에서도 계승하였다. 『唐六典』을 보면 당 궁성의 태극궁은 외조－중조－내조로 이루어져 있음을 알 수 있다.[23] 태극궁의 정문인 承天門은 외조에 해당하며,

---

小司寇) ; 錢玄·錢興奇 編著, 위 책, 1998, 288쪽(外朝).

21) 王視治朝則贊聽治(鄭玄注治朝在路門外 群臣治事之朝 治朝爲王日視朝之朝) (『周禮』天官 大宰). 錢玄·錢興奇 編著, 앞 책, 1998, 503쪽(治朝) 및 正朝(299쪽).

22) 王視燕朝 則正位掌擯相(鄭玄注 燕朝 朝於路寢之庭 王圖宗人之嘉事 則燕朝) (『周禮』夏官 大僕). 錢玄·錢興奇 編著, 앞 책, 1998, 1115쪽(燕朝) 및 182~183쪽(內朝). 한편 중조가 없으면 연조가 내조, 치조는 외조이다. 만약 庫門의 조가 외조가 되면 치조는 내조이다. 때문에 치조는 내·외조의 이름이다(胡戟 撰, 『中華文化通志-禮儀志-』, 上海人民出版社, 1998, 363쪽).

23) 宮城在皇城之北 南面三門 中曰承天 東曰長樂 西曰永安(承天門 隋開皇二年作 初曰廣陽門 仁壽元年改曰昭陽門 武德元年改曰順天門 神龍元年改曰承天門) 若元正·冬至大陳設 燕會 赦過宥罪 除舊布新 受萬國之朝貢 四夷之賓客 則御承天門以聽政(蓋古之外朝也) 其北曰太極門 其內曰太極殿 朔·望則坐而視朝焉(蓋古之中朝也) 次北曰朱明門 左曰

여기에서 당 황제는 원정·동지에 성대하게 土貢을 베풀거나 연회를 열었고 赦免令을 발포하였으며 낡은 것을 없애고 새로운 것을 포고하였고 萬國의 朝貢과 四夷의 賓客을 접견하였다. 승천문 북쪽에는 太極門이 있으며 그 안쪽의 태극전은 태극궁의 正殿이다. 이곳이 중조이며, 朔望에 조회하는 장소였다. 태극전 북쪽의 兩儀殿은 內朝로, 황제가 일상의 정무에 종사하는 곳이었다. 양의전 북쪽은 궁내, 즉 황제의 거주구역이었다. 이와 같이 당의 외조는 승천문, 중조(치조)는 太極殿, 내조(연조)는 兩儀殿이었다.

신라 문무왕은 왕 14년(674)에 궁궐 안에 연못을 파고 산을 만들어 화초를 심고 진기한 새와 짐승을 길렀으며[24] 동왕 16년에 양궁[25]을 지었고 동왕 19년에는 궁궐을 다시 수리하였는데 매우 웅장하고 화려하였으며[26] 이해에 동궁도 지었다고 한다. 문무왕은 왕 21년의 유언에서 자신이 죽고 나서 10일이 지나면 庫門 外庭에서 서국의 의식에 따라 화장하라고 하였다.[27] 여기에서 庫門은 왕궁의 문인 치문과 도성의 문인 고문 사이에 있는 것으로,[28] 태극궁의 외조에 있었다. 그런데 제후는 황제와는 달리 3문, 稚門을 대문으로 하고 庫門을 중문으로 하며 路門을 內로 한다고 하였다.[29] 문무왕이 구상한 것이

虔化門 右曰肅章門 肅章之西曰暉政門 虔化之東曰武德西門(其內有武德殿 有延恩殿) 又北曰兩儀門 其內曰兩儀殿 常日聽朝而視事焉(蓋古之內朝也 隋曰中華殿 貞觀五年改爲兩儀殿 承天門之東曰長樂門 北入恭礼門 又北入虔化門 則宮內也)(『唐六典』 7, 尙書工部 宮城).

24) 二月 宮內穿池造山 種花草 養珍禽奇獸(『삼국사기』 7, 신라본기7, 문무왕 14년).

25) 秋七月 作襄宮(『삼국사기』 7, 신라본기7, 문무왕 16년). 양궁을 성동동전랑지로 추정하고 있으며(오영훈, 「신라 왕경에 대한 고찰-성립과 발전을 중심으로-」, 『경주사학』 11, 1992, 31쪽) 이궁의 하나로 보기도 한다(전덕재, 「신라 왕경의 공간구성과 그 변천에 관한 연구」, 『역사와 현실』 57, 2005, 188쪽). 하지만 양궁은 중국의 액정궁에 해당하는 것으로, 신라의 내전으로 볼 수도 있지 않을까 한다.

26) 二月 重修宮闕 頗極壯麗(『삼국사기』 7, 신라본기7, 문무왕 19년).

27) 屬纊之後十日 便於庫門外庭 依西國之式(『삼국사기』 7, 신라본기7, 문무왕 21년). 庫門外庭의 위치와 관련해서 여호규, 「신라 도성의 의례 공간과 왕경제의 성립과정」, 『서울학연구』 18, 2002, 48쪽 참고.

28) 주 18 ① 참고.

29) 주 18 ④ 참고.

천자의 궁궐인지 제후의 궁궐인지는 잘 알 수 없지만, 庫門外庭으로 미루어 문무왕은『주례』의 궁궐 원칙을 염두에 두고 양궁과 동궁을 새로 만들고 왕궁인 월성을 수리한 것으로 생각된다. 이와 같이 생각할 수 있다면 신라 왕궁의 정전은 치조(중조)에 해당한다. 신라의 정전과 관련해서는 다음이 주목된다.

'동궁아일'명 자물쇠 신라의 '東宮衙'는 경덕왕 11년(752)에 설치되었으며, 신라 태자의 거처인 동궁에 관한 일을 맡아본 관아였다. 국립경주박물관 소장.

B. 1) 봄 정월 초하루에 왕이 朝元殿에 나아가 百官에게 하정례를 받았다. 賀正禮는 이때에 시작되었다.[30](『삼국사기』 5, 신라본기5, 진덕왕 5년)
2) 봄 3월에 日本國에서 사신이 이르자 朝元殿에서 引見하였다.[31](『삼국사기』 10, 신라본기10, 애장왕 7년)
3) 8월에 日本國 사신이 이르자 왕이 朝元殿에서 引見하였다.[32](『삼국사기』 11, 신라본기11, 헌강왕 4년)
4) 경덕왕 19년 경자 4월 초하루에 두 해가 함께 나타나 10일이 지나도 사라지지 않았다. 日官이 아뢰기를 "인연이 있는 중을 청하여 散花功德을 행하면 물리칠 수 있을 것입니다"라고 하였다. 이에 朝元殿에 단을 깨끗이 만들고 왕이 靑陽樓에 행차하여 인연이 있는 중을 기다렸다.[33](『삼국유사』 5, 감통7, 월명사도솔가)

사료 B를 보면 조원전은 진덕왕 5년(651) 정월 초하루

30) 春正月朔 王御朝元殿 受百官正賀 賀正之禮始於此.
31) 春三月 日本國使至 引見朝元殿.
32) 八月 日本國使至 王引見於朝元殿.
33) 景德王十九年庚子四月朔 二日並現 挾旬不滅 日官奏 請緣僧 作散花功德 則可禳 於是潔壇於朝元殿 駕幸靑陽樓 望緣僧.

월성과 月池 전경 월성은 在城이라고 하며, 월지는 신라의 태자가 거처하던 동궁에 속한 연못으로 안압지라고도 한다. 국립경주박물관 소장.

에 百官이 왕에게 새해 인사를 올리는 賀正禮가 열렸던 곳이기도 하고(1)) 애장왕 7년(806)과 헌강왕 4년(878)에는 일본 사신을 引見한 곳이기도 하였다(2)와 3)). 경덕왕 19년(760)에는 두 해가 나타나 10일이 지나도 사라지지 않자 朝元殿에 단을 만들고 인연이 있는 중을 기다렸다고 한다(4)). 후술되겠지만 당의 경우 중조, 정전인 태극전에서 황제는 조하례를 행하였고 외국의 왕을 인견하였다.[34]

이로 볼 때 조원전은 신라 왕궁의 정전으로[35] 治朝(中朝)로 생각되며, 경문왕 8년(868)에 중수하였다.[36] 조원전 북쪽에는 내전이 있었을 것이다. 이것은 당의 양의전 내지는 후술되는 당 대명궁의 宣政殿에 해당한다. 당 황제는 신라 사신을 위해 내전에서 잔치를 베풀었고[37] 사료 A-1)을 보면 신라 내전에

---

34) 『唐開元禮』 79, 賓禮 蕃王奉見.

35) 權以鎭, 『東京雜記刊誤』.

36) 秋八月 重修朝元殿 (『삼국사기』 11, 신라본기11, 경문왕 8년).

37) 冬十二月 遣王姪志廉 朝唐謝恩 (…) 詔饗志廉內殿 賜以束帛 (『삼국사기』 8, 신라본기8, 성덕왕 32년) ; 夏四月 遣大臣金端竭丹 入唐賀正 帝宴見於內殿 授衛尉少卿 賜緋襴袍

분수승이 있으며, A-3)에서 고구려 양원왕은 태자를 책봉한 뒤 내전에서 군신들에게 잔치를 베풀었다.

헌덕왕은 왕 3년(811)에 평의전에 나아가 정무를 보았다고 한다.[38] 평의전과 관련해서는 정사당과 남당이 관심을 끈다. 정사당이 설치되기 전 궁실이 정청의 구실을 하였으나, 일성이사금 5년(138)에 금성에 정사당이 설치되면서[39] 정청의 역할을 하였다고 한다.[40] 그러다가 월성 남쪽에 남당이 첨해이사금 3년(249)에 설치되면서 그 기능을 대신하였다고 한다.[41] 남당에서 처음으로 정무를 본 것은 첨해이사금 5년이며[42] 눌지마립간 7년(423)에는 노인들을 접대하였고[43] 진평왕 7년(585)에는 죄수의 정상을 살피기도 하였다. 당 황제는 신라 성덕왕이 당에 보낸 사신 김수충을 위해 朝堂에서 잔치를 베풀기도 하였다.[44] 당 태극궁(서내)의 조당은 신하들의 공간으로, 승천문 밖 궁성과 황성을 가로지르는 길에 있었고, 후술되는 대명궁(동내)은 외조인 인덕전과 조당이 구별되지 않았다. 정사당이 금성 안에, 남당이 월성 남쪽에 설치되었고 평의전의 기능을 생각해 볼 때 정사당·남당·평의전은 朝堂[45] 또는 신라 왕궁의 외조로 보아도

(…)(『삼국사기』 8, 신라본기8, 성덕왕 33년).

38) 夏四月 始御平議殿聽政(『삼국사기』 10, 신라본기10, 헌덕왕 3년) ; 重修平議臨海二殿(『삼국사기』 11, 신라본기11, 문성왕 9년).

39) 春二月 置政事堂於金城(『삼국사기』 1, 신라본기1, 일성이사금 5년). 『삼국사기』 祿眞전에 나오는 정사당에 대해서는 후고를 기약한다.

40) 이종욱, 『신라국가형성사연구』, 일조각, 1982, 206~211쪽.

41) 秋七月 作南堂於宮南(南堂或云都堂)(『삼국사기』 2, 신라본기2, 첨해이사금 3년).

42) 春正月 始聽政於南堂(『삼국사기』 2, 신라본기2, 첨해이사금 5년) ; 春正月初吉 王服紫大袖袍靑錦袴金花飾烏羅冠素皮帶烏韋履 坐南堂聽事(『삼국사기』 24, 백제본기2, 고이왕 28년).

43) 夏四月 養老於南堂 王親執食 賜穀帛有差(『삼국사기』 3, 신라본기3, 눌지마립간 7년) ; 十一月 宴羣臣於南堂(『삼국사기』 26, 백제본기4, 동성왕 11년).

44) 遣王子金守忠入唐宿衛 玄宗賜宅及帛以寵之 賜宴于朝堂(『삼국사기』 8, 신라본기8, 성덕왕 13년).

45) 이병도는 남당을 후에 평의전으로 개칭하고 새로 정비하였다고 한다(「고대남당고」, 『한국고대사연구』, 박영사, 1976, 641쪽). 남당과 관련된 논의와 관련해서 채미하, 「도당산과 그 성격-제의를 중심으로-」, 『신라문화』 36, 2010, 39~40쪽 참고.

크게 무리가 없지 않을까 한다.

한편 당 장안성의 궁성은 太極宮·東宮·掖庭宮의 총칭이다. 태극궁은 황제가 거처하면서 국정을 논의하는 곳이었고 태극궁을 중앙으로 했을 때 그 동쪽은 태자의 처소였고 서쪽은 황후와 후궁의 처소였다. 당은 태극궁 외에도 大明宮이 있었다.[46] 대명궁에서 가장 큰 궁전은 麟德殿으로, 연회나 외국 사절의 來朝 등이 여기서 행해졌다. 含元殿이 궁성내의 정전인 태극전에 해당한다면 宣政殿은 궁성 내의 양의전에 상당한다. 특히 당에 간 신라 사신은 문루, 즉 승천문에서 당 황제를 배알하기도 하였고[47] 자신전[48]·연영전[49]·인덕전[50] 등에서 당 황제를 알현하였다.

이처럼 당의 경우 궁성 외에 대명궁 등 다양한 장소에서 의례가 펼쳐졌다. 이와 관련해서 신라의 숭례전이 관심을 끄는데, 신라 효소왕은 일본국 사신이 오자 왕이 이들을 이곳에서 맞이하였고[51] 애장왕은 음악 연주를 관람하였으며[52] 헌덕왕은 군신들에게 연회를 베풀기도 하였다.[53] 문무왕은 강무전 남문에서 활쏘기를 관람하였다.[54] 고구려에는 이궁과 별궁이,[55] 백제에는 별궁과

46) 『唐六典』 尚書工部 大明宮. 이와 관련해서 王靜, 「唐大明宮的構造形式與中央決策部門職能的變遷」, 『文史』 2002-4(61), 2002도 참고.

47) 『삼국사기』 8, 신라본기8, 성덕왕 12년 춘2월.

48) 『삼국사기』 9, 신라본기9, 혜공왕 3년 가을 7월.

49) 『삼국사기』 9, 신라본기9, 혜공왕 9년 6월 및 혜공왕 10년 겨울 10월.

50) 『삼국사기』 10, 신라본기10, 헌덕왕 12년 11월 및 흥덕왕 3년 겨울 12월.

51) 三月 日本國使至 王引見於崇禮殿 (『삼국사기』 8, 신라본기8, 효소왕 7년).

52) 二月 王坐崇禮殿觀樂 (『삼국사기』 10, 신라본기10, 애장왕 8년).

53) 春三月 宴羣臣於崇禮殿 樂極 王鼓琴 伊湌忠榮起舞 (『삼국사기』 10, 신라본기10 헌덕왕 6년).

54) 春三月 觀射於講武殿南門 (『삼국사기』 7, 신라본기7 문무왕 17년). 한편 이영호는 강무전은 백제의 예로 미루어 왕궁의 서쪽에 위치하였을 것이라고 하였다(「신라 왕경의 변화」, 『국읍에서 도성으로-신라 왕경을 중심으로』(신라문화제학술발표회논문집 26), 2005, 191쪽).

55) 유리명왕 3년 秋七月 作離宮於鶻川, 유리명왕 29년 秋七月 作離宮於豆谷, 유리명왕 37년 秋七月 王幸豆谷 冬十月 薨於豆谷離宮, 태조대왕 94년 乃禪位 退老於別宮, 차대왕 20년 三月 太祖大王薨於別宮 등에서 알 수 있다.

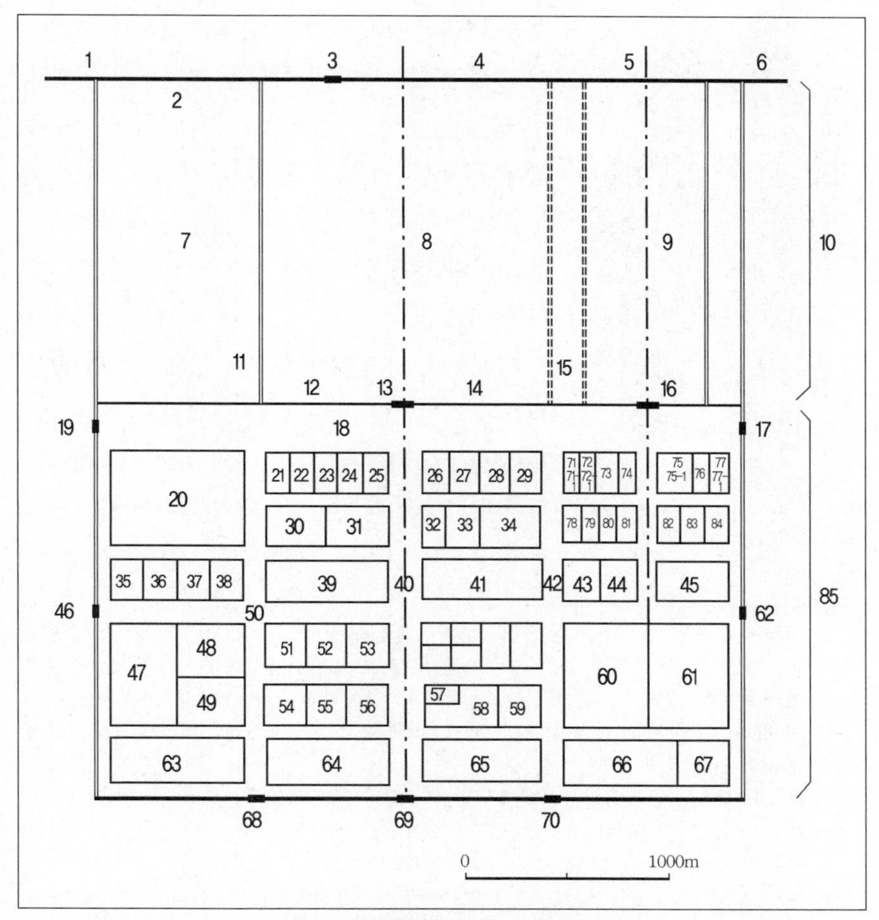

당 장안성의 宮城과 皇城(관아구역)

1.芳林門 2.太倉 3.玄武門 4.安禮門 5.玄德門 6.興安門 7.掖庭宮 8.太極宮 9.東宮 10.宮城 11.通明門 12.永安門 13.承天門 14.長樂門 14.通訓門 16.重明門 17.延喜門 18.橫街 19.安福門 20.將作監 21.右衛 22.右監門衛 23.右千牛衛 24.四方館 25.中書外省 26.門下外省 27.殿中省 28.左千牛衛 29.左街 30.右驍衛 31.右武衛 32.左監門衛 33.左武衛 34.左驍衛 35.大理寺 36.衛尉寺 37.尙輦局 38.尙舍局 39.司農寺 40.承天門街 41.尙書省 42.安上門街 43.都水監 44.光祿寺 45.軍器監 46.順義門 47.樺榴 48.司農寺草坊 49.慶石臺 50.含光門街 51.秘書省 52.右尉衛 53.右領軍衛 54.司天監 55.御史臺 56.宗正寺 57.左領軍衛 58.大僕寺 59.大府寺 60.小府監 61.左藏外庫院 62.景風門 63.郊社署 大社 64.客館 鴻驢寺 65.太常寺 66.太廊 67.太廊署 68.含光門 69.朱雀門 70.安上門 71.東宮內坊 71-1.右春坊 72.右淸道率府 72-1.右監門率府 73.右內率府 74.東宮朝堂 75.左監門率府 75-1.左內率府 76.左淸道率府 77.家令寺 77-1.左春坊 78.東宮僕寺 79.率更寺 80.右司禦率府 81.右衛率府 82.左衛率府 83.左司禦率府 84.詹事府 85.皇城

'남궁지인'명 수키와 '南宮之印' 명으로 보아 신라에는 북궁 외에도 남궁도 있었음을 알 수 있다. 국립경주박물관 소장.

행궁, 태자궁[56]이 있었다. 신라는 문무왕대 만들어진 양궁과 동궁뿐만 아니라 경덕왕대 태후가 이거한 영명신궁,[57] 원성왕이 전왕의 왕비인 구족왕후를 내보낸 外宮,[58] 진성왕이 죽었다는 북궁[59]도 있었다.[60] 이 중 신라 동궁의 전각인 임해전에서는 효소왕·혜공왕·헌안왕·헌강왕 등이 잔치를 열었다.[61]

이와 같이 한국 고대 왕궁의 주요 전각의 뜰은 의례 공간이었다. 각 공간을 구획하는 문에서도 각종 의례가 이루어졌다. 고구려 차대왕의 태자인 추안이 도망하여 숨어 있다가 신대왕의 사면령을 듣고 궁문에 나아가 아뢰었고[62] 신라 경덕왕 때

---

56) 아신왕 즉위년 初生於漢城別宮이 있으며, 별궁의 원지로 무왕 35년 三月 穿池於宮南引水二十餘里 四岸植以楊柳 水中築島嶼 擬方丈仙山하였다고 한다. 이러한 궁남지에 망해루(무왕 37년 秋八月 燕群臣於望海樓)와 망해정(의자왕 15년 立望海亭於王宮南)이 있었다. 진사왕 8년의 薨於狗原行宮, 의자왕 15년 春二月 修太子宮極侈麗에서는 행궁과 태자궁의 존재를 알 수 있다.

57) 秋八月 太后移居永明新宮(『삼국사기』 9, 신라본기9, 경덕왕 7년).

58) 三月 出前妃具足王后於外宮 賜租三萬四千石(『삼국사기』 10, 신라본기10, 원성왕 즉위년).

59) 冬十二月乙巳 王薨於北宮 謚曰眞聖 葬于黃山(『삼국사기』 11, 신라본기11, 진성왕 11년).

60) 금입택의 하나인 板積宅은 『삼국사기』 열전 김양전에 보이는 積板宮과 같은 것으로, 이곳은 김균정의 저택이었는데 우징이 왕이 되었기 때문에 판적택을 별궁으로 지정했다고 한다(전덕재, 앞 논문, 2005, 201~202쪽). 국립경주박물관 연결통로 부지 우물1에서 '南宮之印'을 새긴 기와가 출토되었는데, 이로 볼 때 남궁도 있었을 것으로 생각된다. 『해동역사』에는 남당을 남궁으로 기록하고 있는 점에서 남궁은 앞에서 서술한 남당과 연결지어 이해해 볼 수도 있지 않을까 한다.

61) 九月 宴羣臣於臨海殿(『삼국사기』 8, 신라본기8, 효소왕 6년) ; 春三月 燕群臣於臨海殿(『삼국사기』 9, 신라본기9, 혜공왕 5년) ; 秋九月 王會羣臣於臨海殿(『삼국사기』 11, 신라본기11, 헌안왕 4년) ; 春三月 燕羣臣於臨海殿 酒酣上鼓琴 左右各進歌詞 極歡而罷(『삼국사기』 11, 신라본기11, 헌강왕 7년).

62) 初明臨答夫之難 次大王太子鄒安逃竄 及聞嗣王赦令 卽詣王門告曰 (…)(『삼국사기』

이순이 왕이 풍악을 좋아한다는 말을 듣고 궁궐 문에 나아가 간하였다고 한다.[63] 이것은 신라 성덕왕이 교서를 내려 직접 북문으로 들어와 奏對(천자에게 上奏하거나 下問에 대답함) 하도록 한 것[64]과 비교되는 것으로, 「개원례」 가례에는 군신이 궐에 나가 상표하는 의례(群臣詣闕上表)가 있다.[65] 여기의 북문은 신라 왕궁의 북문으로, 신문왕이 비로 맞이한 김흠운의 딸이 수레에서 내려 대궐로 들어간 곳이기도 하다.[66] 이로 볼 때 신라 왕궁의 북문은 신라 국왕의 납비와도 관련된 의례 공간으로 그 역할을 하였다고 볼 수 있다. 경문왕은 무평문에 나가서 크게 사면하는데,[67] 사료 B-2)를 보면 당에서는 승천문에서 사면이 이뤄졌다.[68] 이로 볼 때 무평문은 외조에 있었던 문으로 짐작되며,[69] 흥덕왕은 이곳에서 관사 의식을 행하기도 하였다.[70]

궁궐의 문 이름을 쓴 목간 국립경주박물관 소장

16, 고구려본기4, 신대왕 2년).

63) 八月 大奈麻李純爲王寵臣 (…) 後聞王好樂 卽詣宮門 諫奏曰 (…) 王聞之感歎 爲之停樂 便引之正室 聞說道妙 以及理世之方 數日乃止 (『삼국사기』 9, 신라본기9, 경덕왕 22년).

64) 春正月 敎百官 親入北門奏對 (『삼국사기』 8, 신라본기8, 성덕왕 33년).

65) 채미하, 앞 논문, 2006a, 154쪽.

66) 春二月 納一吉湌金欽運少女爲夫人 (…) 至王宮北門 下車入內 (『삼국사기』 8, 신라본기 8, 신문왕 3년).

67) 三月 王御武平門 大赦 (『삼국사기』 11, 신라본기11, 경문왕 원년).

68) 주 23 참고. 고려 예종은 즉위년(1105) 11월 임인일에 "神鳳門에서 사면령을 내렸다"고 한다.

69) 2013년 11월 30일 한국역사연구회 고대사분과의 국제관계사반에 발표된 여호규의 「6~8세기 新羅 王宮의 구조와 정무공간의 분화」와 한영화의 「신라의 사면과 의례」도 참고.

70) 秋九月 (…) 御茂平門觀射 (『삼국사기』 10, 신라본기10, 흥덕왕 9년). 한편 신라의 사성문제는 대정문, 토산량문, 습비문, 왕후제문에서 지내는 제사로 수재와 관련된 제사이다(채미하, 「신라의 농경제사와 '별제'」, 『국사관논총』 108, 2006b ; 『신라 국가제사와 왕권』, 혜안, 2008, 278~279쪽). 여호규는 앞 논문, 2002, 72쪽에서 사성문제의 4성문을 도성의 성문으로 보고 있다. 이와 같이 도성의 성문에서 제사지낸 것으로 미루어 볼 때 왕궁의 주요 문에서도 제사의례가 있었을 것으로 생각된다.

이와 같이 한국 고대 왕궁은 대체로 정전과 내전이 구분되어 있었고, 외조 내지는 조당의 역할을 한 공간도 있었음을 알 수 있었다. 그리고 동궁을 비롯한 다양한 궁이 있었다. 여기에서 하정례를 비롯하여 사신 영접, 연회 등 다양한 의례가 이루어졌다. 뿐만 아니라 왕궁의 공간을 구분하는 문 역시 중요한 의례 장소였다.

제2절 新王의 즉위 공간과 통치의례 공간

신왕이 즉위한 공간과 관련해서 『尙書』에서 강왕은 성왕의 고명에 따라 고명신하의 보좌하에 路寢殯宮에서 즉위하였고 應門에서 제후에게 즉위를 알렸다고 한다.[71] 路寢은 천자 또는 제후의 정침이며 治事의 장소로,[72] 내조에 해당한다. 응문은 외조가 시작되는 庫門 안에, 내조인 路門 밖에 있었던 문으로 이곳은 중조에 해당한다. 국왕은 고명을 전하기 위해 이곳에서 임종을 맞기도 하였다.[73] 이러한 성왕의 노침은 빈궁이기도 하였는데, 이것은 강왕의 즉위 전에 성왕의 빈이 이루어졌음을 말한다.[74] 당 덕종은 선정전에서 유조를 반포하였으며 이날 회녕전에서 죽었고 神柩는 태극전에 옮겼다고 한다.[75]

---

71) 『尙書』 고명을 보면 강왕의 즉위가 이루어지고 있을 때 "諸侯出廟門俟", 제후가 묘문 밖에서 나와서 기다렸다고 한다. 강왕의 즉위는 노침빈궁에서 이루어졌다. 때문에 여기에서 묘는 노침으로 볼 수 있다. 강왕은 『상서』 강왕지고에서 응문에서 제후에게 즉위를 알렸다고 한다. 응문은 노침 밖에 있는 문이다.

72) 『周禮』 天官 宮人 ; 『禮記』 玉藻 ; 錢玄·錢興奇 編著, 『三禮辭典』, 江蘇古籍出版社8, 961쪽(路寢). 침이란 옛날 천자나 제후가 사는 공간이다. 중앙에 있는 건물을 정침, 노침이라고 했고 정침 양쪽에 있는 건물을 小寢이라고 했다.

73) 고려 경종이 대표적이다(『고려사』 지18, 예6, 흉례 국휼).

74) 定公元年 夏六月 戊辰 公卽位 殯然後 卽位也(周人殯于西階之上) (『春秋穀梁注疏』 定公19). 그리고 『五洲衍文長箋散稿』 경사편1, 경전류1, 書經 顧命과 武成의 탈간에 대한 변증설도 참고.

75) (貞元) 二十一年春正月辛未朔 御含元殿受朝賀 (…) 癸巳 會群臣於宣政殿 宣遺詔 皇太子宜於柩前卽位 是日 上崩於會寧殿享壽六十四 甲午 遷神柩於太極殿 丙申 發喪 群臣縞素 皇太子卽位 (『舊唐書』 13, 본기13, 덕종 하).

선정전은 대명궁[76]의 내전이며 회녕전은 당 황성 동남쪽에 있는 興慶宮에 속해 있는 전각이다.[77] 신구가 모셔진 태극전은 태극궁의 정전으로,[78] 당 황제는 여기에서 즉위하였다.[79] 이와 같이 당의 경우 황제의 임종 장소와 빈전은 달랐지만, 빈전에서 즉위가 이루어졌음을 알 수 있다.

한국 고대 왕이 임종한 장소와 관련해서는 고구려 유리명왕이 죽은 두곡의 이궁과 태조대왕이 죽은 별궁과 신라 진성왕이 죽은 북궁을 제외하고는 보이지 않는다. 그렇다면 한국 고대 신왕은 선왕이 임종한 장소 내지는 선왕의 시신을 모신 빈전에서 즉위하였을까.

고구려에서는 사람이 죽으면 집안에 빈전을 설치하였다[80]고 하며 신라 경애왕은 해목령에 葬送(매장)하기 전에 서당에 모셔졌다고 하였다.[81] 이 서당을 조원전에 부속한 건물로 보기도 한다.[82] 「숭복사비문」의 "獻康大王 (…) 痛於寢門問竪俯 遵於翌室宅宗"을 보면 헌강왕이 寢門에서 內竪에게 안부를 묻지 못하게 된 것을 비통하게 생각하면서 익실에서 宅宗, 임금의 居喪을 따랐다고 하였다. 흥덕왕릉비편에 보이는 諒闇은[83] 涼闇·梁闇·樑闇·亮闇·涼

---

76) 대명궁에서 가장 큰 궁전은 麟德殿으로, 연회나 외국 사절의 來朝 등이 여기서 행해졌다. 含元殿이 궁성내의 정전인 태극전에 해당한다면 宣政殿은 궁성 내의 양의전에 비교된다(채미하, 앞 논문, 2013, 11쪽).

77) 『大唐六典』 7, 尙書工部 興慶宮.

78) 『大唐六典』 7, 尙書工部 宮城. 당 궁성인 태극궁은 외조－중조－내조로 이루어져 있는데, 태극전은 중조에 해당하며 朔望에 조회하는 장소이기도 하였다(채미하, 「한국 고대의 궁중의례」, 『사학연구』 112, 2013, 7~9쪽).

79) 그 실례로 大曆十四年五月辛酉 代宗崩 癸亥(23)卽位於太極殿 (『舊唐書』 12, 본기12, 德宗 上). 貞元二十一年正月癸巳 德宗崩 丙申 卽位於太極殿 (『舊唐書』 14, 본기14, 順宗憲宗 上) 등이 있다.

80) 死者殯在屋內 經三年 擇吉日而葬(『北史』 94, 열전82, 고구려 ; 『隋書』 81, 동이열전46, 고려).

81) 敬順王立 (…) 爲甄萱所據卽位 擧前王屍 殯於西堂 與群下慟哭 上諡曰景哀 葬南山蟹目嶺 太祖遣使弔祭 (『삼국사기』 12, 신라본기12, 경순왕 즉위년).

82) 양정석, 앞 논문, 2002, 11쪽 및 23쪽 : 『황룡사의 조영과 왕권』, 서경, 2004, 149~150쪽 및 이근직, 앞 논문, 2007, 213~214쪽 ; 전덕재, 「신라 상대 왕궁의 변화와 종묘」, 『신라문화』 36, 2010, 23쪽.

83) 諒闇과 관련해서 고려 덕종의 예가 참고된다(『고려사』 지18, 예6, 흉례 國恤).

숭복사터 거북 받침(왼쪽)과 비편(오른쪽) 숭복사비는 최치원의 四山碑 중 하나로, 거북받침과 비편만이 남아 있다.

陰·諒陰과 같은 말로, 임금이 居喪함을 이르는 명칭 혹은 거상하는 장소를 말한다. 이와 같은 익실과 양암은 빈전으로 이해되기도 한다.[84]

이로 볼 때 한국 고대 빈전은 왕궁 안에 있었다고 할 수 있다. 백제 역시 마찬가지였을 것으로 여겨지지만,[85] 백제 무령왕과 왕비의 빈전으로 알려진 정지산 유적[86]은 왕궁 밖에 있었다. 『일본서기』를 보면 눌지마립간 37년(453)에 윤공천황이 죽자 왕이 弔使를 보냈는데, 이들은 난파진에 이르러 모두 素服을 입고 서울에 있는 殯宮에 참례했다고 한다.[87] 이와 같은 『일본서기』에 보이는 천황의 빈 장소는 천황이 죽은 장소와는 별개로 南庭·宮北·西殿 등이며, 대체로 천황이 죽은 궁의 근처인 南庭이 많다고 한다.[88] 그리고 『隋書』 왜국전에 貴人은 屋外에 있었다고 한다. 이로 볼 때 무령왕과 왕비의 빈전은 일본과의 관련성 속에서 이해해 볼 수도 있지 않을까 한다.

고려와 조선의 경우 왕의 임종장소와 빈전, 신왕의 즉위 공간이 달랐다. 즉 고려 순종이 1083년 문종의 거상 중인 10월 23일에 임종하자 이날 빈전이

---

84) 박남수, 「신라 하대 왕실의 제례와 원성왕 추숭의 정치사회적 의의」, 『사학연구』 108, 2012, 47~48쪽.

85) 채미하, 앞 논문, 2013, 19쪽.

86) 김길식, 「氷庫를 통해 본 공주 정지산 유적의 성격」, 『고고학지』 12, 2001, 62~69쪽.

87) 『日本書紀』 13, 윤공천황 42년.

88) 강윤석, 「일본 고대의 殯(모가리)에 대하여」, 『고문화』 65, 2005, 2005, 61~63쪽.

정지산 유적 전경 ○ 표시가 정지산 유적이다. 무령왕릉에서 출토된 지석의 매지권에는 왕릉의 위치를 申地로 적고 있다. 그런데 무령왕비지석에는 왕비가 사망하자 酉地의 땅에서 喪을 치르고 529년 2월에 대묘인 왕릉에 합장했다고 기록되어 있다.

선덕전에 차려졌고 24일에 선종이 선정전에서 왕위에 올랐다.[89] 선종은 延英殿 內寢에서 임종하였으며 빈전은 선정전이었고 중광전에서 헌종이 즉위하였다.[90] 숙종은 장평문 밖에서 임종하였으며 빈전은 선덕전이었는데,[91] 예종은 중광전에서 즉위하였다.[92] 고려 순종과 숙종의 빈전인 선덕전은 덕종·정종·문종·선종의 빈전이기도 하였다.[93] 조선은 빈전 즉위가 원칙이었다.[94] 하지만 문종은 1452년 5월 14일 康寧殿에서 죽었으며[95] 빈전은 思政殿이었고 勤政門에서 단종이 즉위하였다.[96]

---

89) 『고려사』 64, 지18, 예6, 흉례 國恤과 『高麗史』 10, 세가10, 선종 총서.
90) 『고려사』 10, 세기10, 선종 11년 5월 2일 및 『高麗史』 10, 세가10, 헌종 총서.
91) 『고려사』 64, 지18, 예6, 흉례 國恤.
92) 『고려사』 12, 세가12, 예종 총서.
93) 『고려사』 64, 예지6, 흉례 국휼.
94) 『문종실록』 1, 문종 즉위년(1450) 庚午 2월 19일 및 2월 23일 참고.
95) 『문종실록』 1, 문종 2년 5월.

이와 같은 점을 염두에 둘 때 한국 고대 역시 빈전은 왕의 임종 장소나 즉위 장소와는 다른 별도의 공간이 아니었을까 한다.[97] 왕궁 밖에 있었던 공주 정지산 유적과 경애왕의 빈궁이 殿이 아닌 堂인 점이라든가, 헌강왕이 거상을 준비한 장소가 익실인 점에서도 생각되어진다. 주 강왕이 즉위한 정침은 내조에 해당한다. 당 황제는 정전에서 受冊하였다고 하는데,[98] 당 태극궁의 정전은 태극전으로 중조에 해당한다.

고려의 경우 신왕은 선정전과 중광전에서 즉위하였다. 선정전은 상정전의 개칭으로 보기도 하며 편전이다.[99] 중광전은 개경 궁궐의 內殿으로 인종 때 康安殿으로 이름을 바꾸었다. 정사를 보는 편전이면서 국왕의 침전·즉위식의 거행소·불교 의례 행사 장소 등으로도 사용되었다.[100] 조선의 근정문은 경복궁의 정전인 근정전의 남쪽 문이다.

이로 볼 때 왕이 즉위한 공간은 대체로 정침 내지는 정전이었다. 신라 왕궁의 조원전은 정전=治朝(中朝)이며 조원전 북쪽에는 내전이 있었을 것이다.[101] 이곳에서 신라 왕은 즉위하였을 것이고,[102] 고구려와 백제의 왕 역시 정전 내지는 내전에서 즉위하였을 것으로 여겨진다.

한편 『唐六典』을 보면 당 황제는 승천문에서 원정·동지에 성대하게 土貢을 베풀거나 연회를 열었고 赦免令을 발포하였고 낡은 것을 없애고 새로운 것을

---

96) 『단종실록』 1, 단종 즉위년(1452) 壬申 5월 18일(庚戌).

97) 채미하, 앞 논문, 2013, 14~24쪽에서 신왕의 "즉위례는 선왕의 국휼 기간에 이루어졌으며, 그 장소는 빈전이었다"고 하였다. 하지만 신왕의 즉위는 유조에 의한 구전즉위인 1차 즉위와 선왕의 빈이 행해진 후 치러진 2차 즉위로 이루어진다는 점에서 신왕의 즉위 장소는 반드시 빈전은 아니라고 본서에서 수정한다.

98) 會昌元年以前(五年正月) 四日 文宗 宣遺詔 皇太弟宜於柩前卽皇帝位 宰相楊嗣復攝冢宰 十四日 受冊於正殿 時年二十七(『舊唐書』 18상, 본기18상, 武宗).

99) 김창현, 『고려 개경의 편제와 궁궐』, 경인문화사, 2011, 90~95쪽.

100) 중광전에 대해서는 『高麗史』 56, 지리지, 왕경개성부 및 김창현, 위 책, 2011, 90~93쪽 참고.

101) 조원전과 관련해서 채미하, 앞 논문, 2013, 9~10쪽 참고.

102) 신라 하대의 경우 왕위 계승이 순조롭지 않아 즉위 장소는 가변적일 수 있다. 본서에서 언급한 신왕의 즉위장소는 정상적으로 왕위에 즉위한 왕들로 한정한다.

포고하였고 萬國의 朝貢과 四夷의 賓客을 접견하였다고 한다. 승천문은 태극궁의 정문으로, 외조였다.[103)]

고려 덕종은 神鳳樓로 가 毬庭에 金鷄旗를 걸고 사면령을 내렸고[104)] 예종은 神鳳門에서 사면령을 내렸다고 한다.[105)] 신봉문은 고려의 정전인 회경전(선경전) 앞 문(루)으로,[106)] 순종과 선종도 여기에서 사면하였다.[107)]

앞에서 고구려 차대왕의 태자인 추안이 도망하여 숨어 있다가 신대왕의 즉위와 관련된 사면령을 듣고 궁문에 나아가 아뢰었고 신라 경문왕은 무평문에 나가서 사면하였다고 하였다. 이중 경문왕이 사면을 행한 공간인 무평문은 당의 승천문에 비교된다.

유교적 예제에 따르면 혼전은 선왕의 장례가 치러진 후 종묘에 부묘되기 전까지 선왕의 신주를 모셔두는 공간이며, 여기에서 신왕은 선왕에 대한 제사를 지내기도 하였다.[108)] 고려에서는 중국 사신이 선왕에게 제사를 지내고 부의하는 조문 의례는 선왕의 신위를 모시고 있는 魂殿에서 이루어졌다.[109)] 조선의 국휼 내용 중 중국에서 내려 준 시호와 제사, 弔賻를 맞이하는 의식인 迎賜諡祭及弔賻儀가 모화관에서 이루어진 뒤 중국에서 내리는 부물을 받는 의식인 賜賻儀가 근정전에서, 賜賻 후에 중국에서 내린 시호를 받는 의식인 賜諡儀와 黃紙에 쓴 誥命을 불태우는 의식인 焚黃儀가 혼전에서 이루어졌다. 賜諡 후에 중국 황제가 내린 제사를 받는 의식인 賜祭儀도 있다.[110)]

---

103) 『唐六典』 7, 尙書工部 宮城. 당 궁성인 태극궁은 외조-중조-내조로 이루어져 있는데, 태극전은 중조에 해당하며 朔望에 조회하는 장소이기도 하였다(채미하, 2013, 앞 논문, 7~9쪽).

104) 『고려사』 5, 세가5, 덕종 즉위년.

105) 『고려사』 12, 세가12, 예종 즉위년.

106) 김창현, 앞 책, 2011, 77~79쪽.

107) 『고려사』 9, 세가9, 순종즉위년과 『고려사』 10, 세가10, 선종 즉위년 참고.

108) 선종 2년(1085) 9월 임자에 국왕이 순종의 혼전에 친히 제물을 올렸다.(『고려사』 지18, 예6, 흉례 국휼).

109) 『고려사』 64, 지18, 예6, 相國使祭奠贈賻弔慰儀.

110) 『세종실록』 五禮 凶禮儀式.

한국 고대 혼전의 예를 찾아볼 수 없지만, 빈전과는 구별되는 공간에서 조제가 행해지지 않았을까 한다. 유교적 예제에 따르면 선왕의 혼전은 선왕의 장례가 치러진 후 종묘에 부묘되기 전까지 선왕의 신주를 모셔두는 공간이다. 신라의 오묘제는 늦어도 신문왕대에는 시정되었고 혜공왕대 개정되었으며 애장왕대 更定되었다고 하였고 신왕들은 왕위에 즉위하면서 선왕을 종묘에 부묘하였다고 하였다.[111] 이와 같이 신라의 오묘제를 염두에 둘 때 신라에서는 종묘에 부묘하기 전 선왕의 신주를 두는 공간인 혼전이 있었을 것으로 짐작된다.[112]

왕위에 즉위한 신왕은 중국의 책봉을 받았는데, 조제 겸 책명사가 신왕을 책봉하고 황제를 대신하여 책봉호를 주었다. 고려는 북조에서 조서를 휴대하고 오는 사신을 맞는 의례가 乾德殿에서 이루어졌다.[113] 건덕전은 개경의 궁궐 안에 있었던 제2의 정전으로 天德殿, 대관전으로도 불렸으며 국왕의 연회와 복시 장소, 여진·거란 사신의 접견 공간이었다.[114] 반면 송의 사신은 제1의 정전인 회경전에서 맞았다.[115] 조선의 迎詔書儀, 조서를 맞이하는 의식은 근정전에서 행해졌다.[116] 신라에서는 조원전이 그 장소였을 것이다. 조제 겸 책명사가 신라를 떠날 때 예물을 주었는데, 조선에서는 표문을 배송하는 의식이 근정전에서 행해졌다.[117] 신라의 경우는 조원전뿐만 아니라 숭례전과 임해전에서도 이루어졌다.[118] 이 중 숭례전은 사신을 접견하기도 하였고 연회가 베풀어지기도 하였다. 당의 경우에도 외국 사신을 인견하는 장소와 연회 장소가 같기도 하였다.

---

111) 이상과 관련해서 채미하, 앞 책, 2008 참고.

112) 채미하, 앞 논문, 2013, 22쪽.

113) 『고려사』 65, 지19, 예7, 빈례, 迎北朝詔使儀. 이러한 예로 고려 신종 2년(1199) 신종이 금의 책봉을 받는 예가 참고된다.

114) 『고려사』 56, 지리지, 왕경개성부.

115) 한국역사연구회, 『고려의 황도』, 창작과 비평사, 2002, 54~55쪽.

116) 『세종실록』 五禮 嘉禮儀式.

117) 『세종실록』 五禮 嘉禮儀式 拜表儀.

118) 春二月 太祖率五十餘騎 至京畿通謁 王與百官郊迎 入宮相對 曲盡情禮 置宴於臨海殿 酒酣(『삼국사기』 12, 신라본기12, 경순왕 5년).

고려 덕종은 선왕의 상·장례를 마친 다음 경령전에 가서 자신의 즉위를 고했다고 한다.[119] 고려의 경령전은 태조 및 임금의 四祖의 御眞 및 神位를 左昭右穆의 원칙에 따라 봉안한 궐내의 眞殿이다.[120] 조선의 진전인 창덕궁 선원전에는 어진을 모셨다. 한국 고대 진전과 관련해서는 다음이 주목된다.

C. 1) ① 재위 23년 建初 4년 己卯에 죽었다. 疏川丘 속에 장사지냈다. 후에 신의 명령이 있어 "내 뼈를 조심히 묻으라."고 하였다. (…) 뼈를 부셔 塑像을 만들어 대궐 안에 두었다. ② 신이 또 말하기를 "내 뼈를 東岳에 안치하라"고 하였다. 따라서 그 곳에 모셨다(혹은 왕이 죽은 뒤 27대 문무왕 때인 調露 2년 庚辰 3월 15일 辛酉 밤에 太宗의 꿈에 몹시 사나운 노인이 나타나 말하기를 '나는 탈해이다. 내 뼈를 소천구에서 파내 소상을 토함산에 안치하라.'고 하였다. 왕을 그 말을 따랐다. 때문에 지금까지 國祀가 끊이지 않았으니, 동악신이라고 한다).[121](『삼국유사』 1, 기이1, 제4탈해왕)
2) ① 왕이 죽었다. 未召疏井丘 안에 水葬하였다. ② 塑骨을 동악에 두었는데, 지금의 동악대왕이다.[122](『삼국유사』 1, 왕력1, 제4탈해이질금)

사료 C-1)①에서는 탈해왕이 세상을 떠나자 처음에는 소천구에 장사지냈으며 후에 신의 명령으로 뼈를 묻었고 뼈를 부셔 소상을 만들어 대궐 안에 두었다고 한다. C-1)②에서는 다시 신이 말한대로 뼈(소상)를 동악에 안치하였다고 하였는데, C-2)②에서도 알 수 있다. 이처럼 사료 C-1)①에서 탈해의 소상을 궐 안에 두었다는 점에서 한국 고대 왕궁 안에는 선왕의 장례가 끝난 후 선왕에게 제사지내는 공간도 있었음을 생각할 수 있다.

이상에서 신왕의 즉위 공간뿐만 아니라 그와 관련된 의례 공간을 살펴보았다.

---

119) 『고려사』 5, 세가5, 덕종총서 및 『고려사』 5, 세가5, 덕종 즉위년.

120) 이와 관련해서 김창현, 앞 책, 2011, 496~501쪽 참고.

121) ① 在位二十三年 建初四年己卯崩 葬疏川丘中 後有神詔 愼埋葬我骨 (…) 碎爲塑像安闕內 ② 神又報云 我骨置於東岳 故令安之(一云 崩後二十七世文虎王代 調露二年庚辰三月十五日辛酉 夜見夢於太宗 有老人貌甚威猛 曰我是脫解也 拔我骨於疏川丘 塑像安於土含山 王從其言 故至今國祀不絶 卽東岳神也云).

122) ① 王崩 水葬未召疏井丘中 ② 塑骨安東岳 今東岳大王.

신라 왕경지구 신라 국왕의 의례는 왕궁 외에 왕경지구 등에서도 이루어졌다. 국립경주박물관 소장.

이들 의례 공간은 대부분 왕궁 안이었다. 하지만 국왕의 의례는 왕궁 밖에서 이루어지기도 하였다. 가장 대표적인 것이 吉禮, 국가제사의 祭場이다. 『삼국사기』 제사지 신라조를 보면 신라 국가제사의 다양한 종류가 보인다.[123] 그 중 '宗廟之制'인 시조묘·신궁·오묘제사와 사직제사, 농경제사, 명산대천제사, '別祭'가 있다.[124]

이 중 시조묘제사는 남해왕 3년(6)에 '시조' 혁거세묘를 세운 이후 소지왕대까

123) 『삼국사기』 32, 잡지1, 제사.

124) 『삼국사기』 제사지 분석과 관련해서 채미하, 「『삼국사기』 제사지 신라조의 분석-신라 국가제사체계의 재검토와 관련하여-」, 『한국고대사연구』 13, 1998 : 앞 책, 2008, 29~61쪽 참고.

경주 인왕동 동서-남북도로 국립경주박물관 미술관 신축 부지에서 발굴조사되었다. 특히 동서도로는 서쪽에 위치한 日精橋와 狼山으로 연결될 가능성이 크다고 한다. 신라의 국가제사 중 사대도제는 이와 같은 길에서 이루어진 제사이다. 국립경주박물관 소장.

지 대부분의 왕들은 즉위한 그 다음해의 정월이나 2월에 시조묘에 친사(알)하고 있다. 이러한 시조묘는 혁거세왕이 묻힌 곳과 관련된 장소에 두어졌다고 하였다.[125] 신궁제사는 소지왕대 설치되었고 지증왕이 처음으로 신궁에서 친사한 이후 약간의 예외가 있기는 하지만, 중고기 대부분의 왕들은 즉위 다음해나 그 다음해에 신궁에서 친사하였다. 이것이 설치된 장소는 혁거세왕이 '초생', '탄강'한 곳과 가까운 장소에 두어졌다고 하였다.[126] 중국의 제사제도인 오묘와

125) 채미하, 「신라의 시조묘 제사」, 『민속학연구』 12 : 위 책, 63~80쪽.
126) 채미하, 「신라의 신궁 제사」, 『전통문화논총』 2(한국전통문화학교) : 위 책, 80~110쪽.

사직은 중국제도의 영향을 받아 왕궁을 중심으로 하여 左廟右社의 원칙에 따라 두어졌을 것이다.[127]

『삼국사기』 제사지 신라조의 명산대천은 산과 천(海 ; 4해 중 북해 제외, 4독), 이외에도 城(북형산성, 도서성, 가림성), 진(청해진), 기타명(동진 온말근, 남진 해취야리, 중사의 표제명이 없는 기타 6곳 중 추심과 상조음거서) 등이 나온다. 이 중 산(악)이 35개, 천(해)이 7개, 성이 3개, 진이 1개, 기타명이 4개로, 대부분 산천이 제사대상이자 제사공간이었다.[128] 농경제사와 '별제'의 제장은 〈표 4-1〉로 제시하였다.[129]

〈표 4-1〉 농경제사와 '별제'의 제장

	제명	제장
농경제사	八禬	新城北門
	先農	明活城南熊殺谷
	中農	新城北門
	後農	菻園
	風伯	犬首谷門
	雨師	卓渚
	靈星	本彼遊村
別祭	四城門祭	一大井門 二吐山良門 三習比門 四王后梯門
	部庭祭	梁部
	四川上祭	一犬首 二文熱林 三靑淵 四樸樹
	日月祭	文熱林
	五星祭	靈廟寺南
	祈雨祭	惠樹
	四大道祭	東古里 南簷幷樹 西渚樹 北活倂岐
	壓丘祭	
	辟氣祭	

127) 채미하,「신라 종묘제의 수용과 그 의미」,『역사학보』 176, 2002 ;「신라의 오묘제 '시정'과 신문왕권」,『백산학보』 70, 2004 ;「신라 혜공왕대 오묘제의 개정」,『한국사연구』 108, 2000 ;「신라 하대의 오묘제」,『종교연구』 25, 2001 ;「신라 선덕왕대 사직단설치와 사전의 정비」,『한국고대사연구』 30, 2003 : 위 책, 111~269쪽.

128) 채미하,「신라 명산대천의 사전 편제 이유와 특징」,『민속학연구』 20, 2007 : 위 책, 303~330쪽.

129) 농경제사와 '별제'와 관련해서 채미하,「신라의 농경제사와 '별제'」,『국사관논총』 108, 2006b : 위 책, 270~301쪽.

경주 왕경복원도 왕경은 길례를 포함한 오례가 행해진 중요한 장소이기도 하였다.

그리고 문무왕 17년(677)·성덕왕 30년(731)·흥덕왕 9년(834)·헌강왕 5년(879)의 觀射는 강무전 남문, 적문, 무평문, 준례문에서 행해졌는데, 이들 문은 왕궁과 관련된 문이었다. 문무왕 14년에는 대열과 열병이, 효성왕 5년(741)에는 열병이, 선덕왕 3년(782)·애장왕 5년(804)·흥덕왕 9년(834)에는 대열이 행해졌다. 이와 같은 대열(열병)이 행해진 장소는 서형산, 영묘사 앞길, 알천, 시림 등이었다. 이처럼 대열(열병)은 왕궁 밖에서 행한 국왕의 통치의례로, 순수와 렵 역시 왕궁 밖에서 이루어졌다. 선덕왕 3년·흥덕왕 9년·헌강왕 5년에 왕이 순행한 장소라든가, 헌강왕 5년에 獵한 穴城의 들판이 그것이다.[130]

이상에서 신왕의 즉위공간은 대체로 정침 내지는 정전이었고 즉위와 관련된 다양한 통치의례는 왕궁뿐만 아니라 다양한 공간에서 이루어졌음을 알 수 있었다.

130) 채미하, 「신라의 軍禮 수용과 王權」, 『한국사연구』 149, 2010 참고.

제5장 오례, 한국 古代史上에 그 위상을 펼치다

제1절 오례의 성격

신라와 당의 외교관계는 문무왕 8년 이후 거의 단절상태였다.[1] 그런데 신문왕 6년(686)에 재개된[2] 당과의 외교관계에서 파견된 사신은 『예기』와 문장을 요청하였다. 그 이유는 새로운 국가질서의 정비와 더불어 중대 왕권의 안정과 강화를 꾀하기 위해서일 것이다.[3] 그렇다면 당이 보낸 「길흉요례」의 내용이 지닌 성격은 어떠했을까? 이것은 「개원례」의 성격을 통해 알 수 있을 것이다.

「정관례」와 「현경례」를 절충한 「개원례」는 개원 14년(726)부터 편찬 작업에 착수하여 6년 후인 개원 20년(732)에 반행되었는데, 길례 55개, 빈례 6개, 군례 23개, 가례 50개, 흉례 18개의 총 152개의 의례로 이루어져 있다.[4] 이

---

1) 신형식, 「통일신라의 대당관계」, 『한국고대사의 신연구』, 일조각, 1984, 347쪽. 그러나 어떤 형태로든 나·당간의 공식적인 외교 채널은 열려 있었다. 이와 관련해서 권덕영, 『고대한중외교사-견당사연구』, 일조각, 1997, 43쪽 ; 김수태, 『신라중대정치사연구』, 일조각, 1996, 46~48쪽 ; 김수태, 「나당관계의 변화와 김인문」, 『백산학보』 52, 1999, 668~674쪽 참고.

2) 신문왕 6년 2월 신라가 당에 사신을 파견한 것은 문무왕 15년 사죄사 이후의 첫 공식적인 파견이었다.

3) 신라가 당에 『예기』와 문장을 요청한 이유에 대한 여러 견해는 채미하, 「신라의 오묘제 '시정'과 신문왕권」, 『백산학보』 70, 2004, 272쪽 주 25 : 『신라 국가제사와 왕권』, 혜안, 2008 참고.

4) 大唐開元年之制 五禮 其儀百五十有二 一曰吉禮 其儀五十有五 二曰嘉禮 其儀有五十 三曰賓禮 其儀有六 四曰軍禮 其儀二十有三 五曰凶禮 其儀十有八 (『通典』 106, 예66, 개원례찬류1, 서례상). 이를 각 항목별로 표시한 것은 池田溫, 「唐開元禮解說」, 『唐開元禮 附大唐郊祀錄』, 古典硏究會, 1981, 822~828쪽 참고. 『唐開元禮』는 개원 26년 발해의 사신에게 전해주기도 하였고, 덕종 정원 2년(786) 6월 11일의 勅에 의해 開元禮擧가 시행되기에 이르렀다(『唐會要』 76, 開元禮擧). 憲宗 元和 13년(818)에 완성된 『元和曲臺新禮』 30권은 당 후기의 예제가 「개원례」를 기초로 하여 운용되었음을 알 수 있다(『唐會要』 37, 五禮篇目). 『通典』에 「개원례」의 거의 모든 내용을 정리하여 『開元禮纂類』로

중 길례 55개에는 황제가 동지 때 환구에서 제사하는 의례(皇帝冬至祀圜丘)로 부터 시작하여 황제가 封禪하는 의례(皇帝封祀于太山·皇帝禪于社首山)까지 황제가 직접 주관하는 의례가 모두 27개이다.[5] 빈례에는 (황제가) 사자를 파견하여 번왕의 알현일을 알리는 의례(遣使戒蕃王見日)·번왕이 황제를 알현하는 의례(蕃主奉見)·(황제가) 번사의 표와 폐백을 받는 의례(受蕃國使表及幣)·황제가 번국왕에게 주연을 베푸는 의례(皇帝燕蕃國王)·황제가 번국의 사신에게 주연을 베푸는 의례(皇帝燕蕃國使) 등 5개를 황제가 직접 주관함으로써 빈례 6개 중 1개를 제외하고는 모두 황제의례이다. 군례에는 황제의 친정시 상제에게 유제를 올리는 의례(皇帝親征類于上帝) 등 23개 중 8개가 황제의례이다.[6] 가례에는 황제가 원복을 입는 의례(皇帝加元服)[7]부터 공주를 시집보내는 의례(公主降嫁)까지 50개 중 29개가 황제의례이다. 이 중 임헌하여 왕후를 책명하는 의례(臨軒冊命皇后)·임헌하여 황태자를 책명하는 의례(臨軒冊命皇太子) 등에는 황제가 직접 나와 책명하고 친왕의 冠禮와 納妃, 공주의 출가

기재해 놓은 것도 그 중요성과 전형성을 인식했기 때문이었고 송대 이후 몇 차례 刊刻을 거쳐 광범위하게 보급되었다(池田溫, 위 책, 1981, 822~828쪽 및 김호, 「당 전기 중앙관부와 황제 시봉기구」, 『중국사연구』 26, 2003, 103쪽 참고). 당의 「개원례」는 중국의 역대 왕조뿐만 아니라 고려왕조 및 조선왕조에서도 그대로 유지되고 있다. 고려왕조의 오례는 『고려사』 예지에서, 조선왕조의 오례는 『세종실록』 오례에서 살펴볼 수 있고 세종조의 오례는 다시 성종대 『국조오례의』로 정리되고 있다(이범직, 『조선시대 예학연구』, 국학자료원, 1991, 414~416쪽).

5) 皇帝冬至祀圜丘, 皇帝正月上辛祈穀于圜丘, 皇帝孟夏雩祀于圜丘, 皇帝季秋大享於明堂, 皇帝立春祀靑帝于東郊, 皇帝立夏祀赤帝于南郊, 皇帝季夏土王日祀黃帝於南郊, 皇帝立秋祀白帝於西郊, 皇帝立冬祀黑帝於北郊, 皇帝臘日蜡百神於南郊, 皇帝春分朝日於東郊, 皇帝秋分夕月于西郊, 皇帝夏至祭於方丘(后土禮同), 皇帝孟冬祭神州於北郊, 皇帝仲春仲秋上戊祭太社, 皇帝時享于太廟, 皇帝祫享于太廟, 皇帝禘享于太廟, 皇帝拜五陵, 皇帝孟春吉亥享先農, 皇帝皇太子視學, 皇帝巡狩告于圜丘, 皇帝巡狩告于太社, 皇帝巡狩告于太廟, 皇帝巡狩, 皇帝封祀于太山, 皇帝禪于社首山.

6) 皇帝親征類于上帝, 皇帝親征宜于太社, 皇帝親征造于太廟, 皇帝親征禡于所征之地, 皇帝講武, 皇帝田狩, 皇帝射于射宮, 皇帝觀射于射宮.

7) 원복이란 남자가 성년이 되었을 때 大人의 衣冠을 입는 의식이다. 元은 首, 服은 착용한다는 의미로 머리에 冠을 쓴다는 의미이다(김택민 주편, 『역주 唐六典』(상), 신서원, 2003, 396쪽).

의례는 황제가 御座에 앉아 지켜본다.[8] 흉례에는 흉년에 진무하는 의례(凶年振撫) 등 9개가 황제의례이다.[9]

이와 같이 「개원례」 152개의 의례 가운데 78개가 황제의례로 황실의 권위를 세우고 보존하기 위한 것이었다.[10] 당이 보낸 「길흉요례」 역시 왕권을 수식하는 의례로 신라 중대 왕에게 최고의 권위를 향유토록 하였을 것이다. 이것은 중대 왕권과 왕실의 안정에도 기여하였을 것이다. 그러하다면 그 구체적인 모습은 어떠했을까.

길례와 관련해서 김춘추가 관심을 가진 종묘제는 문무왕대에 수용되었고,[11] 그것이 始定된 것은 신문왕대였다.[12] 이것은 문무왕과 신문왕의 왕권강화와 중대 왕실의 안정에 작용하였는데,[13] 「개원례」 길례의 황제가 태묘에서 시향하는 의례(皇帝時享于太廟)는 이것과 비교된다. 다음도 관심을 끈다.

---

8) 皇帝加元服, 納后, 皇帝元正冬至受皇太子朝賀, 皇帝元正冬至受皇太子妃朝賀, 皇帝元正冬至受群臣朝賀, 皇帝千秋節群臣受朝賀, 皇帝於明堂讀孟春令, 皇帝於明堂讀仲春令, 皇帝於明堂讀季春令, 皇帝於明堂讀孟夏令, 皇帝於明堂讀仲夏令, 皇帝於明堂讀季夏令, 皇帝於明堂讀孟秋令, 皇帝於明堂讀仲秋令, 皇帝於明堂讀季秋令, 皇帝於明堂讀孟冬令, 皇帝於明堂讀仲冬令, 皇帝於明堂讀季冬令, 皇帝於明堂及太極殿讀五時令, 皇帝養老於太學, 臨軒冊命皇后, 臨軒冊命皇太子, 臨軒冊命諸王大臣, 親王冠, 親王納妃, 公主降嫁, 皇帝遣使宣撫諸州, 皇帝遣使諸州宣制勞會, 皇帝遣使諸州宣赦書.

9) 凶年振撫, 勞問疾患, 五服制度, 皇帝爲小功已上擧哀(訃奏·臨喪·除喪), 勅使弔, 會喪, 策贈, 會葬, 致奠.

10) 김호, 「당 전기 중앙관부와 황제 시봉기구」, 『중국사연구』 26, 2003, 103~104쪽 ; 이범직, 「조선전기의 오례와 가례」, 『한국사연구』 71, 1990 : 앞 책, 2004, 50~51쪽에서 "『唐開元禮』의 152항목의 의식 중에서 황실의 의식이 대부분이었으며 일반 서민들의 생활을 규제하는 의례 내용은 하나도 없다. 다만 군현체제 안에서 諸주현의 품관들을 통해서 行用되는 의식이 있을 뿐이다. 그것을 황실 중심의 황실의 정치적 기능을 강조하는 중앙집권적 정치력을 구현하는 외형적 형태를 의례로 정치적 명분과 실세를 반영하고 있는 것으로 이해되는 것이다. 이는 당대의 경학의 수준에서 얻어진 정치론이라고 해도 무리가 없다고 할 것이다"고 하였다.

11) 채미하, 「신라 종묘제의 수용과 그 의미」, 『역사학보』 176, 2002 : 앞 책, 2008 참고.

12) 채미하, 앞 논문, 2004 : 앞 책, 2008.

13) 이와 관련하여 채미하, 앞 논문, 2002 및 위 논문, 2004 : 앞 책, 2008 참고.

A. 크게 사면했다. 왕이 太學에 거둥하여 박사들에게 명해 尙書의 뜻을 강의하게 하였다.[14](『삼국사기』 9, 신라본기9, 혜공왕 원년)

사료 A에 따르면 혜공왕은 태학에 행차하여 박사에게 명하여 『상서』의 뜻을 강의하게 하였다고 한다. 중국에서는 역대 학교의 교화작용을 중시하여 황제시학의와 황제·황태자가 친히 석전례를 행하였다.[15] 당 무덕 7년(624)과 정관 14년(640)에 고조와 태종은 국자학을 친람하고 석전을 觀하였으며,[16] 「개원례」 길례에도 황제와 황태자의 시학(皇帝皇太子視學), 황태자가 공선보에게 석전하는 의례(皇太子釋奠于孔宣父)가 있다.[17]

이로 본다면 혜공왕의 국학 행차 때의 『상서』 강론은 시학의에 해당할 것이다.[18] 그렇다면 혜공왕의 국학 행차 때 이루어졌던 『상서』 강론이 의미하는

---

14) 大赦 幸太學 命博士講尙書義.

15) 황제와 황태자가 주체로 국학에 나아가 學事를 시찰하는 의례로, 교관에게 先師·先聖에 석전시키고 황제가 이를 관람하는 것이다. 그리고 부수적으로 천자 스스로가 양로의 예의를 행한다(김택민 주편, 앞 책, 2003, 388쪽).

16) 武德七年 二月丁巳 釋奠于國學(『新唐書』 1, 본기1, 고조) ; 貞觀十四年 二月丁丑 觀釋奠于國學赦大理萬年縣 賜學官高第生帛(『新唐書』 2, 본기2, 태종).

17) 당 석전례와 관련해서, 다음도 참고된다. 凡春秋二分之月上丁 釋奠于先聖孔宣父 以先師顔回配 七十二弟子 及先儒二十賢從祀焉 祭以太牢 樂用登歌軒縣六佾之舞 若與大祭祀相遇 則改用中丁 祭酒爲初獻 司業爲亞獻 博士爲終獻 若皇太子 釋奠 則贊相禮儀 祭酒爲之 亞獻皇帝視學 皇太子齒胄 則執經講義焉 凡釋奠之日 則集諸生 執經論議 奏請京文武七品以上淸官 並與觀焉(『唐六典』 21, 국자감).

18) 신라의 석전례와 관련해서는 다음이 주목된다. 秋九月 入唐大監守忠廻 獻文宣王十哲七十二弟子圖 卽置於大學(『삼국사기』 8, 신라본기8, 성덕왕 16년). 사료는 성덕왕 16년(717) 문선왕과 10철, 72제자의 그림을 국학에 안치했다는 것이다. 그런데 10철, 72현이 분화된 것은 당 개원 8년(720)이고 공자가 문성왕에 추봉된 것은 개원 27년(739)이므로, 성덕왕 16년 기사는 『삼국사기』 찬자가 당시의 관념에 따라 윤색한 기록일 가능성이 높다고 한다(박찬수, 「문묘향사제의 성립과 변천」, 『남사정재각박사고희기념 동양학논총』, 1984, 135쪽). 그렇지만 『삼국사기』 직관지에 관직의 이름은 여러 전기에 보이나, 관직설치의 시작과 위계의 높고 낮음을 알 수 없는 것 중의 하나로 '孔子廟堂大舍'가 나온다. 이것은 공자의 묘당을 관리하는 관직이 아니었을까 한다. 김춘추는 진덕왕 원년 12월에 입당하여 다음해 2월까지 당에 머무르면서(권덕영, 앞 책, 1997, 26~31쪽), 당의 국학에서 강론을 듣고 석전의식을 참관하였다(이와 관련해서 高明士, 「新羅時代 廟學制的 成立與展開」, 『대동문화연구』 23, 1989, 248쪽

것은 무엇일까. 『상서』는 『서경』으로, 요순의 道로부터 아래로는 三王의 義가 들어 있는 정치철학의 역사기록들로 유교의 정치사상이 담긴 경전 중의 최고의 경전이다.[19] 국학에서는 『효경』이 공통과목이었고,[20] 경덕왕 2년(743)에는 당 현종이 주석한 御註孝經 1부를 받았다는 기사도 보인다.[21] 현종의 『효경』 주석본은 舊註를 정리한 것인데, 당 현종이 참고한 구주는 전한 공안국의 주석 '傳'과 후한 정현의 주석 '解'를 지칭한다. 그 주된 내용은 효가 忠道의 근간임을 강조한 것으로 국가중심·군주중심이라고 한다.[22] 당의 국학에서는 『춘추좌씨전』·『춘추공양전』·『춘추곡량전』을 모두 포함시키고 있으나, 신라 국학에서는 『춘추좌씨전』에 국한하고 있다. 이것은 왕권의 절대화를 위하여 요구되는 국가윤리인 충의를 중시하였음을 반영한 것이라고 한다.[23] 이로

참고). 그러나 박순교는 김춘추의 입당과 동시에 이루어진 석전례는 일찍이 없었다는 점에서 의례적인 의전절차는 아니라고 보았다(앞 논문, 1989, 124쪽). 당의 문묘제가 확립된 개원 27년 이후 빈번해진 당과의 문물교류로 말미암아 신라의 문묘제도도 정비되지 않았을까 한다. 그러나 고려 숙종대까지 10철 이상을 넘지 못하고 있는 것을 보면 신라말까지의 향사 대상 범위는 공자, 안연, 10철까지로 제한되었을 것이다(박찬수, 위 논문, 1984, 136쪽). 성덕왕 16년 수충이 가지고 온 문선왕 등의 도상은 경덕왕 21년(762) 당에 파견되었던 사신이 귀국할 때 가지고 온 것이고 국학으로 하여금 그것을 공자문묘에 두게 한 것도 이때부터 시작되었다고 한다(高明士, 위 논문, 1989, 248~249쪽). 이러한 점들을 고려한다면 신라 국학에서도 석전례가 행해졌을 것으로 여겨진다.

19) 蔣伯潛·蔣祖怡 저, 최석기·강정화 역주, 『유교경전과 경학』, 경인문화사, 2002, 112~113쪽 ; 이범직, 『한국중세예사상연구-오례를 중심으로-』, 일조각, 1991, 34쪽. 조성을은 통일신라기 『상서』는 공영달의 『오경정의』 계통의 학문이라고 추측하는데, 이것은 梅賾本을 텍스트로 한 것이다(「정약용의 상서금고문연구」, 『동방학지』 61, 1989, 92쪽).

20) 국학의 필수과목은 『논어』와 『효경』이고, 독서삼품과에서 공통으로 나타나는 것은 『효경』과 『곡례』이다.

21) 唐玄宗 (…) 幷賜御註孝經一部 (『삼국사기』 9, 신라본기9, 경덕왕 2년).

22) 이러한 내용을 담고 있는 당 현종 주의 『효경』 수용은 경덕왕의 왕권강화에 이념적으로 보탬이 되었을 것이고, 유교적 효행 실천에 대한 국가적 포상이 경덕왕대 처음 등장한 것도 『효경』 수용의 결과로 이해된다(노용필, 「신라시대 『효경』의 수용과 그 사회적 의의」, 『이기백선생고희기념 한국사학논총(상)』, 일조각, 1994, 199~203쪽).

23) 윤남한, 「전환기의 사상동향」, 『한국민족사상대계』 2, 1973, 218쪽 ; 신동하, 「고대사상의 특성」, 『한국사상사대계』 2, 한국정신문화연구원, 1991, 265쪽에서 재인용.

볼 때 국왕이 국학에 행차하여 들은 『상서』 강론은 왕권의 권위를 강조하는 것과 관련있었다고 할 수 있다.[24)]

신라 왕은 당과 일본 사신이 가지고 온 예물을 받았을 것이다. 이것은 「개원례」 빈례의 (황제가) 번사의 표와 폐백을 받는 의례(受蕃國使表及幣)와 비교된다. 그리고 이들 사신들을 맞이하는 예식은 성대하였을 것이다. 문무왕 8년(668)에 유인궤가 황제의 칙명을 받고 도착했을 때 왕이 성대한 예식으로 맞이하고 있는데서 짐작해 볼 수 있다. 왕은 이들을 접견하기도 하였을 터인데, 효소왕 7년(698) 3월에 일본국 사신이 오자 왕이 숭례전에 불렀다[25)]는데서 유추해 볼 수 있다. 문무왕 5년에는 이찬 문왕이 죽자 당에서 온 사신에게 금과 비단을 후하게 주었으며, 효성왕 2년(738)에는 신라에 온 사신 중에 楊季膺은 바둑을 잘 두었고 신라 바둑의 고수가 그에게서 나오자 왕이 당 사신들에게 금으로 된 보물과 약품을 후하게 주었다.[26)] 이처럼 신라에 온 사신들에게 왕은 후한 물품을 주었고, 사신들에게 주연을 베풀기도 하였다. 이것은 「개원례」 빈례의 번국의 왕이 내조할 때 束帛(예물)으로 맞이하고 위로하는 의례(蕃國王來朝以束帛迎勞)와 황제가 번국의 사신에게 주연을 베푸는 의례(皇帝燕蕃國使)에 해당한다. 이러한 빈례의식을 통해서 신라 왕은 대내외적으로 자신의 권위를 내세웠을 것이다.

군례와 관련해서는 다음이 관심을 끈다.

한편 『춘추좌씨전』에 대한 자세한 정보는 蔣伯潛·蔣祖怡 저, 최석기·강정화 역주, 앞 책, 2002, 191~240쪽 참고.

24) 국학에서 행해진 視學과 講學의 의례를 통해 왕권의 권위를 강조하였다(高明士, 앞 논문, 1989, 263~265쪽)고 하기도 하고, 국왕의 국학 행차는 왕권강화의 기반이며 여론의 산실인 국학의 제생들을 위무한다는 정치적 성격을 지니는 것으로 볼 수 있다(곽신환, 「유교사상의 전개양상과 생활세계」, 『한국사상사대계』 2, 한국정신문화연구원, 1991, 393쪽)고도 한다.

25) 三月 日本國使至 王引見於崇禮殿 (『삼국사기』 8, 신라본기8, 효소왕 7년).

26) 春二月 又以國人善碁 詔率府兵曹叅軍楊季膺爲副 國高弈皆出其下 於是 王厚贈璹等金寶藥物(『삼국사기』 9, 신라본기9, 효성왕 2년).

B. 11월 5일에 왕이 포로로 잡힌 고구려 사람 7천 명을 이끌고 서울에 들어왔다. 6일에 문무 관료를 이끌고 先祖廟를 찾아 아뢰고 다음과 같이 아뢰었다. "삼가 선조들의 뜻을 이어 당나라와 함께 의로운 군사를 같이 일으켜 백제와 고구려에게 죄를 묻고 원흉의 사죄로 나라의 앞날이 크게 안정되게 되었습니다. 이에 감히 아뢰니 신이시여 들으소서!"[27](『삼국사기』 6, 신라본기6, 문무왕 8년)

사료 B는 문무왕 8년 11월 5일에 포로로 잡은 고구려 사람 7천명을 이끌고 서울에 돌아왔고, 11월 6일에 문무신료와 함께 '先祖廟'를 배알하여 당과 합력하여 백제와 고구려를 멸망시킨 사실을 고하였다고 전한다. 무덕 4년(621)에 당태종은 천하를 大定하고 개선례를 행하였다고 한다.[28] 이러한 개선의례는 「개원례」 군례 항목에는 보이지 않지만, 「개원례」 군례의 황제가 출정에 앞서 나라를 보호하는 귀신들에게 제사지내는 의례와 마찬가지로 출정의 예의 하나였다.[29] 이 점을 염두에 둔다면 문무왕이 선조묘에 배알한 것은 개선의식으로 군례의 하나로 여길 수 있을 것이다. 앞서 살펴본 관사의식은 성덕왕의 경우에도 찾아진다.[30] 효성왕 5년(741)에 노병을 사열하게 한 것[31]은 「개원례」 군례의 황제의 강무의례(皇帝講武)[32]와 비교된다.

가례와 관련해서는 우선 신라 중대 태자 책봉기사가 관심을 끈다. 태자를 책봉한 기록은 그 전에도 한 두 번 나오지만, 왕위계승권자로서의 태자를

---

27) 十一月五日 王以所虜高句麗人七千入京 六日 率文武臣僚 朝謁先祖廟 告曰 祗承先志 與大唐同擧義兵 問罪於百濟高句麗 元凶伏罪 國步泰靜 敢玆控告 神之聽之.

28) 四年 (…) 六月 凱旋 太宗親披黃金甲 陳鐵馬一萬騎 甲士三萬人 前後部鼓吹 俘二僞主及隋氏器物輦輅獻于太廟 高祖大悅 行飮至禮以享焉高祖以自古舊官不稱殊功 乃別表徽號 用旌勳德 (『舊唐書』 2, 본기2, 태종 상).

29) 胡戟 撰, 앞 책, 1998, 393~400쪽에 따르면 군례의 하나로 征伐之禮가 있는데, 그 종류로 ① 出師祭祀 ② 命將誓師 ③ 凱旋之禮 ④ 師不功與京觀을 들고 있다.

30) 秋九月 命百官會的門 觀射車弩 (『삼국사기』 8, 신라본기8, 성덕왕 30년) ; 秋九月 王幸西兄山下大閱 御武平門觀射 (『삼국사기』 10, 신라본기10, 흥덕왕 9년).

31) 夏四月 命大臣貞宗思仁 閱弩兵(『삼국사기』 9, 신라본기9, 효성왕 5년).

32) 강무의례는 기본적으로 겨울에 거행하였고, 「개원례」에서는 仲冬으로 규정하였다.

책봉한 기록이 연속적으로 나오는 것은 태종무열왕 이후부터이다.[33] 이것은 신라 중대 왕권의 확립을 말하여 주는 것으로 이해되어 왔는데,[34] 그 명분을 제공한 것은 「개원례」 가례의 임헌하여 황태자를 책명하는 의례(臨軒冊命皇太子)가 아닐까 한다. 신라 중대 빈번히 보이는 大赦는 「개원례」 가례의 赦書를 선포하는 의례(宣赦書)와 연결시켜 생각해 볼 수 있다. 성덕왕 4년(705)과 30년에는 노인들에게 술과 밥을 내려주었다고 한다.[35] 여기의 노인들은 보통 노인이 아닌 국가의 명망있는 이들로, 이러한 행사는 태학에서 이루어졌을 것이다. 이와 관련해서 「개원례」 가례의 황제가 태학에서 양노하는 의례(皇帝養老於太學)가 참고된다.

한편 왕의 죽음으로 인한 대권의 계승에서 오는 혼란은 흉례에서 처리하였다. 이를 통해 신왕은 왕권의 위상이 최고임을 천명하였다. 신문왕대 오묘제가 시정된 이후 예제상의 관행에 따라 부묘가 이루어졌다. 부묘는 선왕의 신위를 종묘에 모시는 것이다.[36] 그리고 성덕왕 4년(705)에 나라 동쪽의 주·군에 흉년이 들자 왕이 사자를 보내 진휼하였다고 하는 내용[37]은 「개원례」 흉례의 흉년에 (주의 수해·한해·충해·염해를) 진무하는 의례(凶年振撫諸州水旱蟲炎)에 해당하지 않을까 한다.

이상에서 신라에 들어온 오례는 왕권을 수식하는 의례로 신라 중대 왕권과 밀접한 관련을 맺고 있었다. 이를 통해 신라 중대 왕들은 자신의 왕권을 강화시키고 왕실의 권위를 높였음을 알 수 있다.

---

33) 태종무열왕 2년, 문무왕 5년, 신문왕 11년, 성덕왕 14년과 23년, 효성왕 3년, 경덕왕 19년에 태자책봉기록이 나온다.

34) 이기백, 「통일신라와 발해의 사회」, 『한국사강좌 1』 고대편, 1982, 312쪽.

35) 秋八月 賜老人酒食(『삼국사기』 8, 신라본기8, 성덕왕 4년) ; 夏四月 赦 賜老人酒食(『삼국사기』 8, 신라본기8, 성덕왕 30년).

36) 채미하, 「신라 혜공왕대 오묘제의 개정」, 『한국사연구』 108, 2000, 37~41쪽 : 2008, 앞 책 참고.

37) 冬十月 國東州郡饑 人多流亡 發使賑恤(『삼국사기』 8, 신라본기8, 성덕왕 4년). 이러한 모습은 신라 상대부터 있어 왔지만, 신라 중대 중국식의 법제로 공식화되지 않았을까 한다.

제2절 오례의 의미

진덕왕대를 전후하여 신라에 들어온 오례는 신문왕 6년(686) 「길흉요례」에서 체계화되었고 이것은 신라 중대 왕권과 왕실의 안정에 기여하였다. 그런데 당의 입장에서 신라에 「길흉요례」를 보낸 것은 당 중심의 동아시아 세계질서 속에 신라를 편제하기 위한 것이라고 한다.[38] 그러하다면 「길흉요례」의 주된 내용은 천자에 대한 제후의 예를 근간으로 한 것으로 짐작되어진다.[39]

이러한 모습은 신라에서 운용된 오례의 내용에서도 찾아진다. 우선 신문왕 7년 4월 당시 '祖廟'(이하 五廟라 함)에는 태조대왕과 신문왕의 고조인 진지대왕, 증조인 문흥대왕, 祖인 태종대왕, 考인 문무대왕의 신위가 모셔졌다.[40] 이것은 『예기』 왕제편의 "諸侯五廟 二昭二穆與太祖之廟而五"라고 한 규정에 맞다. 뿐만 아니라 김부식이 『삼국사기』 제사지 신라조의 序를 『예기』 왕제편의 제후의 오묘제사, 사직제사, '名山大川之在其地者'의 제사에 대한 규정을 의식하여 서술하면서 신라의 국가제사가 제후국의 예에 합당함을 평하고 있다.[41] 이로 볼 때 신라 중대 길례의 내용은 표면상 제후국에 맞는 것이었다.

신라 왕은 당 황제로부터 책명받고 있고,[42] 당에 간 신라 사신들 역시

---

38) 중국 예제의 수용이 신라 내부의 국가제도 정비와 밀접한 관련이 있으며, 또한 이것이 당측의 의도와도 관련이 있다고 한다. 즉 신라 측에서는 중앙집권력의 제고와 그를 중심으로 한 계층질서의 구분과 왕권을 중심으로 한 통일성의 과시라는 과제를 앞에 두고서, 중국측에서는 자신을 중심으로 한 정치적·문화적 종속관계를 통해 군신적 세계질서를 추구하는 과정에서 예제의 전파와 수용이 진행되었던 것이다(나희라, 앞 책, 2003, 182~192쪽).

39) 濱田耕策, 「新羅の祀典と名山大川の祭祀」, 『呴沫集』 4,, 1984, 149~150쪽.

40) 夏四月 遣大臣於祖廟 致祭曰 王某稽首再拜 謹言 太祖大王眞智大王文興大王太宗大王文武大王之靈 (『삼국사기』 8, 신라본기8, 신문왕 7년).

41) 채미하, 「『삼국사기』 제사지 신라조의 분석-신라 국가제사체계의 재검토와 관련하여-」, 『한국고대사연구』 13, 1998 : 앞 책, 2008.

42) 唐遣使持節備禮 冊命爲開府儀同三司新羅王 (『삼국사기』 5, 신라본기5, 태종무열왕 원년) ; 冬十月二十九日 大王聞唐皇帝使者至 遂還京 唐使弔慰 兼勅祭前王 贈雜彩五百段(『삼국사기』 6, 신라본기6, 문무왕 원년) ; 春正月 唐使臣在館 至是 冊命王爲開府儀同三司上柱國樂浪郡王新羅王 (『삼국사기』 6, 신라본기6, 문무왕 2년) ; 唐高宗遣使冊

관작을 수여받고 있다.[43] 특히 당 현종이 경덕왕을 책명하면서 내린 조서에 따르면 "빈객의 예절로써 우대하여 책명하노니 마땅히 옛 왕업을 지켜 번국왕[藩長]의 이름을 계승하라"[44]고 하였다는데서, 당 황제는 신라 왕을 제후국왕으로 책명하고 있는 것을 알 수 있다. 이것은 「개원례」 가례의 임헌하여 제왕과 대신을 책명하는 의례(臨軒冊命諸王大臣)의 하나인 '臨軒冊王公'[45]에 해당할 것이다.

성덕왕 19년(720)에는 왕비를 책명하여 왕후로 삼았다[46]고 한다. 이러한 왕비의 책명기사는 그 전에는 보이지 않는 모습이다. 그런데 효성왕 이후부터 당에서는 왕뿐만 아니라 왕비, 대비도 책명하고 있다. 이것은 앞서 살펴본 당 현종이 경덕왕을 책명하면서 내린 조서의 내용을 염두에 둔다면 왕비 역시 제후국의 왕비로 책명된 것으로 여겨진다.

신왕을 책봉하기 전 당사는 선왕들을 弔慰(弔祭)하기도 하였다. 이것은

立爲新羅王 仍襲先王官爵 (『삼국사기』 8, 신라본기8, 신문왕 즉위년) ; 唐則天遣使弔祭 仍冊王爲新羅王輔國大將軍 行左豹韜尉大將軍雞林州都督 (『삼국사기』 8, 신라본기8, 효소왕 즉위년) ; 唐則天聞孝昭薨 爲之擧哀 輟朝二日 遣使弔慰 冊王爲新羅王仍襲兄將軍都督之號 (『삼국사기』 8, 신라본기8, 성덕왕 즉위년) ; 春二月 唐玄宗聞聖德王薨 悼惜久之 遣左贊善大夫邢璹 以鴻臚少卿 往弔祭 贈太子太保 且冊嗣王爲開府儀同三司新羅王 (…) 唐遣使 詔冊王妃朴氏 (『삼국사기』 9, 신라본기9, 효성왕 2년) ; 春三月 唐遣使 冊夫人金氏爲王妃 (『삼국사기』 9, 신라본기9, 효성왕 4년) ; 唐玄宗 遣贊善大夫魏曜來弔祭 仍冊王爲新羅王 襲先王官爵 (…) 新羅王開府儀同三司使持節大都督雞林州諸軍事兼充持節寧海軍使 (『삼국사기』 9, 신라본기9, 경덕왕 2년) ; 唐代宗遣倉部郎中歸崇敬兼御史中丞 持節賚冊書 冊王爲開府儀同三司新羅王 兼冊王母金氏爲大妃 (『삼국사기』 9, 신라본기9, 혜공왕 4년). 그리고 성덕왕 12년에는 당나라에 갔던 신라의 사신이 황제의 조서로 왕을 책봉하기도 하였는데, 驃騎將軍特進行左威衛大將軍使持節大都督雞林州諸軍事雞林州刺史上柱國樂浪郡公新羅王이었다. 또한 성덕왕 32년 당 현종이 김사란을 귀국시켜 왕을 開府儀同三司寧海軍使로 삼았다.

43) 신라 중대 당에서 신라 사신이 받은 관작과 관련해서는 권덕영, 앞 책, 1997, 41~42쪽과 57~60쪽 및 69~70쪽 참고.

44) 是用賓懷 優以冊名 宜用舊業 俾承藩長之名(『삼국사기』 9, 신라본기9, 경덕왕 2년).

45) 그 대상이 된 관직은 三師·三公·親王·開府儀同三司·太子三師·驃騎大將軍·左右丞相·京兆牧·河南牧이다.

46) 六月 冊王妃爲王后 (『삼국사기』 8, 신라본기8, 성덕왕 19년).

「개원례」 흉례의 칙사를 보내 조문하는 의례(勅使弔)의 하나인 '勅使弔蕃國主喪'에 해당된다. 그리고 효소왕이 죽자 당의 측천무후가 그를 애도하고 조회를 2일간 정지하였다든가, 성덕왕이 죽자 당 현종이 오랫동안 슬퍼했다고 한다. 이것은 「개원례」 흉례의 황제가 소공친 이상을 위해 애도하는 의례(皇帝爲小功已上擧哀)의 절차 중 하나인 訃奏의 '爲蕃國主擧哀'와 관련있어 보인다. 당 현종이 성덕왕을 태자태보로 추증하고 있는 것[47]은 「개원례」 흉례의 책문으로 증직하는 의례(策贈)의 하나인 '勅使冊贈蕃國主'와 비교할 수 있다.

이와 같이 당에서 수용된 오례의 내용은 당 중심의 동아시아 질서 속에서의 신라를 생각해 볼 수 있다. 이것은 당 현종이 경덕왕에게 보낸 시[48]에서도 잘 나타나 있다. 그렇지만 그것을 받아들인 신라의 사정에 따라 그 내용이 변용되기도 하였다. 그 하나의 예로 당의 경우 모든 국가제사는 대·중·소사에 편제되어 있고, 그 안에 포함되어 있는 제사 내용을 보면 천신·지신·인신에 대한 제사이다. 하지만 신라는 명산대천만으로 대·중·소사를 구성하고 있어,[49] 그 내용이 지신만으로 이루어져 있다. 이로 볼 때 신라 중대 중국의 길례체계를 수용하였지만, 그것이 변용되기도 하였음을 알 수 있었다.

한국사에서 삼국 이래로 지식층에게 축적된 유교정치이념이 오례의 예론에 의한 왕권의 수립과 운영을 가능하게 한 시기는 고려시대부터였다고 한다.

---

47) 이와 관련해서 다음도 참고된다. 唐太宗詔 贈左光祿大夫 賻物段二百 (『삼국사기』 4, 신라본기4, 진평왕 54년) ; 唐太宗遣使持節 追贈前王爲光祿大夫 (『삼국사기』 5, 신라본기5, 진덕왕 원년).

48) 『삼국사기』 9, 신라본기9, 경덕왕 15년.

49) 대부분의 연구자들 역시 신라에서 명산대천제사만을 대·중·소사로 편제하였다는 점에 대해서 의견을 같이 하고 있다(신종원, 『신라초기불교사연구』, 민족사, 1992, 96쪽 ; 이종태, 「삼국시대의 '시조'인식과 그 변천」, 국민대학교 박사학위논문, 1996, 167쪽 ; 최광식, 「신라와 당의 대사·중사·소사 비교연구」, 『한국사연구』 95, 1996, 20쪽 ; 나희라, 앞 책, 2003, 44~49쪽 및 137쪽). 그렇지만 신라의 길례 체계는 이후 당과의 교류 등을 통해 대부분의 국가제사 내용이 대·중·소사로 편제되지 않았을까 한다. 그 시기는 선덕왕대 사직단을 설치하고 사전이 정비되면서 그렇게 되어 갔을 것으로 짐작된다. 이와 관련해서 채미하, 「신라 선덕왕대 사직단 설치와 사전의 정비」, 『한국고대사연구』 30, 2003 : 앞 책, 2008 참고.

이처럼 우리나라에서 중국의 영향을 받은 오례체계는 고려시대부터 시작되었고, 그 절정은 조선시대로 대체로 보고 있다. 하지만 신라에 수용된 오례 역시 대내외적으로 당시의 정치·사회와 밀접한 관련을 가지면서 운용되었다. 이로 볼 때 한국 古代史上에서 오례는 그 역할을 하였음을 알 수 있었다. 그리고 이것은 고려·조선을 거쳐 변화·발전되어 갔다.

본서 2장 1절에서 살펴본 신라 국왕의 視學을 통해 신라에도 석전례가 수용되었음을 알 수 있었다. 하지만 신라에서는 이것이 국가제사에 편제되지 않았다. 반면 고려와 조선에서 '有司釋奠文宣王儀'가 선성·선사에게 제사지내는 정기적인 제사로, 당과 마찬가지로 春秋二仲月(2월과 8월) 上丁日에 거행되었다.[50]

冠禮란 성인 남자가 되는 통과의례로, 천자·제후·대부 등의 관례가 있었다.[51] 『예기』 冠儀에서 冠禮는 예의 시작이기 때문에 중히 여겼다고 하였다.[52] 한대부터 황제의 관례는 '加元服'이라고 하였다.[53] 元服이란 男子가 成年이 되었을 때, 大人의 衣冠을 입는 의식이다. 元은 首, 服은 착용한다는 의미로 머리에 冠을 쓴다는 의미이다.[54] 당 「개원례」는 『주례』 가례 내용의 하나인

---

50) 凡春秋二分之月上丁 釋奠于先聖孔宣父 以先師顔回配 七十二弟子 及先儒二十賢從祀焉 (『唐六典』 21, 국자감) ; 仲春仲秋上丁 釋奠於太學 孔宣父爲先聖 顔子爲先師 (…) (『唐開元禮』 1, 序例(上), 神位) ; 釋奠日仲春仲秋上丁 (『고려사』 62, 지16, 예4, 문선왕묘) ; 書雲觀前一月 具時日(春秋二仲上丁) 報禮曹 禮曹啓聞 散告攸司 隨職供辦 (『세종실록』 131, 길례 유사석전문성왕의 및 왕세자석전문성왕의).

51) 錢玄·錢興奇 編著, 『三禮辭典』, 江蘇古籍出版社, 1998, 535~536쪽(冠 二) 및 74~75쪽(士冠禮) 참조.

52) 禮義之始 在於正容體 齊顔色 順辭令 容體正 顔色齊 辭令順 而后禮義備 以正君臣親父子和長幼 君臣正 父子親 長幼和 而后禮義立 故冠而后服備 服備而后容體正 顔色齊辭令順 故曰 冠者 禮之始也 是故 古者聖王重冠.

53) 孫長江 主編, 『中華文化通志』, 上海人民出版社, 1998, 323~331쪽 ; 陳戍國, 『中國禮制史-隋唐五代卷』, 湖南教育出版社, 1998, 290~298쪽.

54) 김택민 주편, 『역주 당육전』(상), 신서원, 2003, 396쪽 ; 元服謂加冠也 士冠禮曰 令月吉辰 加爾元服 鄭玄云 元 首也 遣騎都尉任仁討先零羌 不利 羌遂破沒臨洮 禮記曰二十弱冠儀禮曰 士冠 筮於廟門 主人玄冠朝服 有司如主人服 卒筮旅占告吉 若不吉卽筮遠日如初前期三日 筮賓如求日之儀 陳服于房中西墉下 東領北上 始加緇布冠 次加皮弁 次加爵弁嫡子冠於阼 以着代也 三加而彌尊 冠而字之 敬其名也 祝曰 令月吉辰 加爾元服 棄爾幼志

大唐開元禮卷第九十一
嘉禮
皇帝加元服上
卜日　告圜丘　告方澤
告宗廟　臨軒行事　謁見太后
卜日
皇帝將加元服有司卜日如別儀
告圜丘
前一日諸告官淸齋於告所諸衛各帥其屬晡後一
刻各以其方器服守衛壝門守宮設告官以下次各
大唐開元禮　卷第九十一　一
於常所設陳饌幔於內壝東門之外道北南向右校
埽除壇之內外郊社令積柴於燎壇如常儀奉禮設
版位於內外並如常儀郊社令帥其屬以尊坫罍洗
篚冪入設皆如常儀執尊罍篚冪者各位於尊罍篚
冪之後太官令預具饌酒脯醢　告日未明四刻太
史令郊社令各服其服升設神席如常　未明二刻
諸告官各服其服郊社令良醞令入實尊罍玉幣太尊二一實以明水爲上一實以汎齊次之山罍二一實以玄酒爲上一實以淸酒次之玉以四圭有邸幣以
蒼　未明一刻奉禮帥贊者先入就位贊引引御史太
祝以下入行埽除如常儀　質明謁者引告官以下

『대당개원례』 가례 皇帝加元服 일부　황제가 원복을 올리는 의례이다. 元服이란 男子가 成年이 되었을 때, 大人의 衣冠을 입는 의식이다. 元은 首, 服은 착용한다는 의미로 머리에 冠을 쓴다는 의미이다.

冠禮를 잇고 있으며 皇帝加元服 이하 皇太子加元服, 親王의 冠禮, 3품 이상 관례, 4품 이하의 관례, 6품 이하의 관례가 보인다.

한국 고대의 관례와 관련해서는 고구려 태조대왕이 왕 57년(109)에 후한 안제의 관례를 축하한 기록이 참고된다.[55] 이로 볼 때 한국 고대 사회에서 관례에 대해 알고 있었다고 여길 수 있다. 하지만 운용되었는지에 대한 여부는 알 수 없다. 이러한 관례가 고려시대에는 王太子加元服儀로 정리되고 있으며, 조선시대 『국조오례의』에는 王世子冠儀와 文武官冠儀가 추가되었다.

順爾成德 冠義云 冠者 禮之始也 凡人之所以爲人者 禮義也 禮義之始 在於正容體 齊顔色 順辭令 而後禮義備 以正君臣 親父子 和長幼 故冠而後服備 服備而後容體正 顔色齊 辭令順 古者聖王重冠 所以爲國本也 五經要義云 冠 嘉禮也 冠 首服也 首服旣加 而後人道備 故君子重之 以爲禮之始矣 (『通典』 56, 禮16, 연혁16, 가례1).

55) 春正月 遣使如漢 賀安帝加元服 (『삼국사기』 15, 고구려본기3, 태조대왕 57) ; 『後漢書』 5 安帝紀 5 後漢 永初 3을 보면 "永初三年 春正月 庚子(8) 皇帝加元服 大赦天下 (…) 高句驪遣使貢獻"이라고 나온다.

신라 신문왕대 오묘제가 시정된 이후 신라에서도 예제상의 관행에 따라 祔廟가 이루어졌다. 당「개원례」 품관의 상례 절차를 보면 부묘가 있으며 고려 흉례 항목에는 祔太廟儀가 있고 국휼조에는 현종 등의 부묘 기사가 수록되어 있다.[56] 조선 역시 흉례 항목의 하나로 부묘가 있으며, 이것은 禫祭 후 시향제 때 행해졌다. 이와 같이 선왕의 신위를 대묘에 봉안하는 부묘는 국휼의 마지막 단계로 흉례가 완전히 끝남을 의미하는 것이다.[57] 그런데 신라의 경우 오묘제가 운용된 신라 중대 이후에도 親祀神宮이 국휼의 마지막을 장식하기도 하였다.

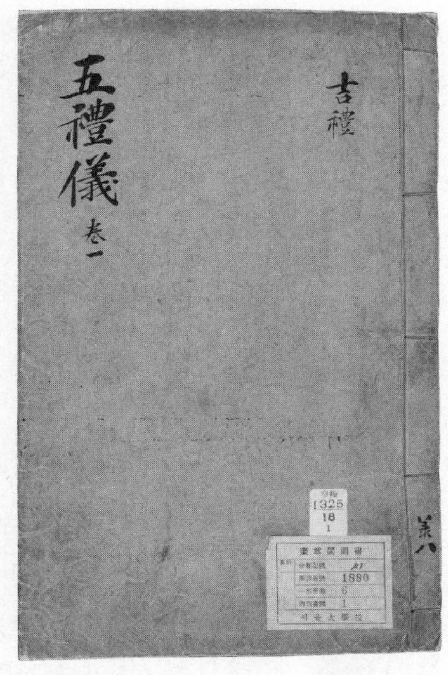

『五禮儀』 세종의 명으로 許稠 등이 편찬을 시작하여, 1474년(성종 5)에 申叔舟, 鄭陟 등이 완성하였다. 이 책을 기본으로 하여『序禮』·『國朝續五禮儀』·『國朝續五禮儀補』 등이 편찬되었다. 서울대 규장각한국학연구원 제공.

한편 가례의 대표적인 내용으로 사면이 있다. 한국 고대에도 사면이 행해졌는데, 이것은「개원례」 가례의 赦書를 선포하는 의례(宣赦書)와『고려사』 가례의 儀鳳門宣赦書儀와 관련있다고 하였다. 그런데 조선의『세종실록』 오례의와『國朝五禮儀』 가례에는 이 항목이 보이지 않는다. 하지만 조선에서는 왕의 즉위를 비롯한 다양한 정치·사회적 상황 속에서 사면이 이루어지고 있다. 이것은 한국사에서 율령의 발전에 따른 禮制의 변화를 말해주는 것이 아닐까 한다.

다음으로 신라 국가제사 중 '別祭'의 하나인 중농과 후농에 대한 제사는

56)『고려사』 지18, 예6, 흉례 國恤.
57) 부묘와 관련해서는 채미하,「신라 흉례의 수용과 그 의미」,『한국사상사학』 42, 2012b, 50~58쪽 참고.

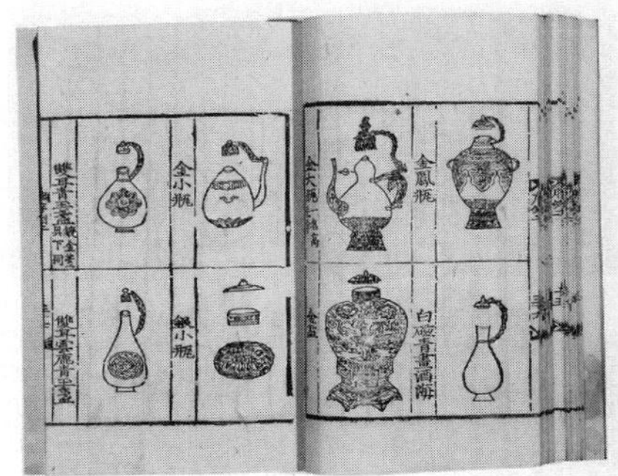

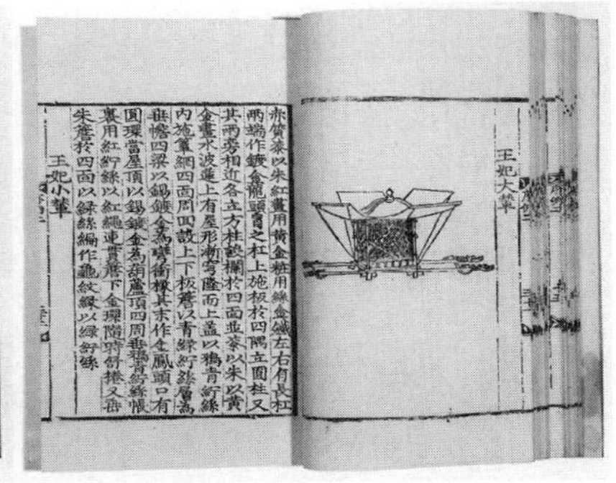

『國朝五禮儀序例』 오례의 서례를 정하고 각각 圖說을 붙인 것이다. 국조오례의는 세종의 명으로 편찬되기 시작하여, 세조 때 오례를 보완하는 서례가 편찬되어 1474년(성종)에 완성되었다. 한국학중앙연구원 장서각 제공.

고려시대에도 행해졌지만, 조선 태종대 혁파되었다.[58] 이러한 신라의 중농 및 후농에 대한 제사는 신라의 전통적인 농경제사로,[59] 농사를 짓기 전에는 선농제를, 파종을 하고 나서는 중농제를, 농사를 마치고 나서는 후농제를 지냈다.[60] 그런데 조선시대에

58) 四月 辛亥 祭仲農(『고려사』 6, 세가6, 靖宗 12년) ; 六月 丁亥 祭後農(『고려사』 7, 세가7, 문종 2년) ; 禮曹啓革仲農後農之祭 啓曰 謹啓古典 歷代只祭先農 無仲農後農之祭 乞革之 以正祀典 從之(『태종실록』 27, 14년 4월 丁巳).

59) 濱田耕策, 앞 논문, 153쪽과 신종원, 앞 책, 1992, 91쪽 및 나희라, 앞 책, 2003, 41~42쪽 참고.

60) 최광식, 앞 논문, 1996, 7쪽. 중국에서 선농제는 祈穀儀禮로서 중요하게 거행되었던 제사이다. 일본의 경우도 대개 입춘, 입하, 입추, 입동의 시기에 預祝祭, 파종과 모내기 때의 祭, 생육과정제, 수확제를 거행하였을 것으로 보는 견해가 있다(寺澤薰, 「彌生人の心を描」, 『心のなかの宇宙-日本の古代 13』(大林太良 篇), 中公文庫, 1996, 140쪽). 신라에서 그 제일은 입춘후 해일이라 하여 그 기준점으로 두고 있다. 중농제의 제일인 입하는 3월과 4월 사이로 이 시기는 대체로 파종기에 해당하며 후농제의 제일인 입추는 농작물의 성장기이다(김택규, 「세시구조의 한문화복합」, 『한국민족의 기원과 형성(하)』, 소화, 1996, 109쪽). 그렇다면 선농은 기곡제, 중농은 파종제, 후농은 성장기원제였다고 할 수 있다(나희라, 앞 책, 2003, 40쪽). 이상과 관련해서 채미하, 「신라의 농경제사와 '별제'」, 『국사관논총』 108, 2006b : 앞 책, 2008, 276~277쪽 참고.

는 선농제를 제외하고는 중농·후농제사가 혁파되었다. 이것은 당시 성리학적 세계 질서와 밀접한 관련을 지닌 것으로 선농만을 正祀로 중농과 후농은 淫祀로 간주하였기 때문으로 생각된다.

이상에서 신라에 수용된 오례는 신라의 정치·사회와 밀접한 관련을 가지면서 운용되었고 대내외적인 의미가 있다고 하였다. 이로 볼 때 오례는 한국 고대 사회에 구축되었으며, 그 역할을 하였다고 할 수 있다. 그리고 신라시대에 국가 예제로 편제되지 않은 의례는 고려·조선시대에 그 내용이 국가 예제에 편제되어 갔다. 반면 신라의 전통적인 국가 예제가 고려·조선시대에 혁파되기도 하였다. 이처럼 한국 고대사회에 수용되고 운용된 오례는 고려·조선을 거쳐 변화되고 발전하였음을 알 수 있었다.

맺음말

본서에서는 진덕왕대를 전후한 시기에 신라에 수용된 五禮가 신문왕 6년(686)에 당에서 보낸 「길흉요례」를 통해 체계화되었고 그것이 신라 사회에 운용되었음을 살펴보았다. 그리고 오례가 지니고 있는 정치·사회적 의미를 고찰하였고 의례 공간에 대한 검토도 하였다. 이를 통해 王者에게 정치적 권위를 수식하고 정치권력의 명분을 제공하는 오례가 한국 고대에 구축되었음을 알 수 있었다.

제1장에서는 신문왕 6년 당에서 보낸 「길흉요례」에 대한 검토를 통해 신라 사회에 수용된 오례의 내용과 그와 관련된 관부 등을 살펴보았다. 제1절에서는 신라에 오례가 소개되기 시작한 것은 진덕왕대를 전후한 시기였고, 진덕왕대 김춘추는 당제를 적극적으로 수용하였다고 보았다. 특히 김춘추가 당 태종에게서 받은 『진서』는 오례로 구성되어 있었으며 태종무열왕과 문무왕 역시 당의 예제를 적극적으로 수용하였다. 이러한 오례는 「길흉요례」를 통해 체계화되었는데, 신문왕 6년 당에서 보낸 「길흉요례」는 국가제도 전반인 길례에서 흉례에 이르는 오례의 요긴한 내용이 모두 포함되었다고 하였다.

제2절에서는 신라 사회에 수용된 오례와 이를 운영하기 위한 관부와 관서가 설치되고 정비되었음을 살펴보았다. 길례의 경우는 신문왕대의 오묘제 시정에서, 빈례는 진덕왕 5년(651)에 영객전이 영객부로 승격하고 경덕왕대 사빈부로 개칭된 데서, 군례는 문무왕 17년(677)에 '강무전'에서 '관사'했다는 기사에서,

가례는 신문왕 3년 왕의 혼인과정을 통해 알 수 있었다. 흉례는 문무왕의 구전에서 즉위하라는 유조라든가, 오묘제 시정 이후 예제상의 관행에 따라 오묘의 신위가 개편되었다는 데서 생각해 보았다. 이러한 오례는 각각 담당한 관부와 관서가 있었는데, 국학은 왕권의례에 대한 이론을 담당하였고, 전사서를 비롯한 예부의 부속관서와 영객부, 내성의 의례관부들은 오례와 관련된 의례가 행해질 때 여러 일을 담당하였다고 보았다.

제2장에서는 신라 사회에 오례, 吉·賓·軍·嘉·凶禮가 운용되었음을 구체적으로 살펴보았다. 제1절에서는 吉禮에서 크게 주목받지 못한 釋奠禮를 신라 국왕의 視學을 통해 검토하였다. 신라 혜공왕과 경문왕·헌강왕은 국학에 행차하였다. 신라 국왕이 국학에 행차한 시기는 2월과 8월로, 이것은 「개원례」의 '國子釋奠于孔宣父', 고려와 조선의 '有司釋奠文宣王儀'에 해당하는 것이었다. 이로 볼 때 신라에서는 석전례가 행해졌음을 알 수 있는데, 그것을 가장 잘 보여주는 것이 성덕왕 16년(717) 기사였다. 신라에서 석전례에 관심을 보이기 시작한 것은 진덕왕대 이후부터였고 신문왕 2년(682)에 국학이 정비된 이후 석전례가 수용되었다. 성덕왕 16년 기사는 신라에 수용된 석전례의 정비와 관련있었을 것으로 파악하였다. 이후 「개원례」의 영향으로 이것은 경덕왕대에 보다 더 정비되었다. 『삼국사기』 직관지에 보이는 공자묘당 대사는 신문왕 2년 이후부터 성덕왕 16년 이전에 두어졌다고 하였다.

신라 국왕은 석전례가 행해지는 국학에 행차하여 강의 또는 강론을 들었고 그것이 끝난 후 참석한 자들에게 물건을 차등있게 내려주었다. 이와 같이 신라 국왕이 국학에 행차하여 한 일련의 행위들은 석전례의 절차 중 하나인 視學이었다. 신라의 시학에서는 五經 등이 강의 또는 강론되었고, 그것을 담당한 것은 혜공왕대에는 박사였다가 경문왕·헌강왕대에는 조교와 국학생, 도당유학생들도 참여하였다. 이것은 신라 국학의 확대 재편과 관련있는 것이었다. 신라 중대의 국학은 당 국자감 예하의 부속관부인 태학에 준하는 것이었고 하대의 국학은 당 국자감처럼 국자학과 태학으로 나누어져 유학에 대한 교육이 이루어졌다고 하였다.

신라의 시학은 국학생뿐만 아니라 도당유학생들도 관료로 진출할 수 있는 기회의 장이기도 하였다. 신라 국왕은 국학에 행차하여 백관 등과 함께 강론을 들었다. 그 강론의 내용은 왕권의 위엄을 내세우는 것이었다. 대체로 신라 국학에서 배출한 관료는 왕권의 지지기반이었다. 이로 볼 때 시학을 통해 신라 국왕은 왕권의 지지기반을 확충하였다. 뿐만 아니라 국왕이 百官과 함께 강론을 들음으로써 君과 臣의 상하질서가 강조되기도 하였다. 이로 볼 때 신라 국왕은 국학행차를 통해 왕권의 권위를 강조하였고 왕권을 강화하려고도 하였음을 알 수 있었다. 신라 하대 국학의 확대와 시학에서 강론을 할 수 있는 자들의 폭이 넓어진 점은 신라 유학의 발전과도 관련있다고 하였다.

제2절에서는 신라에 온 당 使臣을 중심으로 빈례를 고찰하였다. 진평왕 43년(621) 이래 당 사신들은 신라에 다양한 임무를 띠고 왔는데, 이들의 임무 중 대부분은 前王에 대한 弔祭와 新王에 대한 冊封이었다. 이들 弔祭 겸 冊命使는 전왕에게는 追贈號를 신왕에게는 冊封號를 당 황제를 대신하여 신라왕에게 내렸으며, 조제와 책봉은 일정 정도의 시간 차이를 두고 이루어졌다. 신라에 온 당 사신들은 大使와 副使가 오기도 하였는데, 대사의 관품은 대체로 4·5품, 부사는 7·8품이었다. 이들은 대부분 唐人이지만 신라인도 있었고 한 달에서 1년 정도 체류하기도 하였다. 이들 당 사신들은 신라에 올 때 황제의 詔書뿐만 아니라 다양한 예물 등을 가지고 왔는데, 신왕을 책봉할 때는 官誥·旌節을 가지고 왔었다. 이들은 황제의 조서와 예물을 당 초기에는 시간 차를 두고 신라왕에게 주었지만, 開元 연간 이후에는 동시에 신라왕에게 주었다고 하였다.

신라에 당의 빈례가 수용되는 것은 양국 간의 사신의 왕래를 통해 생각해 보았다. 특히 김춘추가 당의 사신으로 갔을 때 경험한 당의 빈례는 신라에 많은 영향을 주었다고 하였다. 태종무열왕대 신라에 온 당 사신은 禮를 갖추어 신라왕을 책봉하고 당 황제의 조서를 바쳤다. 이처럼 진평왕 43년(621) 이래 당에 사신을 보내고 당의 사신을 맞이하는 과정에서 당의 빈례를 경험한 신라는 당의 빈례를 수용하였다. 이것은 문무왕이 유인궤를 大禮로 맞이하였다든가, 탐라국을 번국으로 인식한 것, 안승을 고구려 왕으로 책봉하고 있는데서 알 수 있었다. 이러한 당 빈례의 수용은 진덕왕대를 전후하여 중국 예제를 지속적으로 받아들인 것과도 밀접한 관련이 있으며 신문왕 6년의 「길흉요례」는 그것을 체계화하는데 도움이 되었고 당과의 교류 속에서 신라의 빈례는 보다 더 체계화되었다. 이것은 당 사신을 접대하는 영객부의 변화를 통해서도 알 수 있었는데, 진덕왕 5년(636)에 令의 설치, 문무왕 15년(675)에 卿 1인의 추가 설치, 경덕왕대 영객부는 사빈부로 개칭되었다. 특히 사빈부로의 개칭은 당 홍려시를 염두에 둔 명칭으로 이러한 변화는 효성왕 2년(738)에 홍려소경으로 신라에 온 형숙과 밀접한 관련이 있었다. 그리고 효성왕 2·3년 효성왕이 당에서 온 사신을 접대하는 모습은 당의 그것과 거의 유사하다고 보았다.

빈례는 吉·凶·軍·嘉禮와는 달리 국가와 국가 사이에서 이루어지는 것이었다. 외국 사신을 접대하는 의식인 빈례는 왕권의례로 신라 내부 질서에 미치는 영향도 컸다. 특히 신라 왕은 당의 책봉을 왕권의 정통성 내지는 왕권을 유지하는데 이용하기도 하였다. 이것은 신라에서 왕위가 교체되었을 때 사신을 보내 책봉을 요청하기도 한데서 알 수 있었다. 신문왕과 효소왕은 당의 책봉을 받았음에도 불구하고 감사의 사신을 보내지 않았고, 애장왕은 신라에 온 책명사를 홀대함으로써 당의 책봉에 대한 불만도 표명했다. 이러한 책봉의 授受 행위는 신라에 온 당의 책명사를 신라왕이 引見하는 의식에서 이루어졌는데, 이를 통해 신라왕은 자신의 권위를 당 사신이나 그 자리에 배석한 신라 관료들에게 여실히 보여주었다. 당 황제는 신라왕뿐만 아니라 왕비·재상 등에게도 예물을 내렸는데, 이것은 차등적이었다. 이러한 예물의 차등 지급은 규정에 따른 것이었다. 신라왕은 이를 통해서 신라 내부의 질서를 유지하는 데도 이용하였다고 보았다. 다음으로 당 사신을 인견하고 연회를 베풀 때 일정정도 이상의 관료를 배석시킴으로써 왕과 관료와의 질서, 관료간의 상하 질서도 염두에 두었다고 하였다.

제3절에서는 신라의 군사의례가 중국 군사의례의 영향을 받아 신라 사회에 전개된 모습을 살펴보았으며 헌강왕대를 중심으로 군사의례의 의미를 생각해 보았다. 삼국통일을 전후하여 신라 사회는 중국 제도의 영향으로 많은 변화가

있었는데, 이 중 軍事와 관련된 것도 있었다. 진평왕대 이후 그 전과는 달리 관등을 수여하는 포상정책이라든가, 당 육진병법의 수용 등이 그것이고 군사제도 및 무기체계의 정비 등도 이루어졌다. 이로 볼 때 군사의례도 변하였는데, 문무왕대 보이는 大閱과 '觀射'의식, 凱旋儀禮의 하나였던 '先祖廟'에 대한 제사는 중국의 군사의례의 영향을 받았다고 하였다.

중국과의 교류로 신라 사회에는 唐 군례의 내용도 소개되었는데, 당의 군례는 「개원례」를 통해 알 수 있었다. 「개원례」에 보이는 여러 군사의례가 신라 사회에도 들어와 신라의 군사의례에 영향을 주었다고 보았다. 그렇지만 신라 군사의례의 내용을 보면 신라의 전통적인 모습도 여전히 지니고 있었다. 군사의례의 중심 내용은 삼국통일 이전부터 중시되었던 대열과 '관사'의식 등이었다. 이러한 대열과 '관사'의식은 통일 이후 신라 사회에 지속적으로 나오는데, 이것은 「개원례」의 皇帝講武, 皇帝觀射于射宮과 비교되며 군사행동을 수반하는 순행은 「개원례」의 征巡에 해당한다고 하였다.

헌강왕은 왕 5년(879)에 巡幸, '관사'의식, '렵'이라는 군사의례를 거행하였다. 이러한 의례를 통해 헌강왕은 즉위를 전후하여 있었던 어려움을 타개하고 왕실의 권위를 내세우려고 하였다고 보았다. 이 중 헌강왕 5년 의례의 마지막을 장식한 獵은 그 頂點을 이루었는데, 이것은 기왕의 대열을 대신한 것으로 「개원례」의 皇帝田狩와 비교해 볼 수 있었다. 즉 헌강왕의 '렵'은 實戰 군사훈련이었으며 렵에서 잡은 짐승은 종묘에 貢獻되었고 렵을 통해 인재를 등용하기도 하였다. 이와 같은 헌강왕 5년에 이루어진 여러 의례는 당시 儒學의 발전과도 밀접한 관련을 가지고 있었다고 보았다.

제4절에서는 賀正禮를 통해 신라 사회에 가례가 수용되었고 혼례와 사면례 등에서 가례의 구체적인 모습을 생각해 보았다. 가례가 지니고 있는 의미는 가례에 수반되는 연회 등과 朝賀禮와 朝禮를 통해 살펴보았다.

가례는 다른 4례와는 달리 萬民이 행하는 것으로, 오례 중 유일하게 상·하가 함께 할 수 있는 의례였다. 『주례』에서 처음 나타난 가례는 당 「개원례」에서 정리되었다. 당 「개원례」는 『주례』의 내용을 계승하기도 했지만, 새로운 내용이 첨가되기도 하였다. 고려와 조선의 가례 내용 역시 당 「개원례」의 범주 안에 있었다고 하였다.

신라에 가례가 수용된 것은 진덕왕 5년(651)에 시작된 하정례에서 알 수 있었다. 이것을 적극적으로 도입한 것은 김춘추였고 당시 귀족회의체의 변화와도 관련 있었다고 하였다. 즉 당시의 귀족회의체는 그 전과는 달리 상대적으로 그 권한이 축소되었다. 따라서 君과 臣의 모임의 場에도 변화가 있었는데, 새로운 의례인 하정례는 이와 밀접한 관련이 있었다고 하였다.

가례를 대표하는 것은 혼례로, 신문왕의 혼인은 「개원례」 가례의 황제가 황후를 맞는 의례(皇帝納后)의 절차인 卜日－納采－冊后－命使奉迎과 비교된다고 하였다. 신라의 가례 내용 중 가장 많은 것은 사면례로, 이것은 「개원례」 가례의 赦書를 선포하는 의례(宣赦書)에 해당한다. 경문왕이 즉위한 후 행한 무평문에서의 사면에서는 의례뿐만 아니라 의례공간까지도 중국의 영향을 받았음을 알 수 있었다. 이와 같은 왕의 혼인과 사면은 왕의 정치적 권위를 유지하고 드러내는 왕권의례였다. 하지만 가례는 다른 4례와는 달리 상·하가 함께하는 의례로 구성원간의 화합을 도모하였다. 이것은 가례 절차에 있는 연회라든가 양로연 등을 통해 알 수 있었다. 가례는 각 계층의 정치질서이기도 하였다. 따라서 신라 중대 이후 왕들은 가례를 통해서 군신의 질서를 세우려고 하였다고 보았다.

다음으로 진덕왕 5년(651) 정월 초하루에 조원전에서 행한 하정례는 이후 의례화되었고, 정월 초하루의 하정례는 8월 15일의 조하례와 함께 신라의 대조회였다. 이때 신라 국왕은 군신들의 하례를 받았고 이들을 위해 연회를 베풀었다. 특히 정월 초하루의 조하례는 일월신에 제사를 지낸 후 이루어졌으며 8월 15일의 조하례 때 행한 활쏘기는 燕射로, 당·고려·조선과는 구별된다고 하였다. 이러한 조하례는 국왕의 통치력 확장과 연결되어 있었을 뿐만 아니라 군신간의 화합의례적인 측면도 있었다. 한국 고대에는 대조회인 조하례 외에 일반 조례도 있었다. 책명을 받은 왕실 구성원인 태자와 왕후도 군신들에게 조하례를 받았다. 이를 통해 국왕을 비롯한 왕실 구성원은 자신들의 기반을 확고히 할 수 있었고 왕실도 안정시킬 수 있었다고 하였다.

제5절에서는 신라에 수용된 흉례의 내용과 신라 국휼의 운용, 그 중 신왕의 즉위례와 즉위와 관련된 통치의례를 검토하였다. 凶禮는 弔喪이나 기근·재해 등에 대한 救恤을 말한다. 이것은 『주례』에 처음 보이며 중국 역사에서 晉代에 국가에 처음 도입되었다. 앞 시기의 예제를 계승한 「개원례」는 이후 동아시아 예제의 典範이 되었다. 이러한 중국의 흉례가 신라에 수용된 것은 신문왕 6년(686)의 길흉요례에서 알 수 있었다. 하지만 길흉요례가 수용되기 이전 한국 고대 사회에는 중국 상례의 영향을 받은 상복제 등이 있었다. 신문왕 6년에 길흉요례가 수용되기 이전에 이미 신라 사회에는 중국의 상례가 들어와 있었고 길흉요례로 이것은 보다 체계화되었다고 하였다. 신라에 수용된 흉례의 내용은 「개원례」 고려·조선과 마찬가지로 상례가 대부분이었다. 「개원례」의 흉년진무·노문질환, 『고려사』 흉례의 重刑奏對儀의 내용도 포함되었다.

한국 고대에는 왕 이하 귀족들의 상례도 있었음을 알 수 있었다. 이러한 상례 중 가장 중요한 것은 왕의 상례, 즉 國恤이었다. 「개원례」에는 국휼이 기록되지 않았지만, 품관의 상례 절차는 상세하게 적고 있다. 조선의 경우 국휼이 흉례의 주된 내용이며 고려의 국휼은 연대기 등의 내용을 통해 조선의 국휼과 비슷하였다. 고려·조선의 국휼과 당 품관의 상례 절차의 가장 큰 차이는 전자에서는 嗣位, 왕위계승의식이 거행되었다는 것이었다. 「개원례」 품관들의 상례와 고려와 조선의 국휼 절차는 喪(殯)－葬(산릉조성)－祭(부묘)의 과정을 거쳤다. 신라 국휼도 선왕의 빈이 이루어졌고 장례 절차에 따라 선왕의 무덤이 축조되었으며 이후 종묘에 선왕의 신위가 모셔지는 부묘가 거행되었다고 하였다.

전근대 동아시아 사회에서 신왕의 즉위는 국휼 중에 있었다. 이것은 한국 고대에도 마찬가지였으며, 신왕들은 유조에 의해 왕위에 오르기도 하였다. 특히 신라 문무왕은 구전 즉위를 유조로 남겼다. 이것은 당 즉위례의 형식이 수용된 것으로, 신문왕은 문무왕의 유조에 따라 구전에서 즉위하였고 이후 실질적인 즉위를 하였다. 즉 문무왕의 유조에 따라 신문왕은 1차 즉위인 구전 즉위를 하였고 문무왕의 빈을 행한 이후 2차 즉위를 한 것이다. 이후 이것은 의례화되었다. 한편 신왕은 즉위 이후 즉위년 또는 2~3년에 '친사시조묘(신궁)'를 비롯하여 大赦 등 다양한 통치의례를 행하였다. 이와 같은 신왕의 통치의례는 신왕의 왕권 안정뿐만 아니라 통치권을 장악하는데 크게 기여하였다. 신왕의 통치의례는 즉위 당일에 이루어지기도 하였지만, 선왕의 장례가 끝나고 난 이후에도 행해졌다. 신왕의 즉위와 관련된 통치의례의 마지막을 장식한 것은 '친사시조묘(신궁)'로, 이것은 국휼이 끝났음을 의미하는 것이었다. 한국 고대 중국의 제사제도인 종묘제가 수용되면서 부묘 역시 통치의례의 하나였다. 부묘는 유교적 예제에 따르면 국휼의 마지막을 장식하였지만, 신라의 경우 오묘제가 운용되는 중에도 신궁제사는 그 자리를 차지하기도 하였다. 이것은 고려·조선의 부묘와는 구별된다고 하였다.

제3장에서는 오례가 지니고 있는 정치·사회적 의미를 흥덕왕대의 정치와 의례, 한국 고대의 상·제례를 통해 생각해 보았다. 제1절에서는 흥덕왕 9년(834)의 敎와 흥덕왕대의 의례 내용이 지니는 의미를 살폈다. 흥덕왕은 왕 9년 색복·거기·기용·옥사에 대하여 진골을 비롯한 사회 전계층에게 사치를 금지하는 교를 내렸다. 이것은 애장왕 7년에 진골귀족들에게 創寺와 사치스러운 불사를 금지하는 교와 연결되어 있는 것으로, 흥덕왕 9년의 교는 이것의 완결이었다고 보았다. 흥덕왕 9년의 교는 골품제의 정비와도 관련있었다. 왕명인 교는 반포와 동시에 현실정치에 반영되었다. 이에 흥덕왕 9년의 교는 반포된 후 시행되었다고 보았다. 흥덕왕이 내린 교는 현실에 바탕을 둔 개혁적인 내용으로, 당시 골품제와 지방인의 동요를 그대로 인정하면서 신분제를 정비하였다. 이를 통해 흥덕왕은 신라 사회의 어려움을 극복하려고 하였다. 이와 같은 흥덕왕의 개혁 행보는 왕 9년을 전후하여 장보고를 청해진 대사에 임명하였다든지, 김유신을 대왕으로 추봉한데서도 엿볼 수 있었다.

흥덕왕은 교에 내포되어 있는 자신의 의지를 대내외적으로 표방하였는데, 교와 같은 해에 이루어진 군사의례가 그것이었다. 흥덕왕은 왕 9년에 대열과 '관사'의식, 순행 등의 군사의례를 행하였다. 이러한 군사의례는 당 軍禮의 영향을 받은 것으로, 전근대 동아시아 사회에서 軍事는 제사와 함께 국가 중대사와 밀접한 관련을 가지고 있었다. 이것은 헌강왕 5년에 행해진 순행·'관사'의식·獵 등의 군사의례에서도 알 수 있었다. 한편 흥덕왕대의 신궁·시조묘 제사는 애장왕·헌덕왕대의 신궁·시조묘제사와도 궤를 같이 하는 것으로, 흥덕왕대는 정치뿐만 아니라 의례도 애장왕대 이후 이루어진 일련의 것과 연결되어 있었다. 이러한 흥덕왕대의 의례는 당대의 정치·경제·사회적 상황과 긴밀한 관계에 있었던 것으로, 흥덕왕은 군사의례 외에 다양한 의례를 통해서도 국가의 총체적인 위기를 해결하려고 노력하였다고 보았다.

다음으로 흥덕왕 9년에 왕이 내린 교는 '舊章'에 따르며 이를 어기면 '常刑'으로 다스렸다고 하였다. 여기에서 '구장'과 '상형'은 율령에 대비되는 것이라고 하였다. 삼국통일을 전후하여 신라 사회에 들어온 율령은 그 사회에서 운용되었고, 흥덕왕 9년의 교는 기왕의 율령이 수정·보완된 것이었다. 신라 역대 왕들이 반포하고 수정한 율령은 의례와도 밀접한 관련을 가지고 있었다. 이러한 율령과 의례는 신라 사회의 운영원리인 골품제와 연동되면서 운영되었다. 하지만 골품제가 견고하여 신라 사회에 운영되고 있을 때의 율령과 의례는 그것을 보완해 주는 보조적인 역할에 머물렀다. 반면 신라 하대 골품제의 동요로 말미암아 골품제로써 신라 사회를 운용하기 어려워지자, 율령과 의례의 역할은 그 전보다는 상대적으로 커졌다고 보았다. 이것은 흥덕왕 9년의 교와 일련의 군사의례에서 알 수 있었다. 이로 볼 때 흥덕왕 9년의 교와 의례는 율령과 의례에 의한 정치가 신라 사회에서 운용되었음을 단적으로 보여주는 일례라고 하였다.

제2절은 한국 고대 상·제례의 변화와 그 내용을 통해 그것이 지니고 있는 정치·사회적 의미를 생각해 보았다. 우선 『삼국지』 단계의 한국 고대인들은 경비를 많이 들여 그 사회의 중요한 자산을 무덤에 후장하였을 뿐만 아니라 순장하기도 하였다. 이것은 당시 사람들이 죽음은 끝이 아니라 또 다른 삶의 시작이고 과정이라는 계세적 내세관을 가지고 있었기 때문이었다. 그렇지만 불교와 유교의 영향으로 그것은 변하였는데, 불교의 내세관은 계세적 내세관과

크게 다르지 않지만 生과 死의 순환에 응보의 원리를 적용하였다. 죽음의 문제는 유교에서도 매우 중요한 위치를 차지하고 있는데, 死者와 生者가 교류하는 의식인 상장례와 제례에서 그것을 알 수 있었다. 이로 볼 때 한국 고대 계세적 내세관의 변화에 유교의 영향도 생각해 볼 수 있었다. 이와 같이 한국 고대 불교와 유교의 영향으로 계세적 내세관이 변하였고 매장의 방법은 후장에서 박장으로, 무덤의 구조는 적석총에서 봉토분, 적석목곽분에서 횡혈식 석실분 등으로 변하였다.

유교에서 상장례의 요체는 상복제와 殯이다. 상복제는 사자에 대한 親疎遠近 관계와 사회적 신분에 따라 등급의 차이를 표시한 것이며, 빈은 사자를 바로 매장하지 않고 일정기간 안치해 두는 것이다. 고구려에서는 부모와 남편의 상에는 중국과 같은 3년상이었으나, 형제상의 상복은 3개월(1개월)이었다. 백제 역시 부모와 남편의 상에는 중국과 같은 3년상이었으며 인척들이 상이 끝나면 상복을 벗는 것은 중국과는 달랐다. 신라는 고구려·백제와는 달리 왕 및 부모·처자상은 1년상이었다. 빈은 한국 고대 複次葬의 흔적을 통해서도 찾을 수 있으며, 고구려·백제·신라에서 중국식의 빈도 행해졌다. 그렇지만 중국의 경우 빈장이 아닌 복상에 의한 3년상이었으며 한국 고대의 3년상과 1년상은 빈장을 치르는 기간이었다. 그리고 중국 상장령의 영향을 받아 한국 고대 상장례는 정비되어 갔다고 하였다.

한편 고구려·백제·신라의 시조묘제사는 국가 및 왕실의 최고 제사이자 신왕의 즉위의례였고 특정 왕계의 계보관념에 의한 직계 조상이 아니라 全국가적 '시조'왕을 제사지냈다. 이것은 연맹체적 질서를 극복하지 못한 상황을 반영한 것으로, '시조'왕은 하늘의 자손으로 천신과 연결되어 있었다. 시조묘제사에서의 시조는 혈연적 계보를 초월한 자연신적인 성격이었다. 그렇지만 한국 고대 왕권의 강화와 왕실의 가계에 대한 인식, 중국 제사제도의 영향으로 기왕의 시조에 대한 인식이 변하였다. 즉 실질적인 시조와 직계조상을 모시는 제사가 시행되었던 것이다. 여기의 조상숭배 구조는 태조묘와 친묘로, 가장 먼 시조와 가까운 조상들을 함께 모시는 것이었다. 이것은 중국 가묘제의 영향을 받은 것으로 왕실뿐만 아니라 귀족들도 가묘제를 두어 직계 조상에 대한 제사를 지냈다.

직계조상을 종묘에 모시는 부묘는 신왕의 즉위례와 함께 왕권의 위상을 드러내는 왕권의례의 하나였고, 신라 중대 이후 왕에게 최고의 권위를 향유토록 하였다. 부묘는 先王의 神位(위패, 신주)를 종묘에 모시는 것으로, 공식적으로 국휼 기간이 끝나고 왕과 신료들이 슬픔에서 벗어나 일상의 평화로움으로 돌아가는 전환점이었다. 부묘를 거행한 시점은 당·고려·조선이 각각 달랐다. 신라의 부묘는 정치적으로 제약받기도 하여 그 시점이 일정하지 않았다고 하였다. 禮制에 따르면 부묘와 빈, 장례 치르는 시기, 무덤의 축조는 신분에 따라 차이가 있었다. 이를 염두에 둘 때 신라 사회에 수용된 흉례는 골품제 사회를 유지하는데도 일정한 영향을 미쳤다고 하였다. 뿐만 아니라 부묘와 상복제는 왕실과 진골귀족의 가계 인식과도 밀접한 관련을 가지고 있었다고 하였다.

제4장에서는 왕궁의 의례 공간과 신왕의 통치 공간에 대해 살펴보았다. 제1절에서는 한국 고대 의례 공간인 왕궁에서 다양한 의례가 펼쳐졌음을 살펴보았다. 한국 고대 왕궁은 왕이 사는 궁궐로, 궁실(궁전) 등 다양한 시설물이 있었고 이것은 정전과 내전으로 구분되어 있었다. 특히 신라 문무왕은 『주례』의 궁궐 원칙을 따라 양궁과 동궁을 새로 만들고 월성도 수리하였다. 따라서 신라 정전인 조원전은 당 태극궁의 태극전과 비교해 볼 수 있으며 평의전은 당의 외조 내지는 조당, 당 양의전에 해당하는 내전이 신라 왕궁에 있었다. 이러한 왕궁에서는 하정례, 외국 사신 인견, 연회 등 다양한 의례가 행해졌다. 그리고 신라 동궁의 임해전에서 빈번하게 연회가 이루어졌고 왕궁의 공간을 구획하는 문 역시 의례 공간으로 그 역할을 하였다고 보았다.

제2절에서는 신왕의 즉위 공간과 통치 공간에 대해 살펴보았다. 신왕의 즉위 장소와 관련해서 당의 경우는 빈전과 즉위 장소가 같았다. 한국 고대 빈전은 고구려에서 빈이 옥내에서 이루어졌다는 점, 신라의 西堂 등을 통해 왕궁 안에 있었다고 하였다. 백제 무령왕과 왕비의 빈전이 왕궁 밖에 있었던

것은 왜와 관련 있지만, 원칙적으로는 왕궁 안이라고 하였다. 하지만 고려와 조선의 경우는 선왕이 임종한 장소 내지는 빈전, 신왕의 즉위 장소는 별도의 공간이었다. 한국 고대 역시 마찬가지였으며, 신왕이 즉위한 장소는 정전 내지는 정침(내전)이었다고 하였다. 신왕이 즉위한 후 행한 다양한 통치의례 공간은 대체로 외조에서 이루어졌고 선왕의 신위를 모신 혼전, 그리고 眞殿의 형태도 있었다고 하였다. 왕궁 밖의 통치의례 공간으로는 길례, 국가제사의 제장과 군례의 열병·순수·렵이 행해진 장소 등을 생각해 볼 수 있었다.

제5장에서는 신라에 수용되고 운용된 오례의 성격과 그 의미를 살펴보았다. 제1절에서는 우선 신문왕이 왕 6년(686)에 『예기』와 문장을 요청한 것은 새로운 국가질서의 정비와 더불어 중대 왕권의 안정과 강화를 꾀하기 위한 것이었다고 하였다. 당에서 보낸 「길흉요례」는 왕권을 수식하는 의례로 신라 중대 왕에게 최고의 권위를 향유토록 하였는데, 이것은 「개원례」 152개의 의례 중 78개가 황제의례로 황실의 권위를 세우고 보존하기 위한 것이었다는데서 알 수 있었다. 이로 볼 때 신라에 들어온 오례는 왕권을 수식하는 의례로, 국왕들은 자신의 왕권을 강화시키고 왕실의 권위뿐만 아니라 안정에도 기여하였다고 하였다.

제2절에서는 한국 고대에 오례가 지니고 있는 위상을 생각해 보았다. 당이 신라에 「길흉요례」를 보낸 것은 당 중심의 동아시아 세계 질서 속에 신라를 편제하기 위한 것이었다. 이것은 신라의 국가제사에서 오묘제의 시행이라든가 당 황제가 신라 국왕 등을 책명하는 데서 알 수 있었다. 이처럼 신라에 수용된 오례의 내용은 당 중심의 동아시아 질서 속에 신라를 편제하려고 했던 당의 의도가 있었다. 그렇지만 신라는 정치·사회적 상황에 따라 오례의 내용을 변용하기도 하였다고 보았다. 그리고 이것은 고려·조선을 거쳐 변화 발전되어 갔다고 하였다.

이상에서 신라에 수용된 오례는 한국 고대에 王者에게 정치적 권위를 수식하고 정치권력의 명분을 제공하였고 정치·사회와 밀접한 관련을 가지면서 운용되었다. 이로 볼 때 오례는 한국 古代史上에서 그 역할을 하면서 한국 고대 사회에 구축되었다고 하였다.

참고문헌

1. 사료

『三國史記』 『三國遺事』 『高麗史』
『世宗實錄』 『世祖實錄』 『國朝五禮儀』
『周禮』 『禮記』 『儀禮』
『大唐開元禮』 『漢書』 『梁書』
『北史』 『隋書』 『舊唐書』
『新唐書』 『唐六典』 『唐會要』
『通典』 『冊府元龜』

2. 저서

谷川健一, 『稻と鐵』, 小學館, 1983.

溝口雄三·丸山松幸·池田知久 편저, 김석근·김용천·박규태 옮김, 『中國思想文化事典』, 민족문화문고, 2003.

국방부 군사편찬연구소, 『한국 전통 병서의 이해』, 2004.

국사편찬위원회, 『한국사』 3, 1976.

菊池英夫, 『隋唐帝國と東アジア世界』, 汲古書院, 1979.

堀敏一, 『東アジア世界における日本古代史講座』 7, 學生社, 1982.

권덕영, 『고대한중외교사 - 견당사연구 - 』, 일조각, 1997.

今西龍, 『新羅史硏究』, 近澤書店, 1933.

金子修一, 『隋唐の國際秩序と東アジア』, 名著刊行會, 2001.

금장태, 『유교사상과 종교문화』, 서울대출판부, 1994.

김병준 옮김, 『순간과 영원 - 중국 고대의 미술과 건축』, 아카넷, 2001.

김수태, 『신라중대정치사연구』, 일조각, 1996.

김영하, 『신라중대사회연구』, 일지사, 2007.

김영하, 『한국고대사회의 군사와 정치』, 고려대학교민족문화연구원, 2002.

김철준, 『한국고대사회연구』, 일지사, 1975.
김택민 주편, 『역주 당육전(상)』, 신서원, 2003.
나희라, 『고대 한국인의 생사관』, 지식산업사, 2008.
나희라, 『신라의 국가제사』, 지식산업사, 2003.
동산문화사편, 『신라의 기와』(한국건축사대계Ⅴ), 1976.
박순교, 『한국 고대의 고고와 역사』, 학연문화사, 1997.
박남수, 『신라 화백제도와 화랑도』, 주류성, 2013.
森公章, 『遣唐使と古代日本の對外政策』, 吉川弘文館, 2008.
西嶋定生, 『中國古代帝國の形成と構造』, 東京大學校出版會(東京), 1961.
石見淸裕, 『唐の北方問題と國際秩序』, 汲古書院, 1998.
孫長江 主編, 『中華文化通志』, 上海人民出版社, 1998.
신종원, 『신라초기불교사연구』, 민족사, 1992.
양관 지음, 장인성·임대희 옮김, 『중국역대陵寢제도』, 서경, 2005.
양정석, 『황룡사의 조영과 왕권』, 서경, 2004.
와타나베 신이치로 지음, 문정희·임대희 옮김, 『천공의 옥좌』, 신서원, 2002.
유교사전편찬위원회, 『유교대사전』, 1990.
유희해, 『해동금석원』, 1922.
이기동, 『신라 골품제사회와 화랑도』, 일조각, 1984.
이기백, 『신라사상사연구』, 일조각, 1986.
이기백, 『신라정치사회사연구』, 일조각, 1974.
이기백, 『한국고대사론(증보판)』, 일조각, 1995.
이기백·이기동, 『한국사강좌Ⅰ』(고대편), 일조각, 1982.
이문기, 『신라병제사연구』, 일조각, 1997.
이범직, 『조선시대 예학연구』, 국학자료원, 2004.
이범직, 『한국중세예사상연구 - 오례를 중심으로』, 일조각, 1991.
이병도, 『국역 삼국사기』, 을유문화사, 1977.
이인철, 『신라정치제도사연구』, 일지사, 1993.
仁井田陞, 『唐令拾遺』, 東京大學出版會, 1933.
林巳奈夫, 『中國古代の生活史』, 1992 / 이남규 역, 『고대 중국인 이야기』, 1998.
蔣伯潛·蔣祖怡 저, 최석기·강정화 역주, 『유교경전과 경학』, 경인문화사, 2002.
장인성·임대희 옮김, 『중국역대陵寢제도』, 서경, 2005.
전덕재, 『신라 왕경의 역사』, 새문사, 2009.
錢玄·錢興奇 編著, 『三禮辭典』, 江蘇古籍出版社, 1998.
정구복 외 4인, 『역주 삼국사기 3 주석편(상)』, 한국정신문화연구원, 1997a.

정구복 외 4인, 『역주 삼국사기 4 주석편(하)』, 한국정신문화연구원, 1997b.
井上秀雄, 『古代 東アジアの文化交流』, 溪水社, 1993.
井上秀雄, 『古代朝鮮史序說-王者と宗敎』, 寧樂社, 1978.
井上秀雄, 『新羅史基礎硏究』, 東出版, 1974.
정해은, 『한국 전통 병서의 이해』, 국방부 군사편찬연구소, 2004.
中村裕一, 『隋唐王言の硏究』, 汲古書院, 2003.
池田溫, 『唐令拾遺補』, 東京大學出版會, 1997.
陳戍國, 『中國禮制史 - 隋唐五代卷』, 湖南教育出版社, 1998.
淸木場東, 『帝賜の構造 - 唐代財政史硏究 支出編』, 中國書店, 1997.
채미하, 『신라 국가제사와 왕권』, 혜안, 2008.
최광식, 『고대한국의 국가와 제사』, 한길사, 1994.
최재석, 『한국고대사회사연구』, 일지사, 1987.
皮錫瑞 著, 李鴻鎭 譯, 『中國經學史』, 형설출판사, 1995.
한국고대사연구회편, 『고대와 중세 한국사의 시대구분』, 지식산업사, 1995.
한국고대사연구회편, 『한국고대사연구의 새동향』, 서경문화사, 2007.
한국정신문화연구원, 『한국민족대백과사전』, 1992.
胡戟 撰, 『中華文化通志-禮儀志』, 上海人民出版社, 1998.
胡戟·劉后濱, 『唐代政治文明』, 西安出版社, 2013.
和田萃, 『日本古代の儀禮と祭祀』, 塙書房, 1995.

3. 논문

1) 국내

강영경, 「신라 전통신앙의 정치·사회적 기능 연구」, 숙명여자대학교 박사학위논문, 1991.
강윤석, 「일본 고대의 殯(모가리)에 대하여」, 『고문화』 65, 2005.
강종훈, 「신궁의 설치를 통해 본 마립간시기의 신라」, 『한국고대사논총』 6, 1994.
고경석, 「신라 관인선발제도의 변화」, 『역사와현실』 23, 1997.
高明士, 「新羅時代 廟學制的 成立與展開」, 『大東文化硏究』 23, 1989.
공병석, 「『禮記』喪葬觀의 人文意識」, 『유교사상연구』 20, 2004.
곽신환, 「유교사상의 전개양상과 생활세계」, 『한국사상사대계』 2, 한국정신문화연구원, 1991.
關根英行, 「상제례의 기원과 複葬 - 유교 사자의례의 상징인류학적 연구 - 」, 『아세아문화연구』 11, 2006.

권덕영, 「8, 9세기 '군자국'에 온 당나라 사절」, 『신라문화』 25, 2005.
권덕영, 「나당교섭사에서의 조공과 책봉」, 『한국 고대국가와 중국왕조의 조공·책봉 관계』, 고구려연구재단, 2006.
권오영, 「고대 한국의 喪葬儀禮」, 『한국고대사연구』 20, 2000.
권오영, 「상장제를 중심으로 한 무령왕릉과 남조묘의 비교」, 『백제문화』 31, 2002.
권오영, 「한국 고대의 새[鳥] 관념과 祭儀」, 『역사와 현실』 32, 1999.
김길식, 「氷庫를 통해 본 공주 정지산 유적의 성격」, 『고고학지』 12, 2001.
김동수, 「신라 헌덕·흥덕왕대의 개혁정치」, 『한국사연구』 39, 1982.
김두진, 「통일신라의 역사와 사상」, 『한국사상사대계』 2, 한국정신문화연구원, 1991.
김민한, 「신라시대 사면에 대한 연구」, 성균관대학교 석사학위논문, 2001.
김병곤, 「『삼국사기』내 책봉기사로 본 삼국의 태자제 운영 양상 및 정치적 위상」, 『사학연구』 100, 2010.
김선민, 「당대의 중앙-지방 통신체계와 동어부」, 『중국사연구』 25, 2003.
김선숙, 「신라 성덕왕 효성왕대의 대일외교」, 『대동문화연구』 51, 2005.
김선주, 「고구려 서옥제의 혼인형태」, 『고구려연구』 13, 2002.
김선주, 「신라 사회의 혼인형태와 '서옥제'」, 『역사민속학』 17, 2010.
김성규, 「중국 왕조에서의 빈례의 연혁」, 『중국사연구』 23, 2003.
김세윤, 「신라 하대의 도당유학생에 대하여」, 『한국사연구』 37, 1982.
김수태, 「2세기말 3세기대 고구려의 왕실 혼인」, 『한국고대사연구』 38, 2005.
김수태, 「한국 고대의 축제와 사면」, 『한국고대사연구』 59, 2010.
김수태, 「나·당관계의 변화와 김인문」, 『백산학보』 52, 1999.
김영미, 「불교의 수용과 신라인의 죽음관의 변화」, 『한국고대사연구』 20, 2000.
김영하, 「신라시대 순수의 성격」, 『민족문화연구』 14, 1979.
김영하, 「신라 중고기의 정치과정시론」, 『태동고전연구』 4, 1988.
김영하, 「삼국과 남북국의 사회성격」, 『한국사』 3, 한길사, 1994.
김영하, 「신라 상고기의 관등과 정치체제」, 『한국사연구』 99·100, 1997.
김영하, 「신라 중대왕권의 기반과 지향」, 『한국사학보』 16, 2004.
김영하, 「신라 중대의 유학수용과 지배윤리」, 『한국고대사연구』 40, 2005.
김일권, 「고대 중국과 한국의 천문사상연구 - 한·당대 제천의례와 고분벽화의 천문도를 중심으로 -」, 서울대 박사학위논문, 1999.
김종복, 「남북국의 책봉호에 대한 기초적 검토」, 『역사와 현실』 61, 2006.
김종완, 「남북조시대의 책봉에 대한 검토」, 『동아연구』 19, 1989.
김창호, 「문무왕릉비에 보이는 신라인의 조상인식」, 『한국사연구』 53, 1986.
김철준, 「삼국시대의 예속과 유교사상」, 『한국고대사회연구』, 일지사, 1975.

김철준, 「한국고대 정치의 성격과 정치사상의 성립과정」, 『한국고대사회연구』, 일지사, 1975.
김택민 주편, 「당육전해제」, 『역주 당육전』(상), 신서원, 2003.
김해영, 「조선초기 문묘 향사제에 대하여」, 『조선시대사학보』 15, 2000.
김호, 「당 전기 중앙관부와 황제 시봉기구」, 『중국사연구』 26, 2003.
김호동, 「최은함-승로 가문에 관한 연구」, 『교남사학』 2, 1986.
김후련, 「고대 일본인의 장송의례」, 『비교민속학』 23, 2002.
김흥삼, 「신라 성덕왕의 왕권강화정책과 제의를 통한 하서주지방통치(상)」, 『강원사학』 13·14, 1998.
김희만, 「신라 국학의 성립과 운영」, 『소헌남도영박사고희기념역사학논총』, 1994.
나희라, 「신라의 국가 및 왕실 조상제사 연구」, 서울대학교 박사학위논문, 1999.
나희라, 「신라의 즉위의례」, 『한국사연구』 116, 2002.
나희라, 「고대의 상장례와 생사관」, 『역사와 현실』 54, 2004.
나희라, 「무덤과 무덤 벽화로 본 고구려인의 생사관」, 『고분벽화로 본 고구려 문화-연구총서2』, 고구려연구재단, 2005.
노명호, 「백제의 동명신화와 동명묘」, 『歷史學硏究』 10, 전남대학교 사학회, 1981.
노용필, 「고대의 교육과 인재양성」, 『한국사시민강좌』 18, 1996.
노용필, 「순수비문에 나타난 정치사상과 그 사회적 의의」, 『신라진흥왕순수비연구』, 일조각, 1996.
노용필, 「신라시대 효경의 수용과 그 사회적 의의」, 『이기백선생고희기념논총』, 일조각, 1994.
노인숙, 「중국에서의 상례문화의 전개」, 『유교사상연구』 15, 2001.
노중국, 「고구려 율령에 관한 일시론」, 『동방학지』 21, 1979.
노중국, 「백제 율령에 대하여」, 『백제연구』 17, 1986.
노중국, 「통일기 신라의 백제고지지배」, 『한국고대사연구』 1, 1988.
노중국, 「신라와 고구려·백제의 인재양성과 선발」, 『신라의 인재양성과 선발』(신라문화제학술발표회논문집 19), 1998.
노중국, 「백제의 제의체계 정비와 그 변화」, 『계명사학』 15, 2004.
노중국, 「신라 중고기 유학 사상의 수용과 확산」, 『대구사학』 93, 2008.
노태돈, 「고대국가의 성립과 발전」, 『한국사』 2, 국사편찬위원회, 1981.
노태돈, 「삼국의 정치구조와 사회·경제」, 『한국사』 2, 국사편찬위원회, 1981.
노태돈, 「고구려의 역사와 사상」, 『한국사상사대계』 2, 한국정신문화연구원, 1991.
박남수, 「8세기 동아시아 외교와 영빈체계」, 『신라사학보』 21, 2011.
박남수, 「신라 하대 왕실의 제례와 원성왕 추숭의 정치사회적 의의」, 『사학연구』

108, 2012.
박순교, 「신라 중대 시조존숭 관념의 형성」, 『한국 고대의 고고와 역사』, 학연문화사, 1997.
박순교, 「진덕왕대 정치개혁과 김춘추의 집권과정(1)」, 『청계사학』 13, 1997.
박승범, 「삼국의 국가제의 연구」, 단국대학교 박사학위논문, 2002.
박찬수, 「문묘향사제의 성립과 변천」, 『남사정재각박사고희기념 동양학논총』, 1984.
박호원, 「한국 공동체 신앙의 역사적 연구」, 한국정신문화연구원 한국학대학원 박사학위논문, 1997.
변태섭, 「한국고대의 계세사상과 조상숭배신앙」(상·하), 『역사교육』 3·4, 1958·1959.
변태섭, 「묘제의 변천을 통하여 본 신라사회의 발전과정」, 『역사교육』 8, 1964.
서영교, 「신문왕의 혼례의 - 『고려사』 예지와 비교를 통하여」, 『백산학보』 70, 2004.
서영대, 「한국고대 신관념의 사회적 고찰」, 서울대학교 박사학위논문, 1991.
서영대, 「백제의 오제신앙과 그 의미」, 『한국고대사연구』 20, 2000.
서의식, 「신라 '상대'갈문왕의 책봉과 성골」, 『역사교육』 104, 2007.
신동하, 「고대사상의 특성」, 『한국사상사대계』 2, 한국정신문화연구원, 1991.
신정훈, 「新羅 中代의 大赦와 恩典이 가지는 정치적 의미」, 『백산학보』 85, 2009.
신종원, 「신라초기불교사연구」, 고려대학교 박사학위논문, 1988.
신형식, 「무열왕권의 성립과 발전」, 『한국사논총』 2, 1977.
신형식, 「무열왕계의 성립과 활동」, 『한국고대사의 신연구』, 일조각, 1984.
신형식, 「통일신라의 대당관계」, 『한국고대사의 신연구』, 일조각, 1984.
심승구, 「조선시대 사냥의 추이와 특성」, 『역사민속학』 24. 2007.
양정석, 「신라 궁궐구조에 대한 시론」, 『한국사연구』 119, 2002.
양정석, 「신라 왕경인의 주거공간」, 『신라 왕경인의 삶』(신라문화제학술발표회논문집 28), 2007.
양정석, 「新羅 月池와 東宮의 變化過程 檢討 : 月池 南便 建物址의 分析을 中心으로」, 『한국사연구』 154, 2011.
여호규, 「신라 도성의 의례 공간과 왕경제의 성립과정」, 『서울학연구』 18, 2002.
여호규, 「도성과 도시」, 『한국고대사연구의 새동향』, 서경문화사, 2007.
여호규, 「삼국시기 도성사 연구의 현황과 과제」, 『역사문화연구』 26, 2007.
우성민, 「당대 赦文의 변화에 관하여 - 공문서상 표현된 지위변화를 중심으로 - 」, 『중국사연구』 38, 2005.
육정임, 「宋代 조상제사와 제례의 재구상」, 『한국사연구』 27, 2007.
윤남한, 「전환기의 사상동향」, 『한국민족사상대계』 2, 1973.
윤선태, 「신라 중대의 형률」, 『강좌한국고대사』 3, 가락국사적개발연구원, 2003.

윤성환, 「고구려 전기의 사면령」, 『민족문화』 34, 2009
윤용구, 「3세기 이전 중국사서에 나타난 한국고대사상」, 『한국고대사연구』 14, 1998.
이근우, 「사면기사를 통해 본 한일 율령제 수용문제」, 『청계사학』 16·17, 2002.
이근직, 「신라의 상장례와 능원제도」, 『신라 왕경인의 삶』(신라문화제학술논문회논문집 28), 2007.
이기동, 「나말·려초 근기기구와 문한기구의 확장」, 『역사학보』 77, 1978.
이기동, 「신라 하대의 왕위계승과 정치과정」, 『역사학보』 85, 1980.
이기동, 「신라 성덕왕대의 정치와 사회」, 『역사학보』 160, 1998.
이기동, 「신라 흥덕왕대의 정치와 사회」, 『국사관논총』 21, 1991.
이기백, 「신라골품제하의 유교적 정치이념」, 『대동문화연구』 6·7, 1970.
이기백, 「유교수용의 초기형태」, 『한국민족사상사대계』 2, 1973.
이기백, 「통일신라와 발해의 사회」, 『한국사강좌Ⅰ』(고대편), 일조각, 1982.
이기백, 「한국 고대의 축제와 재판」, 『역사학보』 157, 1997.
이명식, 「신라 국학의 운영과 재편」, 『대구사학』 59, 2000.
이문기, 「신라 혜공왕대 오묘제 개혁의 정치적 의미」, 『백산학보』 52, 1999a.
이문기, 「신라 김씨왕실의 소호금천씨 출자관념의 표방과 변화」, 『역사교육논집』 23·24, 1999b.
이문기, 「신라 종묘제의 성립과 그 배경」, 『한국고대사와 고고학』(김정학박사미수기념고고학·고대사논총), 2000.
이문기, 「신라 문무왕대의 군사정책에 대하여」, 『역사교육논집』 32, 2004.
이범직, 「조선전기의 오례와 가례」, 『한국사연구』 71, 1990.
이병호, 「백제 사비시기 도성의 의례공간과 왕권 - 종합중추로서의 왕궁과 사원을 중심으로」, 『한국고대사연구』 71, 2013.
이영호, 「신라 왕경의 변화」, 『국읍에서 도성으로 - 신라 왕경을 중심으로』(신라문화제학술발표회논문집 26), 2005.
이영호, 「신라문무왕릉비의 재검토」, 『역사교육논집』 8, 1986.
이은봉, 「천신의 대리자로서의 시조신신앙」, 『한국고대종교사상 - 천신·지신·인신의 구조』, 집문당, 1984.
이인철, 「신라의 군신회의와 재상제도」, 『한국학보』 65, 1991.
이인철, 「신라 율령관제의 운영」, 『신라정치제도사연구』, 일지사, 1993.
이인철, 「신라 중앙행정관부의 조직과 운영」, 『신라정치제도사연구』, 일지사, 1993.
이정빈, 「고구려 東盟의 정치의례적 성격과 기능」, 『한국고대사연구』 41, 2006.
이정숙, 「신라 진평왕대의 왕권연구」, 이화여자대학교 박사학위논문, 1995.
이정희, 「日·唐 軍方令의 比較 硏究」, 『연구논문집』 53(대구효성카톨릭대학교), 1996.

이종태, 「삼국시대의 '시조'인식과 그 변천」, 국민대학교 박사학위논문, 1996.
이현진, 「부묘의 절차와 그 의미」, 『규장각 소장 왕실자료 해제·해설집』 4, 서울대학교 규장각, 2005.
이현진, 「조선시대 종묘의 부묘 의례와 성격」, 『서울학연구』 43, 2011.
이현태, 「신라 중대 신김씨의 등장과 그 배경」, 『한국고대사연구』 42, 2006.
이희관, 「신라 중대의 국학과 국학생」, 『신라의 인재양성과 선발』(신라문화제학술발표회논문집 19), 1998.
장인성, 「무령왕릉 묘지를 통해 본 백제인의 생사관」, 『백제연구』 32, 2000a.
장인성, 「남조의 상례 연구」, 『백제연구』 32, 2000b.
장일규, 「신라말 경주최씨 유학자와 그 활동」, 『사학연구』 45, 1992.
전기웅, 「신라 하대말의 정치사회와 경문왕가」, 『부산사학』 16, 1989.
전덕재, 「신라 회백회의의 성격과 그 변화」, 『역사학보』 182, 2003.
전덕재, 「한국 고대의 왕경과 도성, 지방도시」, 『역사학보』 207, 2010a.
전덕재, 「신라 상대 왕궁의 변화와 종묘」, 『신라문화』 36, 2010b.
田島公, 「日本律令國家の賓禮 - 外交儀禮より見た天皇と太政官」, 『史林』 68-3, 1985.
전미희, 「원효의 신분과 그의 활동」, 『한국사연구』 63, 1988.
전미희, 「신라 경문왕·헌강왕대의 '能官人' 등용정책과 국학」, 『동아연구』 17, 1989.
전미희, 「신라 하대 골품제의 운영과 변화」, 『신라문화』 26, 2005.
전봉덕, 「신라의 율령고」, 『한국법제사연구』, 서울대출판부, 1968.
정호섭, 「신라의 국학과 학생녹읍」, 『사총』 58, 2004.
조경철, 「백제 왕실의 3년상」, 『동방학지』 145, 2009.
조법종, 「광개토왕릉비문에 나타난 수묘제연구」, 『고대와 중세 한국사의 시대구분』(한국고대사연구8), 1995.
조성을, 「정약용의 상서금고문연구」, 『동방학지』 61, 1989.
조준하, 「설총의 구경에 관한 사적 고찰」, 『한국사상과 문화』 17, 2002.
주보돈, 「김춘추의 외교활동과 신라내정」, 『한국학논집』 20, 1993
주보돈, 「남북국시대의 지배체제와 정치」, 『한국사』 3, 한길사, 1994a.
주보돈, 「비담의 난과 선덕왕대 정치운영」, 『이기백선생고희기념한국사학논총』(상), 1994b.
지두환, 「조선전기 문묘의례의 정비과정」, 『한국사연구』 75, 1991.
채미하, 「『삼국사기』 제사지 신라조의 분석 - 신라 국가제사체계의 재검토와 관련하여 -」, 『한국고대사연구』 13, 1998.
채미하, 「신라 혜공왕대 오묘제의 개정」, 『한국사연구』 108, 2000.
채미하, 「신라 종묘제와 왕권의 추이」, 경희대학교 박사학위논문, 2001.

채미하, 「신라 하대의 오묘제」, 『종교연구』 25, 2001.
채미하, 「신라 종묘제의 수용과 그 의미」, 『역사학보』 176, 2002.
채미하, 「신라 선덕왕대 사직단설치와 사전의 정비」, 『한국고대사연구』 30. 2003.
채미하, 「신라의 오묘제 '시정'과 신문왕권」, 『백산학보』 70, 2004.
채미하, 「신라 중대 오례와 왕권 - 오례 수용을 중심으로」, 『한국사상사학』 27, 2006a.
채미하, 「신라의 농경제사와 '별제'」, 『국사관논총』 108, 2006b.
채미하, 「신라 명산대천의 사전 편제 이유와 특징」, 『민속학연구』 20, 2007.
채미하, 「신라 국왕의 視學과 그 의미」, 『한국사상사학』 32, 2009.
채미하, 「신라의 軍禮 수용과 王權」, 『한국사연구』 149, 2010.
채미하, 「신라의 賓禮 - 당 사신을 중심으로」, 『한국사학보』 43, 2011.
채미하, 「한국 고대의 죽음과 喪·祭禮」, 『한국고대사연구』 65, 2012a.
채미하, 「신라 흉례의 수용과 그 의미」, 『한국사상사학』 42, 2012b.
채미하, 「한국 고대의 궁중의례」, 『사학연구』 112, 2013.
채미하, 「신라의 嘉禮 수용과 운용」, 『한국고대사탐구』 18, 2014.
최광식, 「한국 고대의 제의연구 - 정치사상사적 고찰을 중심으로 - 」, 고려대학교 박사학위논문, 1989.
최광식, 「신라와 당의 대사·중사·소사 비교연구」, 『한국사연구』 95, 1996.
최병헌, 「신라 하대사회의 동요」, 『한국사』 3, 국사편찬위원회, 1976.
최병현, 「신라의 성장과 신라 고분문화의 전개」, 『한국고대사연구』 4, 1991.
최재석, 「신라시대의 葬法과 喪·祭」, 『한국고대사회사연구』, 일지사, 1987.
최홍조, 「新羅 哀莊王代의 政治改革과 그 性格」, 『한국고대사연구』 54, 2009.
최희준, 「신라 중·하대의 외국 사신 영접과 대외인식」, 고려대학교대학원 한국사학과 석사학위논문, 2008.
최희준, 「신라 中代의 唐 사신 영접 절차와 운용」, 『한국사연구』 153, 2011.
한영화, 「신라의 사면과 의례공간」, 『고대 동아시아 도성의 공간구조와 의례의 재구성』(한국역사연구회·한성백제박물관 공동주최 학술회의 발표문), 2013.11.
한형주, 「조선초기 朝賀儀禮에 대한 고찰 - 正至朝賀를 중심으로」, 『명지사론』 13, 2002.
홍기자, 「신라 하대의 독서삼품과」, 『신라의 인재양성과 선발』(신라문화제학술발표회논문집 19), 1998.
홍보식, 「신라 도성의 구조 성격과 백제 도성과의 비교」, 『백제 도성제와 주변국 도성제의 비교연구』, 백제역사유적지구 세계문화유산등재추진단 외, 2013.
홍승우, 「신라율의 기본성격」, 『한국사론』 50, 2004.
홍승현, 「中國 古代 禮制 연구의 傾向과 課題 - 특히 喪服禮를 중심으로 - 」, 『중국사연구』 36, 2005.
홍승현, 「晉代 喪服書의 편찬과 성격 - 喪服禮의 확정 과정을 중심으로」, 『동양사학연구』 102, 2005.
황선영, 「신라의 묘제와 묘호」, 『동의사학』 5, 1989.
황운용, 「신라 태종 묘호의 분규시말」, 『동국사학』 17, 1982.
황위주, 「문관사림의 실체」, 『한국의 철학』 19, 1991.

2) 국외

谷川健一, 「王權の發生と構造」, 『稲と鐵』, 小學館, 1983.
菊池英夫, 「日唐軍制比較研究上の若干の問題」, 『隋唐帝國と東アジア世界』, 汲古書院, 1979.
堀敏一, 「中國における律令制の成立」, 『東アジア世界における日本古代史講座』 7, 學生社, 1982.
今西龍, 「新羅文武王陵碑に就きて」, 『新羅史研究』, 國書刊行會, 1933.
渡辺信一郎, 「『大唐開元禮』「皇帝元正冬至受群臣朝賀」をめぐって」, 『中國史研究』 19, 2002.
木村誠, 「統一新羅の官僚制」, 『日本古代史講座』 6, 1982.
武田幸男, 「新羅興徳王の色服車騎器用屋舍制」, 『榎一雄博士還暦記念東洋史論叢』, 山川出版社, 1975.
武田幸男, 「朝鮮の律令制」, 『岩波講座 世界歷史』 6, 岩波書店, 1971.
米田雄介, 「三國史記に見える新羅の五廟制」, 『日本書紀研究』 15, 塙書房, 1987.
浜田耕策, 「新羅の國學生と遣唐留學生」, 『呴沫集』 2, 1980.
浜田耕策, 「新羅の神宮と百座講會と宗廟」, 『東アジア世界における日本古代史講座-東アジアにおける儀禮と國家』, 學生社, 1982.
浜田耕策, 「新羅の祀典と名山大川の祭祀」, 『呴沫集』 4, 1984.
三池賢一, 「新羅內廷官制考(下)」, 『朝鮮學報』 61, 1971.
石見清裕, 「唐の國書授與儀禮について」, 『東洋史研究』 57-2, 1998.
石野雅彦, 「古代國家 卽位儀 - レガリア奉上を中心に」, 『日本古代の國家と祭儀』, 雄山閣, 1996.
石曉軍, 「隋唐時代の四方館について」, 『東洋學』 103, 2002.
松本保宣, 「唐代前半期の常朝 - 太極宮を中心として」, 『東洋史研究』 65-2, 2006.
井上秀雄, 「新羅政治體制の變遷過程」, 『新羅史基礎研究』, 1974.
井上秀雄, 「新羅の律令制の收容とその國家·社會との關係」, 『中國律令制の展開と國家社會との關係』, 1984.
池田末利, 「古代支那に於ける死者儀禮の特色」, 『日本民族協會第9會連合大會要旨』, 日本人類學會, 1955.
池田溫, 「大唐開元禮解說」, 『大唐開元禮 附大唐郊祀錄』, 古典研究會, 1981.
池澤優, 「死の先にある未來 - 宗教的終末論における滅びと望み」, 『未來』, 東京大學出版會, 2002.
陳筱芳, 「周代婚禮 : 六禮抑或三禮?」, 『文史』 2003-4(53), 2003.
戸崎哲彦, 「唐代における太廟制度の變遷」, 『彦根論叢』 262·263, 1989.
和田萃, 「殯の基礎的考察」, 『日本古代の儀禮と祭祀』, 塙書房, 1995.
丸橋充拓, 「唐宋變革期の軍禮と秩序」, 『東洋史研究』 64-3, 2005.
黃浩, 「婚禮起源考辨」, 『歷史研究』 1996-1(239), 1996.

찾아보기

ㅊ

ㅌ

ㅍ

ㅎ

지은이 | 채 미 하

1967년생. 경북 문경 출생. 경희대학교 사학과 졸업(문학사 · 문학석사 · 문학박사). 현재 한성대학교 한국고대사연구소 학술연구원(2013.9~2016.8), 경희대학교 강사, 경희대학교 인문학연구원 학술연구교수(2008.9~2011.8), 인하대학교 인문과학연구소 박사후연구원(2004.11~2005.10), 서울교대 · 충남대 · 서일대 강사 역임.

주요 논저_ 「신라의 건국신화와 국가제의」(『한국사학보』 55, 2014), 「고등학교 《한국사》 교과서의 삼국통일 관련 서술에 대한 비교·검토」(『신라사학보』 32, 2014), 「조선시대 강릉의 성황사와 단오제」(『한성사학』 29, 2014), 「신라의 于山國 정벌과 통치」(『이사부와 동해』 8, 2014), 『실학자들의 한국고대사인식』(공저, 경인문화사, 2012), 『신라의 건국과 사로 6촌』(공저, 경인문화사, 2012), 『신라 국가제사와 왕권』(혜안, 2008) 등

신라의 오례와 왕권

채 미 하 지음

초판 1쇄 발행 2015년 7월 16일

펴낸이 오일주
펴낸곳 도서출판 혜안
등록번호 제22-471호
등록일자 1993년 7월 30일

주소 ㊖ 121-836 서울시 마포구 서교동 326-26번지 102호
전화 3141-3711~2 / **팩스** 3141-3710
이메일 hyeanpub@hanmail.net

ISBN 978-89-8494-533-3 93910

값 27,000 원